[美] 苏珊·雅各比 著　曹聿非 译

反智

The Age of
American Unreason
in a Culture
of Lies

时代

谎言中的美国文化

新星出版社　NEW STAR PRESS

献给艾伦·艾什尔

文明国家中，无知和自由兼具者，过去没有，将来也不可能有。

——托马斯·杰斐逊，1816年

目 录

序　言　打了兴奋剂的反智主义 / i

第一章　我们当下的活法：伙计而已 / 1

第二章　我们过去的活法：年轻国度的智识与无知 / 30

第三章　美国文化之战初期的社会伪科学 / 60

第四章　赤色分子、左翼分子与同路人 / 81

第五章　由盛至衰的中流文化 / 102

第六章　归咎于六十年代 / 132

第七章　遗产：青年文化与名人文化 / 164

第八章　新的旧式宗教 / 185

第九章　垃圾思想 / 212

第十章　娱乐文化 / 244

第十一章　公共生活：愚蠢标准的不断降低 / 284

结　论　文化保护 / 305

参考文献 / 323

致　谢 / 327

序言　打了兴奋剂的反智主义

　　写出一部著作，让它在未来数十年乃至数百年间成为种种洞见的基石，是每一位历史学家的梦想——尤其是生活在充斥着谎言文化中的历史学家。理查德·霍夫施塔特（Richard Hofstadter）的《美国生活中的反智主义》（Anti-Intellectualism in American Life）就是一本这样的书，这本书出版于1963年初，正值麦卡锡时代和二十世纪六十年代末的社会动荡之间的乐观时刻。"以往自由社会中的主要美德之一，"霍夫施塔特以伤感却又谨慎乐观的态度总结说，"是能够让智识生活以各种各样的风格存在——有些人的特征是热忱而叛逆，有些人优雅而高贵，或者简洁而又尖刻，聪明而又复杂，耐心而又明智，还有些人长于观察与忍耐。要理解即便在一个颇为狭隘的社会中也会存在的种种美德，重要的是坦率与宽容……当然，选择之路可能无法前行，控制未来文化的可能会是对某种信仰怀有执念的人。这些可能当然存在；但只要我们让自己的意志在历史进程中发挥作用，我们就可以相信，未来不必如此。"

　　四十多年前，还是大学生的我第一次读到了这些话，它们感动了我，而且如今依然不变。向霍夫施塔特致敬，是让我在新世纪来临之后不久开始写作《反智时代》的动机之一，在我尚且年轻，还能弥补荒废时光的时候，他的书将我从习惯性的智识惰性中唤醒，改变了我的人生。此书的研究工作大部分完成于2001年9月11日的恐怖袭击和2008年总统大选初期之间。当时，我（和其他很多历史学家和记者一样）认为，乔治·W. 布什（George W. Bush）的八年总统任期是现代美国政治生活中反智主义和反理性主义的巅峰。

2008年冬，我的书由潘塞恩公司推出了第一版精装本，当时，名不见经传的年轻参议员巴拉克·侯赛因·奥巴马（Barack Hussein Obama）和更年长的参议员希拉里·罗德姆·克林顿（Hillary Rodham Clinton）正在新罕布什尔州的雪中为了争夺民主党总统候选人提名艰难跋涉。我将理性和对知识的尊重视为担任总统一职的必备条件，因此，我认为，不论奥巴马还是希拉里，相对于布什而言都属进步。但是，我并不觉得有理由改变我在上一版序言中的悲观论点——我当时指出："难免让人担忧的是，美国历史的天平已经大大偏离了充满生机、丰富多彩的智识生活，它们对民主制度的正常运转至关重要。"在我看来，我从布什政府身上看到的反智倾向与其说是证明了布什的个人缺陷，不如说是体现了一种更普遍的进程，自二十世纪七十年代以来，愚蠢的标准在美国文化中越来越低。"四十年来，"我写道，"在一种半自觉的新型反理性主义影响下，美国特有的反智主义倾向大大加剧，这种反理性主义与由视频图像和无休止噪声构成的无知的流行文化互相促进。它不但与这个国家十八世纪启蒙理性的遗产相矛盾，也有悖现代科学知识，由此激起的一轮反智主义大潮将给美国文化与政治带来以往的反智潮流所不能及的巨大危害。确实，普遍的反理性主义和反智主义如今已经成了同义词。"

在写作时，我总是担心自己听上去像是古板的技术恐惧者。那段话如今看来更像是谨慎的保守说辞，而不是反动的哀叹。十年前，和我一样非常担心各类技术，特别是互联网对公众注意力和整体知识水平的冲击的学者和媒体人士相比现在更加之少［尽管也有雪莉·特克尔（Sherry Turkle）和尼古拉斯·卡尔（Nicholas Carr）等值得一提的例外］。当我提到我们对图像而不是文字的依赖日益加深时，我想到的是YouTube、电子游戏和网站上以图片形式对信息的简化。数字技术所推动的语言贫乏所造成的文化影响早已遍及社会各个层面，手机短信息和发推又加速了这一进程。社交媒体在 2008 年的影响力远不及今日——尤其是在新闻的传播和验证方面。如今意义上的"假新闻"（fake news）①一词那时还没被创造出来。我的书里甚至都没有提到创立于 2006 年、当时拥有约 100 万名用户的 Twitter（它在 2016 年拥有超过 3.17 亿用户）。在发展之初，很多四十岁以上的人认为 Twitter 是专属于小孩子的媒体。说到底，哪有成熟的人会想把交流限制在 140 个字符之内？我相信，假如我在 2008 年想象着未来的总统候选人和总统所中意的交流模式是半夜发推，而且那 140 个字符里有很多"骗人""错误""糟糕"之类的词，后面还跟着感叹号，严肃的评论家一定会视我为笑柄。

但在 2015 年夏天，当唐纳德·J. 特朗普（Donald J. Trump）乘坐那架现在已经饶有名气的自动扶梯走向特朗普大厦的大堂，宣布参与竞争共和党总统候选人提名时，我并没有感到多么诧异。也许他在某些傲慢的纽约理发师眼里不过是个"大橙子"，但我总是认为他有机会赢得共和党提名。在他征服共和党阵营之后，我也认为他有机会在大选中击败希拉里·克林顿——尽管，作为一个总是自认为属于自由主义者的人，这样令人不安的预感完全不会让我感到愉快。我在纽约和华盛顿的朋友们——大多是记者和作家——总说我疯了。大选走向尾声之际，其中有些人（暂时）不再与我对话，我也不能因为他们回避我对特朗普战胜克林顿的可能性无法释怀的不安而责怪他们。他们会说，诚然，2016 年左右的美国文化尚不能看作一个新的启蒙时代，但美国人还没愚蠢到选中一位拒绝听取国家安全简报、宣称气候变化可能是中国设下的骗局、模仿残疾记者手臂行动不便的样子加以嘲弄的候选人。[那位记者是《纽约时报》的谢尔盖·考瓦里斯基（Serge Kovaleski），他质疑过特朗普关

---

① 2016 年美国总统大选中，大量假新闻通过社交网络传播，根据 BuzzFeed 网站的统计，在总统竞选活动的最后三个月中，Facebook 上前 20 篇虚假的竞选相关文章中有 17 篇是反克林顿或亲特朗普的。就任总统后，特朗普频繁使用"假新闻"一词指代传统媒体。——译者注

序言　打了兴奋剂的反智主义　　iii

于新泽西州的穆斯林曾集体为恐怖袭击中双塔楼的倒塌而庆祝欢呼的说法,引起特朗普震怒。特朗普称,他确实在电视上看过该事件的影片——这样的影片并不存在,因为所谓的庆祝根本没有发生过。]

我总是认为特朗普不可小视,因为通过重读霍夫施塔特和写书所做的研究,我发现这位反智的候选人属于一种可辨识的模式,而不是例外。当他宣布了自己的雄心壮志,要用他对个人品牌的管理交换对美国品牌的管理时,我想起了霍夫施塔特的告诫,他让我们警惕"选择之路可能无法前行,控制未来文化的可能会是对某种信仰怀有执念的人"的可能性。在内华达州共和党初选中赢得高中或以下教育水平的人当中57%的票数之后,特朗普宣告,"我热爱教育程度低的人"。让教育程度低的人获得接受更好教育的机会——而不是热爱他们——从来都是美国梦的基石。矛盾的是,缺乏接受大学教育的经济能力是如今很多蓝领工人中反智主义回潮最重要的因素之一。表面上看,这似乎是一种矛盾,但美国人对子女青出于蓝的期待——这几乎是一种与生俱来的权利——总是和"多高的教育算是太高"的矛盾心理联系在一起。父母们并不希望子女因为接受太高的教育而完全离开上一辈的世界。于是,工人阶级父母们可能会一边因为知识分子享有特权(或者他们想当然地认为知识分子享有特权)这种文化上的成见而心怀厌恶,一边又希望他们的孩子有机会跻身特权阶层(哪怕他们更希望受过大学教育的孩子成为医生或企业高管,而不是成为教授或媒体人)。凭借准确击中他人痛处的本能,特朗普在谈及自己对教育程度低的人的热爱时,利用了这种矛盾心理。

促使主流媒体低估特朗普获胜机会的,并不像特朗普总统依然认为的那样是个人敌意或不诚实,而是因为新闻界没能理解让特朗普的意外获胜成为现实的社会背景。类似的是,在特朗普就职之后,在针对竞选团队和白宫与俄罗斯的关系展开调查等重大政治事件发展中,大部分媒体还是对他的支持者们起初毫不在乎的态度感到困惑。甚至在特朗普和其他国家的关系受到进一步审查之后,很多美国人对世界其他地方的漠然态度导致关注的焦点一直被放在了总统的品质，而非政策上。随着特朗普将被弹劾的猜测出现（写作此文时，这种猜测更像是极左人士的幻想，而不是临近的可能性），媒体还是更为关注他的个人怪癖和他的责任，而不是投票给他的人的责任。很多主流媒体相当出色地调查了特朗普政府的问题，但却没有去深究赋予他机会，并将继续赋予其他类似之人机会的文化之中的反理性主义——不论他的总统之职会有什么样的命运。

由于互联网具有让全世界观念相似的人们联合起来的显著潜能，与社交媒体有关的文化桎梏呈几何级发展，主流记者对这个问题的认识尤为迟钝。问题在于"观念相似"这个修饰词。如果人们只去倾听彼此认同之人的声音，那么他们会相信自己听到的就是一切，强化自己的偏见。狭隘主义和反智主义总是紧密相连，但社交媒体却拥有一种全新的能力，可以在片刻之间形成跨越辽阔地理空间的狭隘社群。电视和报纸记者经常把特朗普称作"前所未有的"候选人，但真正前所未有的是特朗普对一种蓄意断章取义的交流工具——吸引非理性人群的完美途径——每天24小时的运用。从反智的定义看来，Twitter 的 140 字符格式正属此列，因为它所提供的空间只够用来张贴标语。它相当于《广告狂人》(Mad Men)时代的广告杰作在现代的复生——"云斯顿就是香烟该有的好味道"或者"她做过……还是没做过？只有她的美发师知道准确答案。"其中的区别在于，大部分人知道那些旧式的广告语是广告，而很多人却认为一位严肃的总统候选人发布的推文是事实。或者，用独一无二的总统顾问凯莉安·康威（Kellyanne Conway）的话说，"另类事实"。康威在特朗普就职典礼第二天在国家广播公司（NBC）《会见媒体》(Meet the Press)节目中出镜，为她的老板攻击"不诚实的"媒体蓄意低报就职典礼人数的说法辩护——特朗普声称，在他发表就职讲话时，人群一直排到了华盛顿纪念碑，而无数鸟瞰照片显示，大约有三分之一的场地空着。没有什么比在经常度量的公共空间中的人数更容易准确验证了。也许特朗普希望见到一路排到华盛顿纪念碑的人群，但希望并非事实。甚至连另类事实都算不上。

我不能自称为文化保守主义者,因为这个被宗教右翼盗用、被媒体广泛宣传的词现在经常用于描述另一种人,他们满脑子都是美国跨性别者使用洗手间(恐怕已经愚蠢到了不知道锁上厕所隔间就不会有人知道他们的外生殖器长什么样这种常识的地步)之类的事情。然而,我确实认为自己是一位文化保护主义者,在严格的字典意义上致力于保护文化"免于破坏性影响、自然衰落与滥用,保护其存活、生存、健康与健全等"。

霍夫施塔特对美国反智主义的研究是文化保护主义的范例,其时,这个国家正在从一个更加挑剔的角度看待与二战之后的"美利坚治世"[①]相关的种种自鸣得意的虔诚信念。从约翰·F. 肯尼迪(John F. Kennedy)当选总统到遇刺的三年让大多数美国人颇感乐观,但没有一个群体比知识分子社群更有理由满怀希望。从二十世纪四十年代末到五十年代初,知识分子已经习惯于那种把学术兴趣等同于共产主义和社会主义倾向,或至少是对真正的左翼同情者的危险宽容的政治气候。即使这些"老学究"没有被描写成潜在的叛徒,也往往被当作无能之士。1954 年,在一场共和党募款活动上,德怀特·D. 艾森豪威尔(Dwight D. Eisenhower)总统说知识分子是"一种不止强作解人,而且信口开河的人"。

当苏联 1957 年凭借斯普特尼克卫星的成功发射挫伤了美国的自尊之时,美国人开始意识到,知识分子也许还真有些实用价值。但是,公众的注意力和资金很大程度上仅限于科学探索——它显然对于国防和自夸意义重大。在大众眼中,那些投身于没有显著实用意义的学术与思想的知识分子几乎毫无声望与地位。

当我在二十世纪七十年代初搬到纽约时,遇见的一些知识分子让我十分惊讶,他们在五十年代曾经真的相信阿德莱·史蒂文森(Adlai

---

[①] 美利坚治世(Pax Americana),指二战后延续至今,由美国主导的西方世界相对和平,美国享有全球权力优势的时期。——译者注

Stevenson）①将击败艾森豪威尔当选总统——这种一厢情愿的错误看法无疑可以衡量他们与美国腹地的普通大众在心理和社会层面存在的距离。我的父母、祖父母和他们的大部分朋友都曾投票给富兰克林·罗斯福（Franklin Roosevelt）和哈里·杜鲁门（Harry Truman），但在芝加哥南边的一个蓝领小镇上长大的我只听到过人们说史蒂文森太过学究气，完全不理解普通人和他们的问题。史蒂文森的雅致言辞在他那个知识分子圈子看来是个突出的优点，但在我的童年世界中的大部分成人眼中却是他的负累。我的祖母在99岁去世前曾颇以一生从未给共和党人投票为傲，但她完全是靠对大萧条和她深深喜爱的罗斯福的回忆才克服了对史蒂文森的遣词造句和高贵言辞的反感。"阿德莱总是摆着架子对人说话，"她回忆说，"他并不平易近人。艾克就很亲民，我喜欢他，但最后，想想是哪个党给了我们社会保障，哪个党对挨饿的老人不管不顾，我真的不能投票给共和党。"

相反，肯尼迪巧妙地完成了他的壮举，既展现了自己的才华与教育水平——他的演讲风格和史蒂文森一样优雅博学——又避免了被大众视为傲慢的知识分子。公众是对的：如果借用霍夫施塔特的定义，知识分子是"某种意义上为思想而生的人——也就是说，他有志于投身和宗教风险十分相似的思想生活"，那么肯尼迪不是知识分子。按照这个严格的标准，古往今来世界各国的政治家当中，几乎无人算得上知识分子。美国建国一代当中最突出的特点之一，就是其中有那么多真正的知识分子（尽管十八世纪时还没有这个词）发挥着他们的影响力。在那些写下《独立宣言》和宪法，在这个国家初创时期领导着它的政治家中，拥有超群学识和才智的人非常之多。坚持启蒙运动价值观的他们认为，自己作为思想家和公共舞台上的演员这两种身份之间毫无冲突：莱昂内尔·特里林（Lionel Trilling）1942年所描述的"美国人长期认为现实与思想是对

---

①阿德莱·史蒂文森，美国政治家，以其辩论技巧闻名。曾于1952年和1956年两次作为民主党总统候选人参加美国总统选举，均败于艾森豪威尔。——译者注

立的，而且人们必须站在现实一方"①，这种后续发展想必会让开国者们大惊失色。

肯尼迪经常在演讲和文章中——他在成为总统之前的很长一段时间就已经在这样做——呼吁美国社会放弃思想与行动必然对立这种狭隘的二十世纪观念，回到那种认为学识和哲学天赋可以提升政治领导能力的十八世纪模式。他所任命的政府成员便是这种哲学的反映；在政府的重要岗位上，肯尼迪任用了大批知名学者，这一点充分证明，有思想的男性（尽管其中不包括女性）会让他颇感安心。新总统请来了约翰·肯尼斯·加尔布雷斯（John Kenneth Galbraith）、理查德·诺伊施塔特（Richard Neustadt）、理查德·古德温（Richard Goodwin）、小亚瑟·施莱辛格（Arthur Schlesinger, Jr.）和沃尔特·海勒（Walter Heller）这些无可否认的知识分子，这样的做法大大提升了人们对知识分子群体的尊重，而在权力带来的种种显而易见的机会和随之而来的物质奖赏面前，交织的满足感与负罪感有时也会让这些知识分子茫然无措。

就在这个达成文化均势的时刻，霍夫施塔特的《美国生活中的反智主义》出版了。从某种重要意义上说，这本书很大程度上是麦卡锡时代的产物：对于危害极大的战后反智主义和诉诸司法的反共主义的合流，霍夫施塔特决心从美国的文化倾向这个更广阔的长期背景出发加以深入研究，这种倾向在第一批清教徒移民抵达普利茅斯岩不久后便显露了出来。"我们的反智主义，事实上比我们的民族认同更加古老，而且有着深远的历史背景，"霍夫施塔特指出，"对这种背景的考察表明，知识分子在美国所受到的敬意并没有长期持续下滑，也并非在近期突然变糟，而是处在周期波动之中；这样的考察还发现，知识分子在我们这个时代所受的怨恨并不意味着他们地位的下降，而是表明他们越发重要。"由此看来，美国的反智主义是美国在宗教和教育方面的民主冲动当中草率

---

① 此次演讲最初发表于哥伦比亚大学，1950 年在特里林颇有影响力的文集《自由的想象》（*The Liberal Imagination*）中重印。

一面的体现。以对人与上帝之间的个人化联系和排斥正统教会等级制度的信仰为基础的基要主义①宗教,同样抗拒长期以来和智识主义——也包括很多早期清教神职人员的宗教智识主义——联系在一起的现代化和世俗化趋势。教育的民主化自十九世纪末以来让高中生的数量大大增加,在二十世纪也推动了大学入学率的提高;有些社会中只有极少数学生能有幸接受基础的读写和算术技能之外的教育,教育的民主化让那种较为严苛的教育标准不可避免地得以放宽。最后,美国人对白手起家者——既不靠家世背景,又不靠正规教育,单凭自己的智慧与勤勉取得成功的人——的理想化使得人们不大容易去尊重投身于教育和学识的人。

讽刺的是,对职业教育工作者的诋毁恰恰直到二十世纪中叶方才成风,当时,在法律和医学等专业领域之外,大学学位第一次成为在商业世界中走向成功必不可少的通行证,在人们眼中,这原本是白手起家的天地。"有能者做事,无能者教书"这样的俗谚在十八和十九世纪的美国人听来会显得颇为荒谬,在当时美国新开拓的边疆社区中,聘请教师是文明的两个基本标志之一(另一个是牧师的存在)。当然,从文化和社会角度来看,那些往往缺乏正规教育资历,无处不在又不可或缺的社区教师和手握文凭的"专家"完全不是一类人,尤其是在二战之后,后者对商业、政府和教育领域的掌控与日俱增,他们经常被当作常识之敌,那些常识据说是普通人特有的美德。

在新千年之初重读霍夫施塔特时,他的学术研究中那种传统的公正性让我印象深刻——这不是那种总是认为真理位于两种不同观点正中的虚伪的"客观性"或沉闷的中间主义,而是认真地尝试理解反对意见,承认与自己的偏好相悖的证据。大学读那本书的时候,我还不能完全理解他的这种品质,因为对于二十世纪六十年代上半期胸怀大志的青年学

---

① 基要主义(fundamentalism),十九世纪末二十世纪初兴起的基督教新教神学思潮,在美国有较大影响。基要主义主张"圣经绝对无误",反对一切自由主义神学和对《圣经》的批评。一些西方学者也用 fundamentalism 一词指代其他宗教中坚持回归原初信仰、主张严格遵守基本经文、反对世俗主义的思潮,中文往往译为"原教旨主义"。——译者注

者和作家来说,公正性很大程度上是个理所当然的理想。如果二十一世纪的美国知识分子现在开始带着重燃的敬意回顾二十世纪中叶"统一史学派历史学家"——霍夫施塔特就是其中的杰出一员——的著作,这种反思必须基于当下的背景来审视,意识形态极化的公众不但赞成妖魔化政治对手,而且在艺术、社会、经济等诸多问题上对反对意见不屑一顾。

特朗普竞选过程中经常运用的"前所未有的"这个形容词半真半假。特朗普的唯一前所未有之处只是他从未在政府和军队工作过。除此之外,可以看出他是一种更普遍的现象的一部分,经济上的愤恨与反智主义的结合在早期和现代美国历史上绝非前所未有。特朗普曾经(和现在)拥有的是使用社交媒体工具的机会,它们具有前所未有的影响力。它们在二十一世纪最初几年里尚处于婴儿期,尤其是 Facebook 和 Twitter,到了 2015 年已经成长为特朗普将公共话语的运用拉至下限的广泛而有效的样板。假如在 2008 年预见到社交媒体的飞速扩张和它们在传播和推广凭空捏造的观点上的极高效率,我也许就能发现特朗普或与之非常相似的人潜伏在不太远的未来。

在 2008 年总统竞选中,与参议员约翰·麦凯恩(John McCain)搭档竞选副总统的莎拉·佩林(Sarah Palin)是特朗普真正的前辈。佩林是那种典型的令霍夫施塔特十分担忧的不接受其他思想的人(那个年代的男性学者从未考虑过女性成为值得重视的总统或副总统候选人的可能性)。麦凯恩再也找不到比这位阿拉斯加州州长更为极端的副总统候选人了——为了继续利用她在竞选副总统过程中在目标人群中剩下的名望,这个支持持枪权、反堕胎、反进化论的基要主义圣经斗士,于 2009 年中途辞去了州长一职。在竞选中,人们发现佩林是继理查德·尼克松(Richard Nixon)1968 年大选中的竞选搭档斯皮罗·T. 阿格纽(Spiro T. Agnew)之后最好斗的反智狂人。[那句把新闻界人士说成"怀疑一切的牢骚大王"的不朽名言正是出自阿格纽之口——写出这句话的则是共和党演讲撰稿人威廉·J. 萨菲尔(William J. Safire)。]佩林的不幸在于——

除了刚好身在与奥巴马对战的队伍当中之外——她刚好早了两届参选，没法完全利用发推带来的好处。在 2008 年，一位在全国范围内并不知名的候选人依然会觉得自己不得不接受主流（按佩林的挖苦说法叫"破流"）媒体的采访。当凯蒂·库里克（Katie Couric）问佩林她会读哪些杂志和报纸的时候，这位州长连一份刊物的名字都说不出来。就在仅仅九年之前，这种无知还是一种麻烦事。

特朗普 2016 年的胜选已经被记者们过度分析了，他们想擦掉自己脸上因为错看了那个生意人的魅力，因为太过相信最终被推翻的那些民意调查而挨砸的鸡蛋。（此处有必要发一份免责声明。全国民意调查在希拉里·克林顿定会赢得普选票多数这个问题上并没有错。但民调却误判了多个关键州的白人蓝领选民，他们让特朗普赢得了多数选举人票。）特朗普和他的公关团队在选举之后的相互指责——他们不自觉地对选举人团的投票结果吹毛求疵——所带来的一个更加不幸的后果是"错误"与"不诚实"的混淆。讽刺的是，特朗普的总统任期——不论长短——的社会意义无疑将成为今后历代历史学家的素材，他们恰恰属于美国第四十五任总统所厌恶的知识分子阶层。我猜想，特朗普主义的长期影响也许确实会相当广泛，不过这个问题已经超出了本书的讨论范围。

甚至早在特朗普就职之前，一个潜在后果——除了对智识探索的敬意、艺术、科学，和整体而言的专门知识所受到的自上而下的诋毁之外——就已显而易见。特朗普的过渡团队在其就职前一天所发布的首份预算通告中，包含了一份取消美国国家艺术基金会（National Endowment for the Arts）和国家人文基金会（National Endowment for the Humanities）的计划——此举大概反映了对"精英"的特朗普式轻蔑。在这个事例中，"精英"包括了在公立学校中学习音乐和美术的儿童和使用遍及全国各个社区的公立图书馆的公民。特朗普和他的右翼伙伴们所用的"精英"一词从来都没有经济含义——比如说，用来形容那些收入比 99.99% 的美国公民都高的人。它主要指的是学者和记者，尤其是那些生活在东西海岸的人。

从某些方面来说，奥巴马的成功也让我和很多自由主义者一样，忽视了某些美国白人群体——尤其是那些教育水平较低的人——的愤怒。奥巴马毕竟是个明白无误的理性之人——他不仅是这个国家首位非裔美国人总统，也是美国历史上智识水平最高的总统之一。人们禁不住会认为，奥巴马的总统生涯不仅能有助于弥合种族分歧，而且能像肯尼迪在短短的总统任期中那样，将思想和行动上的反智理念视为对手，向它们发起攻击，而不是引以为不可或缺的同盟。在奥巴马的两届任期中，黑色皮肤和智识主义的结合自始至终是引发针对他的恶意的重要因素，而在他任职之初，这样的形势还不太明显。

（相对于另类事实而言的）一个无可争辩的事实是，美国已经将历史上最富思想的总统之一换成了一个以自己对知识和专业问题的轻蔑引以为荣的人。政治新闻网站艾克西欧斯（Axios）发布的一篇对就职前的特朗普的采访中，特朗普强调，自己对顾问们就国内外情况所作的长篇大论的解释没有兴趣。"要么给我一枪，要么越短越好。"他说，"我不需要，你知道的，关于能用一页说完的东西的两百页的报告。"当然不需要。一份两百页的报告也许会包含某些与特朗普原本认为自己知道的东西相冲突的信息。在采访中，特朗普被问到了有关书籍的问题，和库里克对佩林有关新闻来源的提问差不多，特朗普的回答甚至比佩林的哑口无言更加含糊。"我喜欢很多书，"他说，"我喜欢读书。就书这方面来说，我现在没有时间读太多书，但我喜欢读书。"奥巴马离任前夕，应《纽约时报》要求，他接受了该报时任首席书评人角谷美智子（Michiko Kakutani）的采访。他带着显而易见的热爱和知识，谈论了那些在他年轻和身为总统时影响了他的作家们——包括莎士比亚、芭芭拉·金索沃（Barbara Kingsolver）、扎迪·史密斯（Zadie Smith）、玛丽莲·罗宾逊（Marilynne Robinson）、托尼·莫里森（Toni Morrison）、科尔森·怀特黑德（Colson Whitehead）、菲利普·罗斯（Philip Roth）和索尔·贝娄（Saul

Bellow）。在被问及在总统任期内哪些书籍对他最为重要时，奥巴马说："我会说莎士比亚依然是试金石。和大多数十多岁的高中生一样，当我们被布置阅读《暴风雨》(*The Tempest*)，或者是别的什么莎士比亚著作时，我想，'天啊，真无聊'。我在大学里上了一门精彩的莎士比亚课程，在那里才开始阅读那些悲剧，并欣赏它们。我想，它们在我对人与人之间不断重复起伏的某些模式的理解上发挥了基础性作用。"在晚间入睡前，奥巴马所做的不是发推，而是抓紧利用这安静的一个小时来读书。奥巴马那么明显地属于知识分子、读书人和作家〔是自学成才的知识分子亚伯拉罕·林肯（Abraham Lincoln）以来最优秀的身为作家的总统〕，这个事实在他面对媒体和其他政客时并不总能成为他的优势。在他的整个总统任期内，他经常被描述成孤傲清高的人，太过拘谨内向，不能完全投入到日常政治事务当中。作为局外人，我们很难确知这样的批评有多少真凭实据，有多少是对奥巴马"死不悔改"的学者天性条件反射式的厌恶。这位总统性格的这一面被他的敌人视为一种自高自大的冷漠，尽管这也可以被理解成公正性和对探索问题各个方面的坚持。在对作为知识分子的奥巴马的批评中，他身为黑人知识分子的特殊属性无疑是其中一方面。假如一位白人总统毫不掩饰自己对智识与书籍的喜爱，白人们还会那么急匆匆地用"傲慢"和"冷漠"这样的词来形容他吗？科尔内尔·韦斯特（Cornel West）等某些黑人知识分子也对奥巴马有所攻击，韦斯特给这位总统的拘谨态度贴上了"变装黑人"的标签。我的一位黑人毕生好友——一位英语教授——和她的毕生好友（也是黑人）因为奥巴马在《纽约时报》上谈及的挚爱作家名单而发生了激烈争吵。"这恰恰是讨好白人知识分子的完美名单，"我朋友的朋友说，"两三个犹太人，两三个黑人，两三个白人盎格鲁-撒克逊新教徒[①]。当然，还有莎士比亚。他的单子里怎么能漏掉有史以来最伟大的白人作家？"除此之外，我还听过一位教

[①] 白人盎格鲁-撒克逊新教徒（WASP, White Anglo-Saxon Protestant），原指美国当权精英群体及其文化、习俗、道德标准，现泛指信奉新教的欧裔美国人。——译者注

高中物理的白人朋友对奥巴马提到莎士比亚这件事作出了大体相同的分析。这些评论证明了两点。其一，做一个想弥合思想与行动之间的鸿沟的黑人知识分子和政治领袖，甚至比同样处境的白人知识分子总统更难。其二，当一个在拿着工资给大学和高中学生讲课的人，不论是黑人还是白人，认为声称自己热爱莎士比亚的总统一定是在撒谎或迎合白人的时候，这个社会在智识方面一定出了大问题。在分析公众整体的无知、反智主义和偏狭主义在2016年总统竞选中所扮演的角色时，相较于只关注特朗普本人的个性，关注奥巴马和特朗普的个性差异并不算是多大的错误。在这个问题上作出最精妙评论的，不是教授或媒体专家，而是女演员维奥拉·戴维斯（Viola Davis），她因在电影《藩篱》（Fences）中的表演赢得金球奖之后回答了一个影射了特朗普的问题。"我会，信不信由你，把特朗普从等式中去掉，"她说，"因为我觉得那比他更大。我认为美国本身是一种肯定，但我认为我们已经落后太多，**因为我们不可能让任何脱离了我们自身信仰体系的人上台。那么，这又说明了我们什么呢？**"①

有相当多的证据表明，美国人越来越不愿意将理性视为一种美德，不愿意对他们在社交媒体上看到和听到的东西施以严格的事实和逻辑标准，不愿意考虑对专家知识的蓄意无视在从科学研究到和战略决策等种种问题上产生的影响，这种情形已经十分严重。

仅举一例，在发达国家中唯一认为自然选择的进化论"有争议"而不是已被接受的主流科学的就是美国人。宗教基要主义在美国（这又是发达国家中的孤例）的持续影响被普遍视为反进化论怪异地长期存在的原因。但这个简单的答案并不能回答一个更宏观的问题，也就是为什么那么多属于非基要主义者的美国人会对科学共识不屑一顾。真正的更复杂的解释不能只从，或者说主要从宗教基要主义中寻找，而是要从大众关于科学整体尤其是进化论的贫乏知识入手。根据美国国家科学基金会（National Science Foundation）过去二十年中所作的调查，超过三分之二

---

① 黑体为作者所加。后同。——译者注

的美国人不知道 DNA 是关键遗传物质；九成美国人不理解辐射及其对人体的影响；五分之一的成人相信太阳围绕着地球转。这些回答体现出了美国公立中小学教育的骇人失败。为什么对大部分基础科学事实知之甚少的公众不能或不愿理解进化论和科学家针对气候变化提出的三条警告，原因显而易见。要理解太阳并不绕着地球转，理解 DNA 包含了让我们每个人成为人类独特一员的遗传指令，我们并不需要成为知识分子或拥有大学文凭。科学知识如此严重的缺乏为迎合纯然无知的人们的政治宣传提供了一片沃土。这同样也解释了为什么特朗普没有因为将全球变暖斥为谎言而得到选民的惩罚。对专家的嘲讽只是让特朗普更受支持者的爱戴。在 2017 年 8 月 21 日观看日蚀的时候，作为总统的特朗普起初拒绝戴上美国国家航空航天局推荐的特制眼镜以保护眼睛。真正的男人不需要在太阳面前遮掩他的视网膜！

类似的，特朗普对"书籍"轻率的轻蔑也是文化的反映。美国人当前和读写的关系与其说是能力不佳，不如说是反对读写。国家艺术基金会 2002 年发布的一项调查显示，不到半数的美国成人在前一年中读过小说或诗歌——连侦探小说、色情小说或以《启示录》为基础创作的"被提"小说都算在内。（假如新政府可以自行其是废除国家艺术基金会的话，我们就再也看不到这样的调查了。）只有 57% 的人读过非虚构类书籍，这也许包含了所有那些不知道 DNA 为何物的人。

在这个越来越反对读写的美国，岌岌可危的不仅是以愉悦为目的的阅读，还有批判性思维本身。美国人如今栖身的社会相比四十多年前较为缺乏思考，只有不断扩大的信息娱乐产业营销人员和否定事实的人才会认为这个说法尚且存疑，万物的视频化正是他们的利益之源。通过电脑和互联网，人们能够获得前所未有的丰富信息，由此而来的一种错觉是，动动鼠标就能检索到文本和数字的能力似乎也带来了判断真伪的能力。这种幻觉当然不只出现在美国，但在偏好用技术答案来解答非技术问题，而且对与智识上的精英主义沾边的一切都抱有怀疑的文化中（与法国、日本等国的文化不同），它的危害尤为突出。过去十年中，关于让每个学生和每所学校获得使用电脑和网络的完全使用权的需要，我们听到了很多说法。而对从一年级起，为每一种新型科技工具配备严肃的说明，让孩子们获得用于评判面前屏幕上的文字和图片的可信度的智识工具的需求，我们却几乎完全没有听说过。

美国生活中反智主义回潮的一个重要因素是，智识主义往往被等同于据说与传统美国价值观相悖的那种自由主义。它的整个理念都可以用右翼惯用的"精英"一词概括。那些著名的右翼知识分子本身就构成了一个有钱有势的精英阶层，但他们成功地掩盖了自己的特权阶级身份，只给自由主义者贴上了"精英"的标签。新保守主义旗手欧文·克里斯托尔（Irving Kristol）在《一个新保守主义者的思考》（*Reflections of a Neoconservative*，1983年）中认为，虽然"知识分子"背弃了"美国生活方式"，但美国人民没有。"正是新保守主义自愿担负起了向美国人民解释他们为什么是正确的这一任务，"克里斯托尔解释说，"而且还要告诉知识分子为什么他们是错的。"从这段话里，人们完全猜不出克里斯托尔本人是个纯粹的纽约犹太人知识分子，猜不出他是因为皈依了共和党才和那些"执迷不悟、与美国生活方式相悖"的知识分子有所区别。按照这种选择性的定义，"知识分子"指的是任何与保守主义者意见相左的知识分子。在试图阻止对保守派和自由派老学究同样无用的特朗普获得共和党提名时，知识分子右翼自食其果。对那些还对2000年之前有所记忆的自由主义者来说，欧文·克里斯托尔之子、保守派刊物《标准周刊》（*The Weekly Standard*）主编比尔·克里斯托尔（Bill Kristol）在电视上的频频出镜算是比较幸灾乐祸的乐子之一。特朗普对传统保守主义原则的毫无敬意让克里斯托尔父子大为惊诧——惊诧！因为上一辈新保守主义者十分有效地把曾经可敬的"知识分子"一词变成了政治上的贬义词，比尔·克里斯托尔在谈论为特朗普所背弃的保守主义价值观时，极尽所能地想要回避智识主义。终于，一个无视所有政治派别知识分子的全国性选举候选人出现了。

（区别于右翼宗教基要主义者和强盗资本家的）右翼知识分子长期以来一直传播着将所有知识分子斥为左翼分子的欺骗性逻辑，因为不读书的美国人对这个国家的思想史了解得越来越少。这种无知最明显、最令人不安的表现在于，人们对其他观点再无好奇，无知在这一进程中既是原因，也是结果。在我的《自由思想者：美国世俗主义史》（*Freethinkers: A History of American Secularism*）2004年出版之后，我收到了在美国很多地区演讲的邀请，我以为这些是向形形色色的听众讲授美国世俗传统的机会，于是欣然接受。到头来，我发现自己完全是在向观点相同的人布道。除了几所要求学生为了学分来听讲座的大学之外，听众几乎全都是原本就和我意见一致的人。严肃的保守主义者在巡回演讲中也报告了完全一样的情形。

不愿听取对立观点，或者不愿去想象向思想或文化上的对手学习的可能性，这种心态意味着背弃美国大众和精英的思想传统中最优秀的一面。在十九世纪的最后二十五年里，千百万美国人——包括很多虔诚的宗教信徒——为了聆听罗伯特·格林·英格索尔（Robert Green Ingersoll）的演讲，挤满了全国各地的讲堂，作为"伟大的不可知论者"闻名于世的英格索尔对传统宗教和教会对政府的任何影响都予以痛斥。当英国博物学家、达尔文进化论的杰出宣传者托马斯·亨利·赫胥黎（Thomas Henry Huxley）在1876年初次到访美国的时候，来听他演讲的人摩肩接踵，尽管他关于人的由来的见解让不少听众大为震惊。十九世纪的美国人，不论接受过的正规教育是多是少，在听到英格索尔和赫胥黎这类人的演讲之后，都想要自己再思考一番。这种好奇心甚至在魔鬼是否长着角这样的问题上都坚持要求第一手证据，它对任何社会在思想和政治上的健康都至关重要。在当今美国，不论是不是知识分子，不论是左派还是右派，都听不进任何与自己不一致的声音。这种顽固执拗不仅体现了精神上的惰性，也反映了反智主义的本质。十九世纪末期，人们会在大平原上奔走千里，只为亲耳听到英格索尔和赫胥黎等总是攻击听众们最珍视的信仰之人的观点。如今，很多美国人连政治意见和观点不同的 Facebook 页面都懒得打开。

　　美国如今染上了一种将无知、反理性主义与反智主义交织在一起，在技术的作用下突变的病症，它比过去那种周期性的疾病更加危险。当前这轮爆发所产生的严重危害与人们对一切不以为意的精神状态是分不开的。矛盾的是，这种心态既富有攻击性，又消极被动。从政客到媒体高管在内的所有人都在咄咄逼人地强化这种状态，他们的生计依靠的就是吸收名人金句和博客言论为己所用的公众；宣称信息娱乐之树上的果子将带来轻松欢愉的蛇控制着公众，公众被动地接受了这些东西。文化保护主义者们是否还有时间和意愿来疗愈这个毒苹果不断加深的毒害呢？只要我们让自己的意志在历史进程中发挥作用，我们就总能心怀这样的希望。

第一章　我们当下的活法：伙计而已

这个词如同瘟疫一般无处不在，传播这种瘟疫的，有美国总统、电视主播、电台脱口秀主持人、大型教会的牧师、成功学大师，还有其他任何试图表现得与健康有益的普通美国价值观相一致的人们。短短几十年前，美国大众还被称作人民，在更遥远的过往，被称作女士们、先生们。现在我们都成了伙计。看起来与教士别无二致的电视评论员们习惯性地说"我们为那些伙计们祈祷"——不论这些伙计遭遇的是干旱、洪水、日常犯罪还是恐怖袭击。只有小说才把这个词用作讽刺。在假想查尔斯·林白（Charles Lindbergh）在1940年总统大选中击败了富兰克林·D. 罗斯福的悲观架空历史作品《反美阴谋》（*The Plot Against America*）当中，菲利普·罗斯把林白提出的一个项目冠名为"伙计而已"（Just Folks），他计划把城市中的年轻犹太人送去健康有益的农村基督教环境中度夏，以此实现他们的去犹太化。

尽管"伙计"一词曾经是不带政治意义的口头语，但当二十一世纪美国的政府官员虔诚地说出这个词的时候，其中的政治意义却无法抽离。2005年7月7日，伦敦爆炸恐怖事件发生之后，布什总统向美国人保证："我一直在和我们的国土安全伙计们保持联络，指示他们将此地和伦敦的实际情况告知各地方和各州官员，让他们在我们的伙计们开始上班的时候格外警惕。"布什接着说道："深切关注人权和人类自由的我们，与那些内心邪恶、夺走无辜伙计性命的人们，有着天差地别的目标。"那些邪恶的恐怖分子，我们无辜的伙计们，就连国土安全官员，那些应该受过严格训练的专业人士——但愿如此吧——也摆脱不了这个亲切的称呼。总统候选人们总是在演讲中点缀着对伙计们的阿谀，但他们说出这个词时的尴尬就算并不总是带着上层中产阶级童年生活的痕迹，也总能露出精英高等教育的马脚。成长于芝加哥的一个保守的共和党家庭，毕业于卫斯理学院的希拉里·克林顿在2008年和2016年两次总统竞选中每次说出"伙计们"这个词的时候，听上去都像是个心事重重，试图用少年俚语和孩子们的伙伴套近乎的家长。在印度尼西亚和夏威夷长大，毕业于火奴鲁鲁的高端学校普纳荷中学和哈佛大学法学院的巴拉克·奥巴马在2008年开始角逐总统一职的时候，还不太能掌握让口中的"伙计们"一词听起来自然而然的语音语调，但到他首个总统任期结束，他说出这个不可或缺的词的时候，听起来已经没有了高人一等或可笑的感觉。当然，奥巴马是杰出的演说家——但就连杰出的演说家（和十九世纪的总统们不同）也不得不为了美国公众稍稍简化用词。唐纳德·特朗普总统则以自己有限的推文词汇为荣。"我了解词汇，"他在南卡罗来纳州希尔顿黑德的一个竞选活动上宣称，"我有最棒的词汇。但没有比愚蠢更好的词了。对吗？"

别再在这种语言上犯傻了。在让人们为他们的代表不是自命不凡的人而放心的同时，对于讨论中的任何议题，非正式的语言都暗含对其严肃性的否认。说伙计们冲向战场，无异于用女孩来称呼强奸受害者（除非受害者确实是女童而非成年妇女）。留意一下1980年前美国历史上任何重要的总统演讲就会发现，其中完全没有对伙计们的屈尊逢迎。想象一下：**我们在此立志宣誓，不能让伙计们白白死去……要使那伙计有、伙计治、伙计享的政府不致从地球上消失。**[①] 在二十世纪中叶，尽管当

[①] 语出林肯的《葛底斯堡演说》，原文为"我们在此立志宣誓，不能让这些死者白白死去……要使那民有、民治、民享的政府不致从地球上消失。"——译者注

时的政界没有林肯一样雄辩有力的演说家，选民们依然可以期待他们的领袖作出即便不总是博大精深，但也庄重严肃的演讲。阿德莱·史蒂文森也许显得太学究气，不合美国大众的口味，但任何企图登上高位的人都必须有能力作出语法得体、形式恭谨的演讲。而且，要想寻找美国大众言辞最高水平的例子，我们并不需要上溯到林肯那么早。以马丁·路德·金（Martin Luther King）1963年的《我有一个梦想》演讲为例，其中完全没有使用"伙计们"一词。这种词会损害主题和相应场合的严肃性；金不会把聚集在林肯纪念堂前的公民称作"伙计们"，就像他不会叫他们"小伙们，姑娘们"一样。

对二十世纪五十年代和六十年代初的美国成人而言，罗斯福留给民众的记忆依然还是总统演讲的黄金标准（尽管约翰·F. 肯尼迪的就职演说是激动人心的语言的又一座丰碑）。罗斯福的成就在于，他与普通民众建立直接联系的超凡能力并没有因为上流口音而失色。阅读罗斯福著名的炉边谈话文本，不免让人黯然神伤，那种让美国人增长知识、拓宽思维，而不是迎合最低标准的公民文化已经逝去。在艰难时刻呼吁牺牲与利他主义的罗斯福绝不可能把同胞公民称作伙计们，就和他绝不可能在广播中口出污言一样。1940年年底，为了呼吁同胞们为迎接即将来临的战争做好准备，总统用他独特的措辞对大众说：

> 今晚，面对着一场世界危机，我的思绪回到了八年前国内危机笼罩时的一晚……我清楚地记得，当我坐在白宫的书房里，准备对美国人民讲话时，我的眼前浮现着我将要与之对话的所有美国人的面孔。我看见了厂矿中的工人、柜台后的女孩、小商店的店主、忙着春耕的农民、不知一生积蓄去向何方的寡妇和老人。我试图告诉无数美国人民，银行危机对他们的日常生活意味着什么。
>
> 今夜，在美国面临着的这场新的危机之中，面对着同样的人民，我想做同样的事情……

> 我们必须成为民主国家的兵工厂。对于我们来说，这是和战争本身一样重要的紧迫任务。我们必须拿出同样的决心、同样的紧迫感、同样的爱国与牺牲精神来完成我们的任务，就像我们面对战争时那样……
>
> 作为合众国总统，以这个我们热爱与尊敬、这个我们有幸骄傲地为它效力的国家的名义，我呼吁全国奋起努力。我希望我们的人民怀有坚定的信念，相信我们共同的事业终将大获全胜。[1]

如果把人民、农民、老人、寡妇换成伙计们，对庄重公共话语的抛弃与政治进程的堕落之间的关系便显而易见。呼吁决心和爱国与牺牲精神，便是呼吁人民超越平常的自我，像真正的公民那样行动。而不停地告诉美国人他们只是伙计，却意味着毫无期待——这种对平庸的认同与自得恰是任何时代反智主义的独特标志之一。

这个民族的语言劣化几乎表现在电台、电视和网络上的一切广播与播客之中。在这个真实而无所不包的公共空间里，同质化的语言和同质化的思想不断循环强化着彼此。正如乔治·奥威尔（George Orwell）1946年所写下的：“一个人也许会因为觉得自己是个失败者而开始酗酒，之后又因为酗酒而更加失败。英语语言的遭遇正是如此。它因为我们愚蠢的思想而变得丑陋和不准确，而语言上的不修边幅又让我们更容易产生愚蠢的想法。”[2] 在语言明确性不断模糊和智识歧视不断加深的过程中，政治言论总是最先恶化的——尤其是如今的媒体能够高效地放大和传播谬误，这种效率也许连奥威尔都会为之咋舌。再想一想媒体和政客们的另一个几乎无处不在的替换用法，他们用"部队"（troop）代替了"士兵"（soldier）。每一部字典都会告诉我们，"部队"是集体名词，只有在特指某支大型军队时才会使用复数。但不论在什么时候，只要有美国人卷入军事冲突，记者们都例行公事地报道着"X个部队死亡"。这不只是个语法错误；把士兵——我们也许可以与其产生共鸣的个人——说成仿佛无名的部队，这种说法会促使公众以更加抽象的方式来看待战争和战争中的伤亡者。有谁会向"无名部队墓"敬献花圈呢？我们很难确知这种语言风格是以什么方式、什么原因、在什么时候侵入日常语言的。二战之中，除了讨论大型军事行动（比如盟军 D 日在诺曼底的登陆）之外，士兵几乎从不会被称为"部队"。这个术语在越战中变得更为常见，但却没有被习惯性地用来代指"士兵"。我的猜测是，二十世纪八十年代的某个时候，军队或媒体（也许就是军方媒体）中的某些蠢货决定，出于对军中越来越多的女性的尊重，暗含男性特质的"士兵"一词今后必须替换为"部队"。就像对伙计们无休止的逢迎一样，"部队"对"士兵"的压倒性胜利生动体现了日常语言的劣化和思维混乱之间的联系。

我所说的语言劣化，指的并非糟糕的语法，尽管在每个街口、每段脱口秀里都能听到它们；也不是污秽语言的泛滥，在那些原本只有肆意褒贬的修饰语才能大显身手的鲜少场合中，它们已经因为自身太过常见而丧失了力量与意义；更不是混杂了西班牙语的英语和所谓的黑人英语，它们是文化保守主义者攻击最多的目标——尽管我同意保守主义者"公立学校应当专注于讲授标准英语"的看法。但是标准美式英语的标准，以及如今的私密言论反映在电子与数字媒体上的公众言论的方式，恰恰是问题所在。

公共空间中的劣化语言——各种形式的社交媒体如今也在公共空间之列——如同低剂量的毒素，悄无声息地侵蚀着我们的是非观念，直到有人说出些太过不恰当的话，打破了我们对从刻板乏味到无礼冒犯的各种语言的无动于衷。特朗普总统就职次日，麦当娜在华盛顿女性大游行上令人难忘的演讲便带来了这样一个时刻。她宣告："有些东西坚持认为这次游行百无一用，但这些诽谤者听着：去你妈的。去你妈的！这是人们急需的变革的开始。"［给 M 女士的语法建议：指代"诽谤者"的应该是"人"（who）而不是"东西"（that）。］① 说这些有些离题。我们可

---

① 麦当娜的原话为 To the detractors that insist this march will never add up to anything: Fuck you.——译者注

不能指望一位对观点相异的人说"去你妈的"的女性在意语法细节。麦当娜的"去你妈的"之所以让人感到被冒犯,并不是因为这是句脏话,而是因为这种表达方式无法说服对方,只能讨好盲目的支持者。不论是在私密还是在公开场合,唯一可能回应"去你妈的"的话只能是"也去你妈的"。麦当娜演讲时,我刚好在看 MSNBC 电视台的直播,唉,为了保护观众免受一种大部分五六岁以上的美国人早已熟知的表达方式的毒害,这家有线电视网迅速掐断了音频流,这种做法着实把我逗乐了。尽管 MSNBC 颇感尴尬,但正是因为用得太过频繁,这样的脏话已经没有了什么真正的力量。刻意赋予特殊含义的脏话确实有其用武之地,但当你想通过演讲让敌我双方都意识到你动了真格的时候,它却并不合适。这不是政治中左右两翼斗争的问题,而是普遍存在的语言贫乏。2004 年,副总统迪克·切尼(Dick Cheney)在参议院中让来自佛特蒙州的参议员帕特里克·J. 莱希(Patrick J. Leahy)对自己做一件从解剖学角度讲不可能实现的事情[3],麦当娜在这里表现出来的语言水平同切尼不分高下。(莱希对私营军事承包商在伊拉克的做法的质疑激怒了切尼。)在真正的幽默大师罗素·贝克(Russell Baker)看来,过去的政客们会因为语言上缺乏新意而感到羞愧(尽管他们曾随心所欲地在公共论坛上说出英语中最污秽的话语)。十九世纪九十年代,众议院发言人托马斯·里德(Thomas Reed)曾经评论竞争对手说,"他要是再长几个脑袋就够当个傻瓜了"。对另一个政客,里德说,"他每次开口都会让人类才智遭受损失"[4]。美国人曾经听到(更准确地说,读到)过这种真正诙谐的话语,也曾试着模仿这样的机智。而如今,政客和电台娱乐节目主持人都说着同样愚蠢呆傻的语言,我们跟在后头鹦鹉学舌。

这一模仿进程远远超出了和日常用语之间向来都有一定距离的政治语言。商业化的标准用语之毒如今塞满了我们言辞和意象的仓库,我们依赖这些言辞和意象来思考和描述从荒唐到崇高的一切。比如,电视节目中被糟蹋得最多的一句话是独一无二的利伯拉契（Liberace）[1]玩世不恭的笑谈，"我一路哭到了银行"——每当有严肃的批评家把他那大烛台映照下的表演斥为垃圾的时候[2]，他都会这么说。这句妙语变成了毫无意义的流行语言，"我一路笑到了银行"——往往是有关乐透彩票赢家的新闻底下的无端猜测。媒体在其中扮演了双重角色，它们既是公众语言的创造者，又如同麦克风一般放大和散播着很多美国人已经在日常生活中使用着的语言，因果在这个完美的永动机里永远都无法区分。体育节目主播在谈到一位刚签下总额数百万美元的多年合同的运动员时说，"他一路笑到了银行"。一个漫不经心地听着广播——也许一边还在玩着电子游戏——的孩子不假思索地接受了这句毫无意义的表述，重复着这样的话，把它传播给可能会在日后接受采访的人，他们会在电视上说，"我一路笑到了银行"，由此把病毒传染给新的听众。正如《爱丽丝梦游仙境》（*Alice's Adventures in Wonderland*）里爱丽丝、三月兔和帽匠的唇枪舌战。"那你想什么就说什么。"三月兔对爱丽丝说。"我就是这么说的，"爱丽丝回敬道，"至少——至少我说什么想的就是什么——这都是一回事，你明白的。"帽匠插口说道："根本就不是一回事！不然，你也可以说'我吃什么看见什么'和'我看见什么吃什么'也是同一回事。"在愚昧而反智的文化中，人们吃下去的主要就是他们所看见的。

我们难以像针对废奴主义或女性主义那样，以一种准确而有效的方式把反智主义描绘成一种历史力量，或延续之中的美国现实。在霍夫施塔特看来，反智主义并非独立的历史或社会现象，而是某个别的目标——

---

[1] 利伯拉契（1919—1987），美国钢琴家、歌手、演员。在他名望最高的二十世纪五十至七十年代，利伯拉契是全世界收入最高的艺人。——译者注
[2] 利伯拉契在1957年第一次说了这句话，当时他刚刚赢得对英国小报《每日镜报》（*Daily Mirror*）的诽谤诉讼。发表在这份报纸上的一篇专栏文章说这位艺人是"要命的、眨着眼的、嬉皮笑脸的、依偎着的、花哨的、气味独特的、鲜艳的、笑呵呵的、水果味的、扭捏作态的、冰封的一堆母爱"。

比如让受教育的机会覆盖更大人群，或从教会手中夺走对宗教生活的控制权——所引发的后果。"几乎无人认为自己和思想与文化相对立，"霍夫施塔特写道，"人们不会在早晨起床之后对镜微笑，然后说：'啊，今天我要折磨一个知识分子，扼杀一种思想！'"[5] 在我看来，对反智主义的这种描写似乎太过宽容——不论当时还是现在，尽管无疑极少有人会把自己视为思想与文化（或是他们自己眼中的思想与文化）之敌。但人们在公共生活中对文化的所作所为要比他们对着镜子自言自语重要得多。就连那位总发推手（Tweeter-in-Chief），也从来没人听过他自豪地宣告"我讨厌文化"或"我讨厌书籍"。相反，各个经济和社会阶层的美国人都会接受他的说法——没有时间读书。但相较于任何表态，他在竞选期间宣布的废除国家艺术基金会和国家人文基金会的计划却更能反映出他对文学文化和表演艺术的真实态度。（就算这两个基金会在技术上依旧存在，预算的大幅削减将严重影响它们的正常运作。）

除了赤裸裸的审查与威胁，或经费缩减之外，绞杀思想的办法有的是。暗示对思想、理性、逻辑、实证和准确语言的热忱是邪恶的，甚至是"非美国"的，这便是其中一招。2004 年总统选举前夕，记者罗恩·苏斯金德（Ron Suskind）报道过他和布什的一位高级助手之间的可怕对话，后者对苏斯金德说，在布什政府看来，媒体人士属于"以现实为基础的群体"——他们"相信解决方案源于对明确现实的审慎研究"。但是，这位助手强调说："事实上，这个世界的运作方式已经变了。我们如今是一个帝国，我们将在行动中创造出我们自己的现实。在你们研究现实的时候——你们想审慎就审慎——我们会再次行动，创造出其他新的现实，你们还可以继续研究……我们是历史的参与者……而你们，你们所有人，只能研究我们的行动。"[6] 只能做些研究的人和那些历史参与者之间毫不隐晦的划分不仅体现出了对知识分子的轻蔑，也侮辱了所有认为公共政策应该由现实证据而非权力与情绪决定的人。布什的那位助手坚持要求在苏斯金德的文章中保持匿名，而特朗普的顾问凯莉安·康威却毫不顾忌地果断使用真名为老板的"另类事实"辩护,这样的对比也许会给我们一些启发。康威和布什的那位助手所说的是同一件事——篡改向大众报道的事实。区别在于,十二年前,布什政府中篡改事实的人耻于与事实上的政治谎言政策挂钩。知耻未必总是美德,但——在应该感到羞耻的时候——不知耻却一定是恶习。

任何时代的反智主义都可以恰当地理解为多种原因带来的复杂症状,而症状的延续有可能让原本有望好转的问题变成危及整个政治机体的恶疾。美国反智主义的回潮在特朗普的胜选中发挥了十分重要的作用,我们可以毫不费力地点出造成这种状况的诸多原因——有老的,有新的。回首以往,我们不禁会把文化中充斥的信息娱乐和数字媒体(甚至是社交媒体)视为始于电视问世之初的必然进程。很多人坚持认为电视和社交媒体完全不同,看电视是完全被动的行为,而在社交媒体上与他人交谈是主动和互动性的。我不同意。电视(和广播)是社交媒体的早期形式,因为人们总是会和亲友一同收看和收听,会彼此交流看到和听到的内容。显然,区别在于他们无法和那么多相距遥远的人交谈。我的祖母有一次偶然听到两个女人在巴士上谈起另外一个刚刚离开丈夫的女人,我永远都忘不了祖母听到这些话之后的笑声。"她们那么生气,我真的以为其中一个会扇另外一个一巴掌,"奶奶说,"慢慢地,我发现那些名字很熟悉,她们聊的是一部肥皂剧里的离婚。我问她们怎么会对剧中角色那么生气,其中一个说:'我对他们比对我自己的大部分家人了解得还多。'"对于只在 Facebook 上联系的友邻,我也听过很多人说过类似的话。

二十世纪五十年代——尽管当时大部分民众只对肥皂剧和综艺节目感兴趣——知识分子对电视寄予厚望,将其视为有教育意义的媒介和大体而言有正面作用的力量。说到底,在 1954 年春天为参议员约瑟夫·R.

麦卡锡（Joseph R. McCarthy）的垮台拉开序幕的正是电视报道，当时，美国广播公司安排了 188 小时的播出时间现场直播陆军—麦卡锡听证会。麦卡锡看上去像是个小混混，在看到他的样子、听到他的声音之后，人们掀起了抨击滥用职权的舆论大潮，而在之前平面媒体就此刊发报道的时候，问题却显得没那么严重。在这场听证会上，眉毛浓密的麦卡锡和他狡诈的首席律师罗伊·科恩（Roy Cohn）的对手，是美国陆军和彬彬有礼的特聘律师约瑟夫·韦尔奇（Joseph Welch）。当麦卡锡背弃了早前的协议，指责韦尔奇的事务所里的一位年轻律师是共产党同情者的时候，这场听证会中最著名的话语出现了。韦尔奇刹那间由和蔼的大叔化身为复仇天使，向麦卡锡发出了怒吼：「在这一刻之前，参议员，我想我都没能认清你的残忍与鲁莽……先生，你到最后还是没有良知吗？」在麦卡锡和韦尔奇的交锋走向高潮的时候，数百万美国人都至少观看了部分委员会会议直播，由此了解了事件的来龙去脉。由于听证会刚开始的时候毫无戏剧性（而且对于当时的电视网络来说，日间肥皂剧带来的收入极高），哥伦比亚广播公司（CBS）和全国广播公司（NBC）都选择了不作直播报道，这两家媒体因此颜面尽失。

1960 年秋天的首次总统候选人电视辩论再次强化了对电视的公民教育价值的乐观——至少对那些支持约翰·肯尼迪当选总统的人来说是这样的。但是，肯尼迪在初次辩论中的胜出更多地得益于他的外貌，而不是言辞或政策主张；尼克松神情憔悴，满脸胡茬，形象和麦卡锡差不多，肤色健康、头发浓密的肯尼迪却仿佛年轻与活力的化身。当时，极少有人注意到大选结果受上镜与否影响的风险。之后的民意调查表明，通过广播收听辩论的人认为尼克松占了上风，看电视的人则认为肯尼迪是赢家。这一发现也许已经为那些较有远见的知识分子拉响了警报，但几乎无人重视——也许是因为在特朗普登场之前，还没有比尼克松更为美国知识分子所不齿的政客。（知识分子确实看不起乔治·W. 布什，但他们却不憎恶他。他那亲切的性格，对"9·11"之后的反穆斯林偏见的谴责，还有对在非洲防止 HIV 病毒传播等事业的真心关注让人们很难对他产生厌恶。副总统迪克·切尼邪恶的右翼形象也帮布什挡开了一些原本以他为目标的讥讽。)

在整个二十世纪五十年代和六十年代上半叶,尽管电视对公共事务的影响与日俱增,整体而言,电视的威力和存在感还不像进入七十年代时那样无处不在——更不用说有线电视崛起的八十年代了。这是事实,尽管美国家庭的电视拥有率在 1950 年到 1960 年间由 9% 上升到了 90%。虽然电视机在五十年代中期已经不再是新鲜事物,但电视节目的数量依然有限,而且还没有实现不间断播出。

更重要的是,五十年代初相对较低的电视拥有率表明,对于 1950 年前出生、年纪较大的婴儿潮一代而言,电视在日常生活中并不常见,还是难得一见的享受——至少在影响性格形成的学龄前时期是这样的。生于四十年代的美国人大可以被视为与较年轻的婴儿潮一代在文化上有所不同的两代人,因为较年长的那一批人学会阅读的时候,电视还没有进入他们家中。最年长的婴儿潮一代如今已年届七旬,他们人生最初的五到七年和他们的父辈并没有多少差别——在户外玩耍,收听钟爱的广播节目,跟着父母和书本而非《芝麻街》(Sesame Street) 学语言。而现在刚过五十岁的人们——最年轻的婴儿潮一代——早在进入真正的学校之前,就已经开始在电视机前接受教育了。和他们的子女一样,他们从婴儿时期便开始接触电视——尽管六十年代的父母中没有几个会傻到把电视机放在婴儿床前。

随着婴儿潮一代中生于 1955 年前的那些人(甚至包括政客们)在未来十年中退休,这个国家的政治和文化领导权终将交到第一代从出生起便在电视机前长大的人手中,这确实值得我们思考。第一代从出生起便在电脑前长大的人也将加入他们的队伍。对于认为增加"高质量"的电视节目和数字菜单无法抵消海量负面智识冲击的人来说,这样的前景令人感到不安。尼尔·波兹曼(Neil Postman)在 1985 年出版的《娱乐至死》(Amusing Ourselves to Death）中最早发出了颇有预见性的哀叹。"我对电视上的垃圾并无异议，"波兹曼明确地说，"这些垃圾是电视上最好的东西，它们不会对任何人和事物构成严重威胁。而且，我们衡量一种文化时，要看它自以为重要的东西，而不是那些不加掩饰的细节。这正是我们的问题所在。电视本身无足轻重，所以，当它志向高远，当它把自己表现成重要文化对话的载体时，才是最危险的。"[7]

波兹曼写下那些话的时候恰逢个人电脑时代的黎明，刚好在由录像机所引领的种类繁多的录放设备成为必备的家用电器之前，娱乐消费者们可以用这些设备获得事实上无穷无尽的视频影像，闲暇之时在家中观看。针对印刷文化到视频文化的转变之中的隐喻，波兹曼所说的一切如今依然成立——而且更加成立。波兹曼认为，观看视频的数量比质量更重要，这同样适用于千禧一代，他们虽然因为诸多原因自认为更钟爱移动设备，但也会在各种屏幕上观看不少电视节目。在这个问题上，我完全同意波兹曼。当我在二十世纪五十年代还只是个小孩的时候，我的父母立了一条在那个家长控制的时代显得颇不寻常的规矩。我和哥哥可以看任何节目——但在工作日（如果我们做完了家庭作业的话）只能看一个小时，周末只能看两个小时。在我成为热忱的棒球迷之后，这条规矩有了一个例外，他们允许我看完整场比赛。我们也会全家一起看晚间新闻，讨论当天发生的事情。到我十多岁时，所有的规矩都被废除了——但那时我已养成了习惯，只有真想去看那些节目的时候，我才会去看电视。

事实证明，生活优渥的专业技术人员，包括相当多的知识分子，特别容易被视频消费这种生活方式——只要那些视频具有"教育性"——安全无害，甚至大有裨益的错觉所俘虏。但是医学研究并不支持适量视频有益于婴幼儿大脑发育的安慰性说法，不论视频内容是否具有教育性都不行。越来越多的儿科研究表明，幼年频繁接触任何形式的视频都会导致儿童注意力集中时间的缩短。生产影像的是电视网络、电影公司还是电脑软件厂商并不重要，重要的是儿童盯着屏幕的时间长短。美国儿科学会（American Academy of Pediatrics）的结论是，对于两岁以下的儿童来说，观看视频没有安全剂量，但不论他们的意见如何，保卫婴儿免受视频影响的战争已然失败。

焦虑的父母们担心看太多视频对孩子们有害，但又放不下电子保姆带来的便利，他们在博客上最常说的话是："我们从不给孩子看电视，只让他们看视频。"望子成龙而又惜时如金的上层中产阶级父母们对《小小爱因斯坦》(*Baby Einstein*)的热情是这种普遍存在的自我安慰心理的一个有趣的例子。《小小爱因斯坦》向幼儿们灌输各种教育性影片，向他们介绍从克劳德·莫奈(Claude Monet)的睡莲到华兹华斯(Wordsworth)的诗歌在内的一切。婴儿们也无法逃脱这种节目。HBO频道2005年春天开播的《古典宝贝》(*Classical Baby*)就是个完美的例子。这个每集半小时的节目由柴可夫斯基、巴赫、艾灵顿公爵（Duke Ellington）和欧文·柏林（Irving Berlin）的音乐组成，而且都配上了小丑、精灵和动物的动画，此外还有一闪而过、让人不舒服的杰克逊·波洛克（Jackson Pollock）、文森特·梵·高（Vincent van Gogh）、克劳德·莫奈等人的名画。面对反对向婴儿推销的电视节目的各个团体，哈佛大学医学院儿童心理学家、HBO顾问尤金·贝雷辛（Eugene Beresin）声称："说这种电视节目不好，就等于是说艺术不好。"[8] 这样的表态应当被看作受过高等教育的专业人士和婴儿一样会因为视频节目而智力受损的初步证据。人们不知道应该通过在家中播放不受小丑动画干扰的优美音乐来让孩子认识音乐，不知道应该通过枕边诵读来让孩子认识诗歌，不知道应该通过花园里真正的美景和花香，而不是用狂轰滥炸莫奈的《花园》来培养孩子的审美；那些节目如今在这些人身上找到了巨大的市场，这实在是可悲。疲惫的父母们让孩子迷醉在视频当中，为自己求得片刻安宁，真乃美事一件——什么人那么无聊，说让孩子们看一会儿随着柴可夫斯基的乐曲起舞的动物其实会导致伤害？——别用这是教育的想法自欺欺人了。确切地说，这是教育——但这种教育，会让幼小的大脑沉迷于伴随着大量噪声的预制视频刺激。

只有勒德分子①会声称电视屏幕和电脑显示器上的视频文化对个人才智的发展和全社会的智识生活毫无贡献。《小小爱因斯坦》的目标自然不是为反智主义推波助澜，说到底，它的用意是迎合上层中产阶级父母的竞争焦虑和才智虚荣。几乎毫无疑问的是，视频对美国人的精神世界越来越早的入侵不但让幼儿不再有必要娱乐自己，而且让他们的思维无法跳出框框，这"框框"甚至不是比喻，就是字面意义上的框。可想而知，视频文化催生了一种电子家庭手工业，文人与学者们手拿大棒，保卫着资产以百亿计的产业集团和大放厥词的老派知识分子（别名：坏老头），好让自己从摇篮到坟墓都能吮吸着视频的乳头。只有在当今的美国，《一切坏东西都对你有益：当代流行文化是怎样让我们变得更聪明的》(*Everything Bad Is Good for You: How Today's Popular Culture Is Actually Making Us Smarter*)这样的书才会得到好评。这本书的作者史蒂芬·约翰逊（Steven Johnson）为《发现》(*Discover*)杂志撰写《新兴科技》专栏，据他自己所说，他在电子游戏上花了大量时间。"电视对婴儿的催眠效果有时候会让父母吃惊，"约翰逊写道，"他们发现原本精力充沛的孩子安安静静，大张着嘴巴盯着屏幕，他们作了最坏的猜想：电视把孩子们变成了僵尸。"不用担心，约翰逊向我们保证，电视——还有日后的电子游戏——面前呆滞的眼神"并非智力衰退的征兆，而是专注的标志。"[9]如果一个成人花了很多时间玩电子游戏的话，那么我们便很容易理解，为什么他会想出一切坏东西都有好处的理论了。

真正重要的不是孩子们**专注**于什么，而是他们在高度专注于早已看过几十遍的视频的时候，他们的注意力**屏蔽**了什么。约翰逊接着又号称，那些证实了读写技能下降的研究有严重缺陷，因为它们"忽略了互联网的发展所带来的阅读（更不用说写作了）大爆发"。他承认电子邮件交

---

①勒德分子（Luddite），指反对技术进步的人。得名于十九世纪用破坏纺织机的方式表达抗议的英国纺织工人。——译者注

流和网上对电视真人秀《学徒》(*The Apprentice*)的解读"与文学性的长篇小说不是一回事",但他还是带着赞许说,两者"同样以文字为主"[10]。(在他写下这些话的时候,谁都不会想到,《学徒》节目的监制有朝一日会身居大位,对美国政府中的高级官员喊出"你被解雇了"。)约翰逊那以自身为参照的废话只有在自我参照的数字和视频文化中才会出现,人们同样可以说儿童色情和提香笔下的裸体"同样以图像为主"。在一个依赖技术的贪婪社会中,这种辩白显然很有吸引力:父母们会相信他们的钱花对了地方,因为电子媒体玩具全都具有教育价值,他们会相信过去半年一点读书的时间都没抽出来并没有什么大不了,会相信各种屏幕上的动画真的会让自己的孩子变得更加聪明。

互联网上爆发的是怎样一种阅读呢?当然不是阅读严肃的虚构和非虚构图书。尽管出版商们不愿意发布明确的销售数据,电子书走出小众市场的失败依然是这个行业里保守得最好的秘密之一。人们曾经认为电子书将满足不断扩大的市场需求,但到二十一世纪第二个十年中期,电子书销售依然疲软。早在世纪之交,就已经有迹象表明,电子书不是人人都适合的东西。就连史蒂芬·金(Stephen King)这样广受欢迎的畅销小说作家在网上都碰了壁。2001年,金尝试着在网上连载一部有关超自然力量的惊险小说,读者需要为前三章支付1美元,剩余章节收费2美元。下载图书的读者需要通过信用系统付费,史蒂芬·金承诺,只要有75%读者付费,他就会继续连载。到了第四章,付费读者的比例下降到了46%,史蒂芬·金最终在年底放弃了连载。这种连载的主意当然曾经也有别人试过,而且大获成功——不过那是在十九世纪。为了读到狄更斯小说的最新章节,伦敦的读者们曾经一大早起来排队;当轮船载着令人期待的小说驶来时,纽约的狄更斯迷还会专门前去迎接。然而,网络只关心来得最迅速的快感。最喜欢在线阅读的,恐怕也正是最不愿意等待最爱的作家贴出新章节的人。

那些曾经预言电子书前途无量的科技股分析师们也曾试着用当前的

技术水平为自己的误判辩解：万事俱备，只欠更好的下载和阅读工具的东风。这种工具应该小巧、轻便，让读者在乘车、吃三明治、倚在床头的时候也能轻松阅读。比如说……平装书？某种意义上说，电子书的失败更可能的原因是，以消遣为目的的阅读——与工作上必不可少的信息阅读大不相同——与电脑和便携数字设备上的整体阅读体验完全对立。互联网是分发参考图书和教科书的完美媒介，因为这些书原本就不需要逐页从头读到尾。但是狭隘且以节省时间为重的专注不但对娱乐性阅读有害，也不利于通过阅读来获取知识。记忆是视频文化最早的受害者，因为它需要通过接触和体验吸收思想和信息，以及把新的信息与原有知识体系联系起来的能力。如果没有记忆，人们只能依靠短期获取的一知半解的信息，在错误的基础上作出判断。所有的大众娱乐媒体和越来越多的教育媒体以娱乐模型为基础，强调"独立成篇"、无须知识基础的节目编排。媒体提供的元素，加上其他美国社会力量和机构的养料，为公共空间中无坚不摧的无知提供了成长的沃土。

基要主义宗教的复兴是过去四十年来反智主义的第二大动力。这种信仰形式与启蒙运动以来使西方文明发生了巨大改观的伟大的理性洞见完全相悖，或明或暗地迎合情绪而非理性的现代媒体是它的理想传播工具。心怀必胜信念的基督教基要主义大多属于新教，不过也有例外。基要主义以《圣经》中的每一个字都是真实的、都是上帝亲传的信条为基础。过去四年中进行的舆论调查都表明，超过三分之一的美国人相信对《圣经》的字面解释，而超过六成的人相信《启示录》中的血腥预言——包括杀死所有不信耶稣是弥赛亚的人——会成真。[11]

从二十世纪二十年代的电台传道者孙培理（Billy Sunday）开始，在一切问题上都持非黑即白观点的美国基要主义者充分利用了每一种新生的大众传播媒介。自由主义宗教有着多元化的观点，决心在信仰之屋中为世俗知识留出空间，它们并不那么适合媒体包装，而且在视觉媒体上甚至比电台更加不具优势。从帕特·罗伯逊（Pat Robertson）在《700俱乐部》(*700 Club*)节目中的怒吼，到梅尔·吉布森（Mel Gibson）2004年的电影《基督受难记》(*The Passion of the Christ*)，宗教只有在不向世俗思想和知识妥协、只迎合人们的情绪而不给质疑留出空间时，才能通过视频画面给观众留下最深刻的印象。拿吉布森的《基督受难记》来说，它源自一直不被梵蒂冈接受的罗马天主教基要主义，这种信仰视《马太福音》为真实记载，认为犹太人应当为耶稣被钉上十字架负责。在美国，这部风靡一时的电影的主要观众不是不信圣经直译主义①的天主教徒，而是右翼新教徒。

即使是在娱乐媒体没有主动推广某种宗教形式的时候，它们也在助推和利用美国人对超自然力量的普遍轻信。近年来，电视上不断推出种种节目，来迎合相信幽灵、天使和魔鬼的广大观众。超过半数的美国成人相信幽灵的存在，三分之一相信占星术，四分之三相信有天使，五分之四相信神迹。[12] 在美国，针对末世的营销是一种多媒体产品，利用基督教基要主义和偏执的迷信获利。主流教派多年来持续淡化《启示录》中的预言，现代圣经学者指出，《启示录》是在真实的耶稣死后六十多年写成的，与四福音书几乎没有联系。可是，十九世纪中叶以来的圣经研究恰恰是基要主义所反对的众多理性思想之一。谁在乎那些脑袋尖尖的知识分子说了什么？谁在乎《圣经》各个部分到底是什么时候写成的？谁在乎这些文字和真实历史有什么关系？美国人对末世幻想的热情也许更多地来自《驱魔人》(*The Exorcist*)和《凶兆》(*The Omen*)之类的电影，而非《圣经》本身。

过去十五年来，尤其是在世界贸易中心和五角大楼2001年遭受的恐怖袭击为种种被害妄想提供了素材之后，推动"末世"场景——意指世界末日——的主要力量是通过右翼基督教书店和基要主义网站所推广

---

① 圣经直译主义（Biblical literalism），又译经律主义，认为《圣经》字面意义不具有隐喻与象征，主张完全依照字面意义理解《圣经》。——译者注

的一套丛书，即写给成人的《末日迷踪》（Left Behind）系列宗教恐怖小说——书名指的是耶稣为了最后的审判重临世间之后那些不信神的人的末日——还有配套的童书（《末日迷踪：儿童版》）。这套书的作者杰瑞·B. 詹金斯（Jerry B. Jenkins）此前的主要工作是为体育明星们代笔，故事的构思来自基要主义牧师、宗教组织"道德多数"（Moral Majority）创始人蒂姆·莱希（Tim LaHaye）对《圣经》的解读①。这套书在美国已经售出了超过1亿本。在狂热的书迷圈子里，这套传奇小说被称为"被提升天"（Rapture），首字母R还要大写。

被提升天也是个动词，意思是在上帝杀死了地上一切怀疑者之后天堂中的狂欢，由此应验圣经中"神为爱他的人所预备的、是眼睛未曾看见、耳朵未曾听见、人心也未曾想到的"的预言（《哥林多前书》2：9）。至于那些怀疑神的人，关于哈米吉多顿②的无比残虐的经文详细规定了他们的悲惨命运："有蝗虫从烟中出来飞到地上。有能力赐给他们、好像地上蝎子的能力一样。并且吩咐他们说、不可伤害地上的草、和各样青物、并一切树木、唯独要伤害额上没有神印记的人。……在那些日子、人要求死、决不得死。愿意死、死却远避他们。"（《启示录》9：3、4、6）内布拉斯加州贝尔维尤的一位空军机械师制作了一个很受欢迎的基要主义网站，每天发布"被提升天指数"，那位创始人称之为"末世状况的道琼斯工业指数"。这个"随时升天"（raptureready.com）网站上的指数在2001年9月24日达到了顶点，因为哈米吉多顿狂热分子们认为，恐怖袭击意味着世纪末日迫在眉睫。

除了有千百万美国人相信末日迫近之外，最让人不安的是，主流媒体竟然认可这些荒诞的想法，并郑重其事地对待它们。2002年，《时代》周刊（Time）在一篇关于《圣经》和《启示录》的封面文章中严肃地

---

① 莱希于2016年7月去世。
② 《圣经》所述世界末日之时善恶对决的最终战场，亦引申出"毁灭世界的大灾难""世界末日"等涵义。——译者注

宣布:"9月11日以来,那些来自对基督教不甚友好的角落里的人们开始询问《圣经》关于世界终结的说法,牧师们用他们一年前根本都不会想去参加的布道回答了他们的问题。"[13] 很明显,《时代》周刊的文章中完全找不到世俗与理性的分析。作者没有为那些相信末世场景只不过是完全以迷信为基础的集体妄想,深知把本应被无视的极端狂热思想视若平常、包含政治风险的人留出空间。这篇文章煞有介事地讨论哈米吉多顿,好像它和地球一样真实存在。表面上,这是为了利用公众的恐惧多卖杂志;从更深层次看,这篇文章展示了一种新闻观,相信一切"有争议的"都值得报道,相信正反双方总是应当享有同等空间——哪怕其中一方就像是变态心理学教科书中走出来的病例。只要有足够的金钱驱动,有足够多的人相信二加二等于五,媒体就会一本正经地加以报道,而且总是会加上一段修饰性的话,"但数学家们说,二加二依然等于四"。由于这种连谬论都信以为真的病态客观性,主流媒体对逻辑和理性造成的伤害比"随时升天"网站更加严重。

这种错误的客观性对宗教尤为客气,它忽略了刻意造成的无知这一基要主义的决定性特征。不要非议他人的信仰,这是美国生活中最强有力的禁忌之一——这条限制源自一种将宗教自由混同于让宗教免于像其他社会组织那样接受批判性审视特权的混淆。宪法和生活在多元社会里的现实要求我们尊重其他公民的信仰自由——用托马斯·杰斐逊(Thomas Jefferson)的话说,只要他们的信仰"一不偷我的钱,二不打断我的腿"就行。但是很多美国人曲解了这条原本合理的自由原则,认为这意味着要以信仰本身的方式来尊重它。这种盲目的宽容把可验证、可观察的科学事实与无法证实的超自然臆想拉到了同一个层次,为反智主义和反理性主义的复苏大开绿灯。依照宪法,千百万美国人享有完全的信仰自由,可以自由地相信万军之主终将到来,杀死千百万不信他是弥赛亚的人。但其他人也应该行使他们的自由,自由地指出那些信仰是危险的谬论,而且确实会偷别人的钱,打折别人的腿。

现代美国基要主义（这个词直到二十世纪二十年代才得到广泛应用）在第一次世界大战之后成长为清晰可辨的宗教和文化运动，反对在公立学校讲授达尔文自然选择的进化论是它的决定性议题。当时，包括非基要主义的宗教信徒和世俗主义者在内的知识分子错误地认为，1925年发生在田纳西州德顿市，针对约翰·T. 斯科普斯（John T. Scopes）的"猴子审判"已经让反进化论者和基要主义者遭受了决定性打击。全国知名的律师、坚定的不可知论者克拉伦斯·达罗（Clarence Darrow）接下了斯科普斯案，这位高中教师被指控违反了田纳西州禁止在公立学校讲授进化论的法律。达罗的对手是三次民主党总统候选人、基要主义英雄威廉·詹宁斯·布莱恩（William Jennings Bryan），他的名言是，他"对《万古磐石》（Rock of Ages）①比对磐石是否真有万古之龄更感兴趣"。布莱恩错误地选择了以《圣经》专家的身份出庭作证，而精于诘问的达罗迫使这位自己曾经的朋友承认，很多圣经故事，比如约书亚命令太阳停住，在当代科学知识的背景下不能当真。

尽管由基要主义者组成的陪审团不出意外地认为斯科普斯有罪，来自北方的记者、科学家和知识分子们都相信，布莱恩在法庭上的耻辱已经一劳永逸地让基要主义名誉扫地。1931年，文化历史学家弗雷德里克·刘易斯·艾伦（Frederick Lewis Allen）写道："议员们也许还是会通过反进化论的法律，偏远地区的虔诚信徒也许还是会把他们的宗教锁在脑海中不受科学侵犯的领域中；但文明世界中各处的舆论都带着……惊叹和愉悦观察着那场审判，与基要主义信仰的缓慢决裂也在延续。"[14] 对艾伦这样成长于二十世纪初的知识分子来说，如果有人预言说进化论在二十一世纪初的美国依然和十九世纪末一样是个争议话题，他们一定不会相信。

袭击进化论的完美风暴正是新的反智主义作祟的完美例证，它的出

---

①基督教著名赞美诗。"万古磐石"又为耶稣基督别称之一。——译者注

现不仅是因为宗教基要主义的复苏，更是美国公立学校教育普遍存在缺陷和大部分媒体缺乏科学素养的结果。进化论之役往往被描绘成信仰与科学之间的冲突，但它实际上是造成当今美国社会非理性盛行的种种文化力量的缩影。反进化论主义一直延续至今，近二十年来又作为一种社会运动重新登台，这让美国和其他发达国家格格不入。2005 年 8 月 30 日，皮尤宗教和公共生活论坛（Pew Forum on Religion and Public Life）发布了一项民意调查结果，但因为前一天袭击墨西哥湾区的卡特里娜飓风而未受媒体关注。但对那些花了心思阅读的人来说，皮尤论坛的调查结果揭示了一场和新奥尔良的天灾人祸同样严峻的智识灾难。近三分之二的美国人希望公立学校同时讲授进化论和创造论——大体上可以理解为基于《创世纪》故事的基要主义核心信条。仅有不到半数美国人（48%）接受各种形式的进化论（甚至包括上帝引导下的进化），而接受达尔文自然选择的进化论的人只有 26%。足足有 42% 的人认为，自宇宙诞生以来，包括人类在内的所有生物都一直共存着。[15]

对科学如此严重的无知并不能仅仅归咎于宗教基要主义，因为不接受任何形式的进化论的美国人的比例要比相信《圣经》字面解释的人高出 15 个百分点。一定有别的什么原因，这个原因就是美国中小学和很多社区大学低下的科学教育水平。从皮尤对进化论的调查中所体现的教育水平差异，我们可以轻松推断出，大学以下的教育机构中，科学教育质量十分低劣。只有 27% 的大学毕业生相信各种生物一直都是如今的形态——尽管这个数字本身已经高得惊人了——没有接受过完整大学教育的人里有 42%、只接受过高中教育的人里有一半坚持创造论观点，坚信各种生物万世不变。三分之一的美国人误以为科学家在进化论问题上依然存在重大争议——在这种信念的推动下，宗教右翼所谓进化论和其他荒唐的想法一样"只是一种理论"，缺乏科学验证的迷魂汤产生了更加强烈的效果。反进化论者争辩道，既然进化论只不过是一种理论，那么就不必，也不能视之为科学真理。

进化论在细节方面自然有很多科学上的分歧，但整体而言，自然选择的进化论作为一种理论已是主流科学界的定论。支持"只是一种理论"这条流行论据的不仅仅是宗教信仰，还有我们全国对特定词语在特定语境中的含义漠不关心的态度。很多美国人并不理解"理论"一词在日常生活和科学中的不同意义。对科学家来说，一种理论指的是用来解释自然现象的一系列原理，其既要得到观测的支持，又要作为检验和同行评议的对象；科学理论并非一成不变，而是会随着新的测量工具和研究成果的出现不断修正。日常用语中的"理论"指的不过是基于有限或错误的信息所作的猜测——很多美国人就是这么理解科学理论的。对于那些把"理论"一词视同无端猜测的人来说，爱因斯坦的相对论和达尔文的进化论与《末日迷踪》迷"我的理论是，再发生一次恐怖袭击之后，世界末日就要来了"的说法无异。对世界末日的预言是非科学理论的典型例子：每一次预言都没有按时发生，而预言家们所做的只不过为预言的应验挑了个新日子。某个具体的预测也许是错的，但预言本身却总是不朽且无法验证的超自然真理。说到底，谁能证明世界不会毁于下一场大灾难？而在科学领域，新的信息要么是像哥白尼和伽利略的观测结果证伪人们长期相信的地心说那样打破了错误理论，要么就是证实了先前根据不够完善的信息而得出的理论。

对反进化论风暴贡献最大的因素之一是对中小学教育的地方控制，美国的这种传统导致全国教育质量长期存在严重的地区差异。在欧洲，各国都有统一的全国课程标准：意大利西西里地区的文化价值观也许和皮埃蒙特地区不同，但两地的高中毕业生学到的都是同样的科学知识。而在美国，文化之争的地区差异——基要主义在南方和部分中西部地区势力强大——意味着那些地区的教师就算自己相信进化论，也不敢在他们的生物课上引入相关内容。教育研究机构托马斯·B.福特汉姆基金会（Thomas B. Fordham Foundation）在新千年之交发布的一份报告指出，超过三分之一的州——大部分位于南方和中西部——不但不向学生讲授进化论的基本事实，甚至也没有让他们了解到达尔文的理论对所有现代科学思想的重要意义。[16]

屈服于反进化论者的学校最常采取的策略之一是在课堂上回避"进化论"之类的词，而换成"随着时间发生的变化"之类毫无意义的空洞说法。生物进化论经常被忽视，取而代之的是太阳系的历史，相对于人的尊严问题，它不会让基要主义者们感到那么不安。俄亥俄州是在福特汉姆报告中评分较低的州之一，俄亥俄州奥伯林市的生物教师罗恩·毕尔（Ron Bier）向《纽约时报》总结了他的教学策略。他认为，讲授进化论是有必要的，但为了避免刺激笃信基要主义的家长，他"尽可能地把教学内容化整为零"，而不是作为一个"单元"来讲解。毕尔补充说："我不会去强迫什么，不会就此和学生们争论。"[17] 也许有人会问，如果不能传授知识——传授知识的过程往往会引发不少争议——那教育还有什么意义？不过，消极被动和教师们回避争议的做法还不是最严重的问题。很多教师——他们就是存在同样缺陷的公立学校的产物——本身就不理解进化论。得克萨斯大学研究人员1998年的一项调查发现，四分之一的公立学校生物教师认为人和恐龙曾经同时生存在地球上。[18] 我们也许无法从这样的错误认识中明确推断出教师的宗教信仰，不过倒是很能让我们看清楚相当多的教师所受的教育是多么糟糕。一个不知道恐龙在智人出现之前早已灭绝的教师连讲授十九世纪末的生物知识都不够格，更遑论讲授现代生物学了。（近期没有类似的研究，因此我们没法知道如今的高中生物教师是不是比二十年前的教师们懂得更多科学知识。但是，由于来自畏惧信仰基要主义的家长的管理人员的压力，很多教师在课堂上回避了"进化"一词。我在过去十年中采访的高中教师中，很多人认为这是他们的痛处。）

更麻烦的是，美国人似乎对宗教方面的一些细节问题同样无知。美国恐怕是发达国家中宗教气氛最浓厚的国家，但绝大多数美国人说不出四福音书的名称，不知道《创世记》是圣经的第一卷[19]。既然公民们连创造万物的故事出自何处都搞不明白，又怎么能指望他们理解创造论的意义，指望他们在是否应当在课堂中讲授创造论的问题上作出有见地的决定？既然他们曾经和别的无数儿童一起坐在视"进化"一词为禁忌的课堂里，听着老师说人和恐龙曾经一起漫步地球，又怎么能指望他们对进化的含义有丝毫了解？

信息娱乐文化加深了公众在科学和宗教两方面的无知。新闻媒体在提到进化时秉持着虚假的客观，和面对哈米吉多顿的末世景象之类的其他"争议问题"时一样。就连有关自然的纪录片中都很少提到进化。2005年风靡一时的热门电影《帝企鹅日记》（March of the Penguins）记录了帝企鹅奇特的繁殖习性，在大银幕上的南极洲之旅中完全回避了进化论。事实上，帝企鹅是以自然选择和基因突变为基础的进化论教科书式的例子，在大学生物课程中经常被提到。为了交配，这些企鹅会离开它们平常的觅食地，到70英里之外寻找能在南极洲狂暴的冬天为它们提供些许庇护的场所。产卵之后，雌性企鹅已经非常饥饿，只能把卵交给雄性孵化。雌性企鹅随后回到水中饱餐一顿，好有力量再次跋涉70英里，及时赶回喂养后代，和亟需回到海中的饥饿雄性换班。

从科学家的角度看，帝企鹅是随机突变、自然选择和适应恶劣气候的典型例子。面对同样的事实，创造论或智能设计论信徒看到的不是其中的低效，而是"神迹"。为什么"智能设计者"会把繁殖地放在觅食地的70英里之外？为什么会让生物处在如此严酷的气候之下？那些相信上帝之手执掌一切的人从来不会回答这些问题。宗教保守主义者盛赞这部电影，不光是因为它证明了上帝在自然界中的存在，而且还认为它褒扬了"一夫一妻制、牺牲、抚育子女等传统准则"[20]。不过，这些企鹅家庭的一夫一妻制只能维持一个繁殖周期：小企鹅长大到可以独立生存之后，企鹅爸爸和企鹅妈妈便笨拙地挪回大洋，原来的家庭成员终生不复再见。等到下一个繁殖周期，它们会各自选择新的伴侣。不过这有什么好计较的呢？只要决定这一切的是全能的神，那么每次不同的一夫一妻制似乎也足够好了。

我们丝毫不用猜测，假如这部电影的制作方（国家地理）和发行方（华纳独立电影公司）在片中用了"进化"一词，这部电影在美国会有什么样的票房表现。2001年，公共电视网（PBS）推出了一部八集纪录片和用于学校教学的配套资料，并大胆地取名为《进化》（*Evolution*）。基督教右翼因此而大怒，给这部片子打上了反宗教、不科学宣传的标签，成功地阻止了配套教育资料进入大部分美国学校。此外，关于进化论的这部纪录片还促使布什政府开始调查PBS制作的各类节目中的"自由主义偏见"，并为一个政府项目未来的预算削减提供了借口，而这个项目原本就在宗教右翼的打击目标之列。可想而知，PBS也许也在特朗普想要大幅削减预算的政府资助机构名单上。如果类似削减艺术资助的提案在国会通过，我们也许只能在全国各地剩下的PBS电视台上看到引自英国的片子了。另一个证明美国反智主义顽固存在的证据是，美国是唯一依然认为对有教育目的的电视网络的公共资助"存在争议"的发达国家。

在进化论之战中，智能设计论者发起的攻势尤为值得一提，他们颇为擅长运用知识和科学词汇来攻击那些反对以宗教理由攻击进化论的"精英"科学家，并以此在很多社群中取得了成功。总部位于西雅图、由极右保守主义者资助的智库发现研究所（Discovery Institute）是智能设计运动的急先锋。发现研究所的运营者是能言善辩、熟谙媒体的右翼分子，他们的办法是淡化宗教色彩，高调宣传科学界中少数叛逆分子的反达尔文主义观点，这些人当中有不少和宗教右翼有牵连。受到尊重和认可的主流科学家完全拒绝接受这些人的观点，智能设计论者却视之为自由主义权势集团保护其达尔文主义势力阴谋的证据。发现研究所的发言人经常把他们坚持反主流信仰的研究者们比作哥白尼和伽利略那样曾一度被嘲讽的天才——他们狡猾地略过了一个事实，反对日心说的并不是其他探索科学真理的人，而是罗马天主教廷。智能设计论并不坚持上帝用七天创造了世界的说法，但却把生命的复杂性证明了设计者的存在这个并不科学的假设当作基础。"如果你想把设计者叫作上帝,那完全由你自己决定"是智能设计论的口号——另外还有"讲授争议"。企鹅为了繁殖穿越冰封荒原的过程中存在致命的低效,血液需要在无数种蛋白质的帮助下才能凝结从而避免人们失血而死,这些事实并未被看作自然界的偶然,而是被当作刻意而为的奇迹。为什么指导一切的智能存在会让他/她创造出来的生灵生存得那么艰难?从来没有人问过这样的问题,因为没法给出答案。让教育工作者们在进化论问题上"讲授争议",无异于让历史学家在纳粹大屠杀问题上"讲授争议"。

智能设计的支持者们在2005年年底遭受了沉重打击,联邦地区法院法官约翰·E. 琼斯三世(John E. Jones III)判决,禁止宾夕法尼亚州多佛市的公立学校把智能设计论作为进化论的替代理论来讲授。琼斯的判决意见直截了当,他明确指出,智能设计论是宗教,而不是科学理论,因此,在学校中讲授该理论违反了宪法第一修正案中的政教分离条款。"毫无疑问,达尔文的进化论并不完美,"琼斯总结道,"但是,某种科学理论尚不能解释所有细节的事实并不能被当作借口,借此强行把无法检验、以宗教为基础的另类假说塞进科学教室,或曲解已被广泛接受的科学理论。"[21] 琼斯以科学为基石的意见当然不会是这个问题上的政治定论。

当布什公开支持讲授智能设计论时,不出意料,宗教右派欢呼喝彩,世俗人士和宗教左派愤怒斥责,但却没有人指出,真正费解的是,一位美国总统居然站在当代科学思想的对立面。美国总统们即便对哲学、历史学和政治学领域的新思潮无动于衷,在科学问题上依然总是想要站在正确的立场上,那些对科学一无所知的总统们也足够聪明,知道自己应该闭嘴。尽管斯科普斯审判正是在柯立芝任内成为举国关注和争议的热点,人们绝对无法想象卡尔文·柯立芝(Calvin Coolidge)总统会对讲授爱因斯坦相对论的替代理论和进化论等问题大发议论。特朗普目前尚未卷入有关在学校中讲授进化论的争议,但由罗马天主教皈依新教福音派,十分保守的副总统彭斯（Pence）却曾在数不清的场合中诋毁进化论作为科学定论的理念。很多政治观察家认为，在宗教问题上从未表现出特别兴趣，但绝大部分支持者都属于右翼福音派教徒的特朗普把宗教问题"外包"给了彭斯。倘若如此，进化论——还有与对《圣经》的字面诠释有所冲突的任何科学议题——在公立学校中的处境在未来几年里也许会每况愈下。由于成长背景中加尔文教派信仰影响强烈的教育部长贝齐·德沃斯（Betsy DeVos）致力于用公共资金资助有宗教背景的特许学校，上面那种可能性愈发的高。

与二十世纪二十年代的前辈们不同，从小镇上的学校董事会到华盛顿的权力走廊，如今的反理性主义运动已经上上下下彻底政治化了。因为在公共电视频道上的节目中支持科学和理性主义、反对基要主义的内容长期遭受宗教和政治右翼抨击，曾［在林登·约翰逊（Lyndon Johnson）政府中］长期担任政治助理的记者比尔·莫耶斯（Bill Moyers）在一段讽刺末日景象的演讲中如此描述反理性主义运动的政治化："在我有生之年，政治方面最大的变化是，欺骗与妄想已经不再边缘化。它们已经从边缘爬了进来，坐上了椭圆形办公室和国会的权力宝座。有史以来头一次，意识形态和神学理论垄断了华盛顿的权力。神学理论坚持着无法证实的观点；各种意识形态坚守着与众所周知的现实相冲突的世界观。意识形态和神学理论产下的后代并不一定有害，但却总是盲目的。这就是危险所在；选民与政客一样，对事实浑然不觉。"[22] 在属于政治化的反理性主义的国度，伙计们信什么，事实真相就是什么。

问题在于，为什么是现在。相较于过去二十五年来反理性主义的政治化，二十世纪二十年代宗教基要主义的回潮十分容易理解。二十世纪早期的基要主义和二十世纪晚期的反理性主义都激发了对现代主义更加普遍的恐惧和对世俗主义的仇恨，受这些向来都是美国反智主义重要元素的情绪影响的已经不只是宗教右翼。但二十年代反动的基要主义深深地根植于对更单纯的时代的怀念——传统宗教只是这种怀念之中的一环。造就当时最重要的民粹主义和基要主义政客布莱恩的，是十九世纪晚期以小镇为主的尚未堕落的美国，那时的美国认为自己独享神佑，完全无须外界专家启蒙。难怪，基要主义和反理性主义会吸引那么多渴望回归第一次世界大战之前不那么危险的世界的人。

伊甸园式的过往对如今怒斥专家、科学家和知识界"精英"的人来说又有什么吸引力呢？固然大多数美国人想要回到2001年9月11日之前那个安全——或者说自以为安全——的世界，但反理性主义思想在美国的兴起早在这场恐怖袭击几十年之前。还是说，我们渴望的不是有形的安全，而是数字革命之前那个年轻人和中老年人尚未被技术隔阂分开的世界？随着特朗普的崛起，一种新的怀旧情绪加入了反理性主义的大杂烩——对一个不那么城市化，白人更多，来自各种不同文化的移民更少，总是吹捧基督教（和后来的犹太-基督教）认同的国家的理想化。特朗普本人当然不是他所颂扬的那个更单纯、更乡村的社会的产物——在那样的社会中，美国人总是会赢得所有战争，只欢迎白皮肤的移民。众所周知，总统来自大城市。他的祖父是德国移民，他的母亲是苏格兰移民（尽管他们都长着受青睐的白皮肤）。尽管如此，我们还是很难想象他的移民祖父会预料到自己的孙子——不管他有没有当上总统——会公然蔑视知识与专业问题。特朗普迎合教育程度较低人群的很多反智言论放在1917年的地产商口中都会显得不合时宜，更不用说一个世纪之后的今天了。同样，从特朗普的个人经历当中，我们找不到为他当选总统创造了条件的反智怀旧情绪浪潮的真正原因。

那些不仅与智识现代主义和科学相悖，更与对美国的建立居功至伟的启蒙运动理性主义传统为敌的价值观为什么会对美国人有着如此强大的吸引力？要尝试解答这些问题，就必须从分析看似矛盾的文化和政治力量起步，它们早在美利坚民族诞生之前便塑造了美国例外主义（American Exceptionalism），在这个年轻的共和国幼年之时便成了美国试验不可或缺的一环。这些力量中有一大部分都兼有对知识的深切崇尚和对拥有太多知识的严重疑虑；它们经历了第一代美国人民绝对预想不到的经济和人口变化，并延续和演变到了我们如今的非理性时代。

注释：

1. Franklin Delano Roosevelt, *Fireside Chats* (New York, 1995), pp. 48-49, 62-63.
2. George Orwell, "Politics and the English Language," Horizon 76 (London, 1946); www.orwell.ru/library/essays/politics/english/e_polit.
3. Helen Dewar and Dana Milbank, "Cheney Dismisses Critic with Obscenity," *The Washington Post*, Jane 25, 2004.
4. Russell Baker, "Talking It Up," *New York Review of Books*, May 11, 2006.
5. Richard Hofstadter, *Anti-Intellectualism in American Life* (New York, 1963), p. 22.
6. Ron Suskind, "Without a Doubt," *New York Times Magazine*, October 17, 2004.
7. Neil Postman, *Amusing Ourselves to Death* (New York, 1985), p. 16.
8. In "HBO Criticized for Pushing TV to Infants," Associated Press, May 12, 2005.
9. Steven Johnson, *Everything Bad Is Good for You* (New York, 2005), p. 181.
10. Ibid., p. 183.
11. See Nancy Gibbs, "Apocalypse Now," *Time*, July 1, 2002.
12. "The Religious and Other Beliefs of Americans 2003," Harris Interactive Poll, February 26, 2003.
13. Gibbs, "Apocalypse Now."
14. Frederick Lewis Allen, *Only Yesterday* (New York, 1931), p. 171.
15. "Public Divided on Origins of Life," August 30, 2005, Pew Forum on Religion and Public Life; www.pewforum.org.
16. "Good Science, Bad Science: Teaching Evolution in the States," Thomas B. Fordham Foundation, September 1, 2000, figure I, www.edexcellence.net.
17. Cornelia Dean, "Evolution Takes a Back Seat in U.S. Classes," New York *Times*, February 1, 2005.
18. George E. Webb, *The Evolution Controversy in America* (Lexington, K.Y., 1994), p. 254.
19. George Gallup, *The Role of the Bible in American Society* (Princeton, N.J., 1990), p. 17, Genesis reference in Steven Prothero, *Religious Literacy* (San Francisco, 2007), p. 12.
20. Michael Medved, "March of the Conservatives: Penguin Film as Political Fodder," *New York Times*, September 13, 2005.
21. *Kitzmiller vs. Dover School District*, U.S. District Court for the Middle District of Pennsylvania, case no. 04CV2688.
22. Bill Moyers, "The Delusional Is No Longer Marginal," *New York Review of Books*, March 24, 2005.

第二章　我们过去的活法：年轻国度的智识与无知

1837 年 8 月 31 日中午，哈佛学院的学生、教师和新一届毕业生陆续走进一间小礼堂，去聆听拉尔夫·沃尔多·爱默生（Ralph Waldo Emerson）在这所学院一年一度的 ΦβΚ 日[①]上发表的演讲，这位作家曾经是老北教堂（Old North Church）的一位特立独行的牧师，在波士顿之外的美国其他地区还不太知名。在美国宪法签署五十年之后，美国人民当中已经形成了一个知识分子精英核心，这个群体中当时和未来最杰出的一些人当天也在场。那些学术人士聚集在剑桥第一教区礼拜堂——1637 年，安妮·哈钦森（Anne Hutchinson）正是在这里因为"诋毁牧师"受审并被判逐出马萨诸塞湾殖民地。那些遭到诋毁的神权政治家们是为了争取宗教自由而从英国来到新世界的清教徒，但他们却不愿给予他人同样的权利。二百年后，时年三十五岁的爱默生将给新时代的权势集团带来哪怕算不上诋毁，也是强有力的冲击。爱默生以美国学者为主题的演讲不啻知识分子的独立宣言——不光要独立于欧洲文化，而且要摆脱在欧陆和英国文化面前的自卑。爱默生本人是威廉·华兹华斯、托马斯·卡莱尔（Thomas Carlyle）、塞缪尔·泰勒·柯勒律治（Samuel Taylor

---

[①] ΦβΚ 日是美国最古老的荣誉学会 ΦβΚ 协会（Phi Beta Kappa Society）的年度活动日，被选入 ΦβΚ 协会是许多学校学生的最高荣誉。ΦβΚ 是希腊语 Φιλοσοφία Βίου Κυβερνήτης 的缩写，意为"对智慧之爱为人生向导"。——译者注

Coleridge)等英国文豪的朋友和崇拜者,他的演说因此更加有力。

那天的大部分时间留给了冗长的毕业典礼:八月,而不是如今的六月,标志着学年的结束。困倦想必从一开始就席卷了整场仪式,因为很多毕业生前一晚都在大肆庆祝,他们的庆祝之道也许未必会得到清教徒先辈的认可。但在听众当中,也有不少年轻男子——那时哈佛学生和教授们的集会当然全都是男性——已经准备好接受爱默生的教诲,将它运用到自己的智识探索中。刚拿到毕业证书的理查德·亨利·达纳(Richard Henry Dana)便是其中之一。达纳1831年进入哈佛,1833年退学之后在美国东海岸经合恩角去往加利福尼亚的航线上当了两年见习水手。1835年重返哈佛之后,达纳开始写下他的旅程,在《航海两年》(*Two Years Before the Mast*)中曝光了当时大批美国水手事实上与农奴无异的生活,这本出版于1840年的书成为美国揭露文学的经典。1837届毕业生中的另一个代表人物是亨利·戴维·梭罗(Henry David Thoreau),梭罗此前就已经把爱默生当作导师,而且也是熟悉爱默生早期作品的少数读者之一。[爱默生的第一篇散文《论自然》(Nature)匿名发表于1836年,而且销量不佳。]当时在场的还有詹姆斯·罗素·洛维尔(James Russell Lowell,1838届)和奥利弗·温德尔·霍姆斯(Oliver Wendell Holmes,1829届)。另一位听众,当时已经声名卓著的教育改革家贺拉斯·曼(Horace Mann)原本对爱默生并无深刻印象,但在听到爱默生号召让美国对知识的态度发生变革时改变了主意——爱默生的看法和曼希望在新成立的马萨诸塞州教育委员会主席职位上带来的变化相当一致。[1]

"对欧洲的高贵缪斯,我们已经听得太久了。"爱默生用这句大胆的宣言向第一代在将美国的政治独立视作理所应当的气氛中长大的美国人——1812年战争结束后出生的人——发出了智识上的挑战。当他严厉批判当代美国文化的低微抱负时,这位康科德城的未来圣贤的演讲对象不仅是有幸站在他面前的学者,更是广大的公众。"这个国家的心灵,"他断言道,"被培养得志向低微,反噬自身。"

只有谦恭殷勤之辈才有差事可做。出生在我们的海岸上,受着山风的滋养,被上帝的星光照耀着的前途无量的年轻人发现,脚下的土地与这一切都不协调,商业行事之道激起的反感阻碍了他们有所作为……出路何在?他们还没有找到,如今那些挤在关卡之前,希望能有所成就的千千万万年轻人们还没有找到,如果一个人坚守自己的天性,始终不变,无垠的世界便会向他靠拢……为人于世,若非身为个体——不被看作一个人——无法实现人生来注定要作出的独特贡献,而是在人们眼里湮没在我们所属的党派或群体的千万总数之中,让人们可以依据南北分界来判断自己的意见,岂非莫大的耻辱?不能这样,兄弟们、朋友们——但愿我们的人生不会如此。我们要靠自己的双脚走路,我们要靠自己的双手工作;我们要说出自己的心声。文学研究应当不再是怜悯、疑惑和感官享受的代名词。人的恐惧和爱应当成为防御的城墙和环绕一切的欢乐花环。一个属于人的国家将第一次存在,因为人人都相信,那鼓舞着所有人的圣魂也正鼓舞着自己。[2]

粗看起来,爱默生这里似乎与美国人此刻应该在文化上独立的论断矛盾。如果一个国家的心灵"被培养得志向低微",那么这种民族文化又如何能在更优秀的文化的庇护之外生存?但是爱默生给出了回答,让这篇演说能够鼓舞后世:改变自己,坚持自己的天性,而后"无垠的世界就会靠拢"。之后,只有这样做之后,精神生活才不会在美国被攻击为由不正统的宗教信仰、懒惰和做作的欧洲习俗构成的不实用的奢侈品——"怜悯、疑惑和感官享受的代名词"。

听众当中的年轻人将终生铭记听到爱默生演讲时的激动。"任何足够年轻,还能有所感受的人都不会忘记、不会停止感激他所受到的精神和道德触动……这种鼓励来自他思想高贵、精神勇猛的同胞,"洛维尔在1868年回忆道,"走道那么拥挤,人人屏息静气,窗户上挤着一个个充满渴望的脑袋,有那么热情的喝彩,又有意料之中的异议带来的可怕沉默!……这是我们美国佬的阿伯拉尔[①] 演讲……"[3]爱默生的听众们清楚地知道,"美国的文化"这个词在很多受过教育的欧洲人眼中是一种矛盾修辞。亚历西斯·德·托克维尔(Alexis de Tocqueville)是对年轻的美国最富同情的欧洲观察家之一,他在1831年至1832年间著名的美国之旅之后总结道:"在我们这个时代,几乎没有哪个文明国家在高等科学方面的成果比美国更少,也几乎没有国家比美国更少有大艺术家、杰出诗人和知名作家。"[4]但托克维尔并不同意当时很多欧洲贵族的观点,他们认为,民主制度造成了美国在文化方面的不足。他指出,美国和英国的紧密联系可以让美国人在专注于开发新大陆的同时,吸引来自母国的"杰出的科学家、有才华的艺术家和出色的作家"。这种独特的条件让曾经的殖民地居民"享受着知识的财富,而不用为了积累财富而劳累",而且即使忽视智识上的追求也"不会重回野蛮状态"[5]。在那篇标志着美国人的智识征途已告别起步阶段的演讲中,爱默生所抨击的正是这种半殖民地的依赖性。

在那些促成了独立革命的人看来,文化和智识问题是和他们成功战胜重重困难的政治联盟分不开的。从十九世纪最后十年回顾美国婴儿期的亨利·亚当斯(Henry Adams)以历史上第一次两党和平移交政治权力——托马斯·杰斐逊于1800年接替了他的曾祖父约翰·亚当斯(John Adams)的职位——展开了他的记述。杰斐逊当选为"一个还在襁褓之中,没有文学、艺术、科学,也没有历史,甚至没有足够的民族性让人相信这是一个民族的国家"的总统。针对这个新生共和国所面临的严峻的知

[①]阿伯拉尔(Abélard,1079—1142),法国神学家、经院哲学家和早期唯名论重要代表,在中世纪哲学史上占有重要地位,以讲授雄辩术和逻辑著称。他的演讲、辩论才能对欧洲大学教学风格影响深远。——译者注

识、文化和教育问题,亚当斯简明扼要地概括道:

> 它能把自身的社会力量变成更高层次的思想吗?能满足人类的道德和智识需求吗?……能赋予宗教和艺术新生吗?能在如此众人当中创造并维系迄今为止仅仅属于科学人的思维习惯吗?它能产生或容忍不同种类的人之间的差异吗?要取得全面的成功,至少要满足这些要求。[6]

亚当斯描述的是催生了美国革命和美国宪法,影响深远的启蒙主义理想——在十九世纪九十年代,这种高贵而宏大的理想虽然深受敬畏,但依然没有被大部分美国人充分理解,就和现在一样。在运用"科学人"这个词的时候,启蒙运动思想家们指的是有机会接触知识的极少数人;要培养出原本只属于少数精英人群的思维习惯,显然必须也给予普通公民学习的机会,而且这种变化规模之大是在以出身而非知识决定社会地位的社会中无法想象的。这样的理想当然绝无反智的可能;从十八世纪末到十九世纪早期,受教育水平最高的美国人——那些深受启蒙运动理念影响的人们——最为支持由一般税为学校提供资助,支持为各州的杰出学者设立由政府出资的国立大学。尽管如此,在政府应当以何种角色来推动大众和精英教育的问题上,人们分歧极大。革命一代中认为联邦政府什么都不需要做的人取得了胜利,由此让美国的智识生活笼罩在了长久的阴影之中,也造成了美国教育的区域差异,这种差异如今依然还在给美国文化带来巨大的反智影响。

美国的建国者们当然绝非普通大众。制宪会议的 55 位代表中,超过半数在美国或欧洲接受过大学教育,其中以英国为主。[7] 以本杰明·富兰克林(Benjamin Franklin)为代表的其他人则是国际知名的自学成才的学者。詹姆斯·麦迪逊(James Madison)为了向其他代表阐述历史上有关联邦国家的种种尝试,拿出了他研究古往今来由城邦或国家组成的联邦制度所用的大量材料。这些研究取材于托马斯·杰斐逊不久前应麦迪逊的要求从法国运回的大量书籍。根据麦迪逊的说法,激励古时政治家的"进程、原则、原因和预期"只留下了极为粗略的记载,这鞭策着他在制宪会议的每个会期中都做了详细记录。麦迪逊说,那些历史文件的阙如"让我下定决心尽最大努力为会议上可能通过的内容留下准确记录,不负会议的托付和我深深感受到的重要意义,这个新的政府体系将要获得的独特的结构和组织形式脱胎于会议上提出的目标、意见和思考论证,我希望对它们的可靠记录能让后人的好奇心得到满足"[8]。

只有知识分子才会以如此独特的方式描述准确记录的需要,这毕竟只是一场有着明确政治目标的政治集会。那个时代最具影响力、最受景仰的人——麦迪逊、富兰克林、杰斐逊、约翰·亚当斯、亚历山大·汉密尔顿(Alexander Hamilton)、本杰明·拉什(Benjamin Rush)等,在这里只能提及寥寥数人——在那个人们依然相信有可能也有必要去理解人类各个领域的知识和经验的时代,也都是博学之士。华盛顿的受教育水平不如很多其他宪法缔造者,但他对高等教育深怀敬意,在遗嘱中专门留下了价值数千美元的有价证券遗产,希望说服国会拨款建立一所国立大学。他的遗产在政治分歧中无人理会,这个分歧也为联邦政府对教育的干预和投入问题日后引发的诸多论战定下了调子。国会担心,用华盛顿的遗产建立国立大学,会被视为对宗教机构建立的高校的冲击,因此只想置身事外。[9]

不管历史会如何评价他们,美国启蒙运动中思虑深远的公众人物正是爱默生在他最著名的演讲中所提出的——相对于他眼中层次较低的"单纯的思考者"(mere thinker)的——"思想着的人"(Man Thinking)这个理想的体现,前者那种有限的专家并不比"单纯的"工匠、农民、商人、律师和医生更胜一筹。爱默生的先见之明怎么评价都不为过,他告诫说,专业分工将对整体而言的人类尊严,尤其是智识生活造成冲击。爱默生认为,在启蒙运动的知行合一理想已经褪色的社会之中,没有人能称得上是完整的人，没有人算得上思虑深远。

　　作为被派到田地中采集食物的大写的人，农夫很少会为他的职责真正高贵的想法而欢欣鼓舞。他看到的仅仅是自己的箩筐和推车，他堕落成了一个农民，而不是农田上大写的人。工匠们极少意识到工作的价值，推动他行事的只是自己手艺的流程，灵魂臣服于金钱。教士成了仪式，律师成了法律全书，技工成了机器，水手成了船上的一根缆绳。

　　在这种工作的分配当中，学者分配到的是才智。在完美的状态下，他是思考着的人。在退化了的情况下，作为社会中的受害者，他往往会成为一个单纯的思考者，或者更糟，只会对他人的想法鹦鹉学舌。[10]

　　就像激情万丈的"思想着的人"经常会做的那样，爱默生也夸大了他所描述的社会现象的普遍程度。但是，他指出了这个国家重要智识和社会倾向之一，这种倾向为美国对智识和才智态度的长期分裂埋下了伏笔。专业化的倾向——诚然，在十九世纪初期，这片乌云刚刚初露一角——与美国对教育应当迎合直接的实际利益的坚持密切相关。正如美国建国者中的很多人所强调的，民主健康与否取决于全体公民的教育，但也有很多美国人认为，掌握太多知识会让个别公民比其他人地位更高，从而对教育本应培养的民主理想造成破坏。普通美国人最欣赏的那种教育意在为亟需解决的现实任务训练人才，而不是把他们变成"思想着的人"。"我喜欢那种刚好识字的人。"这是一位印第安纳农民对贝纳德·拉什·赫尔（Bayard Rush Hall）尖刻而生动的评论，这位毕业于普林斯顿大学的传教士1823年造访了这片新开拓的领土，帮助建成了一所公立学院，也就是日后印第安纳大学的前身。路过赫尔在布卢明顿的住宅时，居民们说："嗬，懂拉丁语和那些高贵东西的人就住在这里啊——迟早得把他赶走。"[11]这般态度已经将大多数美国民众和那些聚集在哈佛广场上听爱默生演讲的文化人区分开来，在新开辟的疆土上，这种问题尤为严重。

在十九世纪初出现的种种反智主义势力当中，最重要的当是以"第二次大觉醒"（Second Great Awakening）为名的基要主义[①]宗教的兴起。这场运动已经融合了向新的世俗知识敞开怀抱的自由主义宗教和倒退向视《圣经》记载为事实的僵化信仰。不论具体属于哪个教派，基要主义总是以拒绝接受与其宗教所启示的真理相冲突的任何世俗知识为特点；这种对科学和人文知识的拒绝一直是美国的反智主义当中最持久、最强大的一部分。作为最权威的美国新教历史学家之一，西德尼·米德（Sidney Mead）1963年指出，自福音派基要主义于革命时代末期兴起以来，"'宗教'和'智识'之间不断扩大的鸿沟"便已显而易见。根据米德的观点，自1800年以来，美国的宗教史进程让美国人民"在依据智识中心的普遍标准跟从智识，和依据教派的普遍标准跟从宗教之间作出艰难抉择"。[12] 他的论点需要一个先决条件：体会到这种"艰难抉择"的不是全部美国人，而是属于某些教派的很多美国人。拿十九世纪早期的一位论派[②]教徒来说，对于挑战《圣经》所谓地球仅有四千年历史的地理新发现，他并不会感到多么烦恼。基要主义福音派正在这个年轻的国度中争夺信徒，对无数文化不高的基要主义福音派教徒来说，岩石和化

[①]尽管基要主义一词直到二十世纪才进入美国的语言当中，但我在本书中将用这个词来描述任何以对圣典的字面解释为信仰基础的美国宗教和教派。

[②]一位论派（Unitarians），否认三位一体和基督神性的新教派别，倾向自由主义，强调人的自然属性，反对教会等级制度，赞同教会的自主性。——译者注

石的历史早于《圣经》记载①的消息一定会让他们惊恐不已。米德指出，在共和国早期，面对好斗的基要主义，更加开明、愿意妥协的美国新教派别一败涂地。他无疑是对的。这片失地已经永远光复无望。

第二次大觉醒是代表着反理性的基要主义信仰回潮的诸多宗教奋兴运动循环之一，它所针对的不仅仅是以众多建国者为代表的世俗启蒙运动价值，还有独立战争所带来的动荡不定、令人不安的社会形势。独立战争结束之际，美国的宗教形势是多元化的，多少有些混乱：和宗教右翼如今乐于粉饰的虔诚美国大相径庭。和所有战争一样，独立战争也颠覆了原有的习俗与包括宗教在内的社会制度。康涅狄格州温德汉姆十九世纪的官方历史生动地展现了宗教正统势力眼中的所谓后革命道德乱局：

> 她（这座城市）的世俗事业最为繁荣，但宗教却可悲地衰落了。这是一个转折期——剧变、混乱和颠覆的时期。革命带来了不信教的行为和普救派，它们的牧师吸引了众多民众。思想自由和酗酒自由一样盛行。大为松懈的礼仪和道德取代了严格的古老清教传统……如今，这些受人尊敬的牧师的后代……是怀疑论者和嘲讽者，掌权的则是在选民大会和个别世俗活动之外从不走进教堂的人。[13]

大部分估算认为，1790年，仅有10%的美国人属于被承认的教派。[14]信教比例最高的是新英格兰地区的市镇，最低的是南方和边远地区的农村。但是，就像温德汉姆的历史记载所体现的，就连教会成员也未

---

① 1795年，苏格兰地理学家、博物学家詹姆斯·赫顿（James Hutton）发表了《地球论》（*The Theory of the Earth*）一书，赫顿断言，苏格兰海岸上的沉积岩并不是在一次大洪水中形成的，而是较长时间内多次洪水的结果。这样的结论含蓄地向地球上所有地质构造都由《创世记》中所描述的那场大洪水造成的观点提出了挑战。赫顿的理论——上古时期就存在着的地质力量如今依然塑造着地球——被称作均变论。十九世纪三十年代初，英国地理学家查尔斯·赖尔爵士（Sir Charles Lyell）在他的《地质学原理》（*Principles of Geology*）中扩充了赫顿的理论，使之广为人知。这些地质学理论并没有像查尔斯·达尔文的进化论在1859年那样带来莫大的争议，但却对达尔文的研究与思考产生了强烈影响。

必会定期去教堂。曾经走出因克里斯·马瑟和科顿·马瑟（Increase and Cotton Mather）这两位著名清教牧师的马瑟家族后人萨缪尔·马瑟（Samuel Mather）在1780年哀叹道，他的波士顿同胞中只有六分之一定期去教堂参加宗教仪式。对美国人不信教的这些怨言无疑有所夸张；上帝在独立战争之前，和二百年后"上帝之死"成了流行预言的时候同样活跃。相比十八世纪，除了某些恪守严格教规的基要主义教派之外，如今的教会成员所要承受的现实义务要少得多；如果把拒绝为教堂里的家庭包厢付钱等同于没有信仰，那实在是犯了时代错误。不过，自由思想和自然神论——宗教保守主义者所谓"不信教"——的影响无疑是启蒙时代不少美国人背弃父辈信仰的原因之一。

自由思想在美国从来都不是多数人的运动，但它在十八世纪和十九世纪的最后二十五年中都产生了深远的公众影响；自由思想运动的第一波高潮直接影响了宪法的起草。自由思想往往被错误地定义为完全不信神，但更准确的做法是把它理解成一种十分广泛的观点，既包括真正的反宗教思想，也包括与正统宗教当局相矛盾，对上帝或上苍——后者是十八世纪自由思想者更喜欢的用词——的个人化、非传统的信仰。自然神论信仰的是开启了宇宙运转，但之后却不会主动参与人类事务的"钟表匠上帝"，这一类自由思想在建国之父当中尤为普遍。也许当时并不存在完全的无神论者，尽管宗教保守主义者们从未放弃给托马斯·杰斐逊和托马斯·潘恩（Thomas Paine）这样的自由思想者贴上无神论的标签。

在政治方面，自由思想追求的是以人的权利和人类理性，而非神圣权力为基础的政府——换言之，世俗政府。美国宪法刻意地回避了提及上帝，同时禁止以宗教信仰作为担任公职的资格，由此实现了政府不受宗教干预的自由思想理想的正式化与合法化。之后制定的美国宪法第一修正案以我们熟悉的"国会不得制定任何法律以确立国教；妨碍宗教信仰自由"的表述，体现了应当保护宗教不受政府干预这个同样重要的自由思想原则。宪法中世俗化的条款是在自由思想者和虔诚的福音派教徒的联盟支持下制定的，后者认为，政府以任何形式参与宗教都是对上帝的冒犯和对宗教自由的威胁。[15]（必须指出的是，"福音派"这个词经常被误用为基要主义者的同义词，近年来媒体的此类误用尤为严重。美国的福音派教徒一直劝说他人改宗，一贯相信和宣扬上帝与人的直接联系，但他们并不一定相信基要主义者对《圣经》的字面解释。如今的基督教基要主义者都属于福音派，但福音派教徒并不都是基要主义者。）

早期共和党时期的宗教争议造成了美国人信仰问题上的永久断层。这种分歧经常被宗教宽容的公民思想所掩盖，但还是会周期性地显露出来——最近一次是二十世纪七十年代中期的文化战争——表现出不加掩饰、无法化解的宗教激情。十八世纪的美国自由思想对教育程度最高的社会成员最具吸引力，其中不光有为数极少的大学毕业生，还包括众多的自学成才者，而富有感染力的福音派奋兴运动对教育程度较低的人和穷人有着强得多的吸引力。在十八世纪晚期的美国，世俗化势力对那些原本以培养受过教育的神职人员为目标的高等教育机构影响最大。1650年，也就是哈佛大学成立后的第14年，足足有70%的哈佛毕业生走上了神职岗位；一个世纪之后，这个比例下降到了40%。到十八世纪九十年代，三分之二的哈佛毕业生从事的是法律、医学、教育、商业等世俗行业。[16]

注定要成为南北战争前美国最具影响力、最为保守的牧师之一的莱曼·比彻（Lyman Beecher）1793年进入耶鲁大学，用他的话说，耶鲁是"最不敬神的国度"，而且将同学个人的恶习归咎于自由思想的影响。"这便是汤姆·潘恩的学校不信教的时代，"他日后回忆道，"过去和我一样曾在谷仓中穿着亚麻衣服的男孩们读着汤姆·潘恩的书，而且相信他的话……我面前的大部分同学都不信教，以伏尔泰（Voltaire）、卢梭（Rousseau）、达朗贝尔（D'Alembert）等人之名彼此相称。"[17]由革命之中的法国传来的非美国异族哲学和自由思想相结合，同样成为塑造美国宗教见解的永恒标准的一部分。

夹在世俗化的十八世纪自由思想和富有感染力的基要主义奋兴运动当中的是传统新教各派，包括清教徒的公理会传人和自认为在独立战争前属于英国国教会一部分的圣公会教徒。1790 年至 1830 年间，马萨诸塞州由清教徒传袭下来的公理会教会中约有半数转变为更加开明的一位论派教会，后者的特点是更加松散的等级制度和对《圣经》的灵活解读。[18] 波士顿极富历史意义的老北教堂就是其中之一，爱默生曾于 1829 年至 1832 年在这里当过牧师。可是，对爱默生来说，就连一位论派也显得过于局促，与教区居民发生多次神学争论之后，爱默生辞去了牧师职位；最重要的一次争论似乎缘起于爱默生认为耶稣从未打算让自己和十二位门徒在最后的晚餐上分享的圣餐成为永恒圣礼的论点。

在《美国学者》的演讲一年之后，爱默生在对哈佛神学院全体教职人员的演讲中对这些牧师们说，人只能在他自己的心灵对真理的追求中寻得救赎，而不是借助任何教会的教诲，由此切断了他和教会团体之间最后的联系。这次演说被视为对基督教的批判，在此之后，爱默生与哈佛的关系破裂了：直到 1866 年，哈佛才再次邀请他前来演讲。文化历史学家普遍强调启蒙运动理性主义和爱默生的超验主义之间的区别，这样做固然情有可原，但爱默生对宗教的态度和曾有著名的"我的心灵就是我的教堂"之语的托马斯·潘恩几乎没有区别。

早在十八世纪九十年代中期，曾经保受爱戴的杰出革命鼓动家潘恩就曾因为在《理性时代》(*The Age of Reason*，1794 年) 一书中对正统宗教的攻击而饱受辱骂，潘恩在书中嘲笑了圣经直译主义，而且提出了"所有宗教都是由人而非上帝创造的"的惊人主张。大部分二十世纪的历史学家都低估了《理性时代》的影响，声称愤怒的牧师对这本书的攻击多，而普通人对这本书的阅读少。但事实上，1794 年至 1796 年间，潘恩的大作在五个美国大城市中重印了 18 次，总印数达到了 2.5 万本——读者的数量无疑是印数和销量的许多倍。鉴于美国总人口在 1790 年仅有不到 400 万，而且最大的城市纽约常住人口刚过 3.3 万，派恩这本富有争议的书可谓超级畅销书——相当于如今一本精装书的销量在两年间达到 150 万本。

福音派和传统新教都厌恶潘恩所主张的一切。而对潘恩稍有赞许的极少数牧师都是知识分子和一位论派。当潘恩 1809 年去世时，来自马萨诸塞州塞勒姆的杰出的一位论派牧师威廉·本特利（William Bentley）赞美这位饱受谩骂的自由思想者是"第一位看出每个体系最薄弱环节的人。即便是在对基督教的攻击中，他也不自觉地发现了这一点，这也是理性基督徒所面临的最大难题。他没有先入之见，发现了简单、有力、直接的东西，发现了可以在无损道德操守、无损对上帝尊崇和心灵平静的同时抛弃的东西"[19]。

但是启蒙运动所塑造的"理性基督徒"——他们或是彻底离开了有组织的宗教，或是在较为自由的新教教派中找到了归属——并没能在美国的宗教市场中占据上风。随着美国新教在十九世纪早期分裂成为数量空前的教派，众多不同的上帝之路给这个年轻国度的智识路途打开了岔道。就理性基督教的道路而言，不论它以何种比例融合了理性主义与基督教，它都对智识和高等教育持接受与支持的态度。基要主义道路则拒绝与《圣经》相矛盾，从而可能阻碍个人得到救赎的任何形式的知识。早在建国之初，便有如此多的美国人走上了情绪化和非理性的基要主义之路，由此导致相当比例的美国基督徒对不受教会监督的知识和教育机构抱有深深的怀疑。

我用反理性和反智来描述基要主义道路，并不是说智识和理性是一回事：历代众多知识分子，和各种不同的政治与社会信念中的非理性和反理性思想会让任何类似说法显得荒唐可笑。知识分子也确实可以用逻辑和理性的工具来验证反理性观点：托马斯·阿奎那（Thomas Aquinas）和弗洛伊德（Freud）都属此列。虽然并非所有知识分子都是理性主义者，但几乎所有反智主义者都是反理性主义者。超自然主义的基要主义本质上就是反理性的，因为它不能经受自然界任何相反证据的挑战。对于那些反对尝试将理性注入宗教的人来说，他们信仰中的非理性恰恰被视为情感和精神优越性的证据：**那没有看到就信的人，是蒙福的**。① 此外，理性的基督教不但无法满足人的情绪，还被视为对传统道德的威胁。

因为美国的政教分离制度让每个教派都能为了占领美国公民的心灵而自由竞争，每一种情绪和社交需求都有教堂和牧师来满足；假如还有什么需求尚未被满足，就会有全新的宗教兴起来迎合顾客。创立于1830年，相信教徒为"后期圣徒"的摩门教就是个早先的例子，不管它和更早期的美国信仰在教义上有多大区别，它都明确无误地属于劝人改宗的基要主义岔路，这条岔路正是在第二次大觉醒中分出的。② 相较于新教当中较为保守的公理会和圣公会，以及较为世俗化的一位论派，诉诸情绪的福音派宗教对美国人吸引力更强，历史学家们关于个中缘由的争论无休无止。托克维尔说"在民主时代，没有什么比服从于宗教形式的想法更让人难以接受的了"，这意味着很多美国人可能更偏爱那些强调人与上帝的直接联系的宗教，因为精巧复杂的宗教仪式与美国的民主特别不相称。[20] "生活在这种时代的人们忍受不了形象，"托克维尔评论道，"在他们看来，符号似乎只是为了掩盖或衬托真相的幼稚把戏，真相本应更自然地大方呈现出来；他们对礼仪性的宗教仪式无动于衷，而且对公共宗教活动的细节并不十分在意。"[21]

他也许是对的，但这并不能解释为什么美国人更青睐浸礼会和循道宗，而不是仪式更为简单的贵格会和一位论派。也许更可能的情况是，吸引教育程度很低的边疆开拓者们的，是能够提供情感慰藉的宗教信条和牧师，而不是在历史更久远、知识体系更严密的新教教派中——不论

---

① 语出《圣经·约翰福音》20：29。——译者注
② 其他福音派教徒痛恨摩门教徒并视之为非基督徒的事实并不能否认摩门教属于福音派基要主义传统。摩门教徒有两本圣书——据信由来自纽约上城的约瑟夫·史密斯（Joseph Smith）在十九世纪从金页片中翻译出来的《摩门经》（*Book of Mormon*）和《圣经》——但他们的基要主义性质并不亚于其他基要主义教徒。事实上，摩门教徒被《旧约》严格禁止的多妻制行为也许正是让他们比其他基督教基要主义者更基要主义的原因。1896年，为加入联邦，教会放弃了对多妻制的官方支持。

是更开明的贵格会和一位论派,还是保守的圣公会和公理会——寻求智识需求的满足。日常生活环境越是严酷,诸如奋斗、罪孽、忏悔、宽恕、救赎之类朴素而又普遍的情感话题就越有影响力,而这些正是福音派基要主义宗教的核心。对情感慰藉的需要能够很有效地解释为什么基要主义既能吸引开拓者,又能影响南方的黑奴。当风暴席卷北美草原的时候,围绕圣餐本质或三位一体的辩论又能带来何种安慰?当奴隶主要把你的孩子卖到下游去的时候,如果牧师说耶稣也许仅仅是一位善良的先知,而不是能够拭去你眼中每一滴泪水的全能的救世主,你又怎么会想要听他布道呢?

无论原因如何,正是在爱默生等知识分子觉得一位论派都过于僵化的时代,基要主义抓住了大批美国人的心,相较于基要主义在美国的精神市场上胜过"理性"宗教的原因,前一个问题更重要。如果自由思想和受到启蒙运动影响的自由派新教能够共同满足这个动荡国度的情感需求,美国的思想史和宗教史进程将大为不同。

美国在完全宗教自由上的尝试导致大批美国人信奉反理性、反智的信仰形式,这实在是再讽刺不过的事,也是对意外后果法则的绝佳诠释。在欧洲,普遍存在的教会与政府的联合让某种形式的理性主义——而不是另一种宗教——成了那些对他们的宗教和政府都不信任的人最常见的选择。在十九世纪早期的欧洲,反对教会控制政府的人们并不会在台伯河、阿尔诺河与塞纳河畔的培灵会中寻求安慰。相反,他们会在启蒙运动世俗精神的延续和遍布欧洲大陆的民主化和政治改革斗争中寻找自己的智识支柱。美国没有强制性的国教,这意味着美国公民无须为了改变政治制度而颠覆现有的宗教制度,反之亦然。对原属教会不满的美国人只需要另找一派加入即可,有时则像摩门教徒那样,如果邻居反对他们的信仰,便会终生奔走。

在北方和新开拓的边疆,美国人根据种种林中幻象显灵创建新教派的活跃趋势催生了或自由、或保守的派别。宗教上的不安也带来了诸如早期摩门教和数十年后出现的基督教科学派、耶和华见证人等类似邪教、难以归类的教派。而在南方，宗教性的情感几乎完全被导向基要主义。十九世纪初，由于教会和奴隶制开始互为支撑，以麦迪逊和杰斐逊为代表的对信仰自由的热忱不复存在，取而代之的是对旨在维护现有社会秩序的极端保守宗教的坚持。就像 W. J. 卡什（W. J. Cash）在《南方的心灵》（*The Mind of the South*，1941 年）中提到的，南方在坚持宗教自由方面和新英格兰地区互换了立场。基要主义和奴隶制的结合"影响了原有的清教徒理想"，由此导致"南方的官方道德哲学……稳步倒向马萨诸塞湾殖民地（过去）的立场"。[22]

不论在南方还是北方，法国大革命初期之后发生的暴行都强化了美国人对宗教的普遍敬意——只要这种宗教不是由政府支配的。大部分美国新教徒怀有强烈的反天主教情绪，他们起初并不关心法国革命政府没收教会土地的举动：毕竟法国人所攻击的只是新大陆上众多民众所厌恶的"教宗主义"。但雅各宾的专政恐怖统治和对路易十六的处决改变了大批美国人的想法，而且在十八世纪末到十九世纪初大大地巩固了保守派神职人员的地位。由于对奴隶起义普遍存在的恐惧，这种情况在南方尤为严重。（法国革命政府丢掉了临近美国的海地殖民地，奴隶和曾经为奴的人们在暴动中扮演了主角，美国南方保守派的观点由此进一步强化，他们认为，无宗教运动威胁着据说是神授的奴隶制。）尽管很多美国人曾把天主教徒蔑称为"教皇党人"，但不管什么宗教都好过没有宗教。

在这个年轻的共和国中，宗教和世俗影响往往看似矛盾地同时扩张着，美国教育的发展也受到了类似矛盾动力的影响。人们深深认同全民教育的重要性，但这种理念也纠缠着另一个同样强有力的信念，人们认为教育太过重要，不能由那些受过教育的人专断。由受过良好教育的人们起草的宪法关于教育未置一词。法国大革命初期，数学家孔多塞

（Marie-Jean-Antoine-Nicholas Caritat, marquis de Condorcet）等自由主义知识分子提出了建立公立学校体系的理想主义计划，本杰明·拉什、诺亚·韦伯斯特（Noah Webster）、詹姆斯·麦迪逊等支持建立全国学校体制的少数知识分子正是受之影响。孔多塞在1791年末提交法国国民立法议会的一份报告中明确肯定了公共教育和政治平等之间的联系——这份文件在持类似观点的美国政治领袖当中广泛流传。

> 为了给全人类提供满足他们的需求、保障他们的福利以及认识并完成他们的义务的方法；为了让每个人都有机会提高他们的技能，使他们有能力完成自己有权履行的社会义务；为了让他们将大自然所赋予的才华发展到极致，并由此让所有公民享有真正的平等，让法律所规定的政治平等成真——这应当成为全国性教育体制的主要目标，由此看来，这个体制的确立应当是公共当局为了公平而应负的责任。[23]

这些理念和它们的实施方案湮没在雅各宾派的屠杀之中。孔多塞本人因反对暴行而被判刑，最后死于狱中。对很多美国人来说，雅各宾时期模糊了孔多塞等自由主义知识分子和罗伯斯庇尔等革命暴力的代表之间的区别：政府有教育全体公民的道德义务等早期的革命理想消融在恐怖统治当中。

对看似陌生且与美国社会条件不相称的理想和知识分子的方案的反感只是让美国各地区赢得对学校的控制权的原因之一。考虑到美国辽阔的国土、宪法对州权的尊重和各州对地方特权的竭力维护，很难想象赞成全国性公立教育体制的启蒙运动知识分子的观点会得到什么真正的政治支持。大部分建国一代的政治家都反对为了教育征收任何一般税，即便是在州或地方一级也不行。直到十九世纪三十年代，为政府资助的学校征税的观念才真正深入人心——而且当时主要在梅森—迪克森线①以北。十八世纪九十年代，主张以一般税资助学校的麦迪逊和杰斐逊几乎是在孤军奋战，那时，这被认为是希望子女接受教育，而且既有意愿又有能力为教育付费的父母的责任。

1786年，在从巴黎写给自己的朋友和导师乔治·威思（George Wythe）的一封信中，杰斐逊表达了自己的信念，他认为，弗吉尼亚议会当时正在审议的法案中，最重要的就是他提出的"为了知识在人民中的传播"的提案——他还认为，无知是公共利益最大的敌人。奴隶和女性自然不包含在杰斐逊用公共开支普及知识的兴趣之中。但他却相信，白人男性在才智上的高贵地位与出身无关。他提出的法案中兼有有限民主和精英理念，其中最明显的特点之一，是规定了应当选出贫穷的父母最有出息的孩子，用公共开支支持他们完成大学教育。正如教育历史学家阿道夫·梅耶（Adolphe Meyer）所说："如果说杰斐逊倾向于在当今美国不时受到质疑的知识精英政治的话，他至少和当时几乎所有其他人不同，认为普通人不应被排除在受过教育的人的圈子之外。"[24] 杰斐逊提出的法案最终未获通过；弗吉尼亚的庄园主们无意为了别人孩子的教育而缴税。

教育资金来源之战中，宗教是另一个重要角色。在联邦政府早期，为公共学校——如今叫公立学校——征收一般税的任何运动都止步于各州允许公共资金资助宗教教育的种种法律。在宪法成文之际，弗吉尼亚是唯一一个禁止公共资金资助学校中的宗教教育的州。1786年，经过麦迪逊领头反对税收支持宗教教育的激烈政治辩论，弗吉尼亚议会通过了《弗吉尼亚宗教自由法案》（Virginia Act for Establishing Religious Freedom）。让宗教保守主义者失望的是，弗吉尼亚州的这份法案成了1787年通过的

---

① 梅森–迪克森线（Mason-Dixon Line），最初为美国宾夕法尼亚州与马里兰州之间的分界线，于1763年至1767年由查尔斯·梅森（Charles Mason）和杰里迈亚·迪克森（Jeremiah Dixon）共同勘测后确定。美国内战期间成为自由州（北方）与蓄奴州（南方）的界线。——译者注

《宪法》和后续《权利法案》（Bill of Rights）中世俗条款的母版。但是既然《宪法》明确了联邦无权插手教育，各州完全可以自由地运用自己的税收来为公立学校提供宗教性教科书，这正是十九世纪初大部分州的做法。

与此同时，北方的舆论潮流却转而反对在已有的社区学校中讲授宗教内容，尽管这些学校起初有不少是由教会协助建立的。讽刺的是，恰恰是宗教狂热的高涨和第二次大觉醒中激增的宗教教派，成为终结宗教教育补贴的决定性一击。当浸礼会、公理会和一位论派教徒把自己的孩子送进同一所学校的时候，支持某种特定的宗教似乎存在着激化分歧的风险。1827年，马萨诸塞州停止用税金为小学购买宗教性质的教科书。十年后，在很多——尽管不是全部——教会的激烈反对声中，马萨诸塞州成立了州教育委员会，并任命倾向改革的贺拉斯·曼为首任负责人。如今那些支持用由税金为宗教学校埋单的人们经常暗示，在这个共和国建立之初的几十年中，当绝大多数人口都是新教徒的时候，公立学校中的宗教教育被视为理所当然。事实上，公共学校的世俗化原本是对新教日益多元化的反应，其远在最早的大规模非新教移民群体——十九世纪四十年代逃荒的爱尔兰天主教徒——来到美国之前。

很多正统教会的领袖把曼看作敌基督，但他绝不反对在公立学校中进行包括一般性的圣经阅读在内的道德教育。他确实反对公立学校教师对《圣经》做任何解读，并最终加以禁止；而且，正是在他治下，在曾经属于清教徒的马萨诸塞州，学校课程中的世俗内容大大增加，宗教内容减少。矛盾的高潮出现在1838年——这已是马萨诸塞州禁止动用州政府资金购买宗教性教科书十多年之后——美国主日学校联合会（American Sunday School Union）秘书官弗里德里克·A. 帕卡德牧师（the Reverend Frederick A. Packard）试图说服曼批准购买一本叫作《家中儿童》（*Child at Home*）的书。（1824年成立于费城的主日学校联合会是当时主要儿童图书出版商之一，除了图书馆和个人之外，还在向不断增多的公立学校推销它的出版物。在整个十九世纪中，该联合会成功推出了一批带有道德说教色彩的美国儿童文学读物。)

帕卡德牧师在马萨诸塞州的雄心壮志不幸折戟,《家中儿童》近于对加尔文派宿命论信条的说教,声称如果小孩犯了反驳父母或是没有完成父母安排的杂活之类的小错误,就会永受苦难。曼明确告知帕卡德,这样的书"不容许出现在马萨诸塞",因为一位论派和普救派教徒不会把他们的孩子送到灌输加尔文派神学的学校中去。[25]

帕卡德没有轻言放弃,他出现在曼的办公室里,与曼当面对质,帕卡德充满激情地为自己的信仰辩护,他相信,学校有义务让孩子知道,上帝会惩罚一切恶行,无论大小。曼在另一封信中回击道,"亲爱的先生,也许你的意思是任何不接受此类观点的人都不**虔诚**。难道没有**虔诚**的普救派教徒吗?"①[26] 值得注意的是,曼和更加正统的帕卡德都没有对是否应当在学校中提及上帝这个问题提出质疑;但是毫无疑问,为了避免冒犯任何一个教派而减少学校中的宗教性,这种做法即便没有使公立学校教材立即世俗化,也必然会导致这一目标的实现。美国天主教主教们所追随的正统加尔文教派正确地把由税收支持的教育看作本质上已经世俗化的事业,尽管在十九世纪中,同质化的宗教内容依然在很多学校当中存在,而在有些地方——尤其是南方和农村地区——甚至在二十世纪尚有遗存。

尽管到十九世纪四十年代,争取用一般税支持公共学校的斗争至少已经在这个国家相对较为繁荣、教育水平较高的地区基本取得胜利,但关于全国性税收或全国统一学术标准的提案却变得比独立战争之后不久的时代更加难以想象。虽然美国的部分州和市镇为了加强初等教育做了

---

① 宗教保守主义者和宗教自由主义者之间这场关于罪孽轻重的争论绝不只是概念之争;当时,正统的牧师和激进的废奴主义者之间正围绕奴隶制之恶激烈相争。1836年,莱曼·比彻牧师在一场重要的演讲中把安息日称为"道德世界中的太阳",疏于遵守安息日规定是美国社会中的主要道德问题。废奴主义编辑威廉·劳埃德·加里森(William Lloyd Garrison)在《解放者》(*The Liberator*)1836年7月和8月刊上对比彻大加嘲弄,说他在对安息日规定耿耿于怀的同时,"为奴隶制发挥保护性的影响,奴隶制不但打破了第四诫,更将整个十诫一举破坏,奴隶制事实上将他的两百五十万同胞排除在安息日的好处之外!!"

大量工作，但地方自治和依赖地方物业税支持学校的做法却导致公立教育严重不平等的现象长期存在，这种不平等不断地对美国的教育造成负面影响。到十九世纪三十年代，城市地区的学校已经明显优于农村地区，富有的社区和州拥有比贫困地区更好的学校，而和教育程度较低的公民相比，知识层次最高、所受教育最好的公民会出资让子女上更好的学校。更重要的是，北方的学校已经明显好于南方。在美国北方，新英格兰地区——尤其是马萨诸塞州——又是佼佼者。1840年人口普查的统计数据中不同地区的儿童入学率最能说明问题：1840年，新英格兰地区的儿童入学率是中大西洋地区的两倍，南方的六倍。尽管中大西洋地区、中西部地区和太平洋沿岸地区的儿童入学率在十九世纪末已经赶上新英格兰地区，但南方和美国其他地区之间的悬殊差距一直延续到二战之后——这道鸿沟甚至至今都未能填平。[27]

在美国对智识和学问的态度的形成过程中，这种地区差异发挥了极其重要的影响。南方教育落后的原因首先是奴隶制，之后则是种族隔离，在研究如今所谓红州与蓝州之间的文化差异时，南方的教育尤为值得一提。弗吉尼亚州曾经率先实施了日后大大促进北方各州知识传播的非宗教教育模式，但弗吉尼亚州后来也陷入了和南方同样的智识困境，造成这种情形的是以奴隶制为基础的阶级体制和对普通家庭子女教育的冷漠。南方重建时期之后流传下来的神话说，十九和二十世纪南方教育体制中的一切弊病都可归咎于南北战争的破坏和战后北方人对南方白人的报复性对待。事实上，在战争爆发前夕，只有北卡罗来纳州建立起了和马萨诸塞州及新英格兰地区其他各州——或者说更加落后的中大西洋地区——相当的公立学校体制。[北卡罗来纳之所以成为例外，很大程度上得益于被称作"南方的贺拉斯·曼"的卡尔文·亨德森·威利（Calvin Henderson Wiley）一人的努力。][28]

本书不打算全面探究南方和美国其他地区间公立教育鸿沟的成因；在一个长期以相信种植园主贵族地位至上、相信黑人生来低下为基础的社会中，很难找到什么理由为贫穷的白人提供像样的公共教育，更不用说黑人了，这已经足够说明问题。在南方，只要身为白人——哪怕是不识字的白人——就比黑人高贵，那么还用多做什么呢？至于黑人，南方的公立学校体系直到二十世纪都极少为他们提供八年级以后的教育。在十九世纪末，使南方的教育与美国其他地区之间的差距不至于拉得越来越大的唯一原因是巨额的联邦援助——南方无疑会视其为破坏当地生活方式的阴谋，尽管联邦政府打破了先例，为原本的奴隶和白人佃农提供教育援助。在十九世纪七八十年代，来自新英格兰地区的众多议员提出了各种法案，旨在为最贫穷的州提供联邦教育援助，并且保证它们能够满足某种由国家统一设定的最低教育标准。和乔治·华盛顿十八世纪九十年代设立国立大学的努力一样，这些方案最后也无疾而终。

地方对学校的控制不仅意味着最贫穷地区的孩子只能上设施最差、教师水平最低的学校，而且意味着最落后的地区的教育内容由最落后的人们把持。在欧洲，所有公立学校中的科学和历史课程所讲授的内容都是由中央政府教育部门中受过高等教育的雇员决定的。而在美国，在那些认为地方对学校的控制权和宪法中规定的权利几乎同样神圣的人们眼中，受过良好教育的精英制定全国教育准则的形象过去和现在都让他们感到厌恶。在亚拉巴马州、密西西比州和路易斯安那州的小镇中，好几代人所接受的科学和历史教育都是由那些相信黑人天生低下、支持反对不断增长的世俗科学知识的基要主义教派的成人所审定的。在这个国家，教育水平最高的地区得到了越来越好的教育，而智识最落后的地区变得更加落后。

在爱默生发表《美国学者》演讲之前的十年中，地方主义和宗教基要主义对高等教育的发展同样大为不利，这点在南方尤其严重。和杰斐逊的弗吉尼亚大学一样，南方各州的其他州立大学也是由启蒙运动理性主义者建立的，虽然他们的启蒙运动并不排斥奴隶制。十九世纪二十年代，南卡罗来纳哥伦比亚学院（也就是如今的南卡罗来纳大学）在学生数量、教职员工数量和水平、图书馆馆藏等方面和哈佛、耶鲁、达特茅斯、普林斯顿、弗吉尼亚等大学一同名列美国十大高等教育机构。时任校长的托马斯·库珀（Thomas Cooper）出生在英国，毕业于牛津大学，是这个年轻国家中最知名的学者之一。库珀在 1794 年移民美国，和潘恩一样，他离开英国的原因也是对法国大革命的暴力和英国右翼反动势力的反感——潘恩正是因为在《人的权利》（The Rights of Man）中所宣扬的反君主制观点而受到右翼反动势力的审判并被缺席定罪。

库珀是一位强烈反对教权的自然神论者和直率的反加尔文派，同时，当时的地理大发现也让他坚定反对对《创世记》的字面诠释——所有这一切让他成了南卡罗来纳州的争议人物。在反驳州立法机构对他的一次攻击时，库珀宣称，他之所以来到美国，是因为新生的美国宪法是历史上首次打破政教合一的尝试，而且不可避免地激起了其他国家的自由探索。库珀提醒州立法机构，设立州立大学的目的并非建成培养传播福音的牧师的神学院。他直言不讳地指出："学生来到这里是为了探索有用的知识，而不是研究宗教神学。"[29]1832 年，库珀被迫和他所聘任的教职人员一同辞职，并且因为宗教异端的罪名被开除出大学。

同一时期的北方，尤其是新英格兰地区，世俗化教育的力量正在不断为成人和学龄儿童提供学习知识的新机会。美国学园运动（lyceum movement）便是一种和爱默生所呼吁的对以天赋为基础的学习的重视，以及十九世纪二十年代末至三十年代——杰克逊时期——民主的扩大相一致的文化发展进程。第一个以当地社区为基础的学园于 1826 年在马萨诸塞州密尔伯里设立，它的目标是为在工厂和新英格兰各地蓬勃发展的其他工业企业中就业的年轻人提供扩充知识，尤其是科学知识的机会。通过工作结束之后的一系列晚间讲座，已经工作了的成人可以提升他们年少时所接受的粗略教育：学习永远不会太迟。密尔伯里学园模仿的是一家 1824 年成立的英国学园，但美国学园运动很快确立了自身的特色，并开始向包括女性在内的社区各阶层延伸。到 1831 年，学园的总数达到了 800 到 1000 所。[30] 虽然小镇中依然很少设有学园，但对于这个在十九世纪三十年代初仅有不到 1300 万人口的国家来说，这个数字依然令人赞叹。

美国学园之父乔西亚·豪尔布鲁克（Josiah Holbrook）1788 年生于康涅狄格州一个富裕的农场，后毕业于耶鲁大学。豪尔布鲁克 1806 年进入耶鲁，大学后两年在纽黑文担任本杰明·西利曼（Benjamin Silliman）——著名化学家和地质学家、富兰克林之后美国最重要的科学普及者——的实验室助手。尽管根据豪尔布鲁克的设想，社区学园的主要目标是拓展年轻工人的科学技术知识，十八世纪三十年代的学园已经飞快地转而把一个复合阶层当作目标人群——一个世纪之后，这个阶层被称作中流大众。1838 年至 1839 年间马萨诸塞州萨勒姆——当时已经成为一座兼容并包的城镇，与十七世纪臭名昭著的猎巫运动之城没有半分相似——提供的一个系列讲座计划体现了学园讲师们包罗万象的主题。萨勒姆的系列讲座首先由肖像画家和人类学先驱乔治·卡特林（George Catlin）主讲的"北美印第安人的性格、风俗与服饰"拉开序幕，之后的重要讲座主题包括美国独立革命的起因、太阳、蜜蜂、地理学、女性的法定权利、穆罕默德的生平、奥利弗·克伦威尔（Oliver Cromwell）、维京人对美洲的发现和儿童教育（由似乎无处不在的贺拉斯·曼主讲）等。[31]

在新英格兰，几乎所有知名学者和政府官员都在利用学园讲座的平台：最受欢迎的主讲人里有丹尼尔·韦伯斯特（Daniel Webster），爱默生，梭罗，出生于瑞士的博物学家、哈佛教员路易士·阿格西（Louis Agassiz），女性教育开拓者爱玛·威拉德（Emma Willard）和日后担任萨勒姆学园通信秘书的纳撒尼尔·霍桑（Nathaniel Hawthorne）。女性主讲人的缺乏表明，女性在公众场合演讲在当时仍是一个社会禁忌。直到废奴运动在十九世纪三十年代后期取得一定进展之后，女性才开始登上公众平台，强大的废奴主义斗士卢克雷蒂娅·莫特（Lucretia Mott）、莎拉·格里姆克（Sarah Grimké）和安吉丽娜·格里姆克（Angelina Grimké）经常因为行为与性别不得体而遭受斥责。[32] 尽管如此，在每一个学园繁盛的地区，她们都赢得了各阶层男女的广泛支持。教授和作家们进行义务讲座，而从初秋到来年春天每周听取系列讲座的费用对很多工人来说也完全负担得起。在波士顿，讲座向成人收费 2 美元，小孩 1 美元；1828 年到 1829 年，由于报名听取第一轮讲座的人太多，为了满足大众的需求，主讲人们同意在每周讲座之后的两个晚上重复宣讲。

和不断壮大的要求公共资金支持教育的运动一样，学园运动很大程度上也只出现在北方，吸引的主要是中产阶级——上层中产阶级和下层中产阶级工人都把继续教育视为在经济阶梯上攀升的手段。南方没有足够庞大的中产阶级来支持定期讲座，只有新奥尔良、里士满和查尔斯顿是例外。而且，在富有的新英格兰居民为社区学园提供经济和道德支持的同时，大部分南方种植园主对此类活动并无兴趣。他们大多把学园运动的新英格兰起源和对废奴主义者的憎恶联系在了一起，积极反对成立学园。他们的担忧很大程度上是毫无依据的，因为大部分学园课程都回避了有争议的政治和宗教话题。尽管如此，关于地理学和女性法定权利的讲座显然会威胁到南方的宗教和社会等级观点。

最后，造就了杰斐逊、麦迪逊和华盛顿的启蒙文化在南方已无迹可寻：像托马斯·库珀这样掌握着科学知识的人被逐出门外，而不是招募他们来建立地区教育机构。这一切汇成了一种文化，社会上最富有、最具影响力的种植园主群体以缺乏对智识追求的兴趣而著称，他们自己也以此为荣。"在波士顿会去图书馆读书的那些人，"卡尔·博得（Carl Bode）评论道，"在南方却会去骑马打猎。他们的兴趣在于体力运动，而不是思想。他们对学园毫无兴趣，甚至近乎轻蔑。"[33]

由此，当旨在让联邦更加完美的政治试验进行了半个世纪之后，这个年轻国度的智识生活陷入了严重分裂。在东北部历史更久远的城市中心，不仅可以看到知识传播的迹象，一个知识阶层的兴起更是显而易见。而在南方，我们只能看到人为设立的知识障碍，将可能威胁社会秩序的任何思想挡在墙外。在新开拓的边疆，随着开拓者们的西进，我们看到了各有不同的知识场景：在十分原始的社会条件下，知识不会是最重要的事，但也有人对文明心怀强烈渴望，他们对于书籍和知识的热情让爱默生的听众中那些生来就享有特权的人们都相形见绌。

亚伯拉罕·林肯就是这些热忱的爱书者之一，他后来写道，自己接受的正规学校教育"加起来还不到一年"。[34] 林肯是最后一位自学成才并当选总统的美国人，正如他明确指出的，他的自学是迫于无奈，而不是有意如此。林肯比 1803 年出生的爱默生小六岁，当爱默生已经着手在书籍的世界中开始自己的散文写作与哲学家生涯时，林肯还在 1831 年仅有 25 户人家的伊利诺伊州新萨勒姆村的一家杂货店当店员，在业余时间努力掌握英语语法规则。林肯走到哪里都带着破旧的莎士比亚戏剧集，研究着从镇上一个受过教育的人那里借来的布莱克斯通（Blackstone）的《英格兰法律评论》（*Commentaries*），虽然曾因为沉迷书本而被邻居当作笑柄，林肯还是通过自学成为一名律师。想方设法获取书籍是林肯对自己早年生活的描述中反复出现的主题，他通常的办法是借书。有哪个学童没听说过年轻的林肯在一天的辛劳之后在木屋中就着闪烁的火光读书？没听说过本杰明·富兰克林在辽阔的美国原野上的雷暴中借助风筝探索电的秘密？

自殖民地时期开始，令人起敬的自我教育形象便深深地印在了美国精神当中，并一直延续至今，如今这个时代的人们对各种专门教育证书的迷恋是爱默生根本无法想象的。但是，这些形象从两个方面形塑了美国人对智识和教育的态度：它们结合了对知识本身的尊重，以及在缺乏社会提供的正式教育机构的情况下所取得的知识尤为高贵的信念。毕竟，富兰克林没有依靠政府资助就发明了避雷针和双焦距眼镜，林肯没上大学也当上了总统。但在美国自我教育自吹自擂的故事中，富兰克林是天才，林肯颇为缺乏系统的正规教育而遗憾这些事实却被忽略了。美国人对自学成才者的夸张吹捧带着道德上的浪漫主义色彩，它往往和顽强的个人主义①的象征性概念联系在一起，经常被用来反驳一切认为政府应当为了维持公平而承担教育义务的观念。在这个版本的美国历史中，因为在十分不利的环境中坚持学习，林肯才成了一名更出色的人，一名更出色的美国人。那些出类拔萃的自学成才者的成功变成了道德和社会说教：如果你真的迫切向学，没人能拦得住你，但社区却没有义务去创造一个有助于社区成员智识发展的环境。在正式、系统的学习和自我教育之间的关系上，知识分子们自己的看法也有矛盾。在《美国学者》演讲中，日后成为（仅次于富兰克林的）美国第二大知识分子明星的爱默生，就日后引发美国人在最可取的学习之路和社会对知识的尊重方面的长久争议的东西提出了意见。他告诫年轻人不要温驯地

> 成长在图书馆里，把接受西塞罗、洛克、培根所提出的观点当成自己的任务；却忘了西塞罗、洛克和培根在写下那些书的时候也不过只是图书馆中的年轻人。
>
> 因此，我们有了书呆子，而不是思想着的人。因此，那些博览群书的阶级珍爱的只是图书本身而已；他们不是通过书来认识自然与人类社会，反而把它当作世界和心灵中的第三等级。因此才出现了各种各样的修书人、校阅者和藏书癖……
>
> 无疑，读书另有正道，也就是严格地让书为自己服务。思想着的人切不可被自己的工具所奴役。书是学者们用来打发闲暇的。当他能够直接理解上帝的时候，绝不能浪费这宝贵的时光阅读他人的转录。但在不可避免的短暂黑暗来临时——当太阳被遮，繁星收起光芒的时候——我们走向它们的光辉所点亮的灯火，引导我们的脚

---

① 顽强的个人主义（rugged individualism），又称"彻底的个人主义"，由赫伯特·胡佛（Herbert Hoover）担任总统时提出。根据这一理念，个人应当自行解决自身的困难，政府切不可过度干预个人或整个国家的经济生活。——译者注

步再次走向东方,走向黎明所在。我们先是倾听,然后才开口说话。有句阿拉伯谚语如是说:"一棵无花果树,旁观另一棵无花果树,而后结出硕果。"[35]

爱默生是个无比喜爱读书的人,但十九世纪末和二十世纪的反理性主义者却总是为了将他引为同类而断章取义地引用他的话。爱默生不但是十九世纪早期浪漫主义的产儿,也受到了父辈启蒙运动理性主义的影响,他的超验主义哲学兼收了两者的特点。《美国学者》这篇演说不但宣告了美国知识界的独立,也是对美国社会生活中原生的众多反智主义势力——美国心灵中那些"被培养得目标低微"的部分——的回应。爱默生对美国人的教诲并非是他们无须从过往中学习,而是让他们准备好为总体文化知识作出自己的贡献。美国生活中独特的社会和政治条件将为这些贡献提供养料,这些贡献也将根植于民主的个人性这个更广的概念——民主的个人性让每一个人都有权利,也有责任让自己的能力得到最全面的发展。

美国人没等太久,美国独特的文学与哲学的最初化身便已问世。爱默生的第一本散文集出版于1841年;梭罗的《河上一周》(*A Week on the Concord and Merrimack Rivers*,也是他的瓦尔登湖日志的一部分)和著名的文章《公民不服从》(*Civil Disobedience*)发表于1849年;霍桑的《红字》出版于1850年;梅尔维尔(Melville)的《白鲸》(*Moby-Dick*)出版于1851年;惠特曼(Whitman)的《草叶集》(*Leaves of Grass*)第一版出版于1855年。这些作品并非全都得到了公众的热烈欢迎,但这无损于它们的价值——它们是真正属于美国的文学作品的基石,有力地驳斥了很多欧洲知识分子把独立之初美国文化的较低水平归咎于民主本身的说法。

但更多公民可以接触到的更加丰富的文化生活中并不包括那些反智势力,它们根植于从这个国家诞生起便存在的宗教和教育裂痕之中。正如爱默生在真正属于这个国家的第一次文学大繁荣的前夜所说，美国的智识之屋已然分裂。

注释：

1. Many details of the setting are drawn from Bliss Perry, "Emerson's Most Famous Speech," in *The Praise of Folly and Other Papers* (New York, 1923), pp. 81–113.
2. *"The American Scholar" Today: Emerson's Essay and Some Critical Views,* ed. C. David Mead (New York, 1970), pp. 29–30.
3. James Russell Lowell, "Thoreau," *My Study Windows* (Boston, 1885), pp. 197–198.
4. Alexis de Tocqueville, *Democracy in America* (1840; New York, 1960), vol. 2, p. 35.
5. Ibid., pp. 36–37.
6. Henry Adams, *A History of the United States* (1891–96; New York, 1962), vol. 1, p. 184.
7. See Merle Curti, *American Paradox: The Conflict of Thought and Action* (New Brunswick, N.J., 1956), p. 16.
8. James Madison, "Preface to Notes on Debates," in *The Record of the Federal Convention of 1787,* ed. Max Farrand (New Haven, Conn., 1937), vol. 3, p. 94.
9. George Washington, *The Writings of George Washington,* ed. Jared Sparks (Boston, 1834), vol. 1, p. 572, quoted in Adolphe E. Meyer, *An Educational History of the American People* (New York, 1957), p. 103.
10. *"The American Scholar" Today,* p. 14.
11. Bayard Rush Hall (under pseudonym Robert Carlton), *The New Purchase, or, Seven and a Half Years in the Far West* (New York, 1843), vol. 2, p. 85.
12. Sidney E. Mead, *The Lively Experiment: The Shaping of Christianity in America* (New York, 1963), p. 129.
13. Ellen D. Larned, *History of Windham County, Connecticut* (Worcester, Mass., 1880), vol. 2, pp. 220–221, in G. Adolf Koch, *Republican Religion* (New York, 1933), p. 245.
14. See Hofstadter, *Anti-Intellectualism in American Life,* pp. 81–82.
15. See Susan Jacoby, *Freethinkers: A History of American Secularism* (New York, 2004), pp. 15–34.
16. Russell Nye, *The Cultural Life of the New Nation:* 1776–1830 (New York, 1960), pp. 74–75.
17. Lyman Beecher, *Autobiography, Correspondence, Etc.,* ed. Charles Beecher (New York, 1865), vol. 1, p. 43.
18. See Jon Butler, *Awash in a Sea of Faith* (Boston, 1990), p. 220.
19. William Bentley, *The Diary of William Bentley* (Salem, Mass., 1905), vol. 3, p. 442.
20. Tocqueville, *Democracy in America,* vol. 2, p. 25.
21. Ibid., pp. 35–36.
22. W. J. Cash, *The Mind of the South* (New York, 1941), p. 17.
23. Quoted in H. C. Barnard, *Education and the French Revolution* (Cambridge, 1969), p. 82.

24. Meyer, *An Educational History of the American People,* p. 105.
25. Horace Mann to Frederick Packard, March 18, 1838, in Jonathan Messerli, *Horace Mann: A Biography* (New York, 1972), p. 310.
26. Mann to Packard, June 23, 1838, in ibid., p. 311.
27. Scott Baier, Sean Mulholland, Chad Turner, and Robert Tamura, *Income and Education of the States of the United States,* 1840–2000, Working Paper 2004-31, November 2004, Federal Reserve Bank of Atlanta, Working Papers Series.
28. See Meyer, *An Educational History of the American People,* p. 210.
29. *The Case of Thomas Cooper . . . Submitted to the Legislature and the People of South Carolina, December* 1831 (Columbia, S.C., 1831), pp. 14–15, in Richard Hofstadter and Walter P. Metzger, *The Development of Academic Freedom in the United States* (New York, 1955), pp. 266–267.
30. Carl Bode, *The American Lyceum: Town Meeting of the Mind* (New York, 1956), p. 101.
31. Ibid., p. 48.
32. See Jacoby, *Freethinkers,* pp. 74–77.
33. Bode, *The American Lyceum,* p. 156.
34. Doris Kearns Goodwin, *Team of Rivals: The Political Genius of Abraham Lincoln* (New York, 2005), p. 51.
35. *"The American Scholar" Today,* pp. 17–18.

第三章　美国文化之战初期的社会伪科学

内战结束后的数十年中，随着很多美国人欣然接受一种由意识形态推动，意在将镀金时代的严重贫富分化合理化的伪科学，形成于十九世纪前半叶的智识鸿沟又多了一个重要的新维度。和占星术、炼金术等旧式伪科学一样，社会达尔文主义这种新的伪科学同样使用科学的语言来掩盖它完全不科学的本质。① 旧式的伪科学违背了自然规律，而新式的伪社会科学——社会达尔文主义其实只是其中最早的例子——却盗用自然规律来证实或攻击文明制度。在美国，传播社会达尔文主义的不是无知的乡下汉，而是一些这个国家最重要的商业大亨和知识分子，其中有安德鲁·卡内基（Andrew Carnegie）、约翰·D. 洛克菲勒（John D. Rockefeller），还有耶鲁大学政治科学家、早期典型公共知识分子威廉·格雷厄姆·萨姆纳（William Graham Sumner）。社会达尔文主义掀起了美国历史上向大众推销伪科学——如今叫作垃圾科学——的第一波大潮。当下的非理性时代中，很多意识形态在种种证据面前依然水火不侵，美国镀金时代那些在其他方面颇具才智的人们对意识形态的执着可谓这

---

① 尽管在十九世纪的英国和美国没有人使用过"社会达尔文主义"这个词，我依然将它用在这里。这个词在十九世纪法国和德国曲高和寡的知识分子圈里为人所知，但在理查德·霍夫施塔特 1944 年出版《美国思想中的社会达尔文主义》（*Social Darwinism in American Thought*）之前的美国并未得到广泛应用，即便在学术界也是如此。霍夫施塔特的这本书最初是他在哥伦比亚大学的博士论文，之后各版售出了超过 20 万册。

种执念的先驱。

　　萨姆纳的作品如今在学术界之外几乎无人知晓，却被视为十九世纪和二十世纪之交美国最具影响力的社会达尔文主义者。1872年到1910年间，他是耶鲁大学成千上万未来国家领袖的智识导师，而且精于把自己的思想改写成大众杂志上富有可读性的文章。[1] 达尔文自然选择的进化论是当时变革性的科学洞见，结果被萨姆纳及其追随者们扭曲成了一种社会哲学——而且总是被说成"科学的"——他们把竞争捧上神坛，为成功爬到顶层的一切人和事物背书。萨姆纳露骨地断言，镀金时代的商业巨头是"自然选择的产物……就像伟大的政治家、科学家和军事家一样"。因为富豪们是市场中由可能存在的科学法则支配的公平竞争中的胜出者，"所有能够胜任这种职责的人都将得到这些职位……"[2] 我们如今了解当时的学者所不清楚的事实——人类不分贫富，身上都有部分来自尼安德特人的遗传子遗，尼安德特人过去总是被笑话成近似于猿的动物，不可能与一种只比天使略低一点的物种有任何关系。人类的基因有时候就是那么让人尴尬。

　　对于萨姆纳这样的学者来说，就算他们理论的影响力仅限于课堂之内，只向课堂上的精英青年灌输对不受约束的资本主义的崇拜，他们也会带来足够大的破坏，但是他们还为面向广大中产阶级受众的《科利尔》（*Collier's*）等全国性杂志撰稿，这能够带来过去无法想象的巨大影响。当时和现在一样，新技术所渗透的信息和虚假信息让大众应接不暇。很多美国人所受的教育足以让他们对十九世纪晚期的科学和技术产生兴趣，但却远远不能让他们区分真正的科学家和那些打着科学的幌子推销自己的社会理论的人。

　　在十九世纪晚期的美国，后达尔文时代围绕进化论展开的文化之战和它如今的后裔一样，一般被看作科学与宗教之争。但是，关于进化论的文化战争实际上有两场——其一的中心是达尔文的真正科学对传统宗教的挑战，其二则源于试图把达尔文关于自然界中人的理论转换成规定人类在文明社会中应当如何对待彼此的伪科学社会理论。在第一场文化战争中，几乎所有知识分子都站在科学一边；而在第二场战争中，很多人（尽管不是所有）拜倒在萨姆纳所宣扬的伪科学面前。进化论对圣经直译主义的挑战唤起了以宗教为基础的反智主义，而那种认为自然界中"弱肉强食"的生存法则不可避免地适用于人类社会的理论吸引了上层中产阶级知识分子，这导致了问题的进一步恶化。

三次总统候选人、经济民粹主义者、从十九世纪九十年代直到1925年去世为止都被基要主义者视为英雄的威廉·詹宁斯·布莱恩让这两场文化战争合二为一。布莱恩同时抗拒着进化论的科学理论和社会达尔文主义的伪科学；前者威胁着他的宗教，而后者与他力求社会公正的理想相悖。在美国思想史上的这一阶段中，最大的讽刺是，知识分子中的社会达尔文主义者和他们的基要主义对手一样，无法区分科学和社会伪科学，而且把他们的困惑传递给了崇拜科学成果，却几乎对科学方法一无所知的大众。

从南北战争结束到第一次世界大战开始之前的半个世纪中，改变了美国社会的强大的经济和人口结构力量是曾在1837年有幸聚集在剑桥，聆听拉尔夫·沃尔多·爱默生的"美国知识分子独立宣言"的人们所无法想象的。1860年到1910年间，尽管美国内战导致超过60万人死亡，来自南欧和东欧的移民依然使美国总人口增长到了之前的三倍——从约3100万到超过9200万。这个人口统计数字虽然并不陌生，但还是令人感到震撼，光看数字本身，似乎完全不存在成功接纳吸收这些移民的可能性——假如我们不知道这个任务已然完成的话。十九世纪八九十年代涌现出的公立中小学、大学和图书馆网络成功应对了吸纳数以百万计的非英语移民和提高美国全民教育水平的挑战。

城市，作为大多数新移民的家园，实现了公立教育最重要的、在中小学层面上的扩充。在依然控制着大多数美国城市的白人盎格鲁-撒克逊新教徒和移民自身——尤其是终于在这个没有任何法定反犹限制的社会中为自己被禁锢的受教育意愿找到了出口的东欧犹太人——看来，公立学校对于完成这种吸收至关重要。1878 年，美国仅有不到 800 所公立高中，而到了一战前夕，这个数字已经突破了 11000。在 1880 年和 1900 年的两次人口普查之间，官方文盲率从 17% 下降到了 11%——即便考虑到普查工作中的遗漏，在那个几乎所有新移民踏足美国之前都对英语一无所知的时代，这依然是个了不起的成就。[3] 1880 年到 1914 年间，很多州通过的义务教育法使得美国的平均受教育年限从 4 年提升到了 6 年——同样，考虑到从未上过学的移民的涌入，这又是一个了不起的成就。[4]

伴随着中学教育扩展的，是成人教育项目的发展和公共图书馆系统的创立，白手起家的卡内基（他对个人慈善的信念和对政府救济的厌恶同样强烈）用他的资金和领导力推动了全国范围内的图书馆建设，向普通公民敞开了大门。在大城市里，任何持有借书卡的人不但能够使用社区图书馆，中心研究图书馆——日后世界上最大的研究型馆藏最初的核心——也向他们开放。纽约公共图书馆（New York Public Library）位于四十二街的总部于 1911 年 5 月 24 日开门迎接公众，当天约有五万名纽约居民走进了这家图书馆在第五大道上的入口——守卫大门两侧的石狮子不久便成了著名的城市地标——去观看馆内的非凡世界。[5] 交到读者手中的第一本书是俄语哲学书籍，这是市民文化进化的证据，普通公民现在也能接触到原本由社会中最有权势的成员独享的文化和知识资源。①

对兼具娱乐和教育功用的讲座而言，镀金时代同样也是它们的黄金时代。过去以社区为基础的学园被全国性讲座机构取代，后者为知名的演讲者提供了高额报酬，由于公众需求庞大，依然可以维持极低的票价。当讲座机构邀请到爱默生、当时最重要的宗教演说家亨利·沃德·比

---

① 这本书是 N. Y. 格罗特（N. Y. Grot）所著的《我们这个时代的道德思想：弗里德里希·尼采与列夫·托尔斯泰》（Moral Ideas of Our Time: Friedrich Nietzsche and Leo Tolstoy），开馆后六分钟就交到了读者手上。

彻（Henry Ward Beecher）、英国博物学家和进化论捍卫者托马斯·赫胥黎、女权运动创始人伊丽莎白·卡迪·斯坦顿（Elizabeth Cady Stanton）和坚持不懈与正统宗教抗争的罗伯特·英格索尔等名人开讲的时候，讲堂的大小是限制听众人数的唯一因素。1869 年贺拉斯·格里利（Horace Greeley）的《纽约论坛报》（New York Tribune）上登载了一篇社论，文中指出："当后世历史学家着手研究现代社会思想发展史的时候，他一定会不吝笔墨，拿出整整一章来描述公共讲座体系所体现出的各种思想的兴起与发展。他会记录下，爱默生、（布朗森·）奥尔科特〔(Bronson) Alcott〕、（温德尔·）菲利普斯〔(Wendell) Phillips〕、比彻、（威廉·劳伊德·）加里森〔(William Lloyd) Garrison〕和许多其他美国知识界先驱都是演讲者；人们说服哲学家和科学家们走出书斋和实验室，走上讲台；简而言之，柏拉图的学院和阿基米德的工坊都变成了讲堂。"⁶《纽约论坛报》没有提到任何女性演讲者，这反映了当时的男性在智识问题上谁算数、谁不算数的观点。事实上，斯坦顿、苏珊·B. 安东尼（Susan B. Anthony）、露西·斯通（Lucy Stone）等颇有争议的女性主义者都吸引了大批听众，同样广受关注的还有女性布道者、女性禁酒运动领袖，以及亨利·沃德·比彻更有名望的姐姐、《汤姆叔叔的小屋》（Uncle Tom's Cabin）作者哈里特·比彻·斯托（Harriet Beecher Stowe）。

  不断提高的识字率，加上成人教育项目、图书馆、博物馆和系列讲座的蓬勃发展，刺激了公众对各种知识娱乐活动和信息的渴望。图书出版商们大量推出各种廉价版图书，从惊险故事和家政手册到来自各国的十九世纪经典文学，无所不包。因为美国拒绝签署 1886 年制订的世界上首个国际性版权保护协议《伯尔尼国际公约》（Berne International Convention），出版商们肆意盗版来自欧洲大陆和英国的文学巨著，以"重印文库"之名出版。就连原本以英语出版的作品在美国也得不到版权保护，除非这些书最初就是在美国编辑印刷的。1900 年，美国出版商出版的图书种类增长到了 1880 年时的三倍。从主打低俗小说的通俗杂志，到高雅文学刊物和专业性科学期刊，每个识字的人都可以面对种种刊物各取所需。从 1885 年到 1905 年，约有 1.1 万种期刊面世，虽然很多刊物的生命周期和如今互联网上不成功的博客一样短暂。[7] 一位文学史专家估计，在 1865 年至 1905 年间，各种月刊的发行量与美国总人口的比值上升了 700%。[8]

信息来源的激增在很多方面影响了美国的文化生活，出版业和巡回演讲行业——和现在一样，这个行业和图书业情同手足——的发展在宣传达尔文的进化论方面扮演了关键角色。宗教与科学都是热门话题，进化论则同时涉及了这两方面。于 1872 年创办了支持进化论的《大众科学月刊》（Popular Science Monthly）的爱德华·利文斯通·尤曼斯（Edward Livingston Youmans）是当时最受欢迎、最不知疲倦的演讲人之一。不幸的是，他既是达尔文进化论的宣传者，又是坚定的社会达尔文主义者。尤曼斯负责了由纽约著名出版机构 D. 艾伯顿公司（D. Appleton & Company）出版的国际科学丛书，这套当时的知名丛书把（包括达尔文本人在内的）世界顶尖科学家的著作带到了美国大众面前。

当托马斯·赫胥黎 1876 年首访美国并作系列讲座时，美国新闻界对他的报道规模与日后他的两位同胞——温斯顿·丘吉尔（Winston Churchill）和戴安娜王妃（Princess Diana）——相当。《纽约时报》头版报道了他在曼哈顿奇克林厅一票难求的演讲，《纽约论坛报》则刊发了他的演讲全文。由于新闻报道反响热烈，较为保守的《纽约时报》在评论版上断言"赫胥黎先生提到了进化论的证据，好像它就像是哥白尼的理论，但这只能证明理论会让清醒的脑袋走［堕落］得多远。"[9] 不论这些报道是正面还是负面，它们都让十九世纪晚期的大批公众至少对进化论有所耳闻——对它的普遍认识远远超出了十九世纪早期公众对同样挑战了《圣经》创世故事的地理大发现的认知。事实上，有阅读能力、会去听讲座的民众的规模确保了关于进化论的文化战争不只和受过高等教育的精英人群有关。

关于生物进化论及其与宗教的关系的争论很大程度上只是不同类型的美国新教徒之间的家庭纠纷的延伸。罗马天主教会和基要主义新教教派类似，它们对进化论的反对只是对各种世俗主义的反对的一部分；天主教神职人员保卫移民子弟不受世俗科学与历史知识侵扰的愿望很大程度上催生了美国首个有组织的教区学校体系。当时，决心为自己对新生世俗知识的信仰争取空间的自由派新教徒还没有形成一个与美国天主教相当的大型组织。美国天主教会的宗教领袖思想狭隘，信众则以受教育水平有限的移民为主，因此独立于十九世纪深刻的智识讨论之外。

真正的讨论很大程度上局限于北方——这同样是知识隔离的结果，这种隔离起初由南方为争取保留奴隶制而发起的战争所引发，在南北战争结束之后又因为南方对战前局势饱含委屈的神话而延续了下去。自托马斯·库珀因为岩石年龄问题上的异端观点而于1832年被解除南卡罗来纳大学校长一职起，南方执拗的基要主义对高等教育，尤其是科学教育的负面冲击便日益显著。在达尔文之后，当代科学知识和南方宗教势力之间的鸿沟越发加深。1873年，航运与铁路巨头科尼利尔斯·范德比尔特（Cornelius Vanderbilt）捐助了100万美元，要把位于田纳西州纳什维尔的中央大学（Central University）——一所为了培养循道宗传教士而建立的机构——变成真正的大学。问题是，范德比尔特和一位循道宗主教个人关系良好，将他任命为捐赠受托人委员会终身主席，循道宗教会由此依然保持了对受托人委员会的控制。

尽管如此，就连委员会中受宗教影响最深的受托人也依然热切希望用范德比尔特的资金来提升这家机构的声望，他们聘用了进化论者亚历山大·温切尔（Alexander Winchell）担任校长。温切尔认为，达尔文自然选择的进化论其实证明了黑人种族的低等，这一点本可以让他成为一所志存高远的南方大学的理想人选。因为根据温切尔在1878年发表的一篇题为《亚当的后裔与亚当之前的人类》（*Adamites and Preadamites*）的冗长文章中的说法，黑人从生物学角度看太过低等，不可能是亚当的后裔——众所周知，亚当是白人。因此，人类的历史一定比《圣经》中的亚当更久远，而黑人则代表了进化史上的较早阶段。尽管温切尔用进化论来鼓吹白人至上——在美国白人对种族隔离和种族歧视的辩解中，这个主题在其他很多问题上都会再次出现——南方的循道宗信徒依然对他认为人类生命早于亚当出现的观点不满，不论这种人类生命多么低等。于是，他们炒掉了这位被聘来带领他们的机构走入十九世纪晚期的校长。温切尔转头北上，走向了成功的职业道路——当时并没有受到他那融合了进化论、优生学和《圣经》的古怪理论的妨碍——当上了密歇根大学的古生物学和地质学教授。不愿遵从对《圣经》字面解释的科学家们纷纷另寻高就，与他的离去类似的场景在南方随处可见。

温切尔作为优生学进化论者在学术上的成功和在大部分科学圈子里得到的敬重证明，社会达尔文主义有效地搅乱了真正的科学和伪科学之间的界限。通过优生学和社会达尔文主义的结合，这一理论的支持者们不但能够证明爬到社会顶层的个人的价值，而且还能证明顶层群体——首先便是生于美国的盎格鲁-撒克逊血统白人——的价值。对优生学的兴趣显然不仅出现在美国，但在这个长期大量将一个不同种族的人当作奴隶，而且在奴隶制终结之后几乎没有为弥补这个少数族裔所遭受的不幸作出努力的国家里，从生物学角度对种族歧视的粉饰有着或明或暗的特殊吸引力。对于一个不同于任何欧洲国家，文化背景和原有人口差异极大的移民——包括犹太人、斯拉夫人、意大利人——蜂拥而至的社会中，优生学迎合了人们的恐惧。

十九世纪晚期的美国主要社会达尔文主义者几乎毫无例外都属于上层阶级，都是白人盎格鲁-撒克逊新教徒（其中有些人跨过了自由派新教和不可知论之间的界限）。主要社会达尔文主义者们无视任何与其哲学观点相悖的证据，这种基于阶级的偏见实在令人吃惊，因为他们在智识层面上全都尊重理性。尽管如此，他们当中的很多人都用宗教皈依一般的语言来描述自己的智识觉醒。"我记得,光如洪水一般来临,而后一切澄明。"卡内基日后在自传中如此解释道,"我不但摈除了神学与超自然的东西,而且找到了进化论这个真理。'美好源自进步'成了我的格言。"这本在卡内基死后出版的自传恰于第一次世界大战毫无意义的屠杀之中写就,他居然还能接着断言人类"这种有机体,天生抗拒一切有害的,也就是错误的东西,在尝试之后吸收有利的,也就是正确的东西"。[10]

尽管"社会达尔文主义"这个词在美国一度广为人知,但之后却变得不受欢迎,原因恰恰在于,萨姆纳等十九世纪晚期的学者属于第一代坚持认为自己的社会理论是客观科学分支的人。学术界的社会达尔文主义者和工业领袖们一起声称生物进化论和社会进步是一回事(达尔文本人从未抱有这个观点),这些学者们声称,任何反对他们观点的人事实上都是在反对科学本身。社会科学和自然科学一样牢牢立足于客观观察和实验原则之上的观点,在很大程度上帮助了优生学和社会达尔文主义在知识界取得声望。那些完全接受达尔文自然选择的进化论,但却反对将它扩展到社会领域的知识分子明显属于少数派,他们经常被嘲笑,被指为反动的反科学者。拉尔夫·沃尔多·爱默生和威廉·詹姆斯(William James)都属于这个人数不多但却堪称精英的群体,二人身处社会科学的新世界之外,却归属于人文和自然科学综合教育这个更古老的美国传统,这一点非常重要。

社会达尔文主义对美国,尤其是对美国知识分子的影响,很大程度上可能源自赫伯特·斯宾塞(Herbert Spencer)的作品,这位生于英国的哲学家如今已经少有人读,但在十九世纪却是个了不起的大人物。提出"适者生存"这个说法的正是斯宾塞,而不是达尔文。按照霍夫施塔特言简意赅的描述,斯宾塞是"自学成才知识分子中的形而上学者,朴素不可知论者的先知",他同样也能吸引非基要主义的宗教信徒,因为他坚持认为,不论科学对自然世界的研究多么深入,科学家都无法理解

"那不可知的"——换言之，上帝。[11] 对于想要同时拥有他们的上帝和达尔文的千百万开明宗教信徒来说，这是一条完美的出路，但这却无法让基要主义者满意，你永远无法说服他们相信《圣经》仅仅是隐喻。斯宾塞合计达 6000 页的多卷本著作《合成哲学系统》(System of Synthetic Philosophy) 多亏了美国人的支持才得以出版；卡内基、洛克菲勒和托马斯·爱迪生（Thomas Edison）为他提供了直接资助，许多新英格兰地区的知名知识分子提前订购了斯宾塞巨著的每一卷，这种营销手段恰似如今的图书推介。最为知名的早期订购者中有历史学家乔治·班克罗夫特（George Bancroft）、植物学家阿萨·格雷（Asa Gray）、哈佛大学前校长贾雷德·斯帕克斯（Jared Sparks）和诗人詹姆斯·罗素·洛维尔——有这样的精英知识分子背书是任何出版商都梦寐以求的事。

斯宾塞鼓吹着自由放任经济的福音，认为它是保证适者通过与达尔文的自然选择相对应的"社会选择"在社会中走向胜利的唯一路径，他的福音在美国远比在英国更受欢迎。斯宾塞最早关于社会选择普世法则的枯燥论著发表于 1858 年，一年后达尔文的《物种起源》(On the Origin of Species) 方才问世——斯宾塞总是不厌其烦地强调他在时间上的领先。可是，这位自学成才知识分子中的形而上学者却立刻利用了达尔文的科学研究，来支持自己从哲学角度对不受约束的工业资本主义的文饰。这位英国哲学家坚定不移地狂热反对在他看来会妨碍社会选择的任何政府计划——包括公立教育、卫生法规、关税，甚至还包括邮政服务。在这方面，和爱戴他的美国大佬们相比，他更加专一，毕竟那些工业巨头们总是乐于从保护自己的产品免受外来竞争影响的关税中得益。卡内基捐建图书馆之举创造了政府和私人进行慈善合作的典范，他这样的人显然不会逐字逐句接受斯宾塞，就像他们不会逐字逐句接受《圣经》一样。相反，社会科学学者往往更容易成为原教旨斯宾塞主义者。

在斯宾塞的理论和强调《圣经》经文作者只是凡人的新兴圣经批评影响下，原本被授予循道宗牧师职位的威廉·萨姆纳逐渐转变为不可知论者。根据查尔斯·比尔德和玛丽·比尔德（Charles and Mary Beard）夫妇的记载，萨姆纳"把个人主义当作严密的科学"教给数以千计的耶鲁大学本科生，"试图说服平和的年轻共和党人，不应容忍保护性关税这种背离了共和党（社会达尔文主义的个人主义）传统的做法"。[12] 因为萨姆纳能够在大众出版物和科学期刊上为自己的伪科学理论套上科学权威和理性的光环，想必他不但是当时最富影响力的学者之一，而且还是二十世纪八十年代以来对美国社会施加类似影响的右翼公共知识分子的哲学先祖。放在今天，萨姆纳的思想可以完美融入传统基金会（Heritage Foundation）和美国企业研究所（American Enterprise Institute）的建议书。通过反复论证不应向富人征税——"没有人可以在不帮助百万人小有收益的情况下赚取百万美元"——萨姆纳所宣扬的正是如今被称作涓滴经济学①的东西。社会主义和进步时代的改革提议一样，并非政治辩论的主题，只不过是破坏科学所揭示的自然生存秩序的尝试。

为了回应揭丑小说家厄普顿·辛克莱（Upton Sinclair）关于立法监管服装厂用工问题的呼吁，萨姆纳在1904年发表于《科利尔》杂志上的文章《答一名社会主义者》(Reply to a Socialist) 中详细阐述了他的哲学，对启蒙运动大加鞭挞。

> 所谓人人皆应幸福，和其他人一样幸福的观点，是那种二百年来越发流行的哲学开出的精巧花朵。所有那些对自然权利、自由、平等云云的琐碎要求只是通向这种哲学的踏脚石，这种哲学才是他们真正的目标。纵观整个人类历史，总是有人富，有人穷。有些人被生活中的不幸带走了所有的快乐与力量，但总有幸运儿能让我们看到人生会有多么辉煌，他们装点着极乐之梦，引诱着失败和受苦

---

① 涓滴经济学，常用来指里根时期的经济政策。其理论是，给富人、企业家减税，将有助于刺激企业扩大投资、鼓励企业家精神，从而有利于经济增长、就业增加和工资上涨，最终令中产阶级获益。——译者注

的人。于是，有人编造出了普世幸福的哲学理论。他们告诉我们，幸福、舒适、健康、成功，拥有知识、家庭、政治权力，拥有一切至臻至善之物，这些是人人都享有的自然权利……于是他们说，我们皆应平等。这样的主张完全忽略了运气……不幸者将毁掉幸运者。这便是平等的唯一意义。[13]

（你们这些大错特错的《独立宣言》作者们！）

因为斯宾塞为"不可知的"信仰留出了空间，除了不可知论者之外，那些在宗教方面开明但经济上保守的新教知识分子们同样热烈拥抱他的观点。作为这个国家最著名的牧师，来自布鲁克林的普利茅斯公理会教堂的比彻指出，镀金时代严重的经济不平等不但是自然选择的结果，也是《圣经》的授意——对于一个同时认为《圣经》中的创世故事应当被视为隐喻的神学家来说，这种观点实在反常。穷人之所以穷，因为上帝决定了他们的人生地位，而达尔文在自然界中发现的生存竞争，则为上帝让人类为生存而竞争的意图提供了科学"证据"。读到比彻关于穷人的无能，和工会、社会主义、共产主义等所谓生于欧洲的"恶魔"的非美国性的布道，真是让人不寒而栗。1877年，在一次被《纽约时报》所引述的布道中，比彻庄重地说，"上帝让强者为强，让弱者为弱……我不是说一天一美元足够一个做工的人过活，但这足够让人活下去了！"这种"政府应当像父亲一样，负责国民的福利，为他们提供工作"的欧洲观念"是非美国的"。在最后的总结中，比彻宣称："从富足跌入贫困的人们不应含怨带恨，而是应当坚强地承受这一切。他们永远不应忘记，自己是人，即便他们将饥馁而亡。看那印第安人，他们尚不开化，但在火烧及身时从不畏缩。要想像男人一样面对不幸，就应当大胆地走向贫穷。"[14]

不论比彻是否大胆，他从来都不用面对贫穷这种不幸。1875年，比彻曾经的朋友、他的堂区居民西奥多·蒂尔顿（Theodore Tilton）控告比彻与自己的妻子通奸。陪审团最终未能达成一致意见，比彻保住了在布鲁克林的牧师职位，这场丑闻和随之而来的名气让他能为自己的巡回演讲收取更高的费用。之后的十年里，为了说服宗教方面持自由态度的新教徒相信对上帝作为造物主的信仰和进化论的细节可以协调共存，比彻比任何牧师都着力更多，他还有力地论证道，正如自然界某些物种的生存证明了它们是适者，社会中富人所积累的财富证明了他们更加"适应"这个社会——而且较为富有的社会也更加"适应"这个世界格局。

达尔文从未说过这样的话。他在《人类的由来》(The Descent of Man)中明确指出，当人类从自然状态进入文明社会之后，自然选择的重要性立刻落到了环境因素和道德问题之后。"我们感到被迫向无助的人们伸出援手，这主要是伴随同情本能而出现的附带结果，"他写道，"这种行为最初作为社会本能的一部分而习得，但后来却变得……更加温情，广为散播。即便是在严格理性的促使下，只要我们本性中最高贵的部分尚未堕落，我们也无法压抑自己的同情……如果我们存心忽视弱者和无助的人，好处未必会有，但无疑会带来莫大的恶。"[15]

爱默生的"民主的个体性"理想被对"顽强的个人主义"——另一个延续到二十一世纪的符咒——的鼓吹所取代，这也和社会达尔文主义伪科学的兴起紧密相连。在爱默生和美国的建国一代看来，政治平等与个体性并无冲突：作为人类和公民，人们是平等的，"因为人人都是有着独特位置的有代表性的人，享有让自己特有的潜能发展到极致的机会是他的天然权利……人人平等并不意味着人人相似，或人人拥有同样的利益与能力，而是意味着所有人在天地间同样重要"。[16] 镀金时代的美国个人主义观念往往冠以"顽强"这个形容词，它有着完全不同的含义：不仅意味着不同个人的禀赋能力不同，而且这些不同的能力证明了有些人在社会体系中比其他人更有价值。

大体说来，直到进步时代在世纪之交拉开帷幕，才有知名知识分子开始真正地向将自然选择和社会选择之间画上等号的做法发起挑战。威廉·詹姆斯是最值得一提的例外。和同时代的大部分学者不同，他看穿了斯宾塞社会达尔文主义核心的垃圾科学。詹姆斯是一名受过良好训练的医生和博物学家，同时还是哲学家，他从科学和形而上学两方面来解决自然选择和社会选择的混淆。生于1842年的詹姆斯属于第一代在《物种起源》出版之后步入成年的人，他的智识影响力达到巅峰的时候，也恰逢美国人对斯宾塞的热情步入高潮。詹姆斯证明，尽管社会达尔文主义完美地契合了当时对顽强的个人主义的崇拜，但那种哲学几乎毫不尊重个人。更重要的是，詹姆斯将社会达尔文主义界定为非科学的东西，而不仅仅是有害的科学。

1880年，詹姆斯在哈佛自然历史学会（Harvard Natural History Society）发表演讲时指出，斯宾塞盗用了达尔文关于自然界中的改变的杰出洞见，把它当作适用于一切社会变动的万能解释，这种做法实际上和占卜一样毫无逻辑。"沿用这种方法，"詹姆斯指出，"如果有位朋友曾经和十二个人一同用餐，数月之后在门口的冰面上滑倒，跌碎了脑袋，我们就可以有十足的把握说，他是死于那场不祥的宴席。"詹姆斯继续说道，事实上，他知道这场致命的事故会发生，可以"凭借完美的逻辑"说冰上的这一跤早已注定。

"从科学角度看，"我可以说，"事故并不存在。世界的全部历史汇成了这一跤。如果其中缺少了任何一环，这一跤就不会发生在彼时彼地。否认这一点，便是否认了全宇宙的因果关系。真正的死因不是那一跤，**而是引发那一跤的条件**——其中之一便是他曾经在六个月前，作为十三人之一坐在桌前。**那才是让他在那一年里死去的真正原因。**"

如此有说服力的例子前无古人后无来者，驳斥了盗用以事实为基础的真正科学为无法验证的一元论形而上学社会理论服务的做法。在这次演讲绝妙的结尾中，詹姆斯在社会理论和科学理论之间划出了明确的界线。

(与我们有关特殊变化事例的独特信息不同的)"进化哲学"不过是一种形而上学的信条。它是一种冥想的精神状态,一种情绪化的态度,而不是一个思想体系——这种精神状态和世界一样古老,驳倒它的任何化身(比如斯宾塞的哲学)都无法将之驱散;宿命论的泛神论和它关于神与万物的直觉可以推导出世间一切,过去、现在和未来都将如此。我们绝不会在此轻言这种陈腐却有力的看待世界的方式。我们当今所谓的科学发现和它的产生毫无关联,也没有人能够轻易想象让它走向寂灭……但是,尽管批评家不能证明这种形而上学的信条并非真理,他至少可以大声抗议它用"科学"的羽毛加以伪装的行为……斯宾塞关于社会和智识进步的"哲学"是不合时宜的陈腐之物,把一种前达尔文的思想变成了斯宾塞的"力量"哲学,抹去了物理学家费尽千辛万苦才在真实和潜在的能量、动量、功、力、质量等问题上区分出来的所有差异,把我们带回了前伽利略时代。[17]

也许只有那些同时接受过自然科学和哲学训练的人才能在关于进化论的文化战争之初发现形而上学理论的空洞与傲慢,这些理论忽略了棘手的事实,而与之相对的科学理论却会根据新发现加以修正。因为詹姆斯反对社会达尔文主义的基础是它的非逻辑性,而非对社会政策的潜在影响(尽管这种影响已经够坏了),他的论说有着一种永恒性。在论及二十世纪早期关于"科学共产主义"的幻想和二十世纪五十年代在美国达到顶点的以弗洛伊德精神分析理论为科学基础的半宗教性信仰时,他的论说也同样有意义。① 它在今天可以拿来反驳智能设计论,反驳经过

---

① 当弗洛伊德的著作在美国几乎还不为人知的时候,詹姆斯对这些作品兴趣极大,而且在1909年弗洛伊德和卡尔·荣格(Carl Jung)抵达美国的时候,他也在克拉克大学的欢迎人群当中。但当时詹姆斯却认为弗洛伊德和荣格的思想十分僵化,认为这是一种"执着于某种固执想法"的倾向。

重新包装之后的社会达尔文主义——老的社会达尔文主义者颂扬现代工业资本主义，新的社会达尔文主义则把后工业时代的资本主义吹捧为由亘古不变的自然法则所拱卫的大厦。

詹姆斯揭示了斯宾塞的思想非科学的心理和感情基础，索尔斯坦·凡勃伦（Thorstein Veblen）——曾在耶鲁大学跟随萨姆纳学习，但最后却得出了和老师的主张大相径庭的结论——摧毁了将社会达尔文主义称作科学的经济学基础。《有闲阶级论》（The Theory of the Leisure Class，1899 年）不但为后世留下了"炫耀性消费"这个犀利的说法，还向财富与收入的极大不平等源于自然界中类似力量的说法发起了致命一击。在凡勃伦看来，社会中最优越的成员——那些富足到足够形成一个有闲阶级，用炫耀性消费将自己的成功广而告之的人——事实上是自然选择的敌人，以"阻碍那种被称作社会进步或社会发展的环境调节"为目标行事。有闲阶级相信卡内基所说的"凡存在的都合理"，但凡勃伦指出，自然选择法则证明恰恰相反——"凡存在的都不合理"。在凡勃伦看来，任何时代的统治制度都落后于社会的迫切需求，在十九世纪末期这种急剧变化的时期，社会需求和统治制度满足这些需求的能力之间的差距越发加大。

> 它们（社会制度）来源于对过去某个时刻盛行的生活方式或多或少的不足的调整……因此，它们是不合理的，这种不合理之处不止于今昔之间的时间间隔……通过阶级利益和本能的力量，借助戒律与循例，有闲阶级的制度让其中原有的失调长期存在，甚至倾向于回退到某种更古老的生活格局；相较最近的过往传承下来的那种公认过时的生活格局，它更加不能适应现有条件下的迫切需求。[18]

和萨姆纳不同，凡勃伦没有收到《科利尔》杂志的撰稿邀请。从世纪之交到美国加入一战之间的岁月中，一些知识分子转向了真正的社会科学——基于直接观察和大规模统计研究的科学——向社会伪科学发起挑战。不公地被遗忘的人物、富有创意的社会学思想家威廉·英格利希·沃林（William English Walling）便是其中之一。毕业于芝加哥大学和哈佛大学之后，他先后在简·亚当斯（Jane Adams）设在芝加哥的赫尔馆[①]和伊利诺伊州的工厂督察机构工作。在《社会主义的总体特征》(*The Larger Aspects of Socialism*，1913年)中，沃林特别着重提到了质疑优生学前提的人类学新证据。援引同时期哥伦比亚大学人类学先驱弗朗兹·博厄斯（Franz Boas）的研究成果，沃林指出，所有近期到达美国的移民——不论是东欧犹太人、西西里人、波希米亚人、匈牙利人还是苏格兰人——都在仅仅一代人的时间里因为更好的饮食条件长得更高、更壮。"博厄斯划时代的报告表明，"沃林写道，"就连这些移民父母在抵达这个国家数年之内生下的孩子都跟他们的祖先表现出了本质性的差别。"

接下来，沃林重点说明了这样一个观点，如果除了其他左翼知识分子之外还有别人关注这个问题，那么至少可以说服部分反智的基要主义者改变他们对进化论的看法。"人的职责不是去研究进化论如何创造万物，"沃林提出，"而是去创造进化论。"自然选择远不是斯宾塞所吹捧的那种高效机制，根据沃林（和当代进化论科学家们）的描述，它非常低效。"按照达尔文本人的说法，"沃林提醒读者，"自然会在尽可能长，也就是一个物种诞生直到灭绝的时间里，做各种可能的试验……和达尔文观察到的遵守机会法则的偶然变异不同，科学试验会将偶然因素控制在最低。人在一年中可以完成的关键测试的次数是大自然在一万年里所能摸索着完成的一万倍。"[19]

没有证据可以表明，这些对社会达尔文主义的明智批判曾经触及世纪之交的美国中产阶级。对于早期文化战争中站在反进化论一方的美国

[①] 赫尔馆（Hull House），服务于当地社区及贫民，集教育、娱乐、服务于一体的综合性安置场所，简·亚当斯的社会化教育哲学正是在创办赫尔馆的过程中发展出来的。——译者注

人来说，达尔文的进化论和保守主义社会学家对它的扭曲没有什么区别，而宗教——基要主义和社会福音运动的结合——则是他们拿来对抗不信神的科学和不信神的伪科学的武器。反进化论和经济民粹主义斗士布莱恩似乎既没有读过斯宾塞，也没有读过对斯宾塞的明智批判。此外，也没有证据表明他读过达尔文。在1925年的斯科普斯审判中，布莱恩没有引用达尔文的话，而是援引了一本出版于1914年的粗略的中学生物教科书［乔治·亨特（George Hunter）编写的《大众生物学》(*A Civic Biology*)］，书中展示了一幅试图估算每个物种生命体数量的"进化树"。书中充满了社会达尔文主义优生学的内容，布莱恩却完全没有提到这一点——尽管那本书的作者说精神病患者是"真正的寄生虫"，还说"假如这些人是低等动物，为了防止他们的扩张，我们也许会杀光他们"。这种思想确实应当禁止进入课堂，但正如这场诉讼广为人知的别名"猴子审判"所体现的，它的中心完全是圣经直译主义和人是从较低等生物进化而来的思想之间的冲突。

也许正如历史学家迈克尔·卡津（Michael Kazin）所说，布莱恩只是没有读过那些建议社会应当如何防止不适者繁殖的煽动性内容。另一个可能的解释是，布莱恩将社会达尔文主义和达尔文本人的进化论混为一谈，在两者之间不加区分，而且想当然地认为陪审团和法庭上旁听的人和他的想法相同。[20] 萨姆纳之流的保守主义知识分子把达尔文的思想曲解成反对一切社会改革的论证：如果文明世界和自然界中的人类都必然以残酷斗争为特征，那么这种残酷斗争中的主导人物所掀起的任何改革尝试也都必然会失败。对于这样的说法，类似布莱恩的基督教民粹主义者一定会断然说"不"。他把适者生存——他也许从未发现，这个说法和达尔文对文明人类行为方式的观点完全无关——描述成"强者脱颖而出，将弱者杀得精光的冷酷法则"[21]。

布莱恩这种只受过狭隘教育的人将达尔文的自然选择理论和斯宾塞的社会选择理论混为一谈，这并不意外，因为斯宾塞的伪科学的影响力已经大到让受过高等教育的美国人（包括某些反对社会达尔文主义的人）犯同样错误的程度。非常熟悉达尔文、赫胥黎和斯宾塞著作的西奥多·罗斯福（Theodore Roosevelt）1912年在美国历史学会（American Historical Association）的演讲中，充满遗憾地提到了"进化论学说"和"自然选择学说"在大众心目中的混淆。[22] 罗斯福真正想说的是，大众已经将达尔文的理论和斯宾塞的社会选择混为一谈。作为政府行为和进步运动改革措施的有力推动者，罗斯福接受了自然界中的进化理论，却反对将"适者生存"套用在社会方面。一位著名的博物学家和历史学家能够在一群专业历史学家面前发表如此不准确的演讲，这证明了斯宾塞的理论即便在社会达尔文主义的反对者中也传播甚广。

社会达尔文主义在美国伪科学、反理性主义和反智主义历史上的重要性因为诸多原因被低估了，原因之一是，当社会达尔文主义这种渗透于上层阶级中的知识意识形态在美国走向极盛时，它还不叫这个名字。拿共产主义来说，它既有其名，在布尔什维克革命之后又在俄国有了大本营，相比之下，用威廉·詹姆斯的话说，社会达尔文主义（尽管他从未用过这个术语）只是用科学的羽毛加以伪装的形而上学信条。相比定义明确的意识形态，围绕着无形科学光环的无名哲学更易于针对不同时代的新受众重新包装。

人们已经忘记了产生于十九世纪晚期的最恶劣的伪科学思想原本的样子，但它们并未消失，而是在美国不断地打着崭新的旗号向人们推销。社会达尔文主义从未消亡：它在二战之前表现为优生学的卫道士，在单调乏味的世纪中叶则表现为安·兰德（Ayn Rand）的"客观主义"哲学；而在最近，它以市场经济崇拜的形式出现，不再表现为政治见解，而是作为对客观事实的总结登场。所有这些可以归于社会达尔文主义名目下的理论也许可以用兰德《源泉》（*The Fountainhead*，1943年）中主人公的不朽妙语一言以蔽之："人们唯一能够互相行使的善举和他们之间恰当关系的唯一表达就是——'放手！'"兰德是无神论者，但美国人却成功地把她的社会达尔文主义翻译成了信仰的语言：最近的一项调查表明，大多数人都误以为"神帮助自助者"是《圣经》中的话。[23]

我们有必要记住，在美国人心中，理智并不总是自由主义，尤其是经济自由主义的同义词。进化论和圣经直译主义之间存在着不可调和的冲突，这也许足以引发基要主义者对质疑过《创世记》中创世故事的所有知识分子和科学家的敌意。但是，很多著名知识分子曾经以达尔文的进化论作为反对一切社会改革的论据，这又为民粹主义基要主义者提供了一个理由，不仅仅要摈弃进化论，还要击败那些富有的知识分子，他们似乎是进化论最热情的支持者。假如在布莱恩作出"黄金十字架"演说[①]的1896年告诉他，到了二十世纪末，很多认同他的宗教信念的美国人会和为富人利益服务的政党结盟——而要求基督徒为同胞服务的社会福音运动则被主帮助自助者（而且这还是《圣经》告诉我们的）的信仰所取代，他一定会大惊失色。

如果不提政治立场的变化，美国反智主义和反理性主义的两大关键元素自十九世纪九十年代以来基本没有变化。其一，不可忽视的少数美国人相信，理智和世俗的高等知识与他们的信仰不共戴天。其二则是伪科学的毒素，左右两翼的美国人都在不断吸收这种毒素，好让他们的社会理论在以事实为依据的质疑面前刀枪不入。

[①] 1896年7月8日，布莱恩在芝加哥民主党全国代表大会上发表的演讲中强烈批评金本位制，在演讲最后指出，"不能把人类钉死在黄金十字架上"。——译者注

注释：

1. See Richard Hofstadter, *Social Darwinism in American Thought* (Boston, 1992), pp. 51–66.
2. William Graham Summer, "The Concentration of Wealth: Its Economic Justification," in *The Challenge of Facts and Other Essays* (New Haven, Conn., 1914) p. 89.
3. Merle Curti, *The Growth of American Thought* (New York, 1943), p. 601.
4. Ibid.
5. Henry Miller Lydenberg, *History of the New York Public Library* (New York, 1923), p. 419.
6. *New York Tribune,* December 18, 1869.
7. Joan Shelley Rubin, *The Making of Middlebrow Culture* (Chapel Hill, N.C.), 1992, p. 18.
8. Richard Ohmann, *Selling Culture: Magazines, Markets, and Class at the Turn of the Century* (New York, 1996), p. 29, in Todd Gitlin, *Media Unlimited* (New York, 2001), p. 29.
9. *New York Times,* September 2, 1876.
10. Andrew Carnegie, *Autobiography of Andrew Carnegie* (Boston, 1924), p. 339.
11. Hofstadter, *Social Darwinism in American Thought,* p. 32.
12. See Charles A. Beard and Mary R. Beard, *The American Spirit: A Study of the Idea of Civilization in the United States* (New York, 1942), vol. 4, p. 347.
13. William Graham Sumner, "Reply to a Socialist," in ibid., p. 57.
14. Henry Ward Beecher, "Communism Denounced," *New York Times,* July 30, 1877.
15. Charles Darwin, *The Origin of Species* and *The Descent of Man* (1859, 1871; New York, 1948), p. 501.
16. Quoted in Mead, *The Lively Experiment,* p. 95.
17. William James, "Great Men and Their Environment," *Atlantic Monthly* (October 1880); www.cscs.umich.edu/~crshalizi/James/great_men.html.
18. Thorstein Veblen, *The Theory of the Leisure Class* (1899; New York, 1995), p. 210.
19. William English Walling, *The Larger Aspects of Socialism* (New York, 1913), pp. 81–82.
20. Michael Kazin, *A Godly Hero: The Life of William Jennings Bryan* (New York, 2006), p. 289.
21. Robert W. Cherny, *A Righteous Cause: The Life of William Jennings Bryan* (Boston, 1985), p. 172.
22. Theodore Roosevelt, "History As Literature," in *History As Literature and Other Essays* (London, 1914), p. 12.
23. "Americans' Bible Knowledge Is in the Ballpark, But Often Off Base," Barna Group, July 12, 2001.

第四章　赤色分子、左翼分子与同路人

共产主义对两次大战之间的二十世纪美国知识分子们形成了强大的引力，正如社会达尔文主义的伪科学俘虏了很多十九世纪的美国知识分子一样。与社会达尔文主义不同，大部分普通公民把共产主义视为一种反美哲学，这很大程度上是因为世界上首个表面上实行共产主义制度的国家苏联成了超级大国，成了美国的首要国际对手。对知识分子的猜忌源自马克思主义意识形态对老左派的吸引，但却比共产主义本身延续得更久。奇怪的是，即便是在今天，大写的共产主义思想在美国依然被当作敲打各种各样的自由主义和自由智识的大棒。1994年的中期选举一周前，让共和党在比尔·克林顿（Bill Clinton）总统的首个任期中历史性地拿下国会两院的指挥官纽特·金里奇（Newt Gingrich），对共和党的游说者们说，赢得选举的办法是把民主党人描绘成"斯大林主义"政策的支持者和"正常"美国价值观的反对者。[1]在金里奇说出此番至理名言之前四十多年，斯大林就已经死了。尽管如此，没有党，但有"党的路线"概念——这个念头在右翼圈子里一次次地卷土重来——依然是个趁手的幻影，可以用来质疑自由主义者是否爱国，用来模糊进步时代以来美国种种中左翼政治运动之间的差别。

美国公众对知识分子是否爱国的怀疑，很大程度上建立在一战之后仇外性的红色恐慌的基础之上,一些当时美国最著名的政治激进主义者出生于外国。1918 年 11 月 11 日,一战停战协定在法国贡比涅森林中的一节火车车厢里签订。一周之后,纽约市长禁止公开展示红旗,这是俄国一年前刚刚诞生的布尔什维克政府的标志。同月,当憎恶布尔什维克的美国社会主义者在麦迪逊广场花园进行和平集会时,数百名复员军人和水手——他们对左翼内部在政治主张上的差异既不关心,也不了解——冲进了大门,造成了一场混乱,局面在骑警抵达之后才得到控制。对赤色分子的猎捕蓄势待发。

从一战之后的孤立主义——当时,大批民众依然渴望回到美国既不用为世界其他国家负责,又无须承担国际义务的更单纯的时代——到二战中战胜轴心国之后洋洋得意地接受了帝国地位,目睹美国人转而反对那些对我们不久前的盟友、首要国际对手斯大林的苏联过于支持的公民,这是一段长远的精神历程。尽管如此,第一次红色恐慌利用对外来的布尔什维克主义意识形态的恐惧,把孤立主义和本土主义这两种倾向团结在一起,为一种延续得更久的公众情结铺平了道路,在它的影响下,自由主义知识分子的政治在最好的情况下被看作是对美国生活方式之敌的天真——老学究们普遍容易上当的又一证据——在最坏的情况下被视为背叛。严重怀疑知识分子(又名"精英")的美国人的比例并非总是固定的。但从最近选出了特朗普的运动中,我们可以发现,在社会紧张程度极度严重的时期,知识分子作为无能的左倾分子——或者只是无能的人——的负面形象总是可以在政治上加以利用。

一战期间,根据一项禁止"对合众国政府政体的任何不忠……辱骂或侮辱性言论"的反煽动法规,政府提起了超过两千起诉讼。1919 年,根据一位名叫 J. 埃德加·胡佛(J. Edgar Hoover)的勤勉而又雄心勃勃的年轻职员所汇编的名单,司法部开始将生于外国的激进知识分子和政治活动家作为打击目标。当年 12 月 20 日,249 名参与各种形式左翼政治的移民——其中很多人已经在美国居住了数十年,信奉反马克思主义的无政府主义而不是共产主义——被送上一艘被大众媒体戏称为"红色方舟"的船驱逐到苏联。他们大多是在原沙俄帝国领土上出生的犹太人。红色方舟上最著名的旅客是热情的无政府主义者和女性主义者爱玛·戈尔德曼（Emma Goldman）——媒体给她起了"红色爱玛"的绰号——她1885年从俄国移民到美国时年仅16岁,不仅受过欧洲社会理论家的教育,更是托马斯·潘恩、瓦尔特·惠特曼、爱默生和梭罗的学生。1893年,因为一场号召工人如果找不到工作就去夺取面包的演讲而被拘捕之后,她才第一次在纽约市一所监狱的图书馆里读到了美国作家的作品。和雅各宾恐怖时期身在巴黎的潘恩一样,戈尔德曼一眼就看穿了对革命理想的背叛。被驱逐到苏联之后,她（1923年）写出了《我在俄国的幻灭》(*My Disillusionment in Russia*),这是左翼人士对列宁领导下正在发展壮大的苏维埃极权国家最早、最有力的控诉之一。作为左翼圈子里的国际名人,戈尔德曼1919年受到了苏联官员的热烈欢迎,但她很快发现,与她一同被驱逐的人都处于军队的监视之下,"因为他们的政治见解被逐出美国,如今在革命的俄国再次成为囚徒"[2]。

说回到美国,到1920年年底,超过六千名共产主义者和共产主义同情者在家中或工作场所被抓捕。以"奋战的贵格派"自许的司法部长A.米切尔·帕尔默（A. Mitchell Palmer）带着节日气氛在元旦向共产党办公室发起了一系列协同突击行动,忠诚的同志们传统上会在那天聚在一起庆祝节日。美国最著名的辩护律师克拉伦斯·达罗日后把这一时期称作"暴政、野蛮和专制时代,至少是在当时,动摇了我们这个共和国的立国基础。"[3] 正式成立于1920年1月20日的美国公民自由联盟（American Civil Liberties Union）的诞生正是帕尔默突袭的直接结果。

随着这个国家走进一个前所未有的繁荣年代,公众对搜捕激进分子——无论他们是否生于美国——失去了兴趣,第一次红色恐慌很快就泄了气。打击赤色分子的运动真正终结于1924年,新通过的移民限额制度旨在向南欧和东欧移民关上金色大门,十九世纪八十年代以来的本土主义梦想终于实现了。如果激进的工人骚动和陌生的精神哲学都是外国人的功劳，那么让外国人概莫能入一定能解决问题。种族偏见和反布尔什维克主义共同为对移民的限制提供了支持，来自东欧和俄国的犹太人以及意大利人是这种限制的主要目标，二十世纪三十年代试图逃离纳粹魔掌的犹太人因此走向了万分悲惨的结局。

限制性的移民政策是红色恐慌直接和明显的后果；另一个更加微妙，但却同样重要的后果是，反共主义插入了美国文化冲突之中，这种冲突原本只被视为传统宗教和世俗化之间的本土战争。在进化论之战中，布尔什维克主义取代了斯宾塞的社会达尔文主义，成了昔日宗教的敌人。威廉·詹宁斯·布莱恩的政治生涯中，经济民粹主义曾经一直是和他对圣经直译主义信仰的辩护同样重要的支柱，就连布莱恩也开始把达尔文的进化论同布尔什维克主义，而不是不受限制的资本主义联系在一起。1924年，恰巧在斯科普斯审判一年之前，布莱恩用"科学苏维埃"这个意味深长的词来描述一个"试图决定我们的学校应该讲授什么，并以此来塑造这个国家的宗教"的阴谋集团。[4]

从布莱恩将基要主义信仰和他对世界上第一个共产主义国家及其官方无神论的反对揉在一起的空洞言辞中，我们也许可以推想出二十世纪美国反智主义阴魂不散的三大元素。首先是把专家——不只是"苏维埃"，而且还是"科学苏维埃"的专家——描绘成美国政治机体中的外来生物。布莱恩而后对这个被视为一个独立阶级，决心把它的观点施加给大众的受过教育的少数人群表达了他的憎恶。最后，把这个独立的阶级指认为宗教的敌人。达尔文的进化论总是被反对者看作空谈和形而上学，而不是科学的理论，它激起了大部分人对专家不明不白的憎恶，他们要依靠这些专家，却不理解专家们的工作。（想想如今公众对医疗专业人员的矛盾心态吧。）但对于那些似乎因为比普通人读书更多而知道什么对社会最有利的夸夸其谈的知识分子，反进化论者还怀有一种更深、目标更明确的愤怒。作为专家的知识分子的重要性在二十世纪早期日益提升，尤其是在自然科学和技术方面，但在大多数美国人看来，这并不能转化为政治、社会或宗教问题上的智识权威。

尽管二十世纪知识分子对共产主义的兴趣大半只是一时兴起，但由此引来的怨恨却很像基要主义者对宣传进化论的知识分子的反应。如果说进化论质疑的是宗教信仰的基础，那么苏联的共产主义挑战的则是美国信仰本身更广泛的经济和政治基础。这种挑战在繁荣的二十世纪二十年代似乎无足重轻，但在1929年股市崩溃和大萧条开始之后——不光是马克思主义知识分子，很多美国人都将这些事件看作资本主义终结的开始——却显得真实得多，并凸显出了潜在的威胁。

对于在两次大战之间长大成人，并被政治左翼所吸引的知识分子来说，可能的选项从新政自由主义——这事实上并不"左"，相反在三十年代位于美国政治谱系中央——到源自本土或欧洲的各种社会主义变体，再到极少数人所选择的由莫斯科资助的美国共产党。但就所有真正入了党的知识分子而言，他们当中无疑有很多人大体上支持共产主义，特别是斯大林的苏联。他们便是"同路人"，这个术语直到冷战期间才在美国广泛运用，最早运用这个词的是苏联，用来指那些积极参加布尔什维克的文学宣传，但却没有入党的作家们。①

有些人希望通过限制移民来让美国对激进哲学的病毒免疫，二十世纪三十年代击碎了他们的希望。整个三十年代，尽管及时逃脱的杰出德国犹太难民大大扩充了美国左翼知识分子和政治激进主义的队伍，这个行列还是变得越来越本土化。早期工人阶级移民，尤其是犹太人的子弟已经为了登上美国的智识舞台做好了准备（尽管直到战后人们才充分感受到了他们在更广泛的文化领域的影响）。在两次大战之间长大成人的知识分子当中，最杰出的那些人都出生在美国，应该在自己的书的封面上

---

① "同路人"（俄语 poputchik）在苏联时代早期并不含贬义，但在二战之后的美国却总是被当作贬义词。布尔什维克在二十世纪二十年代需要他们，但在三十年代的大清洗中却处理掉了那些不够忠诚的同路人。

盖上"美国制造"的大印。"我是美国人,生于芝加哥。"索尔·贝娄《奥吉·马奇历险记》(*The Adventures of Augie March*,1953年)这句著名的开篇也许应该是他那一代所有美国犹太知识分子著作的引言——不论政治倾向如何。

二十世纪三十年代的诸多知识分子在相当长的时间里不但没有认清斯大林的苏联的本质,而且被某种类型的马克思主义革命夺取美国,扫除资本主义的可能性所欺骗,要理解其中的原因,我们需要具备充分的想象力跳回到过去。在新政为美国人带来资本主义也许可以自我改革的希望之前,面对三十年代初的恐慌和经济方面的绝望,共产主义的吸引力很容易理解。但是,我们很难理解为什么明智的公民——不论是不是知识分子——会在1936年总统大选之后继续认为美国人会乐于接受政体的剧变。1936年的美国依然处在黑暗的经济困境之中,美国人以压倒性的多数选举富兰克林·D. 罗斯福连任总统;共产党的得票率从0.3%滑落到了0.2%,而得票率总是比共产党高得多的美国社会主义党则从2.2%跌到了0.4%。显然,大部分公民,即便是那些在政治谱系中位于极左翼,依然陷于经济困境的人,都对新政寄予厚望。

知识分子的情况则相反,和早先的大萧条时期相比,他们在二十世纪三十年代中期进一步被共产主义所吸引,部分是因为他们比其他美国人更加担心法西斯主义在欧洲的崛起。1935年到1939年的人民阵线(Popular Front)时期中,美国共产党党员数量稳步增长到了7.5万。那些年中,为了联合反法西斯力量,苏联表面上不再反对非共产主义的左翼运动,共产党所吸收的不仅有知识分子,还有某些工会中的共产主义同情者。在很多美国人低估了法西斯主义的威胁,多数人还是坚定的孤立主义者的时候,人民阵线的理想对那些认清了希特勒(但不包括斯大林)邪恶本质的知识分子来说有着莫大的吸引力。绝大多数知识分子从未入党,同路人们最常见的做法是参加对苏联所支持的事业——最紧迫、最具吸引力的便是反对纳粹——有所助益的组织或文学活动。

共产主义者和反共的自由主义者之间的尖锐分歧正是出现于这一时期，后一个群体的成员形形色色，有进步教育家约翰·杜威（John Dewey），又有曾经是马克思主义者、在 1932 年支持共产党总统候选人的哲学家西德尼·胡克（Sidney Hook）。他们曾经支持共产主义，但在斯大林把一个又一个老布尔什维克斥为叛徒，在 1937 年和 1938 年的大清洗审判中杀掉了真实和臆想的敌人之后，杜威和胡克这样的知识分子并没有上当。较为年轻的左翼人士中也有从未和斯大林式的共产主义过从甚密的人，从欧文·豪（Irving Howe）和欧文·克里斯托尔关于他们从 1936 年到 1940 年在纽约市立学院所接受的多愁善感的政治教育的回忆录中，我们可以找到对反斯大林主义的左派游击队中羽翼未丰的士兵最贴切的描述。[5] 豪和克里斯托尔当时属于同一派别，尽管克里斯托尔日后在二十世纪七十年代成了铁杆新保守主义者中最坚定的一员；豪则在很大程度上依然忠于年轻时的民主社会主义理想，而不是把它们当作纯粹的非现实主义而摈弃。

反斯大林主义者在市立学院午餐厅的一号厅里长篇大论，斯大林主义者则在二号厅里发表他们的声明，日后因窃取核武器情报的间谍行为被处决的朱利叶斯·罗森堡（Julius Rosenberg）便是后者中的一员。豪的描写也许相当符合民主社会主义者的身份，一号厅听上去是个十分欢快的论坛。

无论日夜，几乎任何时候，只要走进阴暗的一号厅，你就能听到关于法国人民阵线、美国的新政、西班牙内战、俄国五年计划、不断革命论和"马克思真正想说的是什么"的贴近时事的论辩……有个叫伊兹·库格勒（Izzy Kugler）的朋友懂得很多知识和近乎知识的东西。在同一位我们从一号厅外边引诱过来的斯大林主义小伙的争吵中，伊兹拿英帝国主义的相关数据对他狂轰滥炸，当这个可

第四章　赤色分子、左翼分子与同路人　87

怜的家伙表现出怀疑时，伊兹认真地让他去图书馆，好"查一查"。事实就是事实。但伊兹真的是在用事实批评他吗？我问他这些统计数字是怎么一回事，他带着迷人的微笑回答说，好吧，其实夸大了一点（也就是说，夸张了不少），为了让那些斯大林主义的懒汉们读点书，不得不做些什么！[6]

但对很多知识分子来说——即便他们不是真正的党员——让他们认清斯大林完全不讲道义的，是1939年让希特勒攫取波兰，由此引发了二战的苏德协定。尽管如此，在希特勒进攻苏联，美国站在苏联和英国一方参战之后，苏联领导下的共产主义重新收获了很多人的忠诚。尽管美国共产党在苏德协定签署之后失去了近半数党员，它的规模从1941年到1944年翻了一番，党员数量创下了约8万的纪录。[7] 对于罗伯特·雷福德（Robert Redford）在1973年的电影《往日情怀》（*The Way We Were*）中所扮演的角色的愤怒，人们很容易产生同情；这部电影讲述的是对政治不感兴趣的白人盎格鲁-撒克逊新教徒和由芭芭拉·史翠珊（Barbra Streisand）扮演的犹太裔前共产主义者之间注定分道扬镳的战后婚姻。"我们应该参战吗？还是不该参战？"白人盎格鲁-撒克逊新教徒角色问他的左翼情侣。"斯大林是支持希特勒的，斯大林又是反对希特勒的。这全都是政治上的花言巧语，但你还是坚持不放。我不知道你是怎么做到的……"

自由主义知识分子群体对二十世纪四十年代晚期和五十年代的反共诘难的反应很大程度上是徒劳的，有时甚至可以算是怯懦，要理解这种局面和三十年代知识分子围绕苏联的共产主义发生的内讧之间的复杂关联，我们需要再次运用想象力回到过去。美国反智主义——包括宗教基要主义和对过多教育的质疑——所具有的很多也许可以说大部分特征，与知识分子的所作所为之间几乎毫无关联。但公众对知识分子和共产主义之间的关系的看法却是例外，因此，我们不能把知识分子三十年代关于斯大林主义的论争仅仅当作美国思想史上费解的一章。到了五十年代,曾在三十年代就斯大林主义问题互相攻击的老左派知识分子依然没有停手,这次不只是在"小众"知识分子杂志上,还在大众媒体和国会委员会前彼此攻伐。同路人和曾经的党员们,包括那些反反复复退党入党的人,在国会和州立法机构面前互相告发,大众渐渐习惯了这种可鄙的奇观。① 还是这些知识分子,在六十年代晚期和七十年代又上演了同一幕,克里斯托尔等自由主义者蜕变成了铁杆保守主义者,意料之中地在新左派的行列中揭露出了一些裹着红尿布的婴儿——原共产主义者的子弟。

对某些知识分子和苏联共产主义旧有的联系的执念——左翼和右翼揭疮疤的家庭工业在阿尔杰·希斯一案② 中的表现便是绝佳案例——不能仅仅归因于真正充当了苏联间谍的个别美国共产党人的行为,甚至也不能归咎于更广泛的同路人现象。战后反共主义和反智主义合流的另一个关键因素是,知识分子在追溯以往时夸大了自己的重要性,也夸大了他们之间长达二十年的政治不合与个人仇怨的重要性。

整个三十年代,老左派知识分子都是高雅的边缘群体,他们在反共自由主义三十年代后期的堡垒《党派评论》(Partisan Review)以及编辑政策较为支持共产主义和苏联的《国家》(The Nation)等刊物上彼此倾诉自己和自己的思想。直到四十年代晚期和五十年代,当高雅文化的元素开始在面向受过教育的更广大群体的文化机构中出现的时候,很多老左派作家、艺术家和学者——埃德蒙·威尔逊(Edmund Wilson)、玛丽·麦卡锡(Mary McCarthy)、内森·格莱泽(Nathan Glazer)、大卫·里斯曼(David Riesman)、丹尼尔·贝尔(Daniel Bell)、莱昂内尔·特里林、

---

① 欧文·豪和刘易斯·科泽(Lewis Coser)拥有毫无瑕疵的反共自由主义资历。依据美国共产党自己的文件,他们充分地证明了这个党是多么成功地驱离了三十年代有志入党的美国人中的大部分。从1931年7月到1933年12月,新吸收的党员中有70%最终脱党。参见《美国共产党:一部批判的历史》(The American Communist Party: A Critical History),第528—529页。
② 阿尔杰·希斯(Alger Hiss),原美国国务院高级官员,1948年被指控为苏联间谍,1950年因与间谍罪名相关的伪证罪被判刑。该案使非美活动委员会声名鹊起,并推动了反共主义在美国的蔓延和麦卡锡主义的兴起。——译者注

西德尼·胡克等人——才开始发展更广阔的事业，用流行小说、文学评论和社会学来满足受过教育的中产阶级读者，这些作品也为他们带来了如今的名声。这些人在政治谱系上处在不同位置，但相同的是，共产主义都是他们青年时期中颇有影响的政治问题。和国会中的质询者们一样，青年时期的政治理想对他们影响极大——尽管原本的理想早已被修正或放弃了。

我并不是说共产主义不重要，我想说的是，夸大共产主义，尤其是苏联的共产主义，在美国作为一种文化力量的重要意义的，不光是麦卡锡主义的政客，还有知识分子自身。散播这种夸张的，既有那些对早年同情共产主义表示悔恨的人，也有并不悔恨的；既有那些在五十年代顶住压力没有告密的人，也有没能顶住的；既有那些依然身为反共自由主义者并且强调"自由主义"的人，也有完全抛弃自由主义的人。

反共自由主义者戴安娜·特里林（Diana Trilling）没有把自己的自由主义与同路人的过往一同抛弃，她在1993年出版的回忆录中就有一段典型的夸张。她声称，几乎没有美国人能够理解"斯大林主义二战前对美国文化的控制达到了何种程度：在艺术、新闻、编辑出版、戏剧和娱乐业、法律业、学校和大学中，对教会和市民领袖，苏联对我们的文化生活中的每一个角落都实现了完全的控制"[8]。三十年代的美国知识分子并不会这样运用"斯大林主义"一词，当时，不光是少数党员，同情共产主义、信仰马克思主义的人应该都会支持斯大林和苏联。那个体制对他们来说主要是一种思想上的抽象概念，说他们应该进一步加以观察，这一点毫无争议，但如果要从所谓斯大林主义者对文化的影响这个角度看，这完全是另外一个问题。

如今的美国人不会接受特里林所谓斯大林主义"完全"控制三十年代文化的说法，人们拒绝这种一维分析，是因为他们对现实的理解比很多老左派知识分子所表现出来的更加深刻。事实上，"斯大林主义"并没有控制大部分美国人的文化，相较于思考党的路线的最新转折，他们在大萧条和二战期间有更重要的事情要做。戴安娜·特里林这样忠于温和自由主义的作家竟然用如此绝对化的措辞来描述斯大林主义对文化的影响，这实际上更能反映出她年轻和年老时纽约知识分子圈子的本质，而不是苏联意识形态在美国文化史上方方面面的浸染。强烈支持包括共产主义在内的左翼思想的知识分子和艺术家在特里林提到的大多数行业和企业中当然为数甚多；但这并不意味着文化世界受到了苏联的"绝对"控制。纽约的杂志编辑部、百老汇的剧院舞台和好莱坞的电影布景中挤满了同路人和一些"正式持证"的共产党员；但这怎么能等同于苏联的控制？

苏联政府所采取的很多国际政策确实得到了美国左翼分子的支持，在美国参战之后，也得到了那些在珍珠港遇袭之后放弃了孤立主义的右翼分子的支持。反纳粹主义就属于此类，而且确实——尤其是在三十年代晚期——出现了越来越多反映反法西斯而不是反共观点的电影、戏剧和小说。在三十年代的大部分时间里，与知识分子不同，社会大众希望对希特勒和斯大林都不加理会。甚至在英国参战，伦敦的部分地区在闪电战之下仅仅数日便化为瓦砾之后，罗斯福总统使出了浑身解数才让《租借法案》为民众所接受并在国会通过。1941年8月，国会仅以一票的优势通过了政府提出的延长《选征兵役法》（Selective Service Act）的议案——甚至在纳粹大军已经占领了欧洲大陆大部分地区之后，孤立主义依然在大行其道。

因此，如果同路人们写的反纳粹电影和小说有助于削弱强大的孤立主义情绪，让舆论为美国的最终参战做好准备，这是坏事吗？我们难道能因为读书识字的民众1939年对约翰·斯坦贝克（John Steinbeck）的《愤怒的葡萄》（The Grapes of Wrath）反响热烈，就说他们上了斯大林的当吗？斯坦贝克当然有共产党员朋友，他和第一任妻子曾经和很多作家一样访问过苏联，受到过欺骗。考虑到《愤怒的葡萄》依旧是有史以来最受欢迎的美国小说之一，我们只能认为斯大林还在从他如今不起眼的坟墓里,继续远远地主宰着美国文化。或者说,当终生不渝的社会主义者叶·哈伯格(Yip Harburg)写出《飞跃彩虹》(Over the Rainbow)①的歌词时,这是否是斯大林主义的又一次胜利?不光是桃乐丝,铁皮人、稻草人和胆小狮肯定也上了斯大林主义的当。更不用提他在1932年写出的大萧条时期经典歌词《兄弟,能否施舍一毛钱》(Brother, Can You Spare a Dime?)了。哈伯格是典型的人道主义社会主义者,他从铁杆共产主义者那里得到的只有蔑视。可是他到头来还是在五十年代被列入了黑名单——误把粉红当红色。

三十年代的老左派没能从"红色恐慌"一代身上学到一个重要的教训:知识分子之外的美国人并不关心红色是深是浅。在普通美国人看来,无政府主义者、托洛茨基主义者、斯大林主义者、社会主义者,不论是本土的还是外来的,都是同一条船上的人——最好让这条船驶向俄国。到了二战结束,大众开始重视赤色分子之时,左翼知识分子当中至关重要的宗派之分,和他们因为意见分歧而彼此攻伐的激情,导致整个知识分子社群在政治攻击面前脆弱不堪。

在麦卡锡时代结束半个多世纪之后,由于美国政治的极化,关于二战之后不久开始的对国内共产主义者的搜捕的理由和由此产生的长期文化影响,人们完全不可能达成共识。右翼权威人士和政客们总是提出一些耸人听闻的说法,把如今反对伊拉克战争的人和麦卡锡时代揭发出来的亲斯大林"叛徒"联系在一起。(用谷歌把"斯大林"和"萨达姆·侯赛因"这两个名字放在一起搜索一下,看看右翼博客圈子里有多少条结果。)在左翼这边,一些记者和历史学家用"清洗"这种意味深长的词来描述四十年代晚期和五十年代开除大学教师、封杀艺人和编剧的行为。

---

① 《飞跃彩虹》,1939年根据同名童话故事改编的电影《绿野仙踪》(The Wizard of Oz)插曲。桃乐丝、铁皮人、稻草人和胆小狮都是电影中的主要角色,电影讲述了他们寻找回家之路的故事。——译者注

在我看来，其中隐喻正如不加区分地用"大屠杀"这个术语来描述各类多重谋杀案件一样，既令人反感又不准确。从定义上说，清洗具有永久性影响：斯大林1937年到1938年的大清洗导致了数百万人死亡，他们或是被立即处决，或是在古拉格中死于饥饿和苦役。某种意义上说，从1948年延续到六十年代早期的好莱坞黑名单严格说来算不上清洗；被送进古拉格的作家们可不能靠用假名继续写剧本来过着安逸的日子。

被美国人概括称为麦卡锡时代（尽管麦卡锡本人起初并非主角）的时期大致始于1946年温斯顿·丘吉尔令人印象深刻地说"一道铁幕"已经在欧洲大陆降下的时候，结束于五十年代后半叶某个无法明确界定的时刻，当时，政客与选民们似乎都已经对中年男女被召来解释自己的思想与社会关系的奇观失去了兴趣，他们和证人席上的人们一样显得单调无趣。不论人们如何看待共产主义猎手的成果与方法，事实无可争辩：数千人丢掉了工作；数百人进了监狱；朱利叶斯和埃瑟尔·罗森堡夫妇（Julius and Ethel Rosenberg）被判窃取核武器情报罪名成立，被送上电椅处死。在一本反映了左翼对战后反共运动的传统看法的书中，历史学家艾伦·施维克（Ellen Schwecker）坚称，"麦卡锡主义有效得惊人"，而且"造就了美国史上最严酷的政治镇压之一"。政府的调查和国会举办的听证会代表了"一种美国特有的镇压形式——非暴力且两相情愿。只有两个人被杀，只有几百人进了监狱。对它的效果功不可没的也许正是它的温和"。[9]

尽管我同意相对较少的拘捕可以导致全面恐慌，但我并不认为麦卡锡主义总的来说是有效的。要衡量对思想的压制和对异见者的恐吓是否成功，时间长短是个至关重要的指标。照此看来，反共运动是个可悲的失败，尽管它通过对人们事业的打击和带给人们的恐惧导致了不可估量的恶果。在反共狂热迅速退潮的同时，新的社会抗议活动快速涌现，民权运动就是最早也最明显的例子。这是最强有力的例证，证明了战后对共产主义者围猎的总体文化冲击不应被高估。麦卡锡时代的高潮和民权运动最伟大的胜利之间只隔了不到十年；已经不再年轻却仍然大权在握的 J. 埃德加·胡佛竭尽全力地试图让美国公众相信，共产主义者是种族平等之战的幕后黑手，但却没有成功。假如麦卡锡式的政治恐吓真的影响深远，那么受共产主义影响的指控将足以在民权运动得到大多数美国民众支持之前将其扼杀。

  麦卡锡时代对知识分子的个人财富与在美国社会中的整体声誉的影响从历史角度看也未可定论。当时对知识分子的抹黑有两种方法。首先，知识分子，或者是那些看起来、听起来符合人们对知识分子的印象的人，只有极少数被召来在众议院非美活动委员会（HUAC）[1]和麦卡锡在参议院的调查委员会等州和国家调查机构面前作证。除了共产党已取得一席之地的某些工会之外，知识分子是受共产主义和其他更民主化的左翼运动影响最深的阶级，考虑到这个事实，上面的说法显然是正确的。战后，曾有共产党员经历或普遍得多的同路人行为的知识分子自然更容易在各种层次的教育机构、艺术界和需要统计学家、历史学家、政治分析师和宣传人员的政府机构中取得职位。

  在麦卡锡时代强化了对知识分子的怀疑的另一个重要因素是宗教与反共爱国主义在情感上的合流，一战之后的红色恐慌中同样的结合预示了这一点，只是这一次风头更劲。相较于葛培理（Billy Graham）[2]1954年"共产主义必死不可，否则基督教必亡"的豪言，布莱恩把进化论斥为"科学苏维埃"阴谋的言论还算温和。对于共产主义者来说，"魔鬼是他们的上帝，马克思是他们的先知，列宁是他们的圣徒"——而马克思"把这种肮脏、无道、邪恶的世界社会主义信条呕吐在堕落的欧洲易受蒙骗的人民头上"。和战后所有凶残的反共斗士一样，格雷厄姆对知识

---

[1] 学者们往往使用 HCUA 这个缩写，但我这里使用的 HUAC 是媒体和日常对话中六十多年来一直使用的写法。
[2] 葛培理（1918—2018），美国新教福音派布道家，美南浸信会牧师，二战后福音派教会代表人物之一。葛培理曾任多位美国总统的顾问，与德怀特·艾森豪威尔、理查德·尼克松等关系甚密。——译者注

分子所重视的社会主义和共产主义之间的差异完全不加区分。[10] 和二十年代相比，强烈反共的罗马天主教会在五十年代对美国的影响要严重得多，在纽约这个老左派知识分子的堡垒，神职人员的反共情绪尤为激烈。五十年代，富尔顿·J. 施恩（Fulton J. Sheen）主教（他对自己成功让党员皈依天主教的成就颇为自豪）借助电视节目《生活值得珍惜》（Life Is Worth Living），成了美国最著名的天主教牧师。当时，全美的反共斗士们都言必将无神论和共产主义并称。

作为一个群体而言的知识分子非常容易受这一手段的打击，因为他们大多数不是不加掩饰的无神论者，就是几乎不把传统宗教当回事的世俗人文主义者。如果不能证明一个人是共产主义者，那么还有无神论这个方便的后手。1949 年，在西弗吉尼亚州费尔蒙特州立学院担任艺术系负责人的吕拉·拉布·芒德尔（Luella Raab Mundel）被撤职一事便是如此。如果不是知名作家威廉·曼彻斯特（William Manchester）将细节披露在全国性刊物上，芒德尔事件绝无可能得到更广泛的关注，只会和发生在鲜为人知的小型教育机构中的其他很多解职事件一样湮没无闻。在 1952 年发表于《哈泼斯》（Harper's）杂志的一篇文章中，曼彻斯特完整讲述了这一事件：芒德尔在美国军团（American Legion）赞助的一场研讨会上反驳了自由主义者与共产主义者无异的观点，似乎因此激怒了西弗吉尼亚州教育委员会的一位有权势的委员。

这位委员要求学院院长检查芒德尔在联邦调查局的档案。在发现芒德尔完全没有在联邦调查局留下记录之后，依旧用她是"无神论者"的理由将其解雇。在芒德尔提出诽谤诉讼之后，她得到的只是对方律师在法庭上将"无神论者、共产主义者、马贼和谋杀犯"并称的发言，对方还要求学术机构只聘用"没有任何所谓无法证明上帝存在的故作高深的思想"的教师。[11] 芒德尔的诽谤诉讼被驳回，州教育委员会之后还开除了曾作芒德尔主要品德信誉见证人的学院院长。从美国建国之初开始，漠视宗教就与外国影响和过多学识联系在一起，因此，知识分子在美国公众心目中不虔诚的无神论者形象事实上甚至比他们的左倾形象遗毒更久。尽管和其他美国人一样，美国的知识分子相比他们的欧洲同行们更可能去信仰某种形式的上帝，但知识分子作为一个群体更倾向于世俗主义这一点是完全正确的——尤其是在涉及政府行为的时候。

最后，破坏二十世纪五十年代知识分子形象的还有他们自己在州立法机构和国会调查委员会面前的告密行为。没人会喜欢告密者，即便他们告密的是议员和公众认为自己有权知晓的内容。这么说并非是要对他们进行事后的道德审判，这对有幸没有生在那个年代，不用冒着为了道德或政治理念丢掉中产阶级生活的风险的我们来说显得太过轻巧。那些供出他们三四十年代在左翼圈子里认识的人的原共产主义者和曾经的同路人得以继续在各自的行业中谋生，但那些没有这样做的同伴们却不会喜欢他们、羡慕他们，甚至不会容忍他们。就连很多铁杆反共分子也不会尊重他们。尽管有些证人真心相信与共产主义有所勾连的人是对美国的威胁，应当被揭露出来，但显而易见的是——即便对全心全意的共产主义者"猎手"来说——大部分怀着善意作证的人并不比黑手党的告密者更有操守。哪怕是在要求他们合作的国会质询者看来，除了那些早就是公开的坚定反共分子的人，供出他人姓名的知识分子和艺术家也像是懦弱的滑头。但是，对告密者的天然反感并不能完全解释本能的反智主义，这是那个召来证人，不仅让他们忏悔自己的过去，也让他们毁掉他人的生活的相对短暂的时代最具破坏性的遗产。

除了极少数对苏联从未丢掉幻想的人，四五十年代的知识分子都在因为曾经的观点而自我斥责，那些观点虽然不值得赞赏，但却和三十年代的社会与国际形势以及战时同盟无法分割，而且在当时的背景下可以理解。在公众和很多知识分子眼中，误入苏联共产主义的歧途不仅是过错，某种意义上更像是一种罪孽——不仅意味着对抗自己的政府，而且按照历史的标准来说也是如此。阿瑟·米勒（Arthur Miller）生动地描述了这种状况——米勒 1956 年被众议院非美活动委员会传唤，这已是他的戏剧《推销员之死》(Death of a Salesman) 大获成功七年之后，是含蓄地将萨勒姆的女巫审判与对共产党员的围猎相比的《萨勒姆的女巫》(The Crucible) 在百老汇上演四年之后。

米勒从未加入共产党，但和同时代其他作家一样，他的朋友中无疑有很多曾经的共产党员。他同意回答有关自己的政治经历和政治观点的问题，但拒绝供出其他人的姓名。和很多先是为自己不告密的原则自夸[让人想起道貌岸然的丽莲·海尔曼（Lilian Hellman）]，然后又援引宪法第五修正案来避免被送进监狱的作家不同，米勒没有这样做，并在1957年被判藐视国会。随着反共狂热的退潮，他的罪名最终在上诉之后被平反。米勒在自传《时光枢纽》(Timebends) 中写道，萨勒姆的女巫审判与反共的歇斯底里的共同点在于一种负罪感：

> 对社会中最正统的拥护者所定义的标准、明亮的社会怀有不正当、被压抑的疏离感与敌意。

> 如果没有这种负罪感，五十年代的"红色围猎"不可能有那么大的威力。人们一旦承认任何与马克思的观点有些许近似的想法必然在政治上和道德意义上都不正当，一贯能接受马克思主义理论和态度的自由主义者便在事实上丧失了活动能力。前共产党人是有罪的，因为他确实曾经相信苏联人正在建设属于未来的制度，那里没有剥削，没有不合理的浪费。他天真地把俄国当作一种精神状态，而不是现实中的帝国，就连这种天真也成了罪过与耻辱之源。

> ……和在萨勒姆一样，一个时刻到来了，随着社交法则在四十年代晚期悄然剧变，或者说被引入了剧变，曾经不过是反资本主义、反建制的观点现在成了邪恶、在道德上引人反感的东西，就算没有真的背叛，那也是心怀背叛之意。美国一直是一个宗教国家。[12]

知识分子之外的一般大众当中，并不关心意识形态的人们——也就是说,大部分美国人——并没有要求对像米勒这样只谈论自己,未曾告发他人的艺术家和知识分子施以持续的惩罚。而且,历史之轮转动得相当快。到了六十年代早期,《萨勒姆的女巫》在人们眼中已经足以成为经典,出现在很多高中和大学的英语课程中。我在密歇根州奥克莫斯上的高中——这里绝非左翼政治中心——1961 年,我们在高二英语课上学了《萨勒姆的女巫》,尽管老师对美国当时的政治背景避而不谈。

当然,很多告发了他人的人们也在各自的专业领域中取得了声名与成功,或者进一步取得了成功。导演伊利亚·卡赞(Elia Kazan)曾为自己短暂的共产党历史作证,而且供出了剧场中三十年代曾是共产党员的朋友们;两年后的 1954 年,他的电影《码头风云》(On the Waterfront)上映,这也许是他最著名的作品,既叫好又叫座。当八十九岁的卡赞在 1999 年奥斯卡颁奖典礼上获得终身成就奖的时候,那些因为他在众议院非美活动委员会前作证而从未原谅他的人们发出了愤怒的抗议。"我希望有人开枪打死他,"曾在五十年代被列入黑名单的编剧亚伯拉罕·鲍伦斯基(Abraham Polonsky)说,"如果没有这样一个有趣的时刻,那个晚上一定会很无聊。"[13] 让很多人感到吃惊和不快的是,米勒为卡赞的获奖而辩护。在卡赞屈从于众议院非美活动委员会检举前共产党员的要求之前,他们曾是亲密的朋友。尽管米勒对卡赞告密者角色的批评从未改变,他还是认为,卡赞在戏剧和电影方面的成就无愧于这个奖项,因为政治原因而剥夺对他的表彰无异于改写历史。当然,在他们不得不决定如何应对国会质询者的时候,米勒和卡赞都已成名。声名既是保护,也是要害。

对于吕拉·芒德尔这样面对着同样抉择——可能失去的还有 5000 到 10000 美元的年薪——的无名大学教授和教师来说,他们只有要害。那些收入不高、抱负不大的男男女女和左右逢源、才华出众、请得起一流律师的人们面临的是同样的抉择,我们永远无法知道政府的调查给这些人带来了多大的损失。就算人们自证其罪的记忆已经被扔进了美国历史的垃圾堆，但坚持和传播非美思想的嫌疑依然存在，有嫌疑的不仅是知名导演、剧作家或哈佛教授，还包括地方高中的历史教师或附近州立学院的教授，那里的学生都是普通人家的孩子，没有有钱有势的背景。

尽管如此，就在知识分子作为一个阶级被政府中的反共斗士当作目标的同一时期，他们的财富却在以意想不到的方式增长，这实在是战后文化方面最大的讽刺。在《军人权利法案》（GI Bill）的推动下，高等教育的扩张带来了对大学教师不断增长的需求，到了五十年代末，原本薪水接近贫困线的教职员工们拿回家的已经是中产阶级水平的报酬。就在众议院非美活动委员会和相应的州级机构集中关注左翼思想对高等教育的影响的同时，大学都在争相雇用那些在三十年代从未指望过靠知识养活自己的知识分子。"到了五十年代初，纽约开始有人说我们也许能找到在大学里教书的工作——我认识的人里没人想象过从事这样的职业。"欧文·豪回忆说。尽管他是司法部长所列出的颠覆性组织名单中的一个社会主义小组的成员，豪依然在 1953 年获得了在布兰迪斯大学英语系教书的工作。

布兰迪斯大学成立于 1948 年，教职员工和学生几乎都是犹太人，相比其他很多大学，形形色色的犹太左翼人士更愿意选择布兰迪斯——这所机构也因此在反共质询面前尤为脆弱。不管怎么说，豪的经历都算是相当平常：即便是在战后美国反共主义的高潮时期，对教师的需求还是压倒了一切对政治纯洁的要求。这些当年三四十岁的新任教授成为整个五十年代扩张中的大学教职员工队伍的核心，塑造他们的则是三十年代的政治。如果要清除掉每一个曾经被共产主义所吸引的教师，就意味着要在越来越多的美国人有意愿、有能力把孩子送进大学的时候关上教室的大门。繁荣和人口结构的变化没有和那些希望将左翼分子逐出文化和学术机构的人站在同一边。

因此，产生了二十世纪最后一次重要的红色恐慌的五十年代，也是美国对只有知识分子——至少是在智识方面受过教育的人，而且无人关心智识的对错——才能提供的服务和产品的需求的转折点。对非知识分子来说，怀疑和需求的结合带来了一个无法解决的难题，它有时藏在潜意识里，但大多数时候却毫不含糊。如果知识分子在政治上不可靠，那又怎么能信任他们，让他们从事教育美国青少年这么重要的工作？但就禀赋与技能而言，又有谁有资格担起那些现实责任，向下一代传授知识，实现在今昔的美国梦中都不可缺少的让子女青出于蓝的宏愿呢？二十世纪中期，那些认同当时所谓中流文化的成人们把自己最殷切的期望投入到了子女的高等教育当中。婴儿潮一代的父母梦想着教育出一个能用头脑而不是双手来工作的儿子，教育出会嫁给一个能用头脑而不是双手谋生的人的女儿。这同样为那些需要知识分子来帮助自己实现梦想的人提出了一个问题。在继续怀疑知识分子是左翼分子的同时，很多美国人还怀疑——后一个怀疑更站得住脚——自命不凡的知识分子看不起乐意为他们的服务付费的那些人的中流志向。

注释：

1. Dan T. Carter, *From George Wallace to Newt Gingrich* (Baton Rouge, La.), pp. 118–119, in Glenn Feldman, ed., *Politics and Religion in the White South* (Lexington, Ky.), p. 308.
2. Emma Goldman, *My Disillusionment in Russia* (1923; Gloucester, Mass., 1983), p. 262.
3. Clarence Darrow, *The Story of My Life* (New York, 1932), p. 218.
4. Lawrence W. Levine, *Defender of the Faith: William Jennings Bryan: The Last Decade,* 1915–1925 (New York, 1965), p. 279.
5. See Irving Howe, *A Margin of Hope* (New York, 1982), pp. 61–89, and Irving Kristol, *Reflections of a Neoconservative* (New York, 1983), pp. 4–13.
6. Howe, *A Margin of Hope,* p. 65.
7. Irving Howe and Lewis Coser, *The American Communist Party: A Critical History* (New York, 1974), p. 419.
8. Diana Trilling, *The Beginning of the Journey* (New York, 1993), pp. 180–181.
9. Ellen W. Schwecker, *No Ivory Tower: McCarthyism and the Universities* (New York, 1986), p. 9.
10. Marshall Frady, *Billy Graham: A Parable of American Righteousness* (Boston, 1979), p. 292.

11. Quoted in David Caute, *The Great Fear* (New York, 1978), p. 421.
12. Arthur Miller, *Timebends* (New York, 1987), pp. 341–342.
13. "Elia Kazan," *American Masters,* http://www.pbs.org/wnet/americanmasters/database/kazan_e.html.

第五章　由盛至衰的中流文化

在十九世纪的学园运动中以有组织的形态兴起——当时没人想过用"流"来区分文化——并延续到二十世纪五十年代和六十年代初每月书会（Book-of-the-Month Club）鼎盛时期的中流文化，本质上是一种有所追求的文化。尽管压倒下层文化也是它的目标之一，但和为人们提供通向更高层次的通道相比，前者并不是重点。我成长在一个渗透了中流价值观，而且热爱这种价值观的家庭之中。在学习美国思想史大学课程之前，我从来都没听过"中流"这个词，这正是我们多么中流的铁证。弗吉尼亚·伍尔夫（Virginia Woolf）（1942年左右）说中流是"像牛蹄冻一样黏乎乎地搅和在一起的优雅与柔情"[1]，假如我事先读到过伍尔夫的话，我就不会认为我家小气可笑。可那时的我在观看根据爱德华·阿尔比（Edward Albee）的戏剧改编，由伊丽莎白·泰勒（Elizabeth Taylor）和理查德·伯顿（Richard Burton）主演的电影《谁害怕弗吉尼亚·伍尔夫》（*Who's Afraid of Virginia Woolf?*）[1]之前，从没听说过属于上流的弗吉尼亚·伍尔夫之名。在二十世纪五十年代中期密歇根州奥克莫斯的雅各比家中，也能找到伍尔夫对英国中流附庸风雅的描写中的某些细节。我

---

[1] 可惜的是，伍尔夫活得不够长，无法对徒劳地利用了她的形象与姓名的作品发表评论。这些作品除了阿尔比的戏剧之外，还有电影《时时刻刻》（*The Hours*，2002年），在电影中扮演伍尔夫的是电影女神尼可·基德曼（Nicole Kidman），她用一个大大的假鼻子掩盖了自己的美丽。

们家墙上挂着伍尔夫带着反感所说的"死去画家的画作,或是画作的复制品",我的妈妈喜欢梵·高、雷诺阿和德加。我还能回忆起挂在卧室墙上的德加画笔下的舞者,如果说年少时接触到的中流画作复制品和直到我二十多岁时才出现的艺术激情有些联系的话,我并不会感到吃惊。

二十世纪初,美国人的中流抱负并非挤入上流——这个词当时已经被广泛用作贬义,就像五十年代的"老学究"一样。文学评论家范·威克·布鲁克斯(Van Wyck Brooks)1915年指出,在二十世纪初之前,人们认为"美国社会的唯一希望在于设法把其中的'下层'元素提升到'上流'元素的水平"。但布鲁克斯建议说,美国人必须"在空洞的理想主义和自私的实用性之间的中间水平上"表达自我。[2] 上流文化和"空洞的理想主义"、底层文化和"自私的实用性"的联系表明,不论是不是知识分子,人们普遍认为,全心投入精神生活的理念一定是与对日常生活中迫切需求的认真关注相对立的。

任何愿意为了自我教育投入时间与精力的人都可以让自己变得更好,这个古老的市民信条在美国中流文化中体现了它与众不同的特点。很多未受过教育的底层民众,尤其是移民,都对中流价值观怀有好感:从二十年代到五十年代,那些自己从未拥有过一本书,在成长中从未接触过有关这个世界的信息,但为了让孩子得到这些知识愿意作出牺牲的父母们,以分期付款的方式购买了数百万套挨家挨户推销的百科全书。认真的中流奋斗精神的残余如今依然存在于众多移民群体之中,但更宏大的中流文化体系已经崩塌,它曾经吸纳了很多社会阶层和种族背景不同的美国人。中流文化的解体和贬损与政治和阶级极化之间有着密切关联,这种极化使当前这一波反智主义潮流与对上流人士和老学究的普遍怀疑有所区别,对他们的怀疑一直是美国心态中或多或少的一部分。我们失去的,是大众流行文化之外的另一种可能,大众流行文化借助数字媒体上的视频和简短文字潜移默化地影响着我们。我们失去的,是努力的文化。

第五章　由盛至衰的中流文化　103

二战之后的十五年经常被人们错误地描述成文化的荒原，他们记忆中的五十年代似乎只剩下了诺曼·洛克维尔（Norman Rockwell）为《星期六晚邮报》（Saturday Evening Post）绘制的封面和理查德·尼克松的"跳棋演讲"①。但统计数字展现了另一个故事。1960年，美国的交响乐团数量——1100家——是1949年的两倍。社区美术馆的数量是1930年的四倍。五十年代末，古典音乐唱片占唱片总销量的25%，而如今只有不到4%。（这里比较的是1960年的唱片销量和二十一世纪初的CD销量，苹果iTunes在线音乐商店下载量未计算在内。不过，没有理由认为下载音乐的人会比购买CD的人更热衷于古典音乐。）"艺术"电影院在五十年代大量涌现；这类电影院到了1962年已有超过600家，而在1945年不过几十家。[3]我们这一代的青少年里，有谁能忘记在小小的中西部大学城里的艺术影院第一次看到外国电影时的激动？最后，五十年代也正是平装书革命的年代，这一发展对中流文化至关重要，因为它首先就是一种**阅读文化**。

成长在五十年代的中流家庭中，意味着家中有书、有杂志、有报纸，而且家里所有达到识字年龄的人都有图书馆借书卡。如果说大多数阅读材料都不入上流知识分子的法眼，图书无疑为成长提供了充足的食粮。儿时家中到处散落着各种当代和现代流行小说，有些来自每月读书会，但大部分都是从公立图书馆借来的，想起这些真是让人觉得不可思议。十五岁的少年翻得烂熟的心爱小说有詹姆斯·米切纳（James Michener）的《沙扬娜拉》（Sayonara）、《南太平洋故事》（Tales of the South Pacific）和《夏威夷》（Hawaii），霍华德·法斯特（Howard Fast）的《斯巴达克

---

①跳棋演讲（checkers speech），是时任美国参议员、共和党副总统候选人尼克松于1952年9月23日发表的一场电视演讲。在被指存在与政治基金有关的不正当行为后，尼克松决定发表电视演讲，为自己辩护并攻击对手。演讲期间，尼克松表示将留下支持者赠送的一只被他的女儿取名为"跳棋"的狗，因此此次演讲被称为"跳棋演讲"。

跳棋演讲是政客利用电视媒体直接向选民发出呼吁的早期典型案例，"跳棋演讲"一词也成为政治家发表煽情演说的代名词。——译者注

斯》(Spartacus)，劳埃德·C.道格拉斯（Lloyd C. Douglas）的《袍服》(The Robe)（只要一本书和古罗马有关，我才不管它是从基督徒、无神论者，还是一只狮子的角度来写的），欧文·斯通（Irving Stone）的《痛苦与狂喜》(The Agony and the Ecstasy)，约翰·赫西（John Hersey）的《墙》(The Wall)，詹姆斯·琼斯（James Jones）的《从这里到永恒》(From Here to Eternity)，埃德温·奥康纳（Edwin O'Connor）的《最后的欢呼》(The Last Hurrah)，J. D. 塞林格（J. D. Salinger）的《麦田里的守望者》(The Catcher in the Rye)，内维尔·舒特（Nevil Shute）的《海滩上》(On the Beach)，赫尔曼·沃克（Herman Wouk）的《马乔里晨星》(Marjorie Morningstar)，还有预示了未来的菲利普·罗斯的《再见，哥伦布》(Goodbye, Columbus)。

　　罗斯的短篇小说《信仰的卫士》(Defender of the Faith) 1959年刊登在了《纽约客》杂志上，这份杂志在中流和上流人士之间的鸿沟上架起了桥梁，在我们家，它被尊为每周从精致与兴奋之都前来拜访的使者。我的当代小说大杂烩其实只是经典阅读之外的甜点——我的父母从不要求我阅读那些重要的东西，但却还是相信我在吸收它们。他们是对的：到上高中的时候，我已经读了很多莎士比亚、马克·吐温和狄更斯（我最爱的"老"小说家）的作品，还有不少一流的十八和十九世纪诗歌。作为伍尔夫所定义的那种真正的中流，我几乎没有读过创作于二十世纪最初几十年中的诗歌与小说。

　　在阅读和陈列死去画家的画作复制品之外，中流父母们也在培养对历史和时事的兴趣。在你放暑假的时候，你总会去那些在历史上具有重要意义的地方：莱克星顿和康科德、葛底斯堡、海德公园、阿波麦托克斯［没错，《每月读书会消息》(BOMC News) 曾在1954年提醒我们注意布鲁斯·卡顿（Bruce Catton）的《沉寂的阿波麦托克斯》(A Stillness at Appomattox)］。爱德华·R. 默罗（Edward R. Morrow）的《随我倾听》(I Can Hear It Now) 系列广播节目录音刚以播放时间较长的新式33转唱片形式发布，我的父母就把它们买了回来，这样我们就能听到温斯顿·丘吉尔、富兰克林·罗斯福和阿道夫·希特勒的著名演讲——还有默罗在二战中从伦敦发回的广播报道。当威廉·夏伊勒（William Shirer）的《第三帝国的兴亡》(*The Rise and Fall of the Third Reich*)（另一本入选每月读书会的书）1960 年出版时，我迫不及待地想要读到它，因为我早已听到过那个时代的一些重要历史人物的声音。我的父母同样笃信电视的教育价值，当 CBS 立意颇高、以戏剧演出实况为特色的《剧场 90 分》(*Playhouse 90*) 出现在节目单上的时候，父母允许我们看到很晚，哪怕第二天还要上学。

当然，中流文化也有很多个人、种族和地区差异。我的父亲不喜欢严肃的历史和哲学概论，威尔·杜兰特（Will Durant）那本被很多中流家庭视为必读书目，却广受知识分子嘲讽的《文明的故事》(*The Story of Civilization*) 便是一例。在他看来，文明的故事本来就在图书馆的书架上，在小说家和诗人的作品中，只要想读，任何人都能读到——完全不需要再给什么商业公司开张支票去买。要是他知道那些被他称作老学究的人们也这么想，他或许会大吃一惊。古典音乐是另一种中流家庭趋之若鹜，但却从未进入我家的东西。在我的很多犹太裔或意大利裔同龄人的回忆中，每个星期六下午，来自大都会歌剧院的广播都会在家中回荡。我从没听过歌剧，在大学毕业之后遇到的第一个男朋友使我了解了那些我所错过的东西之前，除了柴可夫斯基的芭蕾配乐之外我完全没听过古典音乐，他同样来自中流家庭，但他的成长中却有着面向儿童的交响音乐会。

我并不是要说童年时的中流文化拼图有多么伟大；以"伟大"来标榜文化体验的碎片，把它们推销给寻求指引的美国中下层中产阶级，这种做法实在可笑——正如我的父亲对文化权威的怀疑所表明的，发笑的不仅仅是高雅知识分子。回顾中流文化，我感到的是喜爱、感激和惋惜，而不是优越感，这不仅是因为每月读书会把种种杰作带进了我的人生，还因为书评人的月度评述是激励我探寻更广阔的世界的众多因素之一。

在如今的信息娱乐文化中,每个消费者的意见似乎都和评论家们的意见同样重要,大型商业实体不可能再把伟大之类的客观概念当作任何商品的卖点。人们应当渴望阅读,应当去思考伟大的书,甚至应当渴望被考虑成伟大图书的读者,这对社会而言并非坏事。

更重要的是,美国的上流和中流文化之间的联系总是比这两个群体的成员——尤其是上流人士——愿意承认的更紧密,更富有成果。二十世纪前三十年中,依然有美国知识分子出身于智识和教育都较为贫乏的社会下层,这样的文化飞跃如今已是凤毛麟角。由于知识日趋专业化,以及对正规学术资历的要求日益提高,人们已经无法通过自我教育进入许多行业,通过自我教育产生越发细微但却更加重要的文化热情。在新的美国世纪中,十九世纪的自我教育奇迹已经几乎无处容身——那张光荣榜上列着克莱伦斯·达罗、弗雷德里克·道格拉斯(Frederick Douglass)、托马斯·爱迪生、罗伯特·英格索尔、亚伯拉罕·林肯、马克·吐温、瓦尔特·惠特曼和其他许许多多名字。

生于美国,在二十世纪初到一战之前和在二三十年代当中长大成人的重要知识分子,大多来自典型的中流家庭,这些家庭——无论父母的经济状况、民族背景,还是重要得多的种族因素如何——都非常重视正规教育。伟大的非裔美国历史学家、生于1915年的约翰·霍普·富兰克林(John Hope Franklin)在回忆录中讲述了自己在俄克拉何马州一个贫穷但却有自尊、有修养的家庭中的成长,戴安娜·特里林也写过自己作为被同化的犹太移民之女在布鲁克林和纽约市郊的快乐童年,读着这些文字,人们可以感受到超越了地域、阶级和种族界限的中流抱负影响之广。年少的戴安娜学习了小提琴和声乐课程,天真地梦想成为歌手;十六岁的约翰是那么想去现场听一场歌剧,于是他不顾父母的反对,为聆听芝加哥歌剧团在当地上演的《茶花女》和《波希米亚人》而接受了塔尔萨的种族隔离座位。富兰克林的父母认为,黑人应当放弃歌剧之类"非必须"的公共活动,而不是向种族隔离屈服。"我选择了去听歌剧,时至今日,我依然在责备自己。"富兰克林写道,"七十多年过去了,一听到《茶花女》和《波希米亚人》,我还是能想起当初那让人蒙羞的环境,在那样的环境中,我学会了欣赏那些伟大的音乐杰作。"[4] 富兰克林终究还是学会了欣赏那些杰作;在种族隔离的学校中,他的中流父母和中流教师保证了他的思想不被属于白人的美国所隔离。

就算那些未来知识分子的家谱中找不到中流文化的痕迹,往往也有外部的中流导师为他们指明道路。曾任《评论》(Commentary)杂志总编辑的诺曼·波多雷茨(Norman Podhoretz)在《成功》(Making It,1967 年)中,讲述了一位高中英语教师是如何帮助他从布鲁克林布朗斯维尔地区生活艰难的底层阶级中脱颖而出的:

> 那个年代,公立高中的教师很少在课后与学生有所交往,这么做或许还是违反规定的。尽管如此,K 夫人还是不时邀请我去她家中,那是一幢美丽的褐砂石房屋,那片地区也许是布鲁克林区唯一一片时髦得令人望而生畏的地方。我把自己的诗歌读给她听,她会跟我讲自己的家庭,讲她上过的学校,讲瓦瑟学院,讲她曾见过的作家们。我特别害怕她的丈夫,知道他是犹太人(K 夫人赶紧多此一举地对我说,不是**我**那种犹太人)的时候,我大吃一惊。他静静地端坐在屋子另一头的扶手椅上,戴着我第一次在电影之外见过的夹鼻眼镜,眯眼看着报纸。但 K 夫人不光邀请我去她家中;她还——这么做更加不寻常——带我出去过几次,去弗里克画廊,去大都会博物馆,还有一次去了剧院,看了改编成戏剧的《波士顿故事》(The Late George Apley)。我想,这是她精心挑选的剧目,她想通过这部戏剧让我对贵族气的波士顿的辉煌留下印象,这种想法也并不全错。[5]

如果说中流文化的传承靠的是家庭和个人的导师,这种传承总是发生在大规模营销这个更广阔的背景之下。十九世纪二十年代起,随着印刷速度达到了前所未有的每小时两千册的纳皮尔蒸汽印刷机的问世,中流文化总是和图书出版方面的技术变革紧密相连。二十世纪,尤其是在一战和二战之后的繁荣时期中,广告的威力让中流出版物的受众大大增加。正如琼·雪莱·鲁宾(Joan Shelley Rubin)在生动而公允的《中流文化的形成》(The Making of Middlebrow Culture,1992 年)中所指出的,长期由盎格鲁一撒克逊白人清教徒把持的印刷行业在二十世纪二十年代因为年轻犹太高管的涌入而发生了重大变化,在他们看来,潜在的图书市场要比传统上认为的大很多,而且他们决心通过更加积极的广告策略来进军这个市场。[6]

H. G. 威尔斯(H. G. Wells)1920 年出版的《世界史纲》(The Outline of History,以下简称《史纲》)所取得的成功证明,公众对能够帮助他们理解不断增长的专业知识的书籍有着庞大的需求,《史纲》是包括杜兰特的系列畅销书在内的纲要类书籍的原型,它们的销量直到六十年代依然可观。作为《时间机器》(The Time Machine)、《莫洛博士岛》(The Island of Dr. Moreau)和《世界大战》(The War of the Worlds)的作者,威尔斯早已成名〔尽管奥森·威尔士(Orson Welles)1938 年根据火星人入侵地球的故事改编、引发了公众恐慌的广播剧让威尔斯的名声更盛〕。但威尔斯的大名只是他的《史纲》取得成功的因素之一。第一次世界大战是一个关键事件,在一战影响下,人们渴望理解文明的起源和人类成就所面临的潜在威胁:看似文明的国家有能力、有意愿彼此为敌,让彼此山河破碎,由此而来的恐惧让美国人和欧洲人记忆犹新。

在 1926 年出版的《史纲》第二版序言中,威尔斯动人地讲述了驱使他在 1918 年开始写这本书的情感动因。"那是那场大战的最后一年,最让人感到疲倦和幻灭的一年,"威尔斯写道,"处处困苦异常,处处皆是哀痛。死亡和残废的总人数高达数千万。人们觉得世界局势危在旦夕。他们不知道自己面对的是文明的灾难,还是人类联合新阶段的开端……人们普遍意识到,就那些突然悲剧性地落到世界上各个民主国家头上的艰巨难题而言,对它们的本质理解尚不充分……"当人们试图去回忆"他们短短的学校时光中学到的狭隘历史"时,威尔斯说,他们除了"一个列着各国国王和总统,空洞乏味,已经被部分遗忘的名单"之外什么都没有找到。学校教给大众的是"戴着民族主义的眼罩,除了自己的国家之外什么都不关心"的历史。

要打破这种陈旧、偏狭的历史观,当然要靠威尔斯的这本书,他在书中作了从人类的生物学起源写到欧洲、中东和亚洲文化的宏大尝试。"世界所有有识之士——他们还没有受过专门指导——确实都在或多或少有意识地为从整体上解决世界局势问题'寻找窍门'。事实上,他们都在各自的脑海中拼凑出了'世界史纲',供他们自己所用。"在这种时候,一个全才又怎么能不去写下宇宙的整个历史呢?[7]这本书的第一版成了所向披靡的畅销书,在非虚构类书籍排行榜之首盘桓了两年之久,一共重印了22次。

八年后,威尔斯的《史纲》依然风头不减,人们买这本插图颇为吸引人的书回家似乎不只是为了装点门面,而是真的会去读。这个大规模营销项目最不同凡响的一方面是,作者毫不掩饰地赞同达尔文的进化论,而且呼吁他人入此门下。威尔斯是赫胥黎的学生之一。在斯科普斯"猴子审判"仅仅一年之后出版的1926年版《史纲》,一打开就是色彩明快的整页卷首插图,上面画着三只恐龙,题为"人类出现之前的动物"。但愿对得克萨斯大学的研究人员说恐龙曾经和人类同时生活在地球上的那25%的美国高中生物教师能读读这本书。

《史纲》前九章讲的是宇宙和包括人类在内的所有动物的起源,从自然主义和科学的角度与《创世记》相对立。萧伯纳(George Bernard Shaw)曾经半开玩笑地说,威尔斯《史纲》的头几章应该全部拿《创世记》代替。购买这本书的往往是图书馆和希望让还在上学的孩子们接触到当代最优秀的思想的父母,当时中流文化的世俗特色由此可见。"首先,在开始讲述生命的历史之前,"威尔斯如此开篇:

我们来讲讲上演这场戏剧的舞台，还有演出的背景……

过去数百年中，人类对自己所在的可见宇宙的了解有了极大的扩充。与此同时，他们个人的自高自大也许也有所减少。他们发现，自己所处的宇宙要比祖先们曾经的梦想和猜测的更巨大、更久远、更壮丽……

直到最近三个世纪以来，遮蔽了恒星之间莫测深渊的帘幕才被拉开。对我们的宇宙巨大的时间跨度的认识则更晚。古人之中，似乎只有印度哲学家们对宇宙的无尽岁月有过些许察觉。在欧洲，就在 150 多年前，人们对于万物存在时间的猜想还短得惊人。1779 年由伦敦的一家图书辛迪加出版的《万物史》（Universal History）声称，这个世界是在公元前 4004 年的秋分（精确得很让人满意）创造出来的，在从巴士拉沿幼发拉底河而上刚好两天路程的伊甸园里创造了人，这是创世之功的顶点。这些说法的信心来自对《圣经》纪事的字面解释。如今，就连最虔诚的信徒也很少会把《圣经》上的启示当作确有其事的记载。[8]

总体而言，中流文化的世俗化影响被忽视了，这部分是因为它和上流知识分子圈子里流行的无神论和不可知论大相径庭。与十九世纪最后二十五年以来的自由主义新教教派和犹太教改革派类似，中流文化对科学与宗教之间的关系采取了妥协立场。中流作家们强调信息与事实，他们倾向于接受威尔斯《史纲》中隐含的说理，言下之意是，宗教和科学之间并不一定要有冲突，除非有人坚持从当代知识角度看来不合时宜的对《圣经》的字面解释。

在当今反对宗教右翼将创造论和智能设计论塞进高中生物课堂的斗争中，很多科学家采取的正是这样的立场，但当前调和进化论和宗教的尝试实质上只是被动防守。相比之下，过去的中流文化在提倡科学和理性时丝毫不加掩饰；尽管威尔斯没有说，人们必须为了接受进化论而放弃宗教，但他确实曾让人们放弃"《圣经》是真实的历史记载"的想法。因为中流文化推崇科学发现和进步，过去三十年来，它的衰落在反智主义融入基要主义者对科学的挑战方面起了重要作用。

威尔·杜兰特的文明简史最终比威尔斯的开拓之作销量更高，他同样是个完完全全的世俗主义者，一位曾经想当罗马天主教牧师的无神论者。在他的名字变得家喻户晓，让我的父亲感到不快之前，杜兰特参与过另一个极为成功的商业出版项目，由怪人伊曼努尔·哈尔德曼—尤利乌斯（Emmanuel Haldeman-Julius）出版的"小蓝书"系列（Little Blue Books）。哈尔德曼—尤利乌斯是一个俄国移民图书装订工的儿子，这位出版天才将启蒙运动的小册子编写、作为进步时代典型特征的协作经济思想和二十世纪二十年代新兴的大规模营销技巧融为一体。他的计划是一个"印刷在纸上的大学"，这些售价 25 美分的书都采用了标准的 3.5 英寸 ×5 英寸开本，每本 1.5 万字，都采用了蓝色封面。他在 1919 年启动了这项计划，办法很简单：向一份已经不存在的社会主义周报原有的 17.5 万名订阅者们寄送直邮广告，恳请他们每人支付 5 美元。哈尔德曼—尤利乌斯承诺会给他们寄 50 本包含世界伟大文学作品和思想的小册子，每本书一出厂就会寄出。

头两本小蓝书是《鲁拜集》(*The Rubáiyát of Omar Khayyám*) 和奥斯卡·王尔德（Oscar Wilde）的《瑞丁监狱之歌》(*The Ballad of Reading Gaol*)。二十年代初，哈尔德曼—尤利乌斯的出版社每天能卖出 24 万本小蓝书，这些书里有《圣经》节选、古希腊经典、歌德、莎士比亚、伏尔泰、左拉、H. G. 威尔斯，还有罗伯特·英格索尔的演讲。1922 年，哈尔德曼—尤利乌斯委托杜兰特对柏拉图、亚里士多德、斯宾诺莎和约翰·杜威（John Dewey）等大哲学家的作品进行缩写；在广告中，这些小册子被称作"自我教育和自我提升"的好帮手。他们也强调了杜兰特的专业背景：他的署名写作"哲学博士，威尔·杜兰特"（那时获得博士学位的人还很少），或"威尔·杜兰特博士"（上流人士认为这样太浮夸，医生们认为这是虚假广告①）。⁹1925 年，哈尔德曼—尤利乌斯提议，把杜兰特为小蓝书写的哲学文章集成一册，由一家大型出版商——新成立的西蒙—舒斯特出版公司（Simon & Schuster）——出版销售。杜兰特这本厚达 600 页的大部头作品《哲学的故事》（The Story of Philosophy）几乎是小蓝书内容的逐字重印。到了 1925 年年底，《哲学的故事》在畅销书榜单上名列榜首，为日后让杜兰特赚得盆满钵满的《文明的故事》系列图书确立了先例。当初委托杜兰特写下那些文章的哈尔德曼—尤利乌斯也同样成了富人。

小蓝书是十九世纪自由思想和二十世纪心理学、哲学、社会学的成果之一，也是它们的组成部分。它们代表了美国传统的自我教育理想，这种理想与初露曙光的自助时代不同，相较于提升心智，后者更强调性格与公共形象的提升。从 1919 年到商业出版机构大举进军平装书市场前夜的 1949 年，小蓝书出版了超过 3 亿册。在大萧条中，只要花一美元就能买到 50 本二手小蓝书，而且看完还能继续卖掉，在买不起精装书的广大读者群中，小蓝书保持着巨大的流通量。"完全没办法估算出到底有多少万人读过这些书，"哈利·戈尔登（Harry Golden）说，"在医院、刑罚机构、平民保育团②营地和军营中，还流传着无数本'小蓝书'。"¹⁰

如果不提到两项最为知识分子所轻蔑的计划，对中流商业的任何探讨都难称完整，它们是成立于 1926 年的每月读书会和在 1952 年问世、受到极大欢迎的"西方世界伟大著作"（Great Books of the Western World）丛书。这套由大英百科全书公司出版的丛书重达 100 磅，合计 32000 页，54 卷，总字数 2500 万字。它一共收录了 76 位作者的 440 部作品，总价

---

①英语中，"博士"与"医生"同为"doctor"。——译者注
②平民保育团（Civilian Conservation Corps），美国 1933 年至 1942 年间对 19 至 24 岁的单身救济户失业男性推行的以工代赈计划，"新政"改革项目之一。这些救济户大多是大萧条期间失业、难以找到工作的家庭。政府为这些年轻劳工提供免费住所、饮食与衣物。——译者注

第五章　由盛至衰的中流文化　113

249.95 美元，可以分期付款，首付仅需 10 美元。上流评论家德怀特·麦克唐纳（Dwight Macdonald）在《纽约客》上的一篇尖刻而诙谐的批评文章中列出了上面那些细节。[11] 鉴于这本杂志在事实核查方面向来一丝不苟的名声，他们一定在曼哈顿西四十三街的旧办公室里用秤和码尺测量过那些书，那些字数统计一定是前计算机时代所能取得的最精确的结果。《纽约客》上麦克唐纳的署名是二战之后中流和上流文化融合的诸多迹象之一。

伟大著作丛书的内容由专家委员会负责挑选，委员会中为首的是芝加哥大学（作为学术-文化-工业联合体的主要参与者之一，它拥有大英百科全书公司的部分股权）享有盛名的前校长罗伯特·哈钦斯（Robert Hutchins），和曾在二十年代在哥伦比亚大学任哲学教授，后在哈钦斯执掌的芝加哥大学任教的莫蒂默·J. 阿德勒（Mortimer J. Adler）。意料之中，哲学家和神学家的著作占了很大比例——柏拉图、亚里士多德、奥古斯丁、托马斯·阿奎那、笛卡尔、斯宾诺莎、黑格尔、康德，但却没有尼采、马克思和弗洛伊德。这套丛书中自然有很多二十世纪初之前的文学大家——荷马、埃斯库罗斯、索福克勒斯、欧里庇得斯、乔叟、但丁、莎士比亚、塞万提斯、弥尔顿、托尔斯泰、陀思妥耶夫斯基。二十世纪的小说大部分被忽略了，这是顺理成章的，因为正如伍尔夫所说，中流格调的权威人士一贯敌视文学、视觉艺术和表演艺术之中的现代主义。这套丛书的出版方在纽约华尔道夫酒店为"创始订户"们举办了一场奢华的宴会，这场宴会的资金来源多种多样，文化层面却封闭排外，每月读书会的图书评鉴人、广受欢迎的电台问答节目《请回答》（*Information Please*）的主持人克里夫顿·法迪曼（Clifton Fadiman）作了谄媚的餐后演讲。法迪曼曾是阿德勒在哥伦比亚大学的学生，他对顾客们说，他们如同"基督教早期的僧侣"，因为他们肩负着使命，要在又一段黑暗时期中保护"让我们独享文明人之名的远见、思想、痛苦的叫喊和得到启示时的欢呼"。[12] "文明"，这里指的是为分期购买的伟大著作把关的人所定义的文明。

　　这种独特文明的灵感发端于阿德勒 1943 年为芝加哥的企业高管们组织的一场研讨会。被戏称作"胖子"班——得名于那些口袋书的厚度，也有可能是得名于参加者的体形——的芝加哥研讨会带动了类似团体在全美范围内的形成，到了 1946 年，这些团体已有约两万名成员。当时的观察家们认为，对这些研讨会的热情很大程度上是因为人们重新认识到了文明的脆弱，一战之后，简史类图书需求的高涨也是源于类似原因。[13] 研讨会和伟大著作丛书的热潮中也有明显的炫耀性消费因素。一位参加过阿德勒的研讨会的广告业高管总结说，这些商业活动就是为每一册尚在讨论阶段的伟大著作图书设计广告语。亚里士多德的《伦理学》（*Ethics*）搭配的宣传语是这样的："富人不懂应该如何生活，但他们一定知道应该在哪里生活。"[14]

　　和二十年代的各种简史不同，日后的事实证明，对于这类昂贵的精装书来说，伟大著作丛书的推出时间从商业上讲可谓不合时宜——这正是平装书即将为图书营销带来变革的时刻。麦克唐纳注意到，丛书中所有作者的作品都依然在印，如果分开购买的话，加起来的总价远不到 249.95 美元；但他在 1952 年还不知道，短短几年之后这些伟大著作的平装本会便宜到什么程度。正如麦克唐纳和我的父亲用差不多的话所说的，伟大著作丛书不是打算让人读的，而是为了证明某人属于读书之人，证明他们买得起用来炫耀的书卷。麦克唐纳最有力的论点之一是，这套丛书极少提到某些领域，尤其是科学方面新出现的知识与原本广为接受的真理相冲突的事实，因为这会让过时的真理的作者（比如希波克拉底①）在相应的领域中显得只有历史价值。

　　麦克唐纳把为了罗马天主教神学重新包装了亚里士多德的阿奎那也归为此类作者。对那些被阿奎那在"我们是否应当区分高层次欲望中的

---

① 希波克拉底，古希腊伯里克利时代的医生，他将医学与巫术及哲学分离，使之发展成为专业学科，并创立了以之为名的医学学派，被尊为西方"医学之父"。——译者注

愤怒与性欲？"或"低级天使是否会和高级天使对话？"等问题上的思虑所震惊的评论家，我们难免心生同情。然而，我们永远都不会知道当读者打开一本伟大著作的时候，他可能认识到的到底是什么。我差不多十一岁的时候，在密歇根州东兰辛的圣托马斯·阿奎那学校上学，我当时的一个朋友家中有一整套伟大著作丛书。那个虔诚的天主教家庭有十个孩子，拥挤不堪的起居室居然还给那套丛书留了那么大空间，这是它们让我心怀向往的主要原因。有一次在他们家过夜的时候，我翻开了一本阿奎那——坚硬的封皮表明，这本书之前从未被翻开过——我读过的《神学大全》（Summa Theologiae）比理应成长为正统天主教徒的人需要读的更多。我其实是在为修女教给我们的一些东西寻找解释，在我看来，其中有些内容完全是谬论。为什么神是三位一体，而不是四位或者五位？谁创造了上帝？为什么上帝可以安排万物，让婴儿带着罪污出生？不错，阿奎那有答案，但在我看来他的答案比《巴尔的摩教理问答》[①]中的简单论述更加荒谬。对罪孽的"沾染"通过"生殖"自动传递了下去——我专门寻找了所有与生殖有关的内容——因此，生殖手段本身显然已经受到了污染。我确信自己终将走向怀疑和无神论，但读着手上厚重的《神学大全》让这一天来得更早。让知识变得容易获取，这本身就是美德，哪怕采取的手段枯燥、做作、具有高度的选择性，很多讽刺中流文化的人都没能认识到这个事实。

每月读书会的做法和伟大著作丛书不同，它的策略主要是为"基督教早期的僧侣"军团中的美国人提供娱乐，而不是招募他们加入其中。与此同时，每月读书会的评鉴人在选择虚构和非虚构类图书的时候，总是体现着一种强烈的偏好，他们选择的都是严格意义上极富信息量的内容。从二十年代创办开始，一直到因平装书的竞争精装图书俱乐部已经

[①]《巴尔的摩教理问答》，由美国天主教会官方颁布，供儿童阅读的教理问答。该书以罗贝托·贝拉尔米诺（Robert Bellarmine）1614年编著的《小教理问答》（Small Catechism）为基础。作为第一本面向北美天主教徒的教理问答，从1885年至二十世纪六十年代末，一直是天主教学校的标准教科书。——译者注

没有多少存在意义的六十年代中期，每月读书会都是中流文化和美国中产阶级品位的代表。和伟大著作丛书计划类似，每月读书会也认为，普通人需要受过更好的教育、更加见多识广的向导来引导他们走入文化的丛林。每月读书会1927年的一份广告宣传册表明，它的定位就是迎合顾客对方便的要求，同时利用他们智识上的不安。这份册子用一种保姆般的语调，引用了一个典型美国"爱书人"的话，他听说了一本很有趣的书，对自己说，"我必须读读它"，但却因为懒惰和健忘没能实现自己的好计划。接下来是这个懊悔的懒汉可怜的画面："也许以后，他会在爱书的人群中再次听到他们推荐这本书。他遗憾地承认，自己'从来没能抽空去读它'。"[15]

那些在二三十年代负责为每日读书会选择图书的人的价值观在评鉴委员会首任主席亨利·塞德尔·坎比（Henry Seidel Canby）身上得到了很好的体现。坎比曾在耶鲁大学任英语教授，是《星期六文学评论》(Saturday Review of Literature)的创刊主编，也是美国文学界优雅传统的代表。坎比敌视文学中的现实主义和现代主义，尽管他的反现代主义观点在之后几十年中有所软化。生于1878年的坎比对流派各异的当代作家——威廉·福克纳（William Faulkner）、埃兹拉·庞德（Ezra Pound）、T. S. 艾略特（T. S. Eliot）、欧内斯特·海明威（Ernest Hemingway）、托马斯·沃尔夫（Thomas Wolfe）、F. 斯科特·菲茨杰拉德（F. Scott Fitzgerald）、詹姆斯·乔伊斯（James Joyce）和D. H. 劳伦斯（D. H. Lawrence）——怀有强烈的质疑，他们的作品从未出现在二三十年代的主推书目当中。[1940年，海明威的《丧钟为谁而鸣》(For Whom the Bell Tolls)终于入选其中。]这些遗漏本身就足以构成对二战前中流品位的批评。但中间派的文学品位并非一成不变：二战之后，海明威、沃尔夫、菲茨杰拉德，还有相对没那么受欢迎的福克纳都成了中流文学的偶像。我们也不能说每月读书会在二三十年代推荐的虚构和非虚构类书籍毫无文学价值。这段时期的主推书目中有埃里希·玛利亚·雷马克（Erich

Maria Remarque）的《西线无战事》(All Quiet on the Western Front)、西格丽德·温塞特（Sigrid Undset）的《新娘·主人·十字架》(Kristin Lavransdatter)、薇拉·凯瑟（Willa Cather）的《磐石上的阴影》(Shadows on the Rock)、弗雷德里克·刘易斯·艾伦（Frederick Lewis Allen）的《崛起的前夜》(Only Yesterday)、理查德·赖特（Richard Wright）的《土生子》(Native Son)和伊尼亚齐奥·西洛内（Ignazio Silone）的《面包与酒》(Bread and Wine)。

战后，每月读书会选出的书籍和寄给订户的信息通讯中所评论的许多其他图书开始体现出更多样的偏好，尽管评鉴人对福克纳和海明威迟到的敬意让他们选上了那些比这些作家的早期作品差很多的书。和中流文化本身一样，每月读书会的影响力在四十年代末到六十年代初之间处于巅峰。从 1947 年到 1965 年，每月读书会的通讯中评论过的书中，很多虚构和非虚构类作品不但当时极具影响力，而且也经受住了时间的考验：诺曼·梅勒（Norman Mailer）的《裸者与死者》(The Naked and the Dead)、杜鲁门·卡波特（Truman Capote）的《别的声音，别的房间》(Other Voices, Other Rooms)、阿瑟·米勒的《推销员之死》(1949 年成为入选每月读书会主推书目的首部戏剧)、乔治·奥威尔的《1984》、J. D. 塞林格的《麦田里的守望者》、拉尔夫·艾里森（Ralph Ellison）的《看不见的人》(Invisible Man)、夏伊勒的《第三帝国的兴亡》、詹姆斯·鲍德温（James Baldwin）的《没有人知道我的名字》(Nobody Knows My Name)和《下一次将是烈火》(The Fire Next Time)、约瑟夫·海勒（Joseph Heller）的《第二十二条军规》(Catch-22)、蕾切尔·卡森（Rachel Carson）的《寂静的春天》(Silent Spring)［1962 年由热情的环保主义者、最高法院大法官威廉·O. 道格拉斯（William O. Douglas）撰写书评］、玛丽·麦卡锡的《群体》(The Group)、哈珀·李（Harper Lee）的《杀死一只知更鸟》(To Kill a Mockingbird)，还有《马尔科姆·X 自传》(The Autobiography of Malcolm X)。[16]

如果没有每月读书会的推荐，上面那些书也许不会那么畅销，而还有些书——尤其是《第二十二条军规》——一开始并没有得到评论家们的青睐，进入每月读书会会员的视野必定对它们大有好处。关于这个书单必须要说的是，尽管它们都属于"好书"，但其中不少都对读者的智识水平提出了要求，而且挑战了很多当时广为接受的观点。每月读书会推荐的很多书并没能经受住岁月冲刷，现今只是因为反映了当时的普遍观念才能引起人们的兴趣。我少年时最喜欢的书之一，沃克的《马乔里晨星》——这本 565 页的书探讨了一位犹太小姐的失贞惊天动地的重大意义——属于后一类。

中流历史小说在整个五十年代和六十年代初一直都很畅销，它们完全属于前一类。上流评论家们看不上詹姆斯·米切纳和欧文·斯通等人的小说，但单从为了写成这些小说而做的大量一丝不苟的历史研究上，我们可以看出今昔流行文化的巨大差别。直到最近，严肃的评论家们才开始重视中流时代以大量研究为基础的历史小说所具有的优点。在 2006 年发表于《纽约书评》(*The New York Review of Books*) 的一篇文章中，艺术评论家英格丽德·罗兰（Ingrid Rowland）比较了欧文·斯通 1961 年发表、以米开朗基罗的生平为基础的畅销历史小说《痛苦与狂喜》和丹·布朗（Dan Brown）2003 年的轰动之作《达·芬奇密码》(*The Da Vinci Code*)，两者的比较很能说明问题。斯通 703 页的小说忠实于我们所了解的米开朗基罗，书中全是真正的艺术史。相比之下，为了成就一个与真实的列奥纳多·达·芬奇完全无关的超自然惊险故事，《达·芬奇密码》曲解了艺术史，尽管有很多轻易上钩的读者们兴致勃勃地在欧洲寻找小说中提到的地点——倒是为那些荒废的教堂带来了新的收入来源——他们并不知道书中的证据其实是虚构的。在评价一个重要的米开朗基罗画作展时，罗兰指出，展品目录上对米开朗基罗生平的介绍和斯通的小说非常相似，因为"斯通的认真研究运用了同样的材料来讲述同样的故事……在《达·芬奇密码》草率地分析着列奥纳多，关于圣杯信口开河的时代,斯通的小说尤其让人印象深刻,其中一个不可或缺的原因是,他在那个不那么容易的年代充满感情地向人们展现了米开朗基罗的魅力。"[17]

1965年根据这本小说改编的电影却并没有还原准确的历史,在电影中,由查尔顿·赫斯顿(Charlton Heston)生硬地扮演的米开朗基罗被强加了一段和女人的爱情戏。最后一幕中,赫斯顿"在卡拉拉的大理石矿场中大汗淋漓,脑海中浮现着暗褐色的西斯廷礼拜堂精美绝伦的幻影,天空中回荡起(当时还没写出来的)哈利路亚大合唱。"《达·芬奇密码》的小说和电影都不关心艺术史上的事实。布朗犯的最可笑的历史错误是,他认为列奥纳多《最后的晚餐》(Last Supper)中有些女性化的"爱徒"约翰的形象实际上代表的是抹大拉的马利亚①。因此,这就是"密码"。事实上,在文艺复兴时期的艺术中,约翰总是被描绘成头发飘逸的少年,因为他被认为是十二使徒中最年轻的。列奥纳多在壁画中所绘的约翰其实是抹大拉的马利亚,这个说法对布朗的命题至关重要。他认为,耶稣并未死在十字架上,他最终娶了马利亚为妻,耶稣受难之际,马利亚正怀着他的孩子。[18]

当十五岁的我读到《痛苦与狂喜》时,斯通对西斯廷礼拜堂天顶和米开朗基罗雕塑的描述让我心驰神往,我第一次为了在美术书上寻找翻印的作品而走进图书馆。三十、四十、五十年代的上流评论家对读者确实会从这些作品中学到东西的看法不屑一顾,但大众的中流文化与上流文化之间的关系如此密切,上流评论家们的轻蔑几乎无法理解。如果要让没有博物馆的密歇根州奥克莫斯的女孩去认识那些伟大的雕塑,弗吉尼亚·伍尔夫会想出什么样的办法呢?毕竟,我没办法坐地铁去大英博物馆,观看额尔金伯爵(Lord Elgin)从帕特农神庙拆下的雕塑。

---

①抹大拉的马利亚,《圣经·新约》中耶稣的女性追随者,在耶稣从她身上赶出了七个鬼之后加入了耶稣门徒的行列,无论耶稣往哪里去,她都跟随着。最后随耶稣到了耶路撒冷。耶稣受难时,所有男性门徒都不见了踪影,她仍守在十字架之下,并且观看耶稣的安葬,见证了耶稣复活前后的事件。——译者注

单看很多畅销小说的厚度，就足以证明中流读者对信息的渴求。买书的人在意的是长篇阅读，而不是快速阅读。艾伦·哲瑞（Allen Drury）超过 700 页的政治小说《忠告和同意》（*Advise and Consent*，1961 年）不只局限于华盛顿的政治阴谋与性，而是经过认真研究，细致描写了白宫和参议院的政治程序。（这同样也是第一部对同性恋者作正面描写的美国流行小说，书中来自犹他州的摩门教参议员是一位饱受煎熬的未公开的同性恋者。我想，我不是唯一一个在读到《忠告和同意》之后才了解到同性恋者的存在——还有他们为了隐瞒自己的性倾向而忍受的痛苦——的少年。）米切纳的《夏威夷》厚达 900 多页，从长乐会传教士的历史，到海啸的地质学起源与特点①，书中无所不包。如果说这些厚重的小说在文学上总是不够优美，它们的厚度还是可以证明，过去四十年中有阅读能力的美国人的注意力集中时间缩短了。

美国在战后的繁荣和高等教育的发展带来了人们对从书籍到廉价名画复制品等各种中流文化产品日益增长的需求。金钱同样推动了文化的转向，至少在书报杂志上，中流和上流知识分子史无前例地交织在一起。对于那些通过在中流杂志上发表作品获利的上流人士来说，这种转变带来了相当严重的焦虑与尴尬，但中流编辑们为真正的知识分子提供讨论平台——或者按有些人的不同观点来说是拉拢他们——的热情无疑体现了当时美国文化的活力。尽管左翼知识分子随时可能被带走公开解释自己的过往，但左倾的往昔并没有妨碍他们获得图书合同，为报纸写报道，为流行杂志写文章或当编辑，或者是从对各种各样的文化评论中获利。

到了二十世纪五十年代，一些在三十年代长大成人的纽约顶尖知识分子——以（自许的）"家庭"之名为人所知，大部分但并非全是犹太

---

① 在 2004 年 12 月的印度洋大海啸中，当潮水突然退去的时候，很多人走上前去看海床上露出的生物和珊瑚丛，结果海啸却带着致命的威力席卷而来。当我读到死亡人数的报道时，我立刻想到了《夏威夷》。米切纳在小说中描述过类似的情景。

第五章 由盛至衰的中流文化　121

人——已经摆脱了他们高度政治化的小众知识分子杂志。在四五十年代，上流作家们的署名开始出现在无疑属于上层中产阶级的《纽约客》杂志上，甚至在《星期六晚邮报》这样的大众杂志上也有出现。这批定期在《纽约客》上发稿的作者以德怀特·麦克唐纳为首，他是那一批陷入困境的纽约知识分子中的领军人物。唯一能胜过他们的才华的，便是他们彼此攻讦的习惯，那些纷争的起因各种各样，既有斯大林主义之类的严肃话题，也有是否能在喜欢底层和中流好莱坞电影的同时继续保有知识分子名声之类的闲扯。曾在三十年代［在《党派评论》(*Partisan Review*)上］攻击《纽约客》的中流商业主义的麦克唐纳，从四十年代开始为原本的敌人写作。麦克唐纳一贯以愤世嫉俗著称，他显然不会因为从自己曾经攻击过的人那里谋生而有所顾虑。年轻的诺曼·波多雷茨却没么坦然，《纽约客》杂志曾在五十年代初请他撰写书评，他很是犹豫这种背叛会给自己在纽约知识分子中的地位带来什么样的影响。一个真正的知识分子怎么会为一本充斥着第五大道时尚百货店、钻石珠宝、陈年香槟和昂贵的白人盎格鲁–撒克逊新教徒度假胜地广告的杂志写稿，由此败坏自己的名声呢？波多雷茨拐弯抹角的答案是：出现在《纽约客》上无伤大雅，因为它"从来都不完全是中流杂志，因为它的根基在于前现代主义时期——也就是上流与中流的划分出现之前的时代——的文化传统，也是这一时期在文学上硕果仅存的典范"[19]。唉，就这么办吧！

埃德蒙·威尔森(Edmund Wilson)、玛丽·麦卡锡和阿尔弗雷德·卡津等人要么不像波多雷茨那么敏感脆弱，要么足够聪明，意识到了知识分子的自命不凡是多么愚蠢。四十年代晚期，作为《军人权利法案》的红利消退之后突然发现自己很难维持生计的很多人之一，欧文·豪在最终取得布兰迪斯大学英语教授一职之前，接下了为《时代》杂志撰写书评的兼职工作。讽刺的是，保守的卢斯出版帝国[①]多年来一直为纽约的

---

① 亨利·卢斯(Henry Luce, 1898—1967)，美国著名出版商，曾取中文名"路思义"，先后创办了《时代》(1923年)、《财富》(1930年)、《生活》(1936年)三大杂志。——译者注

无数激进知识分子提供着充裕的收入，麦克唐纳就曾经是商业杂志《财富》（Fortune）的特约撰稿人。"家庭"中的一些女性成员甚至还为妇女杂志写稿。当戴安娜·特里林在四十年代晚期开始为《党派评论》撰稿的时候，她的作品已经出现在了《魅力》（Glamour）杂志上——这对这两份杂志来说无疑都是头一次。在回忆录中，特里林回顾了中流和上流交织的文化时刻，她敏锐地感受到了真正的知识分子在大众杂志上的出现对战后美国社会的意义。她回忆道：

> 一家流行妇女杂志的编辑告诉我，不久前，所有大众刊物的编辑们……都需要决定是去争取更广泛的受众，还是像她说的去"劫掠《党派评论》"。选择了后一条路的杂志都扩大了读者群，力求让自身更受欢迎的杂志的发行量却下降了。她所描述的正是这个国家的文化生活的剧变之时，上流的严肃世界和我们更大众化的文化之间原本几乎天悬地隔的距离突然开始缩短了。[20]

我怀疑，这位编辑关于上流人士之名和发行量增长有关的说法只是有意恭维特里林的套话，但执掌流行杂志的人会有心撒这个小谎的事实却印证了特里林关于文化差距变小的观点。六十年代初，随着肯尼迪政府精明地利用知识分子来凸显他的"新边疆"① 与古板的艾森豪威尔政府之间的差异，这条鸿沟愈发变窄。当时，在以数量大大增加的受过教育的民众为对象的报纸和杂志上，对知识分子著作的评论屡见不鲜。保罗·古德曼（Paul Goodman）最初［在波多雷茨放弃自由主义，把美国犹太人委员会（American Jewish Committee）的旗舰刊物变成新保守主义的喉舌之前］发表在《评论》（Commentary）杂志上的《荒谬的成长》（Growing Up Absurd），汉娜·阿伦特（Hannah Arendt）的《耶路撒冷的

---

① "新边疆"是约翰·肯尼迪在竞选中提出的纲领性口号，在肯尼迪当选总统后，成为其内外政策的象征。——译者注

艾希曼》(*Eichmann in Jersualem*)，鲍德温的《下一次将是烈火》，以及也许最令人震惊的迈克尔·哈瑞顿（Michael Harrington）的《另类美国》(*The Other America*)是六十年代初的四个例子，它们都曾在《纽约客》上刊登过。哈瑞顿的书曾被肯尼迪和约翰逊政府中的知识分子们认真研读，并由此推动了林登·约翰逊"向贫穷宣战"。

尽管在上流人士贡献的推动下，中流文化似乎风头正劲，但在那些在五十年代中期首先显露，在六十年代越发强大的社会力量的影响下，它正逐步走向衰落。这些社会力量中最重要的自然就是电视，短短十年间，它就从奢侈品变成了必需品。上流文化不会因为这种新的媒介而堕落，因为电波中基本没有上流文化，但它却可以对中流文化构成破坏，而且这种破坏确实发生了。

影响了电视时代的早期的很多人无疑都心怀中流抱负；他们认为，与《剧场90分》中的戏剧实况和爱德华·R. 默罗的纪录片类似的"高质量"节目是每月读书会等中流机构的补充，而非其竞争对手。电视或广播网络公司并不要求每一个部门都能赚取高额利润。受众群广大的流行节目可以用来补贴受众较少的严肃节目——同样的哲学也支配着当时的图书出版业。默罗大受欢迎的《面对面》(*Person to Person*)和《现在请看》(*See It Now*)之间的关系便是这种哲学在电视方面的典型案例，默罗在《面对面》中拜访名人家庭，采访利伯拉契和亨弗莱·鲍嘉（Humphrey Bogart）这样的明星，而《现在请看》则以严肃、犀利、富有争议的纪录片为特点。《面对面》让默罗的面孔变得家喻户晓，就像他的声音在广播时代广为人知一样，这档节目首播于1953年秋天，就在三周之后，默罗以国会围猎共产主义者对人们的影响为主题,最值得铭记的一期《现在请看》节目在电视上播出。《现在请看》的纪录片讲述了空军预备役军官米罗·拉杜洛维奇（Milo Radulovich）的痛苦，他被迫要在军中的职务和被指控和共产主义者有关联的父母之间作出选择。默罗的传记作者写道,"当一个朋友日后调侃默罗'在《面对面》里装模作样——别说你演得不开心'的时候,他(默罗)勃然大怒:'听着,你知道我因为《面对面》那么成功才侥幸做到了什么吗?'"[21] 尽管如此,面对着这种新兴媒体中势不可挡的娱乐内容,电视的严肃一面,和那个时代之初的第一代较为严肃的电视人迅速地衰落了。

做了手脚的问答节目——如果说真有什么"黏糊糊的牛蹄冻"的话,那便是这种节目——最明显地体现出了五十年代大众娱乐的价值观对中流抱负的侵蚀。问答节目起步于 1955 年的《64000 美元问答竞赛》(*The $64,000 Question*),在 1958 年纽约大陪审团的调查发现很多选手事先已经得知答案之后戛然而止,问答节目现象结合了中流人士对事实的崇尚和大众对各种暴富机会的追捧。我家也是收看乔伊斯·布拉泽斯博士(Dr. Joyce Brothers)之类的奇才在《64000 美元问答竞赛》节目上叱咤风云(她是诚实的玩家)的千百万家庭之一,他们凭借各个专业领域中的知识取得胜利,而布拉泽斯博士在拳击领域更是无所不知。当大名鼎鼎的英语学者马克·范多伦(Mark Van Doren)之子、哥伦比亚大学英语系讲师查尔斯·范多伦(Charles Van Doren)在《二十一点》(*Twenty One*)中打败了对手赫伯特·斯坦普尔(Herbert Stempel)时,我们都在观看这个节目,而根据剧本,两人都提前得到了答案,有人已经向他们讲解过为了节目悬念的延续要怎么做。知识界巨子范多伦气质非凡,犹如电影《乱世佳人》(*Gone With the Wind*)中莱斯利·霍华德(Leslie Howard)扮演的卫希礼(Ashley Wilkes)。可怜的斯坦普尔一看就知道他是什么样的人——典型的犹太人书呆子,在那个时代,犹太知识分子还没时髦起来——这样的人在讨好观众的竞赛中从来都得不到机会。在观众当中的受欢迎程度决定了电视台会把正确答案告诉谁,决定了谁必须输掉。

《二十一点》中的有些问题确实很难,阅读范围狭窄的人不大可能说得出答案。而在斯坦普尔和范多伦展开结果已经内定的竞赛的那个晚上,问题竟然简单得可笑。范多伦被问到,哪位演员[爱娃·玛丽·森特（Eva Marie Saint）]在《码头风云》中扮演了马龙·白兰度（Marlon Brando）的女友。恰好是电影爱好者的斯坦普尔被问到的问题是，哪部电影赢得了 1955 年奥斯卡最佳影片。答案是欧内斯特·博格宁（Ernest Borgnine）主演的《君子好逑》（Marty）。但按照剧本，斯坦普尔假装不知道答案。

我当时十一岁，我记得除了八岁的弟弟之外，家里所有人都知道这两个问题的答案。我当会计师的父亲曾是一个赌徒，他窃笑道："你们知道一个来自布鲁克林的孤独男子不知道《君子好逑》赢得去年奥斯卡的赔率是多少吗？"母亲惊讶地说："鲍勃，我认为电视台不敢这么干。斯坦普尔也许只是因为紧张忘记了答案。"父亲又笑了笑说："等着瞧吧。"

近三年后，范多伦对一个国会委员会承认，在对纽约大陪审团否认自己参与舞弊时，他作了伪证。1959 年，依然闪烁其词的范多伦承认，他是那场问答节目欺诈的"首要象征"，但却声称自己也是受害者，因为他一开始并不知道整个活动被彻头彻尾地操纵了。在艾森豪威尔时代末期出现的问答竞赛丑闻往往被比作矿工的金丝雀，预示着未来十年间美国文化与政治机构普遍丢失信仰的局面。这样说也许没错——我当然也认为那些真相当时给我的同龄人带来了相当大的影响——但这种幻灭更多地集中于范多伦那样有欺诈行为的个人，而不是电视或美国的其他任何机构。范多伦的人生毁于一旦，这部分是因为他出身于知识分子圈子，在那个圈子里，这种欺诈不仅被看作对公众和自身的背叛，而且是对神圣的学术生涯的背叛。

需要对这场丑闻负责的电视网络高管们很快就为这个他们眼中的纯商业问题找到了一个商业性的解决办法：他们转而用多个赞助商取代了原来会给制作方施压，要求他们留下某些选手同时赶走其他人的单一赞助商。这些节目所推销的是以事实为基础的知识、明星和金钱的结合体，是掌握某些特定类型的知识和在千百万观众面前记起事实知识的能力能让你名利双收的理念。问答节目丑闻的余波中，电视网络的高管们舍弃了中流的事实知识，留下了明星和金钱，节目中原本的难题变成了四年级小学生都能回答的问题。不论美国人对范多伦有多失望，电视本身却毫发无伤地崛起了，以压缩书刊报纸文化为代价自由地扩大着自身的影响力。

这一进程起初几乎无法察觉。直到二十多年之后，人们读写能力的骤降才通过各种客观评估——从以儿童和成人为对象的测试，到为了愉悦而阅读的美国人数量的下降——得到证实。书籍在六十年代初还很重要，在六十年代末的社会动荡中依然如此。但有阅读群体已有变化迹象。全国的大小城市中午后发行的报纸的读者数量在六十年代初已经开始下降，到了六十年代末，晚报正在沦为濒危物种。《星期六评论》（Saturday Review）之类值得尊敬的传统中流杂志的读者也在迅速流失，新编辑和新主人们绝望地为毫无希望的严肃中流形式和内容披上更加时髦的外衣，但却几乎毫无成效。到了六十年代中期，就连卢斯出版帝国这样的大众发行巨头也已开始节节败退。

同样，电视是主要原因，在肯尼迪总统遇刺之后的日子里，它们成为突发新闻的主要来源。所有平面媒体都在电视投下的越来越长的阴影中苦苦挣扎，尽管几乎没有文化观察家预见到了这种变化。在这暮色初显的黄昏中，中流文化——有志超越最低标准的人长期以来用作自我教育的工具——只能走向没落。

近十年来，中流文化再次得到了各种各样的社会评论家的关注，他们大多手持右翼政治的利斧。当今的文化保守主义者惯于直截了当地把中流的没落归咎于左翼分子——六十年代的新左派和三十年代的老左派——而不是利益驱动的信息娱乐产业。《纽约时报》专栏作家、电视节目上无人不晓的保守派权威人士大卫·布鲁克斯（David Brooks）认为，麦克唐纳、威尔森、玛丽·麦卡锡和艺术评论家克莱门特·格林伯格（Clement Greenberg）等上流激进知识分子应当负主要责任，三十年代影响了这些人，他们五六十年代又拥有了更大的文化影响力。"知识分子们向他们眼中的中流机构发起了攻击，"布鲁克斯阴郁地写道，"这种攻击凶残得让人毛骨悚然。"[22]

布鲁克斯当时想到的一定是麦克唐纳 1960 年发表在《党派评论》上，猛烈抨击中流文化一切事物的《大众文化与中流文化》（Masscult and Midcult），当时读过这篇文章的基本上只有那份杂志为数不多的读者。针对大众文化和中流文化，麦克唐纳确实有些很不中听的话要说。

> 《生活》（Life）是一份典型的均质化杂志，富人的红木书桌上有它，中产阶级的玻璃鸡尾酒桌上有它，穷人铺着油布的餐桌上也有它。和它的读者群一样，这份杂志的内容也是完全均质化的。同一期杂志上……庆祝伯特兰·罗素八十岁生日（这个伟大的心灵如今依然困扰和装点着我们这个时代）的社论另一边是中年妇女和棒球教练争吵的整页照片（给妈妈竖大拇指）；九个彩页的雷诺阿画作之后紧接着的是穿着轮滑鞋的马的照片……不知为何，这些东西堆积在一起只会带来一个效果，让严肃的东西被贬低，而不是让无意义的东西得到提升……看到穿着轮滑鞋的马，人们的最终印象是，雷诺阿和这匹马都可谓才华横溢。[23]

值得注意的是，麦克唐纳认为《生活》属于大众文化杂志，而不是中流文化。用一匹滑轮滑的马换来九个整页的雷诺阿画作，这还真是实惠。但麦克唐纳想象不到即将出现的大规模发行的杂志的世界，编辑们再也不会想着为任何真正的艺术留出九页来。那个时候，亨利·卢斯还在哭去银行的路上。

但布鲁克斯所谓《党派评论》那伙人需要在一定程度上为中流文化的瓦解负责的说法是荒唐可笑的。首先，尽管中流文化媒介上出现了知识分子的身影，他们对普通大众并没有那么大的影响力。涉足中流杂志——在《纽约客》的例子里，是上层中流杂志——的知识分子们完全没有损害那些杂志的质量，而是让它们的品质得到了全面提升。如果说美国人在六十年代的某个时刻之后不再购买《生活》和《展望》（*Look*）杂志，那并不是因为他们注意到了麦克唐纳之类的文人，而是因为静态照片带来的刺激比不上电视上的视频短片，哪怕拍摄那些照片的是美国最优秀的摄影师。当知识分子们指责纽约大都会博物馆和现代艺术博物馆这样的机构向大众口味屈服的时候，知识分子圈子之外的人——和大部分纽约市以外的知识分子——丝毫没有在意。参观博物馆的人数从六十年代开始迅速增长——博物馆是六七十年代脱颖而出，在经济和文化方面状况较好的个别中流机构之一，这也许是因为它们并不依赖印刷文字。

麦克唐纳认为，中流文化的威胁比大众文化更加严重，因为前者代表着"上流文化的堕落"，"可以以假乱真传承下去"。以假乱真传承下去的中流文化包括桑顿·怀尔德（Thornton Wilder）的《九死一生》（*The Skin of Our Teeth*）［模仿乔伊斯的《芬尼根的守灵夜》（*Finnegans Wake*）但却"故弄玄虚又令人尴尬"］，现代艺术博物馆，万斯·帕卡德（Vance Packard）的畅销书《隐形说客》（*The Hidden Persuaders*，1957年）和《身份寻求者》（*The Status Seekers*，1959年），包豪斯现代主义设计特征向烤面包机、超市和自助食堂的渗透，被描述成"曾经前卫而渺小……如今成功而可敬"的美国公民自由联盟。考虑到美国公民自由联盟和审查制度的斗争更多的是为上流文化而不是中流文化而战，它被列到这个名单当中尤其让人摸不着头脑。根据麦克唐纳1960年的观点，主要问题在于，被他打上中流文化劣质产品标签的一切是否仅仅体现了走向上流文化之路上的"成长的烦恼"。

上升阶段的社会阶级不是都要走过一个学习文化的形式却不了解其本质的暴发户阶段吗？这些阶级难道不会最终被吸收进上流文

化吗？确实，过去的情况往往都是这样……十九世纪之前，还有普遍认可的标准，崛起的新阶级会顺应这些标准。但如今，大众文化的瓦解效果使……那些标准再也不可能被广泛接受。危险在于，中流文化的价值观本身也许就会成为一种等而下之的永久标准，而不是——作为"进步的代价"——发挥过渡作用。[24]

麦克唐纳差点就说对了。美国人确实将走向一种等而下之的文化，把它当作公认的标准；但胜利的不是中流文化，而是大众文化。俯视中产阶级的上流人士的哀号和发生的事实完全无关。二十世纪初以来，在大批希望为自己和子女带来更好的生活的美国人看来，中流文化最突出的特征——对书籍的喜爱，理解科学的渴望，强烈的理性主义倾向，还有最重要的，对事实的尊重——都是理所当然的东西。无论人们在六十年代初如何看待中流文化，认为它会从战后的长期繁荣中胜出的年老上流知识分子们既没有预见到中流价值观的堕落，也没有加快这一进程。中流价值观不久之后就将面对持续不断的挑战，这种挑战不仅来自新左派——对保守主义者来说，他们是比头发花白的老左派更能花言巧语的对手——而且也来自反智的右派，在六十年代媒体雷达的视线之外，他们建立起了一个反反主流文化的框架。美国的中产阶级再也不会翻阅同时印着雷诺阿的画作复制品和会轮滑的马的杂志了，因为雷诺阿和轮滑鞋上的马腿不久之后就将消失，取而代之的将是列队袭来的粗俗图片，引诱着人们去比较马身上的另一个器官。

注释：

1. Virginia Woolf, "Middlebrow," in *The Death of the Moth* (New York, 1942), p. 182.
2. Van Wyck Brooks, *America's Coming of Age* (1915; New York, 1975), pp. 28–29.
3. Classical music figures in Julie Lee, "A Requiem for Classical Music," *Regional Review,* Federal Reserve Bank of Boston, Quarter 2, 2003. Other cultural statistics in Dwight

Macdonald, "Masscult and Midcult" (1960), in *Against the American Grain: Essays on the Effects of Mass Culture* (New York, 1962), p. 59.
4. John Hope Franklin, *Mirror to America* (New York, 2005), p. 28.
5. Norman Podhoretz, *Making It* (New York, 1967), pp. 10–11.
6. Joan Shelley Rubin, *The Making of Middlebrow Culture* (New York, 1992), p. 160.
7. H. G. Wells, *The Outline of History,* 2nd ed. (New York, 1926), pp. 1–2.
8. Ibid., pp. 7–8.
9. See Rubin, *The Making of Middlebrow Culture,* p. 233.
10. Harry Golden, *The World of Haldeman-Julius* (New York, 1960), p. 5.
11. Dwight Macdonald, "Book-of-the-Millennium Club," *The New Yorker,* November 29, 1952.
12. Ibid.
13. See Rubin, *The Making of Middlebrow Culture,* p. 191.
14. Milton Mayer, "Great Books," *Life,* October 28, 1946.
15. Rubin, *The Making of Middlebrow Culture,* p. 100.
16. See Al Silverman, ed., *The Book of the Month: Sixty Years of Books in American Life* (New York, 1986), "Decade Three" and "Decade Four," pp. 93–180.
17. Ingrid D. Rowland, "The Titan of Titans," *New York Review of Books,* April 27, 2006.
18. Ibid.
19. Podhoretz, *Making It,* p. 169.
20. Trilling, *The Beginning of the Journey,* p. 346.
21. A. M. Sperber, *Murrow: His Life and Times* (New York, 1986), p. 426.
22. David Brooks, *New York Times,* June 16, 2005.
23. Macdonald, "Masscult and Midcult," in *Against the American Grain,* pp. 12–13.
24. Ibid., pp. 54–55.

第六章　归咎于六十年代

有些人似乎认为，美国的反智主义和反理性主义初露锋芒是在披头士乐队1964年首次亮相美国电视节目《艾德·沙利文秀》(*The Ed Sullivan Show*)和践行"我们便是父母不希望我们成为的人"标语的1969年伍德斯托克音乐节之间的某个时刻。对他们来说，大写的"六十年代"无疑是最趁手的刑具。当保守主义者和自由主义者谈起菲利普·罗斯所谓"消解神话的年代"时，他们所指的都是左翼掀起的政治和社会反叛，包括民权运动、反战、早期女性主义运动，还有以"反主流文化"之名为人所知的一切——性革命、致幻剂、混乱的大学生活，以及最后同样重要的，摇滚乐在年轻人中的盛行。此外，关于二十世纪六十年代的大多数讨论都基于一个共同的前提，都认为这十年中的社会抗议主要是婴儿潮一代的所作所为。

将这些运动与文化力量混为一谈是严重的历史错误，认为当时十几二十岁的人是要求社会变革最具影响力的煽动力量，这个前提同样也是错的。当欧文·克里斯托尔1977年在《纽约时报杂志》(*The New York Times Magazine*)上断言"六十年代的激进主义是一场缺少成人榜样和成人引导的代际运动"[1]时，他实在是大错特错。克里斯托尔想起的是三十年代他激进的青少年时期，那时的他还没有背弃托洛茨基主义和社会主义，还没有开始转型为右翼共和党人。尽管如此，他还是认为三十年代的左翼活动家比六十年代的激进分子更优秀，因为不管老左派在哲学上受到了多大的误导，他们的运动还是"无可否认的成人运动，年轻人们被允许加入其中"，不同于幼稚的新左派"令人困惑，自我毁灭的孩子气"。为克里斯托尔那一代的激进知识分子提供"成人引导"的大部分人当然不是斯大林主义者就是托洛茨基主义者。

虽然当时各种名言警句告诫人们不要相信任何年过三十的人，但六十年代种种抗议运动的领导人物很多早已远离了欢乐的大学时光。[2] 马丁·路德·金 1963 年在林肯纪念堂前发表《我有一个梦想》演讲时 34 岁。同年发表《女性的奥秘》(*The Feminine Mystique*) 的贝蒂·弗里丹（Betty Friedan）时年 42 岁。丹尼尔·艾尔斯伯格（Daniel Ellsberg）1971 年向《纽约时报》泄露五角大楼机密文件时 40 岁。格洛丽亚·斯泰纳姆（Gloria Steinem）次年创办《女士》(*Ms.*) 杂志时 37 岁。而反战运动中最受敬重、最坚定不挠的人物中有些是已达征兵年龄的年轻人的父母，甚至是他们的爷爷奶奶。暂举三个例子，本杰明·斯波克医生（Dr. Benjamin Spock）、威廉·斯隆·科芬牧师（the Reverend William Sloan Coffin）、贝拉·阿布佐格（Bella Abzug），他们都是更年轻的反战示威者心目中的英雄。把六十年代所有的社会抗议贬为孩子气大爆发的保守主义者真正想说的是——这也依然是他们如今想说的——认为美国社会大有弊病的人，不分年龄，都只是如婴儿般行事。把所有反对者说成小孩——或者用激烈批评六十年代的人的话来说，孽种——打消了严肃对待他们的论点的必要。

尽管存在着肯尼迪遇刺带来的冲击和民权运动引发的社会不安，六十年代前半叶仍然是一段较为稳定的时期，延续着五十年代后期以来较为乐观的文化趋势，包括种族平等斗争和核裁军运动。自由主义知识分子在六十年代初大交好运的原因之一是，公众开始逐渐形成共识，不论美国人多么讨厌共产主义者，核战争都不是一个可以接受的选项——这已经是左翼知识分子的老生常谈，肯尼迪也将这一点明确为政府政策，他在1963年发表于美国大学的著名演讲中呼吁与苏联就禁止核试验条约展开磋商。在我的童年时期，小学生要演练在核打击的情况下躲在桌子下面保护自己，仅仅不到十年之后，美国人已经云集影院，观看（上映于1959年的先锋之作）《海滨》(On the Beach)和1964年的《奇爱博士》(Dr. Strangelove)与《奇幻核子战》(Fail Safe)。对那些从专业知识和良心出发，在五十年代初的反共高潮中反对军备竞赛的核科学家们，公众的态度也发生了转折。由于公开强烈反对美苏军备竞赛，支持对核能的国际管控，被称为"原子弹之父"的物理学家J. 罗伯特·奥本海默（J. Robert Oppenheimer）的安全特许权在1954年被撤销。1963年，因在古巴导弹危机中对尼基塔·赫鲁晓夫（Nikita Khrushchev）实施核边缘政策的经历而有所历练，更加成熟的肯尼迪决定，为了表彰奥本海默在科学方面的终身成就，授予他恩里科·费米奖①。舆论转变得那么自然和平静——在中流书刊的教育下，公众认识到，即便美国在核冲突中"取胜"，美国会面临什么样的后果——在大多数美国人看来，这种改变并不激进。要是放在五十年代初，那些大公司总裁和美国总统的言论也许足以为他们带来众议院非美活动委员会或者乔·麦卡锡的小组委员会的传票。在美国参与越南战争之举改变了一切之前的那些年里，乐观气氛无处不在，就连肯尼迪遇刺带来的创伤都没有真正扰乱这种气氛。

六十年代激进反叛的后半叶——不论你对这一时期的态度是正面还是负面——真正的起点是越战在1965年和1966年的升级。那个六十年代——当人们痛骂或赞美那个年代的时候，他们真正所指的六十年代其实一直延续到了七十年代中期，西贡陷落了，最后一批美国士兵从越南回国，种种身心憔悴的反战运动参与者们开始生儿育女，开始进入企业

---

① 恩里科·费米奖（Enrico Fermi Award），是美国政府机构原子能委员会于1954年设立的国际奖项，费米去世前成为首位获奖者。恩里科·费米奖每年颁发一次，用来奖励在核物理领域有高度成就的杰出人士，候选人由美国全国科学院院士、各科学技术学会的官员投票选出。恩里科·费米奖不授予单一成果，而是以候选人的终身成就为评价标准。——译者注

谋求晋升，或者是探寻和"唯我年代"①更相宜的自助形式与精神信仰。在反叛的六十年代，（不只是在年过三十的人看来）似乎每天都有人在说着那些不该说的东西。1961年约瑟夫·海勒以二战晚期为时代背景的《第二十二条军规》刚出版的时候，困惑不解的评论家们各有说法。到了六十年代末，随着公众开始思考越战的非理性之处，这本书的销量翻了很多倍。在一个外部审查和自我审查都已没有了什么威力的环境中，小说不需要公然谈论政治也能从环境中取得能量。罗斯1969年出版的畅销小说《波特诺伊的怨诉》（Portnoy's Complaint）就是个不错的例子。作家本人对这部小说颇有争议的成功和当时的社会动荡之间的关系描述得最为贴切：

> 如果不是因为1968年的灾难与动荡在这个以对权威的不敬与蔑视和对公共秩序失去信赖为特征的年代之末到来，我很怀疑像我这样的书能在1969年得到那么高的声誉。就在三四年前，如果一部小说带着滑稽与不恭去写家庭权威，把性描写成看似可敬的公民生活的荒谬一面，购买这部小说的美国中产阶级也许远不像现在这样容忍和理解它，提到它的媒体也许会觉得它无足轻重（而且我猜会更有敌意）。但在六十年代的最后一年，在敌我双方的帮助下，我们的约翰逊博士那么高明地推行了全国性的非理性与极端性教育，粗俗地曝光了平常的性困扰和家庭浪漫故事的平淡一面，就连《波特诺伊的怨诉》这样的东西忽然间都变得可以容忍了。对于不少读者来说，发现自己可以容忍这本书，甚至就是他们为之着迷的原因。[3]

和罗斯不同，很多六十年代的过来人忘记了，这个国家的非理性教

---

① "唯我年代"（Me Decade），语出托马斯·沃尔夫发表于1976年8月23日的《纽约客》杂志上的文章《唯"我"年代与第三次大觉醒》（The 'Me' Decade and the Third Great Awakening）。沃尔夫以此描述二十世纪七十年代美国人的整体态度向原子式的个人主义的转变和对社群主义的背离，与六十年代盛行的价值观截然不同。——译者注

第六章 归咎于六十年代 135

育是由左右两翼共同实施的,很多时候,理性本身就是它的攻击对象。部分攻击,和宣传最多的全部攻击行为,是新左派所为,它们的威力在大学校园中令人感受尤深。由宗教和政治右翼发起的其他攻击行为在全国性媒体上不是被忽视,就是被当作与时代无关的轶事抛诸脑后。巴里·戈德华特(Barry Goldwater)在1964年总统大选中惨败之后的十年里,主流媒体对保守主义者几乎未加关注。一种融入了宗教的新型保守主义恰恰是在六十年代末七十年代初打下了基础。戈德华特的老式自由意志保守主义已经走向没落,而以宗教为基础的新型保守主义却正在兴起。六十年代中,新教基要主义者建立了从幼儿园到大学的基督教学校网络,这些学校的毕业生们将成为二十世纪八十年代宗教右翼的生力军。甚至就在学生们攻击世俗大学中的学术权威的同时,基要主义的劝导者们正在将千百万其他年轻人揽入怀中。但在评价六十年代的遗产时,不论是自由主义者还是保守主义者,都把他们眼中激进的反主流文化看作整个时代必不可少的一部分——当时还年轻的那些人当然会这么看。①

此外,人们惯于从一种独特的人格化视角去审视那个年代,好像"六十年代"是个独立行动的演员,而不是上演诸多社会悲喜剧的舞台。对六十年代怨气最深的右翼人士罗伯特·博克(Robert Bork)进一步延伸了这种人格化的做法,把那个年代称作一种癌症,不但无法治愈,而且总是准备着再次向政治机体发起攻击。"暴动的人和暴动本身在二十世纪七十年代初偃旗息鼓,在七十年代后半叶似乎完全消失,"博克写道,"……六十年代看上去终于结束了。但它没有。那个年代如同恶性肿瘤一般,在十五年的缓解期之后,在八十年代发生了较六十年代更具灾难

---

① 值得一提的例外包括托马斯·弗兰克(Thomas Frank)的《酷之路:商业文化、反文化与嬉皮消费主义的兴起》(The Conquest of Cool: Business Culture, Counterculture, and the Rise of Hip Consumerism,1997年)、莫里斯·艾泽曼(Maurice Isserman)和迈克尔·卡津的《分裂的美国:二十世纪六十年代的美国内战》(America Divided: The Civil War of the 1960s,2004年)。另可参阅托德·吉特林(Todd Gitlin)的《重估六十年代:对政治和文化遗产的讨论》(Reassessing the Sixties: Debating the Political and Cultural Legacy,1996年)。

性的扩散，遍布我们文化的全身，悄无声息地占据了如今执掌我们主要文化机构的人的道德和政治思想。"[4] 1987 年，罗纳德·里根提名博克担任最高法院法官，但最终被参议院否决，也许正是因此，他才坚信八十年代标志着六十年代初次确诊的那种癌症的卷土重来。

右翼针对六十年代的做法本质上是一种政治控诉，却假扮成保卫西方文化的样子。右翼知识分子笔下大写的"运动"就是一个明白无误的标志，不管谈到那个时代的哪一种社会抗议运动，他们都会把严肃与荒谬、正直与偏私、利他主义与机会主义混为一谈。七十年代初由诺曼·波多雷茨任主笔的《评论》杂志可能是大写的"运动"一词的始作俑者，好像它们和三十年代的美国共产党一样，是纪律严明的组织。抗议越战的不义与徒劳的人？"运动"成员。幻想胡志明是民主社会主义者的抗议者？"运动"成员。年轻的非暴力示威者？"运动"成员。安放炸弹的气象员①？"运动"成员。要求堕胎合法化的女性主义者？"运动"成员。坚持要求异性恋女性必须停止"和敌人睡觉"的女性主义者？"运动"成员。要求学校雇用更多黑人和女性教职员工的大学生？"运动"成员。想要废除评分、考试和指定阅读书目的学生？"运动"成员。环保主义者？"运动"成员。

照此逻辑，1970 年举行的首个世界地球日活动也许可以视同莫斯科红场上的劳动节游行。而且，如果说这些"运动"的成员和老共产党员们一样思想统一，那么他们一定得到了"同路人"的帮助——还能有谁？波多雷茨在自鸣得意的回忆录《打破等级》(*Breaking Ranks*, 1979 年) 中，把拉姆齐·克拉克 (Ramsey Clark)、《纽约时报》专栏版和美国公民自由联盟放在了自己臆想的同路人名单上。(美国公民自由联盟也许是唯一一个既被德怀特·麦克唐纳斥为上了资产阶级的当，又被波多雷茨指

---

① 气象员，地下气象组织 (Weather Underground Organization) 的俗称，通常被大众称为美国极左派组织，以秘密暴力革命推翻美国政府为目标。其名称来自于鲍勃·迪伦的歌曲《地下思乡蓝调》(Subterranean Homesick Blues) 的歌词："你不需要气象员也知道风向哪里吹。"——译者注

为上了同路人的当的组织。)"在从犯罪到艺术的性质,从毒品到经济增长,从生态学到新平等主义的各种问题上,"波多雷茨断言,"作为'运动'的信条——不论是完整版还是如今被用'自由主义'这个修饰语(原文如此)自称的同路人文化当作传统智慧的洁本——《评论》杂志也许是知识分子群体中唯一一个'运动'的祸根。"[5]在克里斯托尔和波多雷茨这样的保守主义者看来,"运动"必然是反智的,因为真正的知识分子不可能不同意**他们**的观点。保守主义者七十年代早期的种种言论从未承认过反智主义的存在,因为和现在一样,全能的左翼这个概念对于他们对激进主义和自由主义的妖魔化不可或缺。

由于各种原因,很多自由主义者贬低了保守主义的六十年代——塑造了反反主流文化的"另一个六十年代"——的重要性。在自由主义者,尤其是积极参与各种异见运动的自由主义者的神话中,六十年代被当作了"我们的"时代。我这一代知识分子如今依然难以理解一个历史事实,六十年代的孩子们有人帮助终结了林登·约翰逊的总统生涯,也有人在1968年投票给理查德·尼克松,并在尼克松因"水门事件"而下台短短六年之后推动了"里根革命"。很多正在老去的激进主义者因为在1968年总统选举中作壁上观而导致尼克松上台,因此而来的负罪感可能是这种情绪化的否认的原因之一。在休伯特·H. 汉弗莱(Hubert H. Humphrey)被提名为总统候选人,警察与反战示威者在芝加哥举行的民主党全国大会期间发生暴力冲突之后,很多反战分子心中极度不平,甚至都不愿去考虑给汉弗莱投票这件事。自由主义和智识主义真正的敌人——正在为年轻人充当导师的宗教基要主义者和极右翼的政治操纵者们——身在远离媒体聚光灯的地方,因此,年轻的激进主义者们和纽约的大部分新保守主义者一样,对"另一个六十年代"知之甚少。六十年代还有一群对政治毫不关心的孩子,比如唐纳德·特朗普,他从未服过兵役,日后把避免感染性病的经历称作他个人的越南战争。

大学校园自然是那个时代一些重要的文化之战的战场，尽管冲突往往都从和越战有关的话题开始，最后却几乎总是能联系到大学生活的方方面面，从对大学生社交行为的规定到课程设置无所不有。所有大学，不分公立私立，在六十年代初的时候都对本科学生保持着一种代行家长责任的关系。要记住，当时的成人年龄是二十一岁而不是十八岁，从法律角度看，大多数大学生都还是未成年人。当我在1963年进入密歇根州立大学的时候，一个女孩——把那个时代的大学女生称作"女人"是一种时代错误——可能单单因为踏足异性的校外公寓就被开除。大学的核心课程往往相当于学术上的伟大著作丛书。到了七十年代初，大部分公立和私立学校已经放弃了代行家长责任，并且降低了核心学术标准。无人否认这些改变，但引发改变的原因却存在争议。根据右翼传统上对六十年代的攻击所说，占领大学校园并使之陷入瘫痪的先是反战的疯子，然后是举着枪的黑人激进分子，最后是烧掉了文胸的女性主义者——都是西方文明中一切正面事物的死敌。如此非议六十年代的是那些声称邪恶年代的剧变摧毁了学术界，但却不知何故依然在学术界风生水起的教授们。他们的剧本大体是这样的：

很久很久以前（准确地说，是在辉煌的五十年代），美国文化生活中既有秩序，又有自由，在作为知识堡垒和社会灯塔的大学中尤其如此。是的，一些左倾的教授们在自由主义者所谓的麦卡锡时代遇到了一些麻烦，不过说真的，麦卡锡的重要性远不足以冠名一个"时代"。在大部分情况下，学生和教授们都在探寻真理，肮脏的商业主义和肮脏的政治世界极少插手其中。想想伯里克利时代的雅典、十九世纪的海德堡大学、一战以前的牛津和剑桥，那便是美国人曾经享受过的高等教育——不一样的只是在人类历史上史无前例的规模。之后，野蛮人兵临城下——不，野蛮人已经在城门之内了。学生们开始把自己幻想成不同肤色的美国人的解放者，而不是学习备考，听从师长。之后，他们开始游行反对一场遥远的战争——尽管他们待在校园中十分安全。那些原本在研究生讨论会上从不首先开口的可爱女生们开始开口演讲了——可是,她们又有什么值得一听的话要说呢?面对如此糟糕的局面,身陷重围的教授根本无力回天,他只能去争取终身职位,继续领工资,由着这些孩子随心所欲。呜呼哀哉!或者,正如亚历山大·蒲柏(Alexander Pope)(这些堕落的小傻瓜才懒得去读他的作品)所写下的:"看!你那可怕的帝国,混沌!已经复原;/光辉在你的破坏之言前熄灭;/你的手,伟大的霸主!让帝幕落下,/无涯的黑暗埋葬一切。"①

保守主义学者对六十年代的批判中最具影响力的是阿兰·布鲁姆(Allan Bloom)的《美国心灵的封闭》(The Closing of the American Mind,1987年),这位1992年去世的芝加哥大学哲学教授断言,在五十年代,"没有哪里的大学在自由教育②和启发学生的知识追求方面比美国的大学做得更好"。布鲁姆准确地指出,自二十世纪三十年代中期起,逃离纳粹德国,涌入美国的流亡知识分子让美国的大学受益匪浅——他们成就了美国生机勃勃的学术圈,它既是暴政面前的知识分子避难所,也是这个国家、这个世界的知识仓库。"如果美国的大学在1930年全部消失,"布鲁姆写道,"具有广泛意义的种种丰富知识并不会遭受严重损失,虽然那对我们来说肯定不是什么好事。到了1960年,大部分智识生活早已扎根大学校园,而最好的大学又在美国,就此意义而言,它们的堕落或崩溃意味着灾难。这种伟大的传统是由外界移植至此的脆弱之物,不安地栖息在这片飞地上,在当地土著的民粹和庸俗面前极易受伤。六十年代中期,打着学生的伪装,土著人发起了攻击。"[6]

"土著人"以包括大学中的教育当局和中流文化信条在内的一切形式的权威为敌,这一点无可争议。但如果说六十年代初的典型美国大学是辉煌的高等教育中心,那却是感伤主义的不实之说,尽管当时的公立

---

① 引自蒲柏的诗歌《愚人志》(The Dunciad,1743年)。
② 自由教育(liberal education),指的是旨在培养自由人类的教育理念,以启蒙运动自由主义理想为基础。——译者注

和私立教育机构对核心课程的要求确实比七十年代中期更为严苛。到了六十年代中期，高等教育业内所有人都已不再或不该认为，索尔斯坦·凡勃伦1904年称大学校长们为"学术巨头"（captains of erudition）的说法——世纪之交广为人知的"工业巨头"（captains of industry）一词的变体——含有任何讽刺意味。二战之后，《军人权利法案》让千百万工人阶级出身的老兵成了他们家庭中的第一批大学生，传统自由教育的崩溃正是从这时开始的。从1945年到1965年，常青藤盟校和七姐妹学校也许变化不大，但大部分公立学校的情形却大不一样，它们满不在乎地接受了为日益增多的学生提供职业训练这个与智识无关的任务。如果说密歇根州立大学之类的机构依然坚持着一定程度的核心要求，那也是为了满足五十年代流行心理学的"全面发展"理想，而不是秉持要求极高的传统文科教育精神。人们曾经认为，文科教育对女生来说尤其重要，据说她们除了学士学位之外还想要"夫人"之位，因为受过教育、全面发展的母亲——就像我们高中的辅导员所强调的——更能胜任教育子女的职责。

六十年代的校园骚乱兴起于最精英的公立和私立教育机构，之后很快便传播到了全国范围内更为大众化的学校中，某种程度上说，这是从战后高等教育的扩张中受益的两代人之间的冲突。受益于《军人权利法案》的老兵们对上大学的机会非常感激，因为这一纸文凭是他们走向白领工作的通行证，但他们的子女却将高等教育看作一项基本权利，而且觉得当他们准备好担起成人责任的时候，就会得到现成的工作。这样的代沟在大学里尤其是个麻烦，因为在校园大乱的六十年代末，相当一部分获得终身教职的人和中层管理者都属于充满感激的那一代人——他们中除了老兵之外，还有少数在大萧条中出生的人。

身在大学之中的感激一代格外有理由表示感激，在五十年代，学术之路看似必然通向优雅的贫穷，但因为大学的预算和教职员工数量随着学生增加不断提升，现在已经变成了舒适的上层中产阶级闲差。他们还有一个害怕的理由：在刚刚实现财务安全的中年学者眼中，学生骚乱威

第六章 归咎于六十年代　141

胁的不仅仅是学术名声，还有大学的财务基础——尤其是那些依赖公共资金支持的大学。由于这种感激和不安交织的心态，当婴儿潮一代——对，就是"不领情"的那一代——站出来说他们的父母有幸接受的那种教育有问题的时候，上一代人的反应时宽时严，反复无常。一方面，"感激一代"高估了反叛者的力量，既没有理解、也没能用上每个机构最大的筹码——从情感和经济角度出发，大部分年轻人都还是希望维持自己品行良好的大学生身份。另一方面，大学的管理者们没有意识到，大型教育机构中毫无人情味的本科生教育严重疏远了学生中的关键少数——往往也是最优秀、最聪明的学生。大多数管理者都不知道应该在什么时候，以什么样的方式使用和学生诚恳对话的胡萝卜和开除学生的大棒。

按照右翼的说法，传统文科教育的要求是在六十年代后半叶和七十年代上半叶被抛弃的，因为属于新左派的教职员工和沉醉于扰乱校园的权力的新左派学生共谋，决心打破学术界的等级制度，并在这个过程中用咄咄逼人的新马克思主义者、黑人激进分子和愤怒的女性主义者所喜好的课程来取代西方文明。这种说法的问题在于，在大多数学校中——包括那些作为学生抗议活动中心，在全国范围内得到最广泛报道的精英学校——激进的新左派活动人士在学生中从未取得多数地位，更不用说教职员工了。在1968年4月因学生罢课而被当局关闭的哥伦比亚大学，4400名本科学生中只有约1000人参与了罢课，参与占领学校大楼的学生数量还要少得多。根据一位历史学家的说法，这是众多的少数——但毕竟还是少数。[7]

当时，各个大学校园中此起彼伏的骚乱让学生抗议者看上去拥有比实际上大得多的影响力。经历过那个岁月的人，不论是否身在学术界当中，都不会忘记1964年发起于加州大学伯克利分校的言论自由运动和史布罗广场上被捕的大批学生，不会忘记1968年学生占领哥伦比亚大学洛氏图书馆的行动，不会忘记1969年康奈尔大学的黑人学生挥舞着枪支的可怕姿态，也不会忘记1970年在肯特州立大学被国民警卫队射杀和在杰克逊州立大学被警察射杀的反战示威者。在对六十年代的文化遗产或珍视，或厌恶，或爱恨交织的人心中，这些场景都同样无法忘却。然而，保守主义者却只关注学生的大逆犯上之罪，鲜少提及发生在肯特州立大学和杰克逊州立大学的枪击事件，也不提其他大学当局授权的警察行动——只是坚持说，为了镇压学生抗议活动，采取的一切行动都是正当的。而且，不论各所大学如何对付反叛学生，破坏性的抗议到了七十年代中期已经结束了。不论是在学生还是在教师队伍中，反叛分子都被狂热的野心家所取而代之，他们既没有时间，也没有兴趣去挑战原有的秩序。既然如此，为什么校园动乱这个实际上影响有限的现象会对美国的大学造成那么深远的冲击呢？

不论是学生还是教师，六十年代的所有校园抗议者的怒气所针对的都是当时的学术等级制度，筹划越战的某些重要战略家正是它的产物。他们的怒火并非指向学术课程本身——尤其不是文科——而是半企业化的学校体系，以及一些美国最受敬重的高等教育机构和军方资助的研究之间的密切联系。这种从属关系在全国各地的大学中激起了反战示威，哥伦比亚大学和由美国国防部资助的武器研究智库国防分析研究所（Institute for Defense Analysis）之间的隐秘关联就是典型之一。1968 年的整个春天，武器研究方面的关联在哥大晨边高地校区引发大规模抗议，并导致正常学术生活中断。（哥大最终终止了与国防分析研究所的合作。）

1965 年，最初几场广为传播的时事讨论会在加州大学伯克利分校举办，在其中一场活动中，参加反战运动的最著名的新左派教职人员之一、耶鲁大学历史学副教授斯托顿·林德（Staughton Lynd）表达了对"军事—学术综合体"的愤慨。其他教师指责林德的反战行为与学术无关，林德回应道："聘用我的是耶鲁大学，这所学校培养出了策划'猪湾事件'的理查德·比塞尔（Richard Bissell）、起草针对越南的'六号计划'的 W. W. 罗斯托（W. W. Rostow，肯尼迪和约翰逊两任总统的特别助理）和轻松自如地重新评估局势的麦乔治·邦迪（McGeorge Bundy，肯尼迪和约翰逊的另一位鹰派助手）……我想我知道这些未经选举的专家在常青藤盟校接受的是什么样的训练：训练他们假充内行、训练他们狭隘的民族优越感、训练他们自私利己和认为人类可以随意操纵的态度。"[8] 耶鲁大学开除了尚未取得终身教职的林德，他最终成了一名劳工律师。

很多著名新左派领袖的言论乍听起来和多年后的保守主义者一样，对他们眼中学术界对传统学术理想的背叛感到失望。哥伦比亚大学最知名的抗议领袖马克·拉德（Mark Rudd）说，他进入这所大学的时候"期待的是山上的象牙塔——在亟须帮助的世界中，专注的学者们在这里探寻真理。相反，我见到的是一个从地产、政府研究合约和学生的学费中赚钱的巨型公司，教师们只关心各自狭小的研究领域里的进展。最糟糕的是，这个机构无可救药地陷入了社会上的种族主义和军国主义。"[9] 人们可以指责拉德这样的异见分子天真幼稚，可以指责他对学术研究假惺惺的关心只是为了支持自己的社会观点；但如果说他们是反智的野蛮人，或者像布鲁姆以帝国主义者的口吻所说的那样是"土著人"，这些说法并不公平——而且从任何客观的学术标准看都有失学者风度。尽管如此，毫无疑问的是，对战争、对国防工业和从事科研的大学院系之间的联系的怒气变成了一场全面风暴——有时目标明确，有时不着边际——吹袭着整个学术等级制度。

如果说反战示威者们的目标并不总是课程方案，黑人和女性却不是这样。虽然很多黑人和女性主义者所呼吁的并不是拒绝经典，而是要求加入对少数族裔和女性的研究，但这两个群体中的某些最敢于疾呼、最粗俗、最愚蠢的代表——他们的代表身份往往是自封的，而且总是很擅长吸引媒体关注——确实想要丢弃这一部分以被他们蔑称为死白欧男（死掉的白人欧洲男性）的人为主的课程。那些年里，我作为《华盛顿邮报》的教育记者报道了很多校园纠纷，很多学生抗议者和我年龄相仿。我一直不能理解，为什么会有学生和教师认为，讲授传统的伟大著作和讲授从未在任何中流和上流基础阅读书单上出现过的女性和非裔美国人的作品之间存在着固有冲突。多年思考之后，我得出的结论是，很多传统的学术要求之所以会被抛弃，并不是因为激进分子比学术传统主义者权力更大，而是因为不论学术和政治观点如何，大部分教职员工和管理者都是带着软弱和怨气——对学生、对彼此都是如此——来作出反应的，由此断绝了有效的谈判。很多时候，试图居中调和的人得到的却是来自各方的攻击。

右翼对大学中要求改变的学生的看法受到了他们对一切社会抗议活动敌意的制约。学术界的新保守主义者甚至混淆了六十年代初的民权运动和六十年代末的"黑人权力"（Black Power）武装斗争之间的区别。比如，布鲁姆就对来自北方，却投身南方民权运动的白人学生大加嘲讽。

> 它（北方大学生的民权行动主义）的主要内容是度假一般的游行与示威，这些活动往往在学期之中进行，而且很有把握教授们不会惩罚他们离开学校去别处做大事的旷课行为，他们以前没有去过那些地方，以后也不会再去，因此，和在那里定居的人不同，他们无须为了自己的态度付出任何代价……1964年在华盛顿的游行是民权运动中最后一次学生参与较多的活动。此后，黑人权力走到了前台，南方的种族隔离制度被废除，白人学生在煽动黑人权力的过激行为之外再无贡献，而发起过激行为的那些人却并不想要他们的帮助。学生们并不知道，关于平等的教育、独立宣言的允诺、对宪法的研究、有关我们历史的知识和很多很多别的东西都是支撑他们的资本，这些资本都是历经千辛万苦才获取和积累起来的。[10]

据我所知，再也找不出什么别的片段——在其他具有同等影响力的书中肯定找不到——能比上面这段话更清楚地表明，为什么在关于美国心灵的开放与封闭的讨论中，右翼的言辞不能只看表面。布鲁姆说南方的民权示威运动如"度假一般"，这一点告诉我们，他不但对种族平等

第六章　归咎于六十年代　145

斗争的漫长与危险缺乏亲身体验，而且还毫不关心当时的新闻报道。他甚至连日子都搞错了，在说"华盛顿的游行"时，他也许想说的是金领导的那次游行，那件事发生在 1963 年，而不是 1964 年。至于这场游行之后学生较少参与民权运动的说法，布鲁姆显然是忘记了 1964 年的"自由之夏"——为了推动选民登记，来自纽约市的白人学生安德鲁·古德曼（Andrew Goodman）和迈克尔·施沃纳（Michael Schwerner）以及密西西比州的黑人詹姆斯·钱尼（James Chaney）献出了他们的生命。好一个了不起的度假。

布鲁姆回忆说，他六十年代在康奈尔大学的各种委员会上"徒劳地不断投票反对取消一项又一项要求"[11]，这当然十分可信。但对自由主义者来说，当一位教授一概轻蔑所有社会抗议分子的时候，他当时又怎么能够认真思考这位教授的学术观点。如果我在那时是康奈尔大学一名年轻的古典文学教授（鉴于当时大学教员中鲜有女性，这种可能性几乎不存在），在听到布鲁姆之流宣扬他们有关"土著人"——任何敢于质疑男性教授的女性都必然被归入这个群体——的观点之前，我一定会坚定地和我心爱的死白欧男们站在一起。而后，我原本的文化保守主义也许就会被那种让人无法理智交流的愤怒所压倒。这么说并无自豪，因为任何一个让政治上的愤怒压倒学术观点的教授都没有资格再当大学教师。但这正是六十年代和七十年代初的事实——在左右两边都是如此。

这种愤怒往往只见于人文和社会科学院系，除了终止一些与国防有关的研究项目之外，"硬"科学基本没有受到其他影响。那些因为厌恶布鲁姆的政治立场而没有给他的学术观点一个公平申辩机会的终身教授们——毕竟和故意作梗的同事会面也是工作的一部分——难辞其咎。而分不清自己的学术标准和保守的社会观点的右翼教授们同样难辞其咎。不过，显而易见的是，和今天一样，六十年代的自由主义者和保守主义者在校园中都不愿意与彼此对话：如果有谁想玩推卸责任的游戏，那足够玩上很多回合了。

146　反智时代：谎言中的美国文化

非裔美国人、妇女和种族研究的隔离是这种不负责任的行为所导致的最严重的恶果。要是他们既有毅力又足够敏感，大学教员——不管政治立场如何——也许可以用一种完全不同的方法来应对学生调整课程的要求。谁应当去做些什么，来阻止他们把黑人研究和妇女研究纳入核心课程，而不是将这些新的课程塞进学术上的隔离区？六十年代在讲台后面瑟瑟发抖的教授们是在害怕学生们放弃申请大学，转而去当门房或服务生吗？

自由主义者和很多保守主义者之所以屈服，并不是因为他们害怕学生的抗议，而是因为把种族和女性研究扔进少数群体的隔离区是最简单的做法。建立一个知识分子的隔离区，可以扩大教职数量，可以让依然占绝对多数的白人男教师们像从前一样——从白人男性的视角出发——讲授历史、美国文学或社会学。过去三十年来，大学校园中的很多白人自由主义者都有一个不体面的小秘密，他们和布鲁姆一样蔑视多元文化主义，但却不敢公开表达他们的不屑。索尔·贝娄的名言"祖鲁人的托尔斯泰是谁？巴布亚人的普鲁斯特是谁？"如今依然在学术界中回响。当托尼·莫里森（Toni Morrison）的小说《宠儿》（*Beloved*，1987年）在九十年代初开始以人们看来快得过分的速度进入大学英语课程大纲的时候，学术界颇有微词。A. O. 斯科特（A. O. Scott）在《纽约时报书评》上写道："那些日子里，保守主义者的谣言说，为了支持莫里森，左翼教授们把莎士比亚都丢到了一边。"[12] 事实上，一些白人教授也在传播着同样的谣言：不少自由主义者和保守主义者很愿意给多元文化主义者一点小恩小惠，在把莫里森列入自己的阅读书目的同时，在关于非裔美国人文学的专门课程之外，他们依然几乎没有给兰斯顿·休斯（Langston Hughes）和拉尔夫·埃里森（仅举两例）的作品留出空间。如今，太多白人教授根本就不关心大部分白人学生能不能接触到美国黑人作家的作品，同样，一些多元文化帝国的建设者们也很乐于支持一种没有亨利·詹姆斯（Henry James）和伊迪丝·华顿（Edith Wharton）的非裔美国人研究专业课程。

在历史教学中，也可以见到同样的隔离意愿。几年前，当我在南加州的一所公立大学做讲座的时候，恰巧提到了约翰·霍普·富兰克林的《美国之鉴》(Mirror to America)。富兰克林的自传是一本独一无二的书，因为它将一位生于1915年的伟大历史学家的洞察力放到了二十世纪美国出现的所有和种族相关的重大问题当中。这是一本关于美国历史，而不只是非裔美国人历史的著作，它也是每个美国大学的历史基础教学大纲的内容。讲座之后，一位白人学生上前说，她在非裔美国人历史的选修课上读过富兰克林的这本书。我问她课上有没有其他白人学生，她回答说，除了一位越南裔学生之外，包括教授在内，所有人都是黑人。少数族裔研究中的这种事实上的隔离在很多机构中普遍存在，学习这些课程的几乎全都是少数族裔的学生，讲课的也都是同一族裔的教授，这对大学中占多数的白人和对黑人、拉丁裔和亚裔同样有害，因为把这些课程放到一个特殊类别中的做法，降低了它们对于不准备在多元文化研究的隔离区中从业的人的价值。

"我和莎士比亚坐在一起，他却并未退缩，" W. E. B. 杜波依斯（W. E. B. DuBois）1903年在《黑人的灵魂》(The Souls of Black Folk)中写道，"穿过肤色的界限，我与巴尔扎克和仲马父子携手而行，微笑的男人和友好的女人穿行在金色大厅之中。走出在强健的地球和瑰丽的星空之间游移的夜之洞穴，我呼唤着亚里士多德与奥勒留，我想召唤任何灵魂，他们都会翩翩而来，全无轻蔑或傲慢。于是，我与真理结缘，生活在云雾之上。哦，侠义的美利坚，这便是你不愿让我们拥有的生活吗？"[13] 和我拿到密歇根州立大学毕业证书的时候一样，二十一世纪各个族裔的大学毕业生中有很多人对那些句子一无所知，这无疑是一场悲剧，因为我毕业的时候是四十多年前，没有人要求我们读一读美国黑人著作，哪怕一个字。

在破坏七十年代中期大部分大学校园中本已达成的和解方面，感激一代和不领情的一代各自都有责任。很多时候，大学的管理者们不但允许这种做法，甚至还加以鼓励。甚至在被视为反主流文化堡垒的学校里，教职员工们依然乐于接纳学生们在传统的等级结构之内提出的要求，只要有足够的职位够分就行。六十年代伯克利的抗议运动主要的教师支持者之一、政治学教授谢尔顿·S.沃林（Sheldon S. Wolin）1969年指出："绝大多数的教职员工不但放弃了重新思考大学本质的社会责任，也放弃了重组大学制度的责任。负担这些责任似乎与当初对杰出教职员工最有吸引力的'研究型大学'理念相冲突。"和很多其他大学中的情形一样，伯克利的教职员工最大的希望还是回归研究和发表论文的"真实工作"。[14] 正如历史学家莫里斯·艾泽曼所说："尽管激进势力曾经短暂地统治校园，六十年代的知识分子阶层还是在飞快地从边缘化的对抗者角色向稳固的体制化转型。"[15]

当然，我们还是可以在任何美国大学中接受到一流的自由教育。有些机构的要求更为严格，但不管怎么样，自发选择了热爱知识的人总是可以学到东西。只要人类这个物种当中继续涌现出能够抵御周遭大众文化的影响，有勇气、有意愿去追寻自己的兴趣和才华的杰出之人，高雅文化就不会被消灭。三十年间高等教育机构稳步增长的入学率的真正受害者是属于中间群体的大批学生——在任何一个学术要求更加严格的时代，他们都有充分的机会至少凭借自由的中流教育脱颖而出。多亏了核心课程的沦陷，在很多所谓的高等教育机构中，学生不用上中等水平的生物学课程就能拿到心理学学位，非裔美国人研究专业的学生不用读"白人"启蒙运动的基础读物就能毕业，学商科的学生在大一之后就再也不用学习文学。如果这些大学毕业生选择在各级教育机构当教师，他们也将把自己的狭隘与无知教给下一代。

近十年来，很多机构已经着手重建更为严格的核心课程（就像它们在七十年代晚期做的那样），但这种不太情愿的刻板趋势其实无异于中小学手忙脚乱地强化标准化测试的做法：它与政治紧密相关——既有学术

第六章　归咎于六十年代　149

上的政治，在公立大学中也包括从州立法机构争取资助的政治。当大学官员开始谈论起回归"基础"的时候，那一定是因为有些重要的州议员或州长已经盯上了州立大学的学术缺陷，而且，他们考虑的一定不是无法量化的更纯粹的学识——它对社会的重要性无法以测试分数来衡量，而且只有在逝去之后才会引人怀念。

当发生在大学校园和城市街道中的反战运动和种种反叛行为走向高潮的同时，在透过晚间新闻的画面把社会抗议——更准确地说，电视版本的社会抗议——带进美国人起居室的电视摄像机之外，"另一个六十年代"也正在发展着。报界为了另一个美国的六十年代最大的游行全体出动：1969年1月22日理查德·尼克松的就职典礼。《华盛顿邮报》给我和大部分负责报道市内事务的其他年轻记者分配了一个苦差，让我们在那个阴冷的日子里站在户外，跟踪报道宾夕法尼亚大道上庆祝尼克松就职的游行队伍的行动。在用冻僵的手指做着记录的时候，我看着一辆满载青年男女的彩车开过，他们跟着《人人至上》（Up With People）令人厌烦的节奏机械地手舞足蹈。这首普通人的赞歌向就职典礼上瑟瑟发抖的人群保证，"不管你到哪都能遇上他们"。

在此地参加游行的正是尼克松所说的"沉默的大多数"，这一群打扮得干净利索的年轻人不是留着长发的怪胎，六十年代的他们正相当于如今被尊为"伙计们"的人。跟尼克松的女儿朱莉和特里西娅一样，聚集在华盛顿的年轻共和党人看上去从未参加过和平游行，没有理过古怪的发型，没有在裙子里光着腿不穿连裤袜，没有同几个异性未婚同居。尽管大麻在我们大学的同龄人里十分流行，我们这一代的年轻记者还是通过大喝苏格兰威士忌来证明我们都是男孩——尤其是在那时女性记者还很少的情况下。那天晚上，当我和同事一起用苏格兰威士忌埋葬就职典礼的痛苦时，我呜咽着说："六十年代已经结束了。"

1968年发生了太多痛苦的事件，就连追逐奇闻的记者都不会去怀念这个年份。在马丁·路德·金遇刺引发骚乱的日子里，我们在报社里看着火焰和烟尘升起在城市上空。之后，罗伯特·肯尼迪（Robert Kennedy）被谋杀，苏联入侵捷克斯洛伐克，然后是芝加哥的民主党全国大会——8月第三周，后两个事件几乎同时出现在电视上。鲜血在布拉格和芝加哥的街道上流淌，苏联军人杀死了超过70人，造成700余人受伤，芝加哥市长理查德·J.戴利（Richard J. Daley）的警察队伍对示威者大打出手，电视摄像机拍下了鲜血淋漓的年轻男女四散逃命和在希尔顿酒店大堂中寻找庇护的实况。芝加哥事件中有数百人受伤，但"不可思议的是"，没有人被殴打致死。[16]示威者举着的标语牌上写着"全世界都在看"，确实如此。但世界——至少是属于投票给尼克松的美国人的世界——对芝加哥事件的理解却和经历了这些事件的示威者们不同。大部分民众看到的不是袭击手无寸铁的孩子的失控警察，相反，他们看到的是法律和秩序的捍卫者，不停喊叫着污言秽语、蔑视一切传统礼仪和规矩的肮脏的嬉皮士让警察忍无可忍。某种程度上说，投票给尼克松，就是投票给沉默的大多数心中理想的家庭价值观和礼仪理念——投给尼克松夫人由"共和党材料"制成的精良外套①，投给他那两个恭谨的女儿，她们的穿着打扮和说话方式都像是电影《老爸大过天》（Father Knows Best）中的大女儿。

尼克松在这血与怒之年的意外逆袭很难找出单一的决定性因素。参议员尤金·麦卡锡（Eugene McCarthy）失望的支持者们很多刚刚二十出头，第一次有投票资格，却只是袖手旁观。一些美国人单单因为战争在民主党人执政期间升级，就误以为尼克松比汉弗莱更有可能去结束这场战争。但在厌恶反战示威者的选民中，尼克松总是呼声最高的候选人。1968年，汉弗莱只拿下了得州这一个南方州。作为第三党候选人参选的亚拉巴马州州长乔治·华莱士（George Wallace）拿下了亚拉巴马州、阿肯色州、

---

① 语出尼克松"跳棋演讲"。尼克松称："帕特一件貂皮外套都没有。但她确实有一身'共和党材料'制成的体面外套。而且我总是对她说，她穿什么都好看。"——译者注

佐治亚州、密西西比州和路易斯安那州,尼克松却在其他南方和边境各州都取得了胜利。假如华莱士没有参选,尼克松无疑会(像他在 1972 年大选中那样)赢得整个南方。说到底,民主党还是要为结束了公共场所种族隔离政策的 1964 年民权法案和 1965 年选举法案的通过负责:南方人有充分的理由相信,如果当时执掌白宫的是共和党,这些对他们生活方式的挑战绝不可能成为法律。

就算不提合法种族隔离制度这个逐渐远去的问题,在对六十年代所有的文化变化心怀怨恨的人眼中,尼克松依然是个完美的候选人。对于那些从他年少时从未享受过的教育和经济条件中受益的人,尼克松几乎毫不掩饰自己的嫉妒,这在他的职业生涯中是永恒的主题。在大学校园被视为左翼反战抗议孵化器的年代,尼克松与反智主义和反共主义的长期联系是竞选活动的宝贵财富。"迪克"尼克松是"另一个六十年代"的杰出代表,他代表了与那些一生中从未劳动过、却总是逃避兵役的老学究们相对立的一切人和事。

1969 年盖洛普公司为《新闻周刊》(Newsweek)所做的民意调查揭示了沉默的大多数对学生示威者的反对达到了怎样的深度和广度。(值得注意的是,《新闻周刊》此次民调对象都是成年白人。调查者认为黑人不属于调查所针对的"普通美国人"群体。)超过 84% 的人认为,大学当局和执法机构对校园中的抗议者"太过宽容"。超过 85% 的人认为对黑人激进分子的处理也同样太过宽容。[17]"普通美国人对近来发生在大学校园里的动乱的不满已经不能再严重了。"一位分析师说。他还补充指出,这种不满"让经济水平较差的人尤为痛苦",因为他们认为抗议活动体现出了"那些拥有他们从未得到的机会之人的忘恩负义和不负责任"。密歇根大学——另一个学生抗议活动中心,也是学生争取民主社会组织(Students for a Democratic Society)的诞生地——哲学教授亚伯拉罕·卡普兰(Abraham Kaplan)解释说,年轻的示威者们破坏了父辈眼中的"大学形象——树木繁盛,孩子们喝着可可、吃着棉花糖、读着莎士比亚,男孩在春日里不时可以看看女孩的内衣"[18]。

这种不知感恩的幸运青年形象也波及到了被误当作大学管理者的知识分子——学校因为学生一闹就同意取消课程,父母们对于把学费支票签给这样的机构很不开心,在他们看来,学校管理得太糟。旧金山州立大学校长早川一会(S. I. Hayakawa)因为强有力地压制了校园中的抗议示威活动而成了保守主义者的英雄,他的做法引起了全国共鸣,因为它们发生在一个被视为反主流文化大本营的城市里。早川的支持者们并没有忽视,旧金山州立大学当时是一所走读大学,很多学生都是家族中第一代有机会上大学的人,而在旧金山湾另一侧的伯克利却是加州富裕家庭的选择之一。和其他人相比,受过大学教育的父母更有可能认为学生的抗议情有可原,他们对"性革命"同样没有那么深切的敌意,也不太在意传统宗教价值观的衰落。随着六十年代的结束,报界往往把沉默的大多数或普通的美国——它们被当作同义词——看作主要以蓝领工作和相对较低的教育水平为特征的群体。

在没有提及民权问题的时候,媒体往往忽略了另外两个元素——地区和宗教认同。事实上,宗教和地区的忠诚在"另一个六十年代"中扮演了关键角色,就像在近二十年来重新燃起的文化战火当中一样。原有的基要主义和反智主义的结合,再加上新出现的对科学和学术"精英"的鄙夷,构成了这个消解神话的年代掩盖得最好的故事。乔治·华莱士放言"那些脑袋尖尖,最清楚如何管理每个人的生活的伟大知识分子的时代已经过去了"的时候,他很好地总结了为自己的竞选活动提供动力的阶级、地区和反智怨念的混合物。

被当时的媒体和学术界所忽视的各种文化现象中,基要主义宗教的复兴无疑是最重要的。基要主义从未真正离去,但却被六十年代初期的民权法案和六十年代后期的文化反叛带来的刺激所唤醒。它的复苏完全是反智的,这部分是因为脑袋尖尖的知识分子被视为学校取消种族隔离制度的始作俑者——富有的自由主义知识分子策划了这个方案，却要让负担不起继续实行种族隔离的私立学校和富裕白人区的公立学校的普通人家付出代价。但新的基要主义反智主义中还有另一个同样重要的元素，那就是教会本身对自由主义智识潮流的仇恨。毫无疑问，六十年代反对自由主义的白人基督教基要主义者——包括当时的年轻人和已经成为重要的教会领袖的人——在过去四十年中为他们的信众集会招来的信徒比社会观点倾向自由主义的基督教宗教人士更多，后者的代表有出于进步的社会理想而坚定反对越战的威廉·斯隆·科芬牧师和罗伯特·德里南神父（Father Robert Drinan）。基要主义者致力于让人们皈依他们特有的宗教信仰，而科芬和德里南这样的神职人员却希望说服有着不同宗教信仰的人一起来支持他们让美国更加公平的理想。

整个六十年代，从保守的美南浸信会到五旬节派，基要主义教会以削弱一般而言更加开明的主流新教教派为代价不断发展，那些新教教派包括了偏右的路德会和长老会，以及偏左的一位论派。这种趋势一直延续到了今天。达拉斯魅力非凡的牧师 W. A. 克里斯韦尔（W. A. Criswell）是六十年代基要主义运动的关键人物。1968 年 10 月 13 日，他以"为什么我说《圣经》字面意义上是真实的"为题，在自己成员多达 26000 人的达拉斯第一浸信会讲坛上做了一场激动人心的布道。克里斯韦尔 2002 年去世，享年 92 岁，《今日基督教》（Christianity Today）在讣闻中把他描写成"一个拥有博士学位的圣滚者①……他的布道既有孙培理的激昂，又有萨伏那洛拉（Savonarola）的紧迫感"。作为 1960 年之后美南浸信会（Southern Baptist Convention）——全国最大的教派组织——右倾运动的重要推手，克里斯韦尔曾经痛斥政治和宗教上的自由主义者为"无赖"。[19]克里斯韦尔毕业于贝勒大学，这所机构自 1845 年获得特许状以来一直都是浸信会学校，但在克里斯韦尔看来，他的母校太过自由化，不能训练

---

①圣滚者（holy roller），通常指那些五旬节派教徒。这些教徒会自认为受到圣灵的影响，做出打滚、喊叫等异常行为。——译者注

出正统传教士，于是，他在 1971 年创办了自己的基要主义神学院——克里斯韦尔圣经研究中心。[①]

对于日后基督教右翼的形成更重要的是，达拉斯第一浸信会建立了一整套私立学校系统，这样做最初是为了坚持种族隔离制度，但最终却拥有了重要得多的意义，也就是教出不受进化论教学等世俗影响污染的基督教儿童。作为南方最具影响力的浸信会牧师，克里斯韦尔的教育策略被整个地区虔诚的右翼福音派信徒广泛效仿。由此建立的私立学校系统保证了"教会成员和有着类似想法之人的子女从幼儿园到大学毕业都能生活在一个他们认为没有神学危险的教学环境之中，而不是去往公立中小学和大学，以及其他……被认为难以控制的教会大学，比如南卫理公会大学和贝勒大学"[20]。

卷土重来的基要主义者反对的不只是六十年代的反主流文化；和威廉·詹宁斯·布莱恩及其追随者们在二十世纪前三十年中所做的一样，新一代基要主义者反对智识主义和现代主义。在南方之外，新生基要主义者的力量与顽固极少有人注意。1970 年 6 月，一个例外出现了，当时，距肯特州立大学和杰克逊州立大学枪杀学生事件发生不足一月，美南浸信会正在举办它的第 125 次年会。在那个社会极其混乱的时期，困扰美南浸信会成员的主要问题并不是越南战争。让被称作"使者"、代表了超过 35000 个浸信会教堂的 13355 名参会者真正感到愤怒的是一份评论《圣经》之书的出版——书中指出，《圣经》的前五卷是在长期内取自很多不同来源形成的，并非由上帝直接向摩西口授。

十九世纪中期以来，包括很多犹太人、天主教徒和新教徒在内的主流圣经学者都认为，尽管受了神的启示，《圣经》是很多人的智慧与辛劳的结晶。从十八世纪开始，《圣经》是否是上帝言论的字面记录这个问题就一直是基要主义者与较为开明的新教教派之间的分界线。尽管如此，绝大多数美南浸信会代表还是对他们的主日学出版部怒火万丈，认

[①] 1991 年，贝勒大学董事会成员投票决定，终止与得克萨斯浸信会的一切法律关系。

为不该允许这么一本质疑《圣经》神圣权威的书出版。《纽约时报》在一篇头版报道中说——当时，对与种族冲突无关的宗教事件如此突出的报道极为少见——这场争端"反映了越来越面向城市、学术水平越来越高的国民领袖，与宗教教派中传统的乡村和反智元素之间的冲突"。在大会会场中，为这本书辩护的人被淹没在反对的声浪中。一位牧师起身说道，通过"运用心理学"，美南浸信会损害了自己的圣经直译主义传统，而且还和对神职人员的"敏感性训练"等反主流文化做法有所牵扯。"我相信圣经，"罗伯特·斯科特牧师（the Reverend Robert Scott）说，"耶稣相信圣经。美南浸信会相信圣经。有人说，美南浸信会为最保守和最开明的人留出了空间。但是教友们，我要说，这种空间已经太大了。"[21]

这本触怒了他们的书的作者，英国浸信会学者亨顿·戴维斯（Henton Davis）还鲁莽地说过，当亚伯拉罕同意牺牲以撒的时候，他也许误解了上帝的要求。事实上，在这条具体的圣经修正主义言论中，美南浸信会准确地发现了潜藏的神学自由主义。自由主义教徒总是有疑问，为什么反复无常的上帝会残忍到要求一个人牺牲自己的独子，如果把错误归于亚伯拉罕，耶和华就自然摆脱了困境。此外，如果说亚伯拉罕确实误解了上帝，那么谁又能说耶稣在耶路撒冷的那个厄运降临的夜晚没有误解圣父的意愿呢？在任何一个基要主义者看来，这些无疑都是不虔诚的思想。

在大会投票同意禁止主日学出版部发行这本不敬的书之后，一位未卜先知的浸信会官员把他们的反应与更广泛的政治极化和席卷全国的"极端保守潮流"联系在了一起。"美南浸信会作为一个整体一直是他们文化的体现，这是一个悲剧，"来自休斯敦百利第一浸信会的李·波特牧师（Lee Porter）说，"我希望这不是真的，但事实就是这样。"[22] 此后的二十年中，在政治和文化这两方面都很保守的反智主义者压倒了《纽约时报》所说的"越来越面向城市、学术水平越来越高"的美南浸信会成员。认为宗教可以与科学和（包括圣经研究在内的）现代学术相容的浸信会教徒都选择了离开,加入了隶属于较为开明的美北浸礼会(American Baptist Churches)的教会——这种变化让人想起了十九世纪支持进化论的科学家们的北上之旅。很多美南浸信会牧师和教会成员却成了新右翼军团中的基督教战士。

另一个同样重要的变化是强大的基督教右翼青年运动"学园传道会"(Campus Crusade for Christ)的兴起,这个组织的成员往往被左翼同龄人称作"耶稣狂"。学园传道会实际上是 1951 年由南加州商人比尔·布莱特(Bill Bright)创办的,但直到福音派于六十年代晚期开始吸引对毒品和性革命感到幻灭、寻求重塑人生的年轻男女加入之前,它在圣经地带①之外的大学中毫无吸引力。作为极具象征意义的一步,它于 1967 年在伯克利举办了全国大会,一个名叫乔恩·布劳恩(Jon Braun)的青年传道者站在史布罗广场门前的台阶上,称赞耶稣是"世界上最伟大的革命者"。正如艾泽曼和迈克尔·卡津在他们关于分裂的六十年代的历史著作中所指出的,学园传道会的传道者们有意采用和改造了反主流文化的着装和语言,为了宣讲传统宗教而去芜存精,这种做法极有助于他们给人们留下良好的第一印象。

这些宗教斗士们留着长发,穿着扎染的衣服,看起来和激进的左翼同龄人一模一样。有些组织连名字都赶着时髦,叫"基督教世界解放阵线"和"耶稣基督光电公司",为因滥用毒品而身心受挫的年轻人提供栖息之地。[23] 基督教基要主义者的魅力与犹太人社区中严守教规的哈西德派类似:对于那些在其他人寻得个人自由的地方只感到了不快的年轻男女来说,它们提供了规矩与确定性。在 1960 年仅有 109 名受薪员工的学园传道会到七十年代中期已经成了全国性组织,雇用了 6500 名员工,预算高达 4200 万美元。[24] 如今的学园传道会是一个国际性传教组织——它的做法在伊斯兰国家颇有争议——在 190 个国家拥有 2.7 万名受薪员工和

---

①圣经地带(Bible Belt),指美国基督教福音派在社会文化中占主导地位的地区,多指美国南部。——译者注

22.5 万名志愿者。①

在六十年代和七十年代初，忽视了激进基要主义复兴的不只是一般媒体，还有崛起中的新一类脑袋尖尖的保守知识分子。在基要主义者和大部分美国民众看来，尖脑袋就是自由主义者的同义词。纽约的那些以犹太人为主的保守尖脑袋们对基要主义者的了解也许和基要主义者对他们的了解一样少——或者他们只是不知道应该对右翼宗教的复兴说些什么。在《评论》杂志"出柜"承认自己的新保守主义身份，向反主流文化发起攻击的 1970 年，编辑们对形成中的反反主流文化无话可说。

当然，《评论》杂志的出版方是美国犹太人委员会，它的编辑也以犹太人为主——保守的世俗犹太知识分子总是不愿意面对和接受基督教基要主义者在整个保守主义运动中的关键地位。在基督教右翼在里根的竞选过程中大显身手十年前，新保守主义信仰的犹太捍卫者们也许从来都没有想到过他们日后需要严肃看待这样的政治盟友，这些人强烈支持以色列的主要原因是，哈米吉多顿在那里——耶稣将在最后的正邪之战中再度回到人间，犹太人和所有不相信耶稣是弥赛亚的人都将被杀死。等到那一天，《评论》和《国家》这两本杂志——过去和现在——的撰稿人都将坐上驶向无底洞的同一条船。

同样注定要到坑里去的还有大批自由派天主教徒。在研究六十年代的美国宗教分野时，美国天主教应当被看作一个特例，因为随着若望二十三世于 1958 年被选为教宗，天主教会内部按照梵蒂冈的指示开始了改革。我在 1945 年受了天主教洗礼，在 1956 年受了坚信礼，正如一句天主教的妙语所说，罗马天主教信仰代表了"唯一的真教会"。安德鲁·M. 格里利牧师（the Reverend Andrew M. Greeley）写道："在十九世

---

①在如今美国的大学校园中，学园传道会更有效的做法是，针对提出自由主义或世俗观点的演讲者作对抗性的活动安排。当我在东肯塔基大学作一个关于我的书《自由思想者》的演讲时，庞大而活跃的学园传道会分部赞助了一个混杂了讲座和培灵会的活动，邀请的演讲者是一个自称通过奉基督之名重生而克服了自己的恋童癖冲动的人。我的讲座只吸引来了 150 名学生，我后来得知，当晚那个改过自新的恋童癖引来了 500 名听众。

纪和二十世纪早期主宰着天主教生活的说法是'教会不应改变,不能改变,也不会改变'——与巴尔的摩教义问答中'上帝过去与未来永远不变,永不会变'的说法相对应。"[25]但在教宗若望领导下,教会确实开始变化了,这位八旬老人是数百年来最为开明的教宗。这位原名安杰洛·朱塞佩·龙嘉利(Angelo Giuseppe Roncalli)的教宗因为二战中对陷入困境的犹太人的援助而闻名,关于这位胖乎乎的教宗的所有故事都充满了善意,令人心生爱慕。他上任最初的举措之一便是废除教宗总是单独进食的规定,他面容瘦削的前任庇护十二世一直坚持着这种做法。1962年,为了改革宗教仪式,并为这个长期以来一直由上层反现代主义和管制教徒性行为的执念所支配的组织引入新的活力,若望二十三世主持召开了第二次梵蒂冈大公会议。当他迎接旁听第二次梵蒂冈会议的犹太人(又一次空前之举)时,他提到了自己的中名与《圣经》上约瑟①和他的兄弟们的故事,他对拉比们说:"我是约瑟,你们的兄弟。"

对于那些没有经历过第二次梵蒂冈大会之前的天主教环境的人来说,很难让他们理解在若望二十三世担任教宗的短短数年中在教会内部引发了争议的自由与希望的气氛。很多天主教徒希望可以允许牧师结婚,希望教会不再严厉谴责离婚,希望允许再婚的天主教徒接受圣礼,最重要的是,希望梵蒂冈不再禁止人为控制生育——在性交时采取避孕措施的滔天大罪将招致永世受地狱之苦,这条禁令一直以这样的威胁折磨着已婚的天主教徒。教宗若望去世时,第二次梵蒂冈大会的工作才刚刚开始,鉴于教会的专制本性,如果没有教宗积极主动的全力支持,任何从机制层面放宽限制的尝试都不会成功。但对于美国和欧洲的天主教徒来说,精灵已经再也回不到瓶子里去了。六十年代中,生于美国的天主教徒与宗教教义和教会当局的关系变得越来越像主流新教徒:他们依然希望在教堂中受洗和结婚,希望死后埋葬在教堂墓地上,但他们不会再让

---

① "朱塞佩"为约瑟一名在意大利语中的形式。约瑟是《圣经》中亚伯拉罕之孙雅各的十一个儿子之一。根据希伯来《圣经》的描述,犹太人的先祖可追溯至亚伯拉罕及其子孙。——译者注

牧师、主教和教宗来告诉他们应该想些什么，以及他们在私密的卧室里应当如何行事。神学保守主义者们给他们较为开明的教友起了个充满鄙夷的称号，叫他们"自助餐式天主教徒"。

然而，除了他们之外，还有另一种完全不同的"自助餐式天主教徒"，取消拉丁弥撒等宗教仪式的变化深深地激怒了他们，很多牧师、修女，甚至还有主教越来越坦率地反对种族歧视和越战，这同样让他们感到愤怒。虽然很多草根天主教社会保守主义者和南方的基要主义新教徒一样反智，他们的反智主义却不是源于圣经直译主义，而是因为渴望回到第二次梵蒂冈大会之前，回归他们年少时的那种教会。在最高法院1973年的判决使堕胎合法化之后，幻灭的右翼天主教徒与基要主义新教徒结成了从前根本无法想象的联盟。就像基要主义者怀疑贝勒大学之类的新教教育机构中藏着世俗势力一样，右翼"自助餐式天主教徒"也对历史最悠久、最受敬仰的天主教高等教育机构中的世俗化倾向表示了反对。从五十年代末到六十年代初，在若望二十三世的普世教会主义的鼓励下，美国最优秀的天主教大学都在向宗教和世俗两方面的一流知识中心转型，直至今日，这些大学当中的自由主义天主教知识分子的影响依然是梵蒂冈保守主义者的肉中刺。由若望二十三世引发的美国天主教徒围绕改革的战火一直烧到了高级知识分子层面，一边是《公益》(Commonweal)杂志的自由主义天主教知识分子和耶稣会的《美国》(America)周刊，另一边是威廉·F. 巴克利 (William F. Buckley)《国家评论》(National Review)杂志的右翼勇士。自1951年出版《耶鲁的上帝与人》(God and Man at Yale) 以来，巴克利便是年轻的保守主义代言人，他反对世俗化，却并不反智。他对传统罗马天主教信仰的辩护只是更加广泛的文化、政治和经济保守主义的一环，这种保守主义比诸多犹太知识分子的新保守主义反叛领先了十五年。

到了1968年，理查德·尼克松已经意识到，包括基要主义新教徒和右翼天主教徒在内的保守宗教信徒可以成为共和党的新据点。在竞选活动中,"迪克与帕特"夫妇①没有去拜访美国最著名的自由派新教神学家雷茵霍尔德·尼布尔(Reinhold Niebuhr),而是去匹兹堡大事张扬地参加了葛培理的一场"圣战"活动。就职典礼上,知恩图报的葛培理感谢上帝"在这个重要的历史时刻,允许理查德·尼克松来领导我们"。当尼克松敞开白宫大门迎接宗教仪式的时候,葛培理是第一个讲话的人。他经常出现在各种庆典上,尼克松在白宫为尼尔·阿姆斯特朗(Neil Armstrong)举行的晚宴上也有他的身影。[26] 尼克松担任总统仅仅半年之后,尼布尔撰文向他称之为"尼克松—葛培理教义"的理念发起攻击,这个理念认为,美国严重的种族和贫困问题应当靠个人的精神手段来解决,而不是通过政府有责任参与其中的社会行动。[27] 他的文章题为"国王的礼拜堂与国王的宫殿"(The King's Chapel and the King's Court),发表在自由派新教徒的主要媒体《基督教与危机》(Christianity and Crisis)上。葛培理这样的传道者的追随者们形成了新的保守派票仓,他们已经放弃了新政时期达成的旧的联盟,而且已经准备好了与1973年最高法院的堕胎合法化判决之后兴起的保守派天主教徒结成政治联盟。

但在六十年代和七十年代初,在对宗教发展趋势的分析中,媒体和知名学者的注意力几乎完全放在了宗教的世俗化和自由化进展上,这些变化在他们这样的人身上表现得最为明显。耶鲁大学历史学家西德尼·E. 阿尔斯特伦(Sydney E. Ahlstrom)在他的权威著作《美国人民宗教史》(A Religious History of the American People, 1972年)中,把"宗教反传统主义"说成六十年代的精神特点。他论证说,这种反传统主义最有力的要素是"对自然主义或'世俗主义'的不断奉献和由此逐渐产生的对超自然和神圣力量的怀疑"。他继续说道,世俗主义的影响由于"对当今的宗教、政治、社会和教育机构矫正这个国家的深层问题的能力不断加深的怀疑"而得到了强化。[28] 阿尔斯特伦的这本书倒数第二页上的脚注为我们提供了一个有趣的机会,我们由此可以了解,为什么包括自

---

① "迪克"和"帕特"分别是尼克松夫妇的昵称。——译者注

第六章　归咎于六十年代　161

由主义和保守主义两派在内的大多数知识分子没有发觉，反世俗和反智的基要主义反叛力量正在美国大地上酝酿着——在南方尤为严重。

> 1970年四五月间，我的美国宗教史课程的最后两周淹没在游行示威的混乱之中，引发抗议的事情有，纽黑文对几个黑豹党成员广受报道的审判、美国入侵柬埔寨、国民警卫队在肯特州立大学杀死四名学生、警察在杰克逊州立大学杀死两名学生。换句话说，那门课与（关于六十年代的）这最后一章的主题合而为一……也许只有岁月流变之后，人们才能看清楚当前时代的哪些元素最有长期影响，哪些元素的影响会被未来的历史学家记下。如果要记下整个十年中发生在全国的混乱，那几乎绝无可能！[29]

这段文字的作者完全没有意识到千百万笃信宗教的美国人的存在，那些人认为，假如教授们允许尘世的纷扰"淹没"他们的课程，那么他们根本就没有资格教这门课。他们想象中席卷全国的自然主义和世俗主义逻辑对六十年代复苏的基要主义者几无影响，基要主义者们再次强调了他们对超自然——包括获主保佑的美国例外主义——的信仰，和他们对以世俗主义或理性主义为基础的智识主义的轻蔑。

在政治、教育，还有最重要的宗教方面，六十年代身处左右两翼的孩子们都给文化留下了印记，那是持久的反智印记。但六十年代最强大的遗产是那十年中的青年文化，它跨越了阶级、种族和宗教界限，由此而释放出来的反智和反理性力量比任何形式的政治和社会抗议所带来的反智势力都更加有力。

注释：

1. Irving Kristol, *New York Times Magazine,* January 23, 1977.

2. Susan Jacoby, "We *Did* Overcome," *New York Times Magazine,* April 10, 1977.
3. Philip Roth, "Imagining Jews," *New York Review of Books,* September 29, 1974.
4. Robert Bork, *Slouching Towards Gomorrah: Modern Liberalism and American Decline* (New York, 1996), p. 53.
5. Norman Podhoretz, *Breaking Ranks* (New York, 1979), p. 306.
6. Allan Bloom, *The Closing of the American Mind* (New York, 1987), pp. 323–324.
7. See Mark Kurlansky, 1968*: The Year That Rocked the World* (New York, 2004), p. 203.
8. Staughton Lynd, "Non-Violent Alternatives to American Violence," in Louis Menash and Ronald Radosh, eds., *Teach-ins: USA* (New York, 1967), p. 54.
9. Quoted in Kurlansky, 1968*,* p. 180.
10. Bloom, *The Closing of the American Mind,* p. 334.
11. Ibid., p. 320.
12. A. O. Scott, "In Search of the Best," *New York Times Book Review,* May 21, 2006.
13. W. E. B. Du Bois, *The Souls of Black Folk* (Cambridge, Mass., 1903); Great Books Online (Bartleby.com, 1999); http://www.bartleby.com/ 114/6.html.
14. Sheldon Wolin, "The Destructive Sixties and Postmodern Conservatism," in Stephen Macedo, ed., *Reassessing the Sixties: Debating the Political and Cultural Legacy* (New York, 1996), pp. 150–151.
15. Maurice Isserman, *If I Had a Hammer* (New York, 1987), p. 116.
16. Kurlansky, 1968, p. 286.
17. Richard Lemon, *The Troubled Americans* (New York, 1970), pp. 235–236.
18. Ibid., p. 35.
19. Timothy George, "The 'Baptist Pope'," *Christianity Today,* March 11, 2002, p. 54.
20. David Stricklin, "Fundamentalism," *Handbook of Texas Online,* General Libraries at the University of Texas at Austin and the Texas State Historical Association; http://www.tsha.utexas.edu/handbook/online/articles/FF/itfl.html.
21. "Southern Baptists Bar Liberal Treatise on Bible," *New York Times,* June 4, 1970.
22. Ibid.
23. Maurice Isserman and Michael Kazin, *America Divided: The Civil War of the* 1960*s* (New York, 2004), p. 254.
24. Ibid.
25. Andrew M. Greeley, "Children of the Council," *America,* June 7, 2004.
26. Lowell D. Streiker and Gerald S. Strober, *Religion and the New Majority: Billy Graham, Middle America, and the Politics of the Seventies* (New York, 1972), p. 70.
27. Reinhold Niebuhr, "The King's Chapel and the King's Court," *Christianity and Crisis,* August 4, 1969.
28. Sydney E. Ahlstrom, *A Religious History of the American People* (New Haven, Conn., 1972), p. 1087.
29. Ibid., p. 1095.

第七章　遗产：青年文化与名人文化

关于二十世纪六十年代的诸多颇具影响力的神话中，最顽固的便是把那个年代的青年文化与当时的左翼反主流文化混为一谈的普遍倾向。青年文化之所以拥有万钧之力，正是因为它能够超越长期被美国人视作理所当然的社会和思想界限。赋予它这种超越性的是庞大的青年人口，还有急切地要去满足三十岁这条魔力年龄线以下的人们的所有需求的非政治性营销机器。年轻人在时装、电影、电视节目、诗歌［还记得罗德·麦昆（Rod McKuen）吗？］和最重要的音乐方面的偏好变得和整体意义上的流行文化几乎无法区分。

我对六十年代青年文化抱有怀疑，认为它的很多特点是反智的，这种观点更多来自它的普遍性而非独特性。几乎完全由青年的偏好所驱动的流行文化——而不是让代际喜好在其中形成一种与众不同但却未必占据支配地位的支流——妨碍了重要的智识和审美差异的形成，而且倾向于抛弃以往流行文化中的优点。当我听到《昨日》（Yesterday）或《在我64岁时》（When I'm 64）的时候，和千千万万听过保罗·麦卡特尼（Paul McCartney）演唱会的同龄人一样，泪水会模糊我的双眼，但这只是因为它们让我想起了那个64岁和1000岁生日显得一样虚幻的时候。六十年代，爵士乐走向了式微，即便在诞生了这种独特的美国艺术形式的黑人圈子里也是如此，这只是青年文化和流行文化成为同义词所带来的悲剧之一——一个非常让人沮丧的例子。年轻的自由主义者和保守主义者们都乐于接受他们那一代经过精心包装和大规模营销的流行道德思想,这种包装的精妙之处在于,千百万年轻人都相信他们对产品的选择和被电影《麦迪逊大街》(Madison Avenue)洗脑的上一代人不同,是独立个性的表达。

学园传道会的年轻布道者们在史布罗广场的台阶上布道,选择留长自己的头发,以此树立自身的形象,如果不是神的启示的话,这种做法真是才气十足。他们明确传达了一条有力的信息,你可以同时热爱耶稣和约翰·列侬(John Lennon)——列侬 1966 年的那句"披头士比耶稣更受欢迎"的评论除外,这句话引发了圣经地带的抗议,也招来了梵蒂冈对列侬个人的批评。当时不止一个观察家注意到,这位基督教救世主的肖像确实很像六十年代末留着长发的列侬。学园传道会的教谕几乎与智识无关——"耶稣,古往今来最伟大的革命者"和"爱,爱,爱"在其中融为一体——因此几乎可以让各种政治信仰的人都感到满意,几乎可以把任何东西推销给任何人。营销中对爱的利用,不论是特指的基督教之爱还是精神意义上泛指的爱,是六十年代的永恒遗产之一。可口可乐著名的广告唱着,"我想教世界和谐同歌,我想给世界买杯可乐让它陪伴着我",这条广告 2015 年在电视剧《广告狂人》(Mad Men)最后一集中的效果和它在 1971 年首播的时候一样好。大通曼哈顿银行在 2006 年推出的一条大获成功的广告中使用了披头士《爱就是你需要的一切》(All You Need Is Love)中的歌词,一个个性感男女在画面中充满爱意地刷着他们的大通信用卡。不论推销的是"潮客耶稣"还是信用卡,取自六十年代的流行音乐和标语甚至影响到了青少年,而在长辈们说起那个时代的时候,情理之中的是,他们一个字也不想听。

六十年代流行音乐的大规模营销与长期和老左派挂钩的老歌的去政治化密切相关,这真是个让人哭笑不得的意外转折。在五十年代放荡不羁的异见文化与六十年代更为宽泛的反主流文化之间,在麦卡锡时代被认为具有或明或暗的颠覆性的民谣是两者之间的重要纽带，但在那些讨厌反主流文化一切元素的人看来，这些民谣也可以接受——尽管它们的洁本删去了被认为是批判美国的某些歌词。伍迪·格思里（Woody Guthrie）创作于 1940 年的《这是你的国家》（This Land Is Your Land）在整个四五十年代一直被看作左翼的颂歌，它是曾经的颠覆性歌曲主流化的典型代表。丹·维克菲尔德（Dan Wakefield）以五十年代的印第安纳波利斯为背景的小说《一路前行》（Going All the Way）中这样描述了缺乏自信的年轻主人公第一次听到这首歌时的感觉："唱片中，一个弹着吉他的男人在唱歌，但那却完全不是乡下人的音乐。在桑尼听来，这首歌更像英格兰民谣，但唱的却是美国。唱的是这是你的国家，它是我的国家……那些话听起来有些共产主义意味。"[1]

到了 1968 年就不一样了，尼克松就职典礼期间，"人民至上"的游行彩车欢快地大声播放着《这是你的国家》，唱歌的人听起来更像是摩门大教堂合唱团，而不是格思里。皮特·西格（Pete Seeger）的《如果我有一把铁锤》（If I Had a Hammer）最早由西格和他的"纺织工"（The Weavers）乐队组合在 1949 年的共产主义者集会上表演。1962 年，"彼得、保罗与玛丽"（Peter, Paul, and Mary）组合重新录制了这首歌，高居音乐排行榜前列。一年后，《如果我有一把铁锤》已经变得足够主流，在马丁·路德·金发表演讲之前，这个组合在林肯纪念堂前的台阶上唱了这首歌。写这首歌的人曾因 1955 年在众议院非美活动委员会作证时藐视国会被传讯十次，但在当时，没人在乎这一点。你在六十年代站在哪一边？这可以通过很多方面分辨出来，但却没法通过流行音乐的喜好来区分。在一个互相对立的政治激情似乎正在将这个国家撕裂的时代，这种去政治化就显得更加突出。

当然，每一代人都有自己钟爱的音乐、仪式、药物和情感历史。让六十年代的孩子们与前辈显得不同的是婴儿潮一代在整体人口中不成比例的巨大数量。1946 年到 1964 年间——人口统计学家所界定的婴儿潮时期——出生的近 7800 万人中，超过三分之二生于 1960 年之前。这部分人口的数量占如今美国总人口的近 28%，到 2030 年，最年轻的婴儿潮一代 64 岁，最年长的 84 岁的时候，他们**依然**将在美国总人口中占 20%。[2] 较为年轻的婴儿潮一代实际上在六十年代还不够年长，没有参加当时的抗议活动，但他们的年纪已经足够去吸收比他们稍年长些的人所创造的商业性青年文化了。在婴儿潮高峰的 1957 年出生的孩子是伴随着六十年代青年文化的情景和声音成长起来的——电视、音乐和媒体着重宣传的文化标准。

更重要的是，除了弟弟妹妹之外，婴儿潮一代还帮助塑造和改变了父母们的喜好。五十年代的家庭合影上，少年的着装和成人大不一样，但到了七十年代初，家庭相册中不同辈的人都穿着男女皆宜的服饰——在非正式场合中尤其明显。创立于 1969 年的服装品牌"盖璞"（Gap）的目标据说是为了满足代际分水岭年轻一侧的人们的休闲着装需求，但这家连锁经营品牌和它的诸多仿效者实际上却填平了着装代沟。三四十年代，十几岁的少女学着凯瑟琳·赫本（Katharine Hepburn）、贝蒂·戴维斯（Bette Davis）和琼·克劳馥（Joan Crawford）之类的电影明星打扮自己：要让自己看上去像老练的成人。六十年代初，杰奎琳·肯尼迪（Jacqueline Kennedy）和奥黛丽·赫本（Audrey Hepburn）——还是成人——是时尚偶像。但到了六十年代末，成人在时尚方面已经开始向年轻人学习了。就连高居时尚顶端的杰奎琳·肯尼迪·奥纳西斯（Jacqueline Kennedy Onassis）在六十年代末都已经开始打扮得更年轻；她的长发、看似休闲却经过了精心剪裁的裤子和丝绸 T 恤让四十岁的她看上去比三十出头时仔细梳理着头发、戴着白手套的卡米洛①第一夫人年轻许多。

并不是说这些变化不好（尽管有些偏执的新保守主义者把休闲装束——"运动"的又一个阴谋——与思维凌乱联系在一起），而是说那

---

①肯尼迪总统的任期后来被称为卡米洛时代，该说法由杰奎琳·肯尼迪在遇刺后提出，将肯尼迪执政时期与亚瑟王和圆桌骑士缔造的志业相提并论。——译者注

些四十年前的年轻人在与之接触过的每一代人身上都留下了或好或坏的影响,这种影响特别强大,而且相当持久。婴儿潮一代——最年长的六十二岁,最年轻的才四十四岁——如今执掌着一切。他们管理着媒体集团、政府机构、大学、计算机软件公司、服务行业与零售业。很多时候,迎合总是被描述成"令人垂涎的 18 至 34 岁年龄段"的营销决策在很多情况下都是由在里根当政时期就过了这个年龄段的人作出的。鉴于他们手中的政治和经济权力,那些在六十年代和七十年代初成年的人——不管在政治上属于左翼还是右翼——几乎无法回避对过去四十年中美国流行文化的命运负责。

导致我对六十年代的青年文化略带偏见的是一段个人经历,二十多岁的我偶然度过了与世隔绝的关键性的两年,躲开了日日夜夜变幻不停的世事纷扰,尽管作为记者,我也对那些混乱难辞其咎。1969 年,24 岁的我嫁给了《华盛顿邮报》驻莫斯科记者,暂时离开了报道岗位,和新婚丈夫一起去了俄国,开始为我的第一本书做准备。我仿佛登上了月球——与理查德·尼克松私交颇好的列昂尼德·勃列日涅夫(Leonid Brezhnev)为首的老人统治之下的苏联。远离了一个繁荣而又少有审查的社会所带来的纷扰,我发现唯一能占据我的思想和时间的只剩写作、阅读、思考和与朋友交谈。苏联严格的审查制度意味着经典的戏剧、芭蕾和音乐是仅有的能让人感到愉悦的公共娱乐,商业和私密的娱乐方式——包括互联网和小型便携音乐播放设备——还没出现。

苏联当然有电视,但除了体育节目之外,电视上没有任何东西跟娱乐搭边。莫斯科有很多东西可看,有很多事情可做,但某种意义上说,值得看、值得做的全都属于严肃事物。剧院之夜意味着契诃夫的戏剧或是伟大俄国小说的改编。音乐会意味着古典音乐,因为当局不喜欢大部分西方流行音乐。演奏音乐的往往都是一流乐手,因为政府对旅行的限制意味着艺术家不能自由出国演出,不能自由掌控自己的职业生涯。1971年2月的一个晚上，我聆听了俄国著名大提琴演奏家姆斯蒂斯拉夫·罗斯特罗波维奇（Mstislav Rostropovich）和他在莫斯科音乐学院的学生们的演奏，那是我一生中最兴奋、最有意义的夜晚之一。当时，他刚刚写了一封为自己的朋友亚历山大·索尔仁尼琴（Aleksandr Solzhenitsyn）辩护的公开信，苏联当局已经开始用取消出国演出的方法来惩罚他。每个观众都知道这件事，在他眼含热泪开始演出之前，音乐厅里的观众们全体起立，为他鼓掌十分钟。

我后来才知道，直到罗斯特罗波维奇在苏联解体之后、1993年重返莫斯科之前，这是他最后一次被允许在莫斯科演出。"音乐和艺术是俄国精神世界的全部，"在当局迫使他离开祖国之后，他在接受我的采访时说，"在俄国，当人们去听音乐会时，他们并不是为了乐趣，为了娱乐，而是为了感受生活……对我们来说，艺术就是面包。我想让这里的人们知道这一点。"[3]

罗斯特罗波维奇的话准确概括了俄国人在朋友之间分享的私密文化生活的方方面面。我的俄国朋友们对高雅文化的推崇为我打开了一片新世界。俄国家庭中的一个晚上很可能会包含一场即兴爵士音乐会，会朗诵二十世纪伟大俄国诗人的诗篇——安娜·阿赫玛托娃（Anna Akhmatova）、鲍里斯·帕斯捷尔纳克（Boris Pasternak）和奥西普·曼德尔施塔姆（Osip Mandelstam），他们的作品在苏联时代的大部分时期一直遭到查禁。（曼德尔施塔姆因为一首对斯大林不敬的诗而在1938年被送进古拉格并死在那里，他的作品完全没有公开发表过。）俄国朋友们也想要翻阅我带来的艺术书，仔细端详来自西方博物馆的名画复制品，那些博物馆在纽约、波士顿、巴黎、佛罗伦萨、伦敦、阿姆斯特丹——他们确信自己永远都无法去那些地方参观，因为所有有着和他们一样的政治观点的人都不可能获得去苏联境外旅游的许可。我对一个艺术家朋友讲述了不久前的佛罗伦萨之旅，就在我试着用不太流利的俄语去描述某处街道和景致的时候，我突然感到了一种强烈的愧疚，我居然把去各地观看西方文化杰作当成了一种理所当然的自由。

苏联有一种持不同政见的青年文化，和西方的青年文化不同，俄国的反叛青年与俄国文化的历史之间有一种紧密而自觉的联系。书面文字至关重要。文化"事件"指的不是摇滚乐队的演出，而是一份打印的地下出版物文稿来到某人的公寓中——也许是年轻的列宁格勒诗人约瑟夫·布罗茨基（Joseph Brodsky）的新作，也许是奥西普·曼德尔施塔姆的遗孀娜杰日达（Nadezhda）①极有影响力的回忆录。②我认识的俄国人是真正的知识分子——为思想和美而生，在巨大的压力下培育着他们。如果有可能，他们绝不会选择那样的社会，在那种社会中，全心投入俄国和世界文化中最优秀的一切对他们来说是一种生存策略。作为一个可以自由来去的美国年轻人，在这个短缺的世界中的生活十分可贵，严肃的男女在这里承受着大多数西方人难以想象的外部束缚，却寻求和维持着内心的自由。俄国岁月让我，事实上是强迫我从一个极为不同的视角来看待美国社会的很多方面——尤其是对大部分公民无须争取，与生俱来的种种自由的洋洋自得。俄国人的喜好没有受到大规模营销的影响——不论推销这些产品的是政府还是企业，在易受外界影响的青年时光中，我享受到了在这些人当中生活两年的特权，因此，我的莫斯科岁月让我对美国流行文化的反应发生了巨大的改变。

当我回到美国的时候，满脑子都是阿赫玛托娃和布罗茨基的诗，在这个把保罗·西蒙（Paul Simon）和鲍勃·迪伦（Bob Dylan）捧作真正的诗人，有时还把迪伦与弥尔顿、拜伦、多恩和济慈相提并论的文化环境中，我总是感到局促不安。如果之前有人预言说2016年的诺贝尔文学奖会授予迪伦，或者说他会以一种透着狂妄与虚假的谦虚姿态拒绝前往斯德哥尔摩领奖，我一定会瞠目结舌。我喜欢迪伦的大部分歌曲——

---

① "娜杰日达"在俄语中有"希望"之意。——译者注
② 曼德尔施塔姆夫人回忆录的英文版于1970年以《对抗希望的希望》（Hope Against Hope）为题出版（安瑟纳姆出版社）。

但它们并不足以与布罗茨基和多恩的词句并称。这并不是说我认同右翼对六十年代摇滚乐滑稽可笑的批评，布鲁姆、伯克和哈佛大学政治学教授哈维·C. 曼斯菲尔德（Harvey C. Mansfield）的批判建立在一个似是而非的基础之上，他们认为，摇滚乐对感官欲望的直接吸引使其有别于其他流行音乐。"摇滚乐就是公开展示的性。"曼斯菲尔德一本正经地说。[4] 那么相应的，哪些流行音乐没有公开展示性呢？曼斯菲尔德表扬了爵士乐与蓝调音乐；他似乎真的以为"蛋糕卷蓝调"里的"蛋糕卷"①指的是一种食品。

另一方面，六十年代左翼的草包神学家们想要给反主流文化的音乐封圣，似乎这种特殊的大众表达拥有一种神秘的哲学意义，使之脱离了纯娱乐的层次。自命不凡的新一派学术评论家数十年来一直期待着 2016 年这样的诺贝尔委员会——他们试图和较为年轻的婴儿潮一代打成一片，把传统的文学评论技巧用在正在崛起的那一代流行明星身上。波士顿大学人文讲座教授、牛津大学诗歌教授克里斯托弗·里克斯（Christopher Ricks）把迪伦那首让女士躺在一张"黄铜大床"上的《躺下，女士，躺下》（Lay, Lady, Lay）和约翰·多恩《哀歌》中的《献给就寝的情侣》（To His Mistress Going to Bed）相提并论。（作为一名研究真正的英语诗歌的杰出学者，里克斯莫名其妙地忽视了迪伦的坏影响，他让在这首歌的魔咒中成长起来的婴儿潮一代没法分清 lie 和 lay 之间的差别。）里克斯 2003 年出版了厚达 517 页、枯燥无趣的大部头著作《迪伦的原罪想象》（Dylan's Visions of Sin），在对六十年代流行文化持续不断的吹捧中，这本书可谓里程碑之作，简直叫人想让德怀特·麦克唐纳出来给它来一通它所应得的批判。

碰巧，迪伦和西蒙总是很快地站出来批驳这些毫无意义的说法。在 1968 年的一次采访中，西蒙无比有力地回应了这个问题，他说："流行歌曲的歌词都无聊透顶，只要闪现一丝智慧光芒，你就会被叫作诗人。

---

① 暗指女性生殖器。——译者注

如果你说自己不是诗人的话，人们就会认为你是在妄自菲薄。但那些叫你诗人的人却从来都不会去读诗。好像诗歌就是鲍勃·迪伦那样的东西。比如，他们从来不读华莱士·史蒂文斯（Wallace Stevens）。那才是诗。"[5] 西蒙还说，他从不认为他自己、迪伦或披头士是真正的音乐家，因为真正的音乐家一定能把自己的乐器演奏得出神入化。在被问及他的歌"唱了什么"的时候，迪伦有一个著名的回答："有的唱了三分钟，有的唱了五分钟。"[6]

当然，大部分流行音乐迷们都不知道或不关心学者关于他们最爱的歌曲说了些什么，但广受认可的知识分子的正面评价与大众娱乐业日益精妙的营销机制的结合让我们可以一窥未来，日后，所谓评论界权威和评判艺术品质的客观标准的整套理念都将被一笑了之。对审美等级制度概念的反抗无疑是六十年代最有力的文化遗产之一，也是婴儿潮一代如今为主流媒体撰写的大部分艺术、音乐和文学评论的主动机。原《纽约时报》的古典音乐评论家，有时也写写流行音乐话题的艾伦·科津（Allan Kozinn）的一篇文章可以看作这种文体的完美代表。科津比较了新乐队录制的披头士经典歌曲的新版本——业内称作翻唱。

> 最近，我一直在想，作为一个不只是随便听听的披头士乐迷，为什么我对向披头士致敬的那些乐队在音乐上十分完美的翻唱不感兴趣。尽管如此，作为一个古典音乐乐评家，我总是乐于在晚间倾听贝多芬交响曲和海顿弦乐四重奏的二次创作——某种意义上说，属于翻奏。那么，其中区别何在呢？
>
> 显然，这比较的是两种完全不同的东西：我们最早从披头士自己的唱片上听到了他们的音乐，唱片中的声音印在了我们的记忆中，成为标准。而以贝多芬的第九交响曲为例，不论我们第一次听到的演奏多么美妙，都和贝多芬本人没有直接联系。然而，贝多芬的乐曲总谱是一张详细的蓝图，告诉人们他希望自己的乐曲如何响起，

任何演奏都要受它支配，但其中也有或大或小的演绎空间。而希望再现原始录音的翻唱乐队却无法享受这种弹性。[7]

那么，其中到底有什么区别呢？那就是贝多芬的第九交响曲（或贝多芬的任何一部交响曲）和披头士的任意一首歌或歌曲合集之间的区别。其中的区别就是贝多芬不知高出了几何的丰富情感、复杂技巧和美感。我也是披头士的乐迷，但面对现实吧，如果你听过一个版本的《佩珀中士的孤独之心俱乐部乐队》（Sgt. Pepper's Lonely Hearts Club Band），你很可能听过所有版本。（除了九十年代录制的一个杜沃普版本之外，那一版不提也罢。）科津内心一定知道这一点，否则他就不是古典音乐乐评家，而是摇滚乐乐评家了。当然，人们有可能——实际上很容易——同时喜爱贝多芬和披头士，但任何认为他们音乐才华同样高超的观点都是代际错觉，助长这种错觉的便是营销和营销人员兢兢业业地营造的伤感情调。

查克·贝瑞（Chuck Berry）1956年的大热单曲《超越贝多芬》（Roll Over Beethoven）用大胆无礼的歌词预示了五十年代摇滚乐的崛起："超越贝多芬，把消息告诉柴可夫斯基。"这首现在依然能让我跳下沙发、扭动身体的歌在被披头士录进专辑并经常在演唱会上表演之后，在六十年代越发流行。可是，六七十年代很多更加年轻的第二代《超越贝多芬》歌迷却从未听过贝多芬和柴可夫斯基。就像尼克松的啦啦队让《这是你的国家》脱离了历史背景一样，在对死白欧男作曲家感兴趣的年轻人越来越少的时代，《超越贝多芬》这个歌名也失去了其中的机智与精妙。长期看来，没有什么比剥离流行艺术——好的、坏的与一般的——独特的文化背景更能有效地让文化退化了。

文化知识在年轻人当中十分普及，在整个六十年代，促使这种知识衰落的原因不仅是日益强盛的娱乐巨兽的吞噬，还有公立中小学课程设置的变化。直到五十年代中期，城市和郊区的大部分公立学校的标准课程中都还设有音乐课，强制学生学习古典音乐知识，哪怕只是贝多芬第五交响曲的头几个小节。这些学校当中还有不少会让学生们学习识谱。由于斯普特尼克恐慌①的影响，这种情况在五十年代末发生了变化，而且变化的趋势一直延伸到了整个六十年代。为了强化科学和数学教育，保证我们在太空竞赛中不再被俄国人打败，公立学校匆匆放弃了被称作"花边"的音乐课和美术课。

反复无常的右翼人士、在六十年代大部分时期通过选举担任加州教育厅长的马克斯·拉弗蒂（Max Rafferty）为我们提供了又一个反反主流文化作祟的例子，他把美术和音乐课程贬为"手指涂鸦"和"民间舞蹈"。[8] 尽管拉弗蒂是一位不知疲倦的拉丁语倡导者，但他对以经典作品为主的艺术和音乐课程既无兴趣，又无概念，加州的选民们却对他的反智言辞和反对教育改革的结合表示赞成。② 美国人仅以实用性的结果来评价教育的趋势——这种现象跟这个国家的历史一样长——通过全国范围内很多地方和州的教育委员会"不要花边"的决定进一步占了上风。这些被剪掉的"花边"曾经让孩子们有机会接触到一种比流行文化更高雅的文化，但大众并不在乎。

六十年代所有强有力的社会力量——反主流文化、反反主流文化和流行青年文化——都得到了电视的推动。在一本专门记述 1968 年种种历史事件的著作中，马克·柯兰斯基（Mark Kurlansky）写道："所有这一切发生在这样一个时刻，电视高速发展，但却依然属于新鲜事物，不像如今这样受到严密控制、浓缩提炼、包装成形。"是，又不是。诚然，如柯兰斯基所说，六十年代晚期，"来自世界其他地方的新闻能在当天播送，

---

① 1957 年 10 月 4 日苏联成功发射斯普特尼克 1 号卫星后，美国原本在导弹和航天方面的优越感被焦虑与恐惧所替代，此后迅速在科学、工程、教育领域投入大量资金，设立了多项专门计划。——译者注
② 1970 年，在一场典型的加州式大反转中，著名黑人教育家、自由主义者威尔森·C. 莱尔斯（Wilson C. Riles）击败了拉弗蒂。莱尔斯强烈支持约翰逊政府时期开始的用联邦资金支持教育项目的做法。

这一现象本身就是激动人心的新技术奇迹"。⁹ 但从另一个关键方面来看，对新闻和形成这些新闻之人的报道——不只是政治新闻，还有关于艺术和包括性行为和吸毒在内的广大私人领域的新闻——已经开始显露出如今那种包装成型和浓缩提炼的形式。

媒体凭借其流通能力创造出了不是因为某件事，而是主要因为得到了媒体关注而广为人知的明星，由这种流通能力勾勒而出的名人文化是真正的六十年代的产物。由青年国际党人① 摇身变作企业家的杰瑞·鲁宾（Jerry Rubin）对这种进程的概括最为恰如其分。1976年，时年三十七岁的成熟企业家在回顾自己六十年代的冒险时自夸道："人们敬仰名人——他们会自动地对我要说的话感兴趣。没人真正知道我做过些什么，但他们知道我有名。"¹⁰ 十年之后，鲁宾又抓住了另一个时代精神，为上流曼哈顿居民组织"网络化"夜总会活动，还试图通过设立全国性"网络化餐馆"连锁店的空洞计划招徕投资人。

当然，名人——其中有些还是著名知识分子——在美国文化中的重要性毫不新鲜。查尔斯·林白在二十年代比尼尔·阿姆斯特朗在六十年代更有声望；哪怕没有电视节目和图书巡回宣传活动，欧内斯特·海明威也还是比诺曼·梅勒（Norman Mailer）¹¹ 更出名。在美国人对名人的热情这个问题上，使六十年代和过去不同的不仅仅是电视越来越强的威力，还有大量出现的各种运动和事业，它们都需要个人——名人——作例证。假如六十年代真的存在右翼神话中的那种无所不包的"运动"，媒体就不会有必要去找出那么多"半名人"，把他们当作领导者。女性主义运动、反战运动和黑人权力运动都没有可以让记者电话问询的大本营，也没有什么可靠的方法能查清楚谁为谁发声、谁为多少人代言。

金大概是美国最后一位通过多年基层工作成为真正的社会抗议运动领袖的人，而不是由媒体指定的千百万美国黑人的代言人，尽管他的领

---

① 青年国际党是二十世纪六十年代反主流文化中的一支，成立于1967年12月31日，经常以夸张表演讽刺社会现状。——译者注

第七章　遗产：青年文化与名人文化　　175

导地位最后还是得到了媒体的认可与宣传。而鲁宾、马克·拉德、艾比·霍夫曼（Abbie Hoffman）、蒂莫西·利里（Timothy Leary）又是在为谁代言呢？谁知道。正如鲁宾 1976 年的评论所暗示的，美国人花了不到十年时间就忘却了他与反战运动和 1967 年旧金山"全人类大游行"等种种活动之间究竟有着什么样的联系。在"全人类大游行"活动中，成千上万的年轻人和不那么年轻的人戴着彩色长念珠，在全国性电视台的摄像机面前肆意抽着大麻，他们聚在金门公园里聆听鲁宾、艾伦·金斯堡（Allen Ginsberg）和蒂莫西·利里等人的演讲。曾是哈佛大学心理学家的利里的主要使命是推广迷幻药，和传达"接通、调谐、离线"①的教谕。

美国人在他们的电视机上看到的是一场看似自发的集会——实际上却是熟谙媒体之道的表现主义画家迈克尔·鲍文（Michael Bowen）精心策划的结果——这场集会融合了反战之声、对政府官僚的仇恨、毒品、宗教大师，还有一如既往的摇滚乐。重头演讲者中既有严肃的人，也有利里之类危险的骗子，但名人文化的毒气却是人们分发和消费的最强力的毒品。利里的兜售行为是被社会学家、媒体评论家托德·吉特林贴切地称为"违禁营销"的做法的典型体现，这种做法对六十年代的违禁行为和违禁者来说十分有效，而且对二十一世纪最为流行的违禁产品依然有效，只是技巧越发精妙，影响越发广大。

正如五十年前那些没有被制造名人的机器所蒙蔽的人们所知，利里是个疯子。按照一位学生当时对他的评价，他不过是个"嗑了药的哈佛教授"，除此之外什么都不是。[12] 1959 年，哈佛心理学系因为他作为性格测试专家——哈佛大学面试委员会在审议中似乎缺少这方面的专业知

---

① 接通、调谐、离线（Turn on, tune in, drop out），蒂莫西·利里在"全人类大游行"活动上的一次演讲中的名言，用电子工程术语来描述吸食迷幻药的过程。利里于 1983 年在自传中称，"接通"指走进内心，激活自己的神经和基因设备。"调谐"指与身边的世界和谐互动——使内心的新视角外化、具象化、加以表达。"离线"指自立，发现自己的独特性，致力于行动、选择与改变。——译者注

识——的声望聘用了他，但在 1963 年因为他推广 LSD[①] 的行为而引发的负面报道将其解雇。不过，他的成名很大程度上是因为他能够让一些媒体人士相信，他所谓迷幻药能够激发潜在创造力（也许还能把报纸或者电视记者变成诗人或小说家）的说法确有道理。他还很擅长勾搭巨富，让他们来资助他的宣传与药品。六十年代中期，梅隆家族财富的三位继承人在纽约的米尔布鲁克为利里提供了一幢建筑，他在那里举行了很多奢华的迷幻派对，这位曾经的大学教授成了当地地区助理检察官 G. 戈登·利迪（G. Gordon Liddy）的目标，吃了无数起诉讼；那时的利迪还没有以水门大厦民主党全国委员会总部窃密事件主谋的身份名扬天下。

利里对世人的玩弄在他 1973 年因联邦贩毒罪名被捕并决定通过揭发同伙来避免 25 年刑期之后画上了句号。罗伯特·格林菲尔德（Robert Greenfield）在《蒂莫西·利里：一部传记》（Timothy Leary: A Biography, 2006 年）中展示了利里的传奇故事的全部肮脏细节，这本 704 页的厚书巨细无遗，读起来很是累人。这本吸引了无数目光的书是对名人，包括过时的名人品牌的持久影响力的致敬。有些名人虽然一无是处，可他们的名气倒也不止十五分钟。[②]

不论是怀念还是怒斥六十年代的人，都需要把名人树为稻草人，把他们当作那个伟大或可悲的年代中正面或负面的例子。利里在六十年代毒品文化中的角色证明，时代塑造了人，而不是相反；他毕竟是 1920 年生人，导致他开始接触迷幻药的"入门毒品"不是大麻，而是他那一代人所钟爱的合法化学物质，酒精。出于很多原因，毒品的吸引力——这种东西过去从未真正脱离"用可卡因找点刺激"的放荡不羁的亚文化——在六十年代影响到了更多的中产阶级公众。如果电视摄像机没有拍到他

[①] LSD，即 D-麦角酸二乙胺，LSD 为其德语名称（Lysergsäure-diäthylamid）缩写。LSD 是一种强烈的致幻剂。在二十世纪六十年代的反主流文化运动中，蒂莫西·利里等人认为 LSD 具有成为精神成长工具的潜力，导致 LSD 使用范围大幅扩大。1967 年，LSD 在美国遭禁。——译者注
[②] 语出波普艺术开创者安迪·沃霍尔（Andy Warhol）的名言："在未来：每个人都能出名十五分钟。"——译者注

第七章 遗产：青年文化与名人文化　177

的表演，除了那些十分不幸地当面碰上他的学生之外，利里恐怕完全不会有什么文化影响力。

有一点是肯定的：在越南对大麻、LSD 和海洛因成瘾的美国孩子的数量肯定比在国内因为听了利里在哈佛广场和金门公园的演讲而那么做的人更多。和摇滚乐一样，毒品文化也跨越了种族、阶级和政治界限。媒体把注意力集中在一个名人身上，把他当作毒品这种渗透到美国社会上上下下的现象的具体体现，这样的宣传在妖魔化毒品的同时，又将之美化，但却回避了对毒品使用率上升和这种行为变化对未来的意义的任何真正的分析。在晚间新闻上目睹"全人类大游行"的普通美国人也许会觉得利里是个大傻瓜，也许会因为看到乳头的轮廓在念珠之下若隐若现的女孩而大感震惊。那些较为年轻的观众——他们确实是观众，因为这场活动本身就是一种表演——也许在想，要是能去旧金山亲眼看一看那些奇人异事该多好。就此而言，恐怕不会有很多观众——不论他们支持的是反主流文化还是反反主流文化——会想起西贡的窄巷和妓院中对海洛因上瘾的美国男孩们。

上文中我主要谈论的是电视在名人文化的传播中所起到的媒介作用，但平面媒体——它们过去的地位比现在重要得多——同样扮演了重要角色。在一家给予记者时间和空间，让他们能够以电视所无法达到的深度讲故事的报纸工作，我十分自豪。那时，我并不认为平面新闻媒体是电视的竞争对手。华盛顿当时还有三家报纸，《晚星报》(*Evening Star*)是《华盛顿邮报》的主要竞争对手。我当时认为，电视的功能是当日呈现发生在世界各地的画面，而报纸的职责——**我的职责**——是阐明这些事件发生的原因。但即便是四十年前，在我手拿记者笔记在华盛顿游走，用电话把突发新闻播报给本地新闻部的时候，电视新闻的扩张已经在悄然改变着报纸记者的工作方式。

我发现，那些自封的发言人总是最快地走到电视台麦克风前的抗议者，他们总是能在我的新闻报道第二天见报之前出现在晚间新闻上，这种感觉给我带来了额外的压力，促使我去找自己的发言人——事实上，也就是选出属于我自己的地方名人。一般说来，我解决这个问题的办法是找出那些和电视上的人相比不太浮华、更有思想的代表性人物。1968年春，原本主要在全国各地以白人为主的大学校园中造成了混乱的学生抗议活动也蔓延到了美国最著名的黑人高等教育机构霍华德大学（Howard University），以同样的方式给它带来了冲击。包括战争和言论自由受限在内的某些议题与白人学校中类似，但其他一些争议却引发了年轻黑人与他们的父辈和祖辈在"黑人应当在多大程度上顺应白人的世界"这个问题上越发激烈的纷争。

大部分出现在电视上的霍华德大学学生都是一脸愤怒的年轻人，他们留着富有动感的埃弗罗发型、戴着太阳镜，想成为斯托克利·卡迈克尔（Stokely Carmichael）[1]却未能如愿。我决定去采访学生报纸编辑阿德里安娜·曼斯（Adrienne Manns），这部分是因为她是校报编辑，部分是因为她看起来比其他一些学生领袖思考得更深入，部分是因为她也是女性——而且，在那个前女性主义的时代，我已经厌倦了总是看到只有男性被当作说话算数的运动领袖。曼斯让我知道了"猪肠教育"（chitterling education）[2]这个讽刺性的词，这是一种源于种族隔离时代的哲学，当时，霍华德大学是所有杰出黑人学者所能到达的巅峰，因为白人大学不会雇用黑鬼（那时他们正是如此称呼自己）。丢掉霍华德大学的工作意味着无处可去，教职员工因此沉默不语。

霍华德大学的抗议者们认为，猪肠教育代表了老一代教职员工的期待，他们希望学生不要对自己正在接受的教育作出任何批评，因为学生们应当对自己有幸接受教育这件事心怀感激。如果说白人老兵属于感激

---

[1] 斯托克利·卡迈克尔（1941—1998），黑豹党领袖，曾任学生非暴力协调委员会主席，后退出该组织。——译者注
[2] 猪肠（chitterling, 亦作 chitling），多用于指代黑人文化，含贬义。美国废除奴隶制前，黑奴经常被迫以猪肠等下脚料为食。——译者注

第七章　遗产：青年文化与名人文化　179

的一代，霍华德大学的这些年长的黑人们可谓倍加感激。年长的这一代人还希望学生对白人恭顺相待，曼斯还举了一个例子，在霍华德大学学生把社会保障署署长刘易斯·B. 赫尔希（Lewis B. Hershey）哄下台去之后，校方对校园中的言论进行了严厉压制。曼斯的说法给我留下了深刻的印象：当征兵人员出现在校园里的时候，霍华德大学的学生所做的确实不比全国各地的白人学生更多。"管理方并不能体恤黑人学生的新情绪，"曼斯对我说，"他们中的大部分人并不理解；即便他们真能理解，也是把我们的话看作对他们的成就和自身认同的挑战。"

后来，当我采访这所大学六十七岁的校长小詹姆斯·M. 纳布里特（James M. Nabrit, Jr.）时，他突然打断了我，提醒我注意，哈里·S. 杜鲁门总统通过行政令废除军队中的种族隔离制度距今仅有二十年。学生们压倒了一位来到他们校园里演讲的将军的声音，他说，对他这一代人来说，二十年的时间还不足以让他们认同这样的做法。纳布里特还用同样的语气回顾了他在西北大学法学院的生活，那时，他是班里唯一的一个黑鬼。

> 当我还是西北大学学生的时候，每当我要开始背诵时，我的白人同学会一起跺脚……教授从来都没有叫过我。有一天，我还是提出了我的问题。教授却转而面对全班说："正如我们被打断之前说的……"假如我那时太过敏感，我一定会离开，但我坚持了下来，拿到了班上的最高平均分。如今的黑人学生以另一种方式武装自己……我们这些年长的人很难为了接受新的思维方式而抛弃自己过往的经历。[13]

纳布里特和曼斯都是对的，但在采访结束时，我很确信，霍华德大学的校长对学生的理解远比学生们所意识到的更深刻——而且他对学生们的理解远胜过学生们对他的理解。和我为《华盛顿邮报》撰写的充满了暴力冲突故事的文章相比，事件的全貌要复杂无数倍。我并不认为自己把曼斯或霍华德大学的其他任何学生领袖变成了名人，我对曼斯和纳布里特的很多采访内容原原本本地登载在了报纸上。尽管如此，我还是不能说清这个故事——这实际上是一篇关于美国白人长期以来对美国黑人的抱负所施加的限制和不同代的黑人对这些限制的不同观点的故事——直到处于衰退期的中流杂志《星期六评论》给了我机会，让我写一篇关于霍华德大学的4000字文章。空间限制越大，依赖半名人讲故事和对这篇实际上的历史故事轻薄相待的诱惑就越强烈。如果说我在为《华盛顿邮报》撰写的众多文章中没能完全呈现出霍华德大学种种争端复杂的历史根源与意义，那么电视所播出的画面却算得上是一种每日漫画，画中是穿着劣质花衬衫的愤怒青年和穿着西服、打着领带的窘迫老者。

在霍华德大学发生学生反叛之后不久，哥伦比亚大学的学生暴动也走向了高潮，媒体对这一事件的报道更加充分地体现了它在塑造名人方面的作用。纽约的电视台和报纸把马克·拉德当作最重要的校园领袖抱着不放。因为纽约是美国的媒体之都，拉德——能言善辩、颇有让人心潮澎湃的感召力，和一个对抗"体制"而非朝着"我的孩子，当个医生"的目标努力的优秀犹太男孩的故事情节的结合——几乎瞬间就从一个区域性的发言人变成了全国名人。《纽约时报杂志》的决定印证了名人文化对平面媒体的影响，它拒绝了撰文描写学生运动全貌或关于哥大与军队的关系的想法，而是企图弄出一篇对拉德的特写来。[14]

托德·吉特林在《新左派运动的媒介镜像》(*The Whole World Is Watching*，这本书最初出版于1980年，原先担任编辑的那些人的回忆相对而言依旧清晰)中，对这本杂志的编辑流程作了颇为深入的描述。这是一种循环的流程：要求文章"个人化"的压力随着文章的重要性增加而加大，而文章越是个人化，就越有影响力。一所知名大学与国防机构之间的关系本身——不论有无校园动乱、有无电视摄影机在场都值得调查——就是真正的新闻报道，这种想法是本末倒置。如果没有学生游行示威，那么从报纸和电视的角度来看就等于没有新闻，如果没有媒体指定的领袖，那么新闻报道便失去了焦点。相比电视，报纸可以作更深入的报道，但它们却无法采取一种完全不同的策略。如果记者没有引述在电视新闻片段中出现过的人的话，她的编辑就会来问问为什么。

随着新的女性主义运动的诞生，对名人个人化的坚持变得越发强烈，因为新闻文化和整个美国文化一样，都认可对女性的以貌取人。毫不意外的是，那些希望推进女性主义事业的记者们选中了魅力四射的格洛丽亚·斯泰纳姆，把她当作妇女运动的代言人。斯泰纳姆长长的头发做了挑染，在为了一篇杂志文章做研究的时候还曾凭借自己窈窕的身材扮成了《花花公子》(Playboy) 兔女郎，她是对女性主义者的负面刻板印象——找不到男人的丑女——的鲜活反驳。斯泰纳姆其实是一位真正的领袖，但这并不是对她的报道远多于其他真正的女性主义领袖的原因。相比之下，反女性主义的记者喜欢重点报道安德丽娅·德沃金（Andrea Dworkin）之类的作家，有些人认为这位肥胖且不修边幅的作家是杰出且独有见地的思想家，但她身上丝毫找不到传统意义上的女性魅力。那些对外貌毫不关心，毫不在意如何让自己对男性产生吸引力的女性主义者们为种种刻板印象提供了佐证，这些"妇女解放者"被看作约会游戏中失意的输家。形象变成了讯息。

在一篇探讨当代思潮如何影响每一位历史学家对过去看法的十分敏锐的文章中，小阿瑟·施莱辛格指出，不可能"把硬币放进投币口，货物出口就能吐出历史。因为过去是各种人和事形成的混沌，我们不可能完全理解。它无法找回，无法重建。所有历史学家对此都了然于心"。他补充道，"有关过去的概念远称不上稳固，"而且当"我们自己的时代和生活中出现了新的紧急事件时，历史学家的目光就会转移，探寻当前的阴影，投身于那些一直鲜明存在，但却被先前的历史学家在集体记忆中草率丢掉的东西"。[15] 施莱辛格谈论的是广义的历史，但在论及相对较近，而且"历史学家"本人就是剧中演员的历史时,他的论述却显得更加贴切。

关于以"六十年代"之名为人所知的那一段过往的观念不仅不可靠,而且目前来说还是矛盾的。当前对六十年代的评价与在五十、六十和七十年代写就的有关三十年代美国的诸多著作完全无法相比,因为我们今天对六十年代的政治遗产完全没有共识。相比之下,在战后的岁月里,新政的遗产被美国社会中的几乎每一个群体所吸收——乔治·W. 布什政府直到开始推动社会保障政策私有化,导致大多数选民感到恐惧和愤怒的时候才意识到了这一点。没有哪位政治家比罗纳德·里根更能理解新政某些准则的不可逆转了,他足够精明,从没有对社会保障制度和由此衍生出的联邦医疗保险妄加反对,他还总是煞费苦心地强调,他的政治保守主义绝不会影响他对富兰克林·罗斯福的尊重。

然而,六十年代在美国依然是一个不断引发激烈争议的话题,1992年到 2008 年间,这个国家当总统的先是反主流文化的代表比尔·克林顿,之后又是保守的"另一个六十年代"的产物乔治·W. 布什(尽管关于布什疯狂的青年时代的报道暗示,他同样尝试过反主流文化大集上的典型产品。)今时今日写下的六十年代"历史"其实大多是回忆录,作者们的目的或是为年轻时的自己辩解,或是为了加以否定,同时以此再给过去的敌手一记重击。关于六十年代文化遗产的争议往往发生在同样的政治化背景下,这种争议让人们忽视了,那个年代中最持久、最重要的反智力量都是非政治的:它们可以服务于任何形式的政治——而且确实发挥了作用。

六十年代在美国思想史上真正的重要性在于,它标志着视频文化对印刷文化的侵蚀已经开始:六十年代晚期的政治街头剧场非常适合于视频传播,反之亦然。也许我们永远都无法梳理出因果,因为视频几乎对政治舞台上的每一个演员都大有裨益——不论是站在大学图书馆前的台阶上拿着扩音器高喊的学生名人,还是在航空母舰甲板上吹嘘"任务完成"的总统。唯一一种不会屈从于视频影像的政治,是那种要求思虑、

第七章 遗产:青年文化与名人文化　　183

理性与逻辑的政治。视频、名人文化和青年营销这三者的结合是六十年代真正的反智遗产。如果——如果那样就好了！——这三驾马车的行动只局限于政治领域，它们就决不会拥有如今遍及美国文化每个角落的强大威力。

注释：

1. Dan Wakefield, *Going All the Way* (New York, 1970), p. 190.
2. "Demographic Profile: American Baby Boomers," MetLife Mature Market Institute Analysis, Populations Projection Project, 2003; www.metlife.com.
3. Susan Jacoby, "We Love You, Slava," *New York Times Magazine,* April 18, 1976.
4. Harvey Mansfield, *Reassessing the Sixties* (New York, 1997), p. 36.
5. Josh Greenfeld, "For Simon and Garfunkel All Is Groovy," *New York Times Magazine,* October 13, 1968.
6. Donald MacLeod, "Christopher Ricks: Someone's Gotta Hold of His Art," *The Guardian* (London), July 13, 2004.
7. Allan Kozinn, "Interpreting the Beatles Without Copying," *New York Times,* January 13, 2007.
8. William O'Neill, *Readin, Ritin, and Rafferty!: A Study of Educational Fundamentalism* (Berkeley, 1969), p. 61.
9. Kurlansky, 1968, p. xviii.
10. Jerry Rubin, *Growing (Up) at 37* (New York, 1976), p. 93.
11. See Leo Braudy, *The Frenzy of Renown* (New York, 1986), pp. 19–28.
12. Michael Rossman, "Letter to Jerry Rubin," in Todd Gitlin, *The Whole World Is Watching: Mass Media in the Making and Unmaking of the New Left* (Berkeley, 2003), p. 173.
13. Susan Jacoby, "Howard University: In Search of a Black Identity," *Saturday Review,* April 20, 1968.
14. See Gitlin, *The Whole World Is Watching,* pp. 150–153.
15. Arthur Schlesinger, Jr., "History and National Stupidity," *New York Review of Books,* April 27, 2006.

第八章　新的旧式宗教

尽管二十世纪六十年代末有许多人宣称"上帝已死",但我们看不到宗教在美国生活中消失的任何可能性。不过,二十世纪晚期的宗教形势看起来确实有可能变得不那么教条,而且战后时代的繁荣和教育机会的增加有可能削弱那种更有激情、死板、狭隘和反理性的信仰形式,这些信仰在自由得非同一般的美国宗教市场上一直欣欣向荣。我成长于密歇根州中部的一个小城,在五六十年代的成长环境中,宗教在私人生活中有其地位,但却没有扮演公共角色。我既上过公立学校,也上过罗马天主教的教区学校,我的父母考虑这些问题的依据是他们对街区附近公立学校教育质量的判断——出于世俗因素,而非宗教观念。他们让我的弟弟从公立学校转出,因为他在那里学不好阅读;他们没有选择天主教高中,因为他们认为附近的公立学校可以让要上大学的学生更严谨地为未来做好准备。

从儿童的角度看,教区学校和公立学校最大的区别在于,公立学校里没有弥撒、祈祷和教理问答课。人们认为,公立学校里理应没有祈祷和宗教教育:如果你想让子女在课堂上接受宗教教育或精神劝诫,那就得为此给教区学校交学费。尽管我们居住的密歇根市郊社区里,星期日几乎人人都会去教堂,而且有人——个别人——星期六会去做礼拜,但假如有教师决定以一段祷文开始自己的课程,或者足球比赛前在大喇叭里播放了一段祈求奥克莫斯高中获胜的祈祷，那么学校就会有大麻烦了。

美国最高法院 1962 年在恩格尔诉瓦伊塔尔案（*Engel v. Vitale*）的判决中指出，即使学校要求的祈祷不限于某个基督教教派，那依然属于违宪，这一判决激起了全国范围内保守的新教和罗马天主教神职人员的愤怒，但在我们这片学区中却没掀起什么波澜。我们本来就不在学校中祈祷，那么又何必为这个判决苦恼呢？密歇根州奥克莫斯这种在公立学校中免除祈祷的做法属于常规，而非例外。在恩格尔诉瓦伊塔尔案的判决公布次日，针对教育官员的一项调查结果显示，全国各学区中仅有三分之一将祈祷当作惯常做法。[1]校园祈祷往往仅见于生源较为同质化的地区，这些地区又大多位于农村或小城镇中。奥克莫斯的公立学校里完全没有基督教社团或基督教传教者，因为不管是谁，不管属于哪种宗教，以引人注意的方式公开展示信仰都属于极为罕见的做法。街对面的耶和华见证派一家和街区另外一头的基督教科学派们就这样做了，然后被人们断然视为怪人。

如今我已经意识到，和我的父母同辈的很多奥克莫斯居民都是移民的子孙，他们长大成人的城市社区中把宗教和种族看作预示未来最重要的因素。这些第二代、第三代美国人成为各自家庭中第一批上大学的人，他们移居到战后不断扩张的郊区，投身于一种不同的生活方式。郊区化和高等教育都是世俗化的动力，它们把不同信仰和种族背景的人带到同一片地区，某些传统忠诚因此不可避免地受到了侵蚀。婴儿潮一代中出现了前所未有的跨宗教通婚，尽管很多宗教领袖直到六七十年代依然强烈反对这种婚姻，但这种结合无比有力地证明，在二战之后的二十年中成长起来的儿童的家庭中，对各教派的宗教忠诚在私生活中的重要性不断下降。婴儿潮一代的很多人长大之后都不会害怕因为与信仰不同的人结婚而下地狱，犹太人也不用担心自己的父母会因为自己与信仰不同之人通婚而"坐沙瓦"①。

至于公共生活方面,如果宗教的分化作用没有弱化,约翰·肯尼迪就不可能成为第一位被选为总统的天主教徒。肯尼迪把宗教描述成一种非公共的个人事务,这是他的选举策略中不可或缺的一部分。"在公共议题上,我并不代表我的教会——教会也不代表我"是这位总统候选人在一场新闻发布会上对休斯敦新教牧师们的著名保证。就算我们不是乔治·华莱士所谓的"伟大的尖脑袋",也能得出这样的结论:在二十世纪最后几十年中,吸纳了世俗价值,到六十年代中期已经不那么传统的宗教形式将在美国文化与政治中发挥更大的影响力。我无法就此摆出证据,因为六十年代的民调人员没有针对宗教信仰或宗教信仰对公众议题的影响提出过多少问题。但我认为,要是听说有人认为公立学校的生物课上《创世记》应该和达尔文占同等分量的话,我所在的街区中的大部分成人都会大加嘲讽。我相信,这个问题一定会让他们困惑不已,因为在当时,相比校园祈祷,讲授进化论更不算是个问题。

这并不是说我父母的朋友和邻居们漠视或反对宗教,而是说他们非常乐于接受恺撒和上帝各有各的领域的理念。与当时美国的很多学者和自由派神职人员一样,他们把基要主义的圣经直译主义看作一种原始的信仰形式,属于教育水平较低,宗教还没接受现代知识的往昔。"另一个六十年代"及其右翼宗教基要主义复兴的迹象不但没有进入我所成长的中产阶级郊区中充满中流抱负的各家各户的视野,连政界和学界的精英们也没有看到。

正如我们如今所知,基要主义者在美国灭绝的论断是空前的误判(有人敢说这是《圣经》之误吗?)。基要主义教派的扩张起步于五十年代,

---

① "坐沙瓦",犹太教葬礼习俗,死者最亲近的人要撕破外面的衣服,丢掉鞋子并坐在家中的地上或矮凳上,朋友们来拜望和安慰死者的亲属,拉比们整日为死者祈祷。"沙瓦"的意思是七,表明丧礼要持续七天。正统犹太教严禁异族通婚。——译者注

第八章　新的旧式宗教　187

在六十、七十和八十年代加速，这种扩张压缩了主流新教和自由派新教，而且催生了基督教右翼。2003 年，仅有 46% 的美国新教徒认为自己属于"主流"教派，这一比例在 1960 年是 59%。[2] 圣公会、长老会、循道宗和一位论派是四个最古老、最具影响力的新教主流教派，它们在属于美南浸信会的教会面前不断溃败，在动荡的六十年代，美南浸信会再次强化了它的基要主义认同。1960 年，光是循道宗成员就比美南浸信会多出 200 万；而到了二十一世纪初，美南浸信会的信徒比循道宗、长老会、圣公会和联合基督教会加在一起还要多。

从 1979 年至 1985 年间，美南浸信会中的铁杆基要主义者——他们认同 W. A. 克里斯维尔牧师把宗教自由主义者视为"无赖"的观点——控制了这个组织的选举和行政机关。[3] 浸礼会在 1845 年由于在蓄奴问题上的分歧而南北分裂之后，北方的教派改称美北浸礼会，很多认同浸礼会传统中较为自由的部分的教会成员在更加开明的福音派美北浸礼会中找到了新的精神家园。基要主义在美南浸信会中的影响力恰恰在 1980 年总统大选之际大大增强，罗纳德·里根则成了第一位公开取悦保守基督徒选民的共和党总统候选人。新教基要主义者向共和党的渗透象征着一种空前的政治变化，那些忽视了"另一个六十年代"中的基要主义暗涌的政治分析家们都大吃一惊。

很多观察家认为，当前的基要主义复兴与十八世纪中期的第一次大觉醒和十九世纪初的第二次大觉醒无异，不过是又一次情绪化和个人化宗教的周期兴替，这种宗教在美国文化中一直扮演着重要角色。从这个角度看，基要主义近三十年来的复兴只是对六十年代末七十年代初以最高法院在罗诉韦德案（*Roe v. Wade*）中允许堕胎合法化的判决为标志性事件的社会动荡的反应。正如第二次大觉醒起源于美国革命之后的社会混乱，二十世纪晚期的基要主义回潮也可以被视为动荡不安的社会中的"路线修正"。对于那些相信让他们感到困惑和不安的现象将会终结的非宗教人士来说，这种解释无疑是一种宽慰；世俗主义者会认为，尽管美国的基要主义者们在"被提"之前似乎不大可能消失，但他们还是会沉寂相当长一段时间，不再干涉世俗事务。

但这种安慰性的分析并没有考虑到如今基要主义信仰和整体人类知识之间的分歧：为什么美国人会在与上帝热情高涨的"重生"关系中寻求人生问题的答案。相比2000年，个中原因在1800年要好理解得多。而且，随着实证科学和信仰之间的鸿沟愈发变宽，由此导致致命的现实后果的可能性也越来越大。在十九世纪初，如果牧师声称疾病与死亡必须被视为上帝对罪孽的惩罚而加以接受，由此产生的危害相对而言非常小，因为作为接受天意之外的选择，那时的医学和科学几乎没有任何作用。但在今天，新教基要主义者和右翼天主教徒不顾一切科学证据，坚持认为安全套完全无助于防止艾滋病传播，认为节欲——上帝认可的唯一方法，也是人类最不可能采取的方法——是对抗致命疾病的唯一一种合乎道德的举措，将会导致极大的危害。在第二次大觉醒时期，如果大批美国人相信地球的历史真的只有四千年，那也没什么大不了。但在今天，这种思想危害极大，因为否定了十九世纪和二十世纪大多数关键科学发现的创造论严重影响了美国很多地区的公共教育，这也是美国高中生对科学的了解不及欧亚同龄人的一个重要原因。

在二十一世纪前十年身为美国的基要主义者意味着什么呢？"基要主义"这个词在针对美国人宗教自我认同的调查中极少使用，这很大程度上是因为即便在很多基要主义者自己看来，这个词也属于贬义词。调查人员往往会问美国人是否认为自己属于"福音派"，因为这个词含义更广，而且少有言外之意，神学上的自由主义者和保守主义者都被包含其中。吉米·卡特和乔治·W. 布什这两位前总统都是福音派，但布什的言辞表明他是基要主义者，而强烈支持在学校中讲授进化论的卡特却位于福音派分水岭的自由主义一侧。基要主义信仰和福音派信仰都以人和上帝之间密切的个人联系为基础，但两者的主要区别在于，并非所有福音派都认为《圣经》是真实记载，但基要主义者却都这么认为。

第八章 新的旧式宗教　189

即使认为《圣经》完全是上帝之言的三分之一美国人之间都存在分歧，他们认为，《圣经》不只是"上帝的启示"，还是由上帝传下的详细蓝图，从伊甸园里的蛇到耶稣的复活，蓝图的第一部分直接交给了摩西，第二部分则通过耶稣传给了十二位使徒。甚至还有更多美国人（四成）相信上帝在过去一万年里在一次明确的创造中造出了如今这样的人类。还有一点比较奇怪的发现是，美国人更愿意相信《创世记》中对创造的描写，却没那么愿意相信整本《圣经》都是真实记载。显然，很多人相信上帝用尘土造出了亚当，用亚当的肋骨造出了夏娃，却畏于无上的天主后来的心血来潮，比如用一场洪水毁灭了地上所有人，只留下一家，又比如让犹太人的祖先亚伯拉罕在一百岁时让九十岁的女子怀孕，又要求亚伯拉罕杀死自己的独子。另一个类似的不协调是，调查显示，近三分之二的美国人相信天堂，但只有不到半数相信地狱。[4] 看样子，美国人从自助餐式的神学菜单上随意挑选的倾向不只限于天主教。

不论基要主义者们对自己的信仰如何微调，宗教基要主义和教育的不足无疑密切相关。高中及以下教育程度的人群中，约有 45% 相信《圣经》是真实记载，接受过一定程度的大学教育的人当中只有 29%——大学毕业生中仅有 19%——怀有这种旧式信仰。随着教育水平的提高，世俗主义和怀疑主义势力渐长，人们对主流科学的接受度也得到提升；三分之二的大学毕业生相信，生物是随着时间流逝而进化的——不论是否得到了造物者的指引——相信这一点的高中毕业生仅有约三分之一。[5]

意料之中的是，基要主义者们对任何将低下的教育水平和圣经直译主义联系起来的说法都心怀不满，尤其是在世俗主义者提起这一点的时候。但事实上，南方现在依然是全国教育水平最低的地区，而且相比美国其他地区的居民，南方人怀有基要主义信仰的可能性要大得多。自斯科普斯审判时代以来，南北各州之间在教育上的差异当然有所缩小——尤其是在二战之后——但南方的大学和高中毕业生占总人口的比例依然比东北部、中西部和西部低好几个百分点。包括路易斯安那州、密西西

比州和阿肯色州在内的美国南方腹地诸州的高中毕业生比例比西部和东北部低了至少 10 个百分点。⁶

自法定种族隔离制度终结以来,"新南方"振兴运动掩盖了一个事实,那就是在很多未能为黑人或贫困白人提供服务的公立学校体系当中,老南方依然存在。直到 2005 年的卡特里娜飓风残酷地曝光了很多新奥尔良居民的贫穷之后,全国其他地方才了解到了这个城市糟糕至极的公立教育状况。南方在教育方面的不足成因十分复杂,而且和这一地区的种族隔离遗产是分不开的,但毫无疑问的是,宗教基要主义——尤其是在六十年代之后——加剧了公立教育投入不足的问题,而低下的教育水平又会助长圣经直译主义。在政治领域,借助基要主义和教育不足之间的联系,右翼基督教候选人可以利用人们对受过良好教育的"精英"的怀疑。

与此同时,基督教右翼越来越强调通过极端保守的基督教大学培养他们自己的"精英"。特朗普似乎是在杰瑞·福尔韦尔(Jerry Falwell)的自由大学树立了他在右翼福音派教徒中原本不存在的声誉,与之类似的大学的目标不仅仅是提供纯粹世俗性的高等教育机构之外的选择,它们也想取代贝勒大学和南卫理公会大学等有宗教渊源的学校,在基要主义者们眼中,那些大学已经遭到了世俗价值观的侵蚀。位于华盛顿特区以西约 50 英里的帕特里克·亨利大学是专门为训练保守基要主义者在政府工作而设立的。这所大学的大部分学生都是在家教育①的产物,基督教右翼中最极端的分子对这种做法大加赞扬;为了保持学生们从以信仰为基础的初等和中等教育中取得的宗教和思想的纯洁性,校园生活受到了严密监督。在 2004 年总统大选前,学校取消了好几天的课程,因为有太多学生在布什的连任竞选团队中工作。⁷这所学校把学生放在强化,而不是挑战儿时学到的价值观的环境中,这与世俗教育机构的使命相反。

---

①在家教育(homeschooling),指不进入学校系统,而靠家庭与社会资源的学习方式。在美国,可依据种族、语言、宗教信仰、文化、地区教育水准差异等因素申请在家教育。各州州法对于在家自学教育的规范不一。——译者注

通过这种方式，美国基要主义者们正在试着培养新一代人，他们所接受的教育足够驱散外界认为他们蛮荒落后的成见，但又有限得仅足以保护他们免受世俗文化对相信《圣经》是真实记载的基督教徒的攻击荼毒。

基要主义今昔的复兴之间的另一个关键区别在于，现代基要主义者在政治上与一个党派联系紧密，而且他们认为，把自己的道德价值制度化既是他们的权利，也是他们的宗教责任。正如威廉·詹宁斯·布莱恩长久的政治生涯无比有力地证明的，基要主义者永远都不会完全超然于政治，但他们所参与的公民活动却极少以宣传宗教信念为核心——布莱恩的反进化论运动除外。相较于将自己的宗教习俗强加于他人，十八和十九世纪的基要主义者和并不严格坚持基要主义的福音派信徒们更关心的是让政府不要干涉他们的宗教活动。现代基要主义者们已经忘记——如果他们曾经知道的话——他们的宗教自由要归功于被妖魔化的启蒙理性，正是它带来了世俗化的《宪法》。

皮尤论坛2006年的一次调查中提了这样一个问题，"以下哪一项对美国的法律有着更重要的影响？是《圣经》还是美国人民的意志，哪怕在后者与《圣经》相冲突的情况下？"60%的白人福音派基督徒回答，美国的法律应当由《圣经》而不是人民的意志来决定。这个比例高得惊人。仅有16%的主流白人新教徒、23%的天主教徒和7%自称世俗主义者的人持有同样观点。黑人新教徒是仅有的另一个倾向于《圣经》而非人民意志的群体，支持和反对这种观点的比例分别为53%和44%。就像人们经常注意到的，在非裔美国人群体中，圣经直译主义带来的是对自由主义，而非保守主义社会政策的支持——这种思维方式是奴隶制时期的直接遗产，当时，黑奴们把《圣经》，尤其是《出埃及记》的故事，当作上帝带给他们的脱离奴隶制桎梏的希望之源。[8]

2008年总统大选中，颇有影响力的福音派"宗教左翼"在民主党人中的兴起表明，圣经直译主义和宗教狂热未必是一回事。在对一个名为"呼唤重生"（Call for Renewal）的自由主义福音派团体演讲时，巴拉克·奥巴马说，对《圣经》的尊重并不需要遵守《利未记》中的全部禁忌——可以吃贝类，鸡奸或手淫大概也可以——他赢得了听众的掌声。奥巴马的讲话让极右福音派组织"爱家协会"（Focus on the Family）创始人詹姆斯·多布森（James Dobson）大发雷霆，他指责这位民主党候选人为了"支持他对宪法的疯狂诠释"，"要把《圣经》带到沟里去"。对于多布森和帕特·罗伯逊等致力于将美国公共机构基督教化的铁杆基要主义者来说，不论麦凯恩还是奥巴马，都不是他们可以完全接受的候选人——尽管麦凯恩在获得提名后曾经竭力奉承基督教右翼。对于真心相信《圣经》应当成为美国法律基础的六成福音派信徒来说，这次大选给他们上了值得警醒的一课：即便是在这个最为虔诚的发达国家，宗教机构依然可能因为高估自己的力量而失败。

可能会被归为"精英"的很多知识分子并不了解今日美国圣经直译主义信仰的深厚与虔诚。在讲座之后的问答环节中，经常有世俗的怀疑论者问我，在宗教问题上毫不掩饰的政治领袖是真的相信他们有关自己信仰的说法，还是在纯粹以利己的方式利用宗教来满足他们的政治支持者。每当我说出自己的观点时——布什相信他说出的有关宗教的每一个字，而宗教方面的伪君子也许是不那么危险的总统——我的听众总会表示惊讶。当布什在《华盛顿邮报》的鲍勃·伍德沃德（Bob Woodward）[①]面前说出那番著名的话，说他在对伊拉克开战问题上请教的是"天上的父"，而不是他尘世间的父亲、前总统乔治·H. W. 布什的时候，他为人们提供了一把了解他思想的钥匙，不论是反对者还是支持者，只看字面意思就足够了。当布什政府在处置在押恐怖分子嫌疑人的问题上遭遇党内反对之后，这位总统如此宽慰自己，他的对外政策方案也许迟早会被正在经历着"第三次（大）觉醒"的美国人所拯救。他知

[①] 鲍勃·伍德沃德，《华盛顿邮报》著名记者，1972 年通过"深喉"提供的情报率先披露"水门事件"。——译者注

道这一点，并对保守派专栏作者说，因为有那么多的普通公民告诉过他，他们在为他祈祷。[9]

布什使用的"觉醒"一词让人恍然大悟，它告诉我们，不论这位总统对世界历史的了解多么不足，他都深深地沉浸在他的宗教历史当中。在以事实为基础的宇宙中，像曾在越战中作为战俘遭受北越酷刑的参议员约翰·麦凯恩那样的共和党人考虑的并不是美国人在祈祷着什么，而是其他国家在美国单方面撕毁《日内瓦公约》规则的情况下肆意折磨美国战俘的可能性。

在这个国家真正的知识分子精英中，我们也能发现对现代美国基要主义本质的严重误解。顶着外交关系协会（Council on Foreign Relations）美国外交政策事务亨利·A.基辛格高级研究员这个重要头衔的沃尔特·拉塞尔·米德（Walter Russell Mead），在2006年10月号的《外交》杂志（Foreign Affairs）上发表了一篇题为"上帝之国"（God's Country）的文章。美国外交关系协会在权势集团中地位甚高，《外交》杂志则是它的圣经。在探讨福音派对外交政策，尤其是对布什政府的外交政策的影响时，米德无意间表现出，他就是自己所说的"大部分美国国内外研究外交政策的学生相对来说都对保守的美国新教缺乏了解"的典型例子。他首先含糊地划出了基要主义、自由派新教和福音派之间的分界：

> 当代美国新教的三股潮流（基要主义、自由派和福音派）形成了有关美国的世界角色的不同理念。在这样的背景下，三者最重要的区别在于对待稳定、和平和文明的国际秩序可能性的乐观程度，以及对信教者和不信教者区别的重视程度。简而言之，基要主义者对世界秩序的前景极度悲观，认为信教者和不信教者之间存在不可逾越的鸿沟；自由派对世界秩序的前景感到乐观，认为信教者和不信教者之间几无差异；福音派则位于这两种极端中间。[10]

这样的区分在一个世纪之前还有些道理——尽管很多宗教史学家会认为米德的描述是对十九和二十世纪福音派神学粗略的过度简化——但如今却没什么意义。米德的基本错误在于，他没有意识到，如今大多数保守的福音派教徒——六成认为应当由《圣经》来决定美国法律的人——是致力于以他们的圣经图景来重塑美国社会和这个世界的基要主义者。如果说伊拉克战争不是给一个黑暗中的国家带去"文明的"民主的愚蠢而又乐观的努力，那么它的目标又是什么呢？按照米德的说法，美国对以色列的绝对支持是"福音派"影响美国外交政策的突出例证，但它实际上却是基要主义影响外交政策的例子。基要主义者们支持以色列占领所有《圣经》上的土地，强烈反对巴勒斯坦建国，因为他们认为犹太人出现在圣地是上帝的耶稣再临计划的一部分。耶稣的再次出现意味着犹太人和其他再无神圣意义的非基督徒将会消失，这在外交关系协会成员看来也许并不是乐观景象，但对那些支持他们自利性质的锡安主义的极右基督徒来说，无疑是乐观的极致。

包括前总统卡特和比尔·克林顿在内的自由主义福音派传统的代表人物致力于避免（比喻和现实意义上的）哈米吉多顿，因此为了促成以色列人和阿拉伯人之间的磋商和解而努力。令人难以置信的是，米德坚持认为，基要主义者"尽管人数和政治上的关注度有所提升，但影响力（相对福音派）依然较小"。对于现实政治的倡导者来说，相信影响重要的政府决策的是名叫福音派、虽无固定组织但大体上还算理性的团体，而不是对现实国际情况的了解比伍德罗·威尔逊（Woodrow Wilson）政府中任国务卿的布莱恩相比不知道差了多少、期盼着"被提"的基要主义者，这种幻觉无疑能让他们感到宽慰。

在以色列之外，基要主义福音派对美国在境外的军事和外交干预的意愿仅限于基督徒或其传教自由受到威胁的地方。美国基要主义者们很少关心中东的什叶派和逊尼派穆斯林之间的暴力冲突，威胁到了美国军队的地区除外。但在所有犹太人和基督徒受到穆斯林威胁的地方，他们却表现出了强硬态度，而且呼吁美国在那里展开行动。2016 年大选中，克林顿和特朗普都强调了恐怖分子对基督徒的迫害，但几乎完全没有提及激进穆斯林对反对恐怖主义的穆斯林、外界知之甚少的宗教少数派和自由思想者的攻击。特朗普是最常提到对基督徒的斩首的候选人——仿佛其他群体从未被恐怖分子单独挑出来过——他最后赢得了绝大多数基要主义福音派教徒的选票。作为总统，他报答基要主义支持者的方式是一份颇有争议的行政命令，要求施行对七个以穆斯林为主的国家的公民的旅行禁令。特朗普的首条命令被联邦法院裁定暂停执行之后，被替换为另一条不那么笼统的禁令，筛选出了倾向移民的非穆斯林。在特朗普和宗教建立联系的尝试中，他仍然面临一个政治问题，美国新教基要主义对伊斯兰教和对外政策的态度与教皇方济各（对欧洲和美国）大力倡导的支持移民立场差别显著。针对美国天主教徒的政治号召几乎没有什么效果，因为天主教徒彼此之间的政治和宗教观点天差地别。教皇方济各在主流和自由派天主教徒中颇受欢迎，但极端保守派的天主教徒却把他看作背弃教廷历史的自由主义叛徒。

美国宗教生活中如今最大的讽刺之一，也是美国基要主义今昔最大的区别是，如今以《圣经》为基础的宗教奋兴运动中并不存在普遍性的反天主教态度——这种态度既有种族因素，也有宗教基础。新教基要主义领袖如今已经和美国天主教中最保守的一派结成了同盟，这在五十年前根本无法想象。为了当选总统，肯尼迪需要向新教自由派和保守派保证，他在椭圆办公室中决不会接受来自梵蒂冈的指令。在那时，尽管都反对"无神论共产主义"，铁杆基要主义者还是把天主教徒称作教皇党人。如今，尽管基要主义者对自由派天主教徒和自由派新教徒同样心存怀疑，新教右翼已经和作为少数派的右翼美国天主教建立起了紧密的联盟，后者的典型特征是笃信教宗无误论，以及随之而来的对堕胎、同性恋、婚前性行为和避孕的反对。

尽管这个群体信奉的教条与大多数在俗的美国天主教徒更加开明的

观点相悖，但美国几乎所有的主教和枢机主教都属于这个群体（虽然方济各正在努力甩开其中最反动的年长领袖）。在同性恋和堕胎等问题上，天主教俗众的立场更接近于不信教的人、主流新教徒和犹太人，而不是新教福音派基要主义者。超过三分之二的白人天主教徒和主流新教徒认为，教育委员会无权开除同性恋教师，但 60% 的白人福音派认为同性恋者应该丢掉饭碗。只有 37% 的天主教徒要求施行更加严格的堕胎法律，但却有 58% 的新教福音派持同样观点。也许主流天主教徒和右翼新教徒最有说服力的差异是，只有不到四分之一的天主教徒认为《圣经》是真实的历史记载。[11]

新教和天主教右翼的联盟其实起源于六十年代，尽管它在 1973 年的罗诉韦德案之后才得以确立。教皇若望二十三世去世之后，厌恶第二次梵蒂冈会议改革措施的异见天主教徒希望重新肯定传统信条和教宗无误论。若望二十三世的继任者是谨慎和保守得多、从 1963 年至 1978 年担任教皇的保禄六世；保禄六世去世后，枢机团选举了极富个人魅力的波兰总主教卡罗尔·沃伊蒂瓦（Karol Wojtyla）担任下任教皇。① 作为教皇若望·保禄二世的沃伊蒂瓦将对大众媒体的控制和教皇庇护九世以来最为保守的神学立场结合在一起——庇护九世曾在十九世纪通过第一次梵蒂冈会议推行了教宗无误论的教义。随着受到六十年代影响的教会领袖们在若望·保禄长达二十六年的教皇任期中逐渐去世，通过任命和他一样倾向宗教保守主义的主教与枢机，他成功地毁掉了第二次梵蒂冈会议的大部分成果。方济各如今正在努力扭转若望·保禄留下的保守遗产。

美国天主教内部的持续分歧导致教徒分为两派，一派赞成第二次梵蒂冈会议时代所展望的现代化和民主化潮流，另一派欢迎若望·保禄二世对教皇无误论和传统天主教有关性道德信条的重新肯定，根据那些信条，人为生育控制、手淫、同性恋和离婚之后再婚都属于不可饶恕的大罪。

---

①沃伊蒂瓦被选为教皇前，教廷经历了一个月的过渡期，阿尔比诺·卢恰尼（Albino Luciani）当选教皇仅一个月便突然去世。

传统主义美国天主教徒和基要主义新教徒之间政治结盟的基础不仅有对性道德的共同看法，还有对正式宗教仪式共有的虔诚与热情。大选之后的研究发现，不论是新教徒还是天主教徒，预测他们对乔治·W. 布什支持程度的最可靠的指标不是教派归属，而是去教堂的频率。不论宗教立场如何，那些每周至少去一次教堂的人中绝大多数在 2004 年总统大选中把票投给了布什。每月去一次教堂的人投给两方的票数基本相当，而那些每年只去几次教堂的人绝大多数把票投给了民主党。"所谓天主教选票的说法在这次大选中完全没能体现，"美国天主教大学政治学教授约翰·K. 怀特（John K. White）说，"差别似乎存在于定期去教堂和不会定期去教堂的人之间。"[12] 在天主教徒和新教徒群体中，频繁去教堂的人都认为自己是"传统主义者"，他们把超过四分之三的选票投给了布什。

而米德却不顾所有存在的证据，还是把对抗天主教的影响说成美国基要主义的主要目标之一。如今在宗教和政治领域让新教基要主义者和右翼天主教联合在一起的，是对世俗主义和世俗价值观在文化和公共生活中影响的共同仇恨。天主教神职人员和新教基要主义领袖之间存在着一些重要的差别；尽管天主教的主教们在性问题上和新教右翼站在同一立场，但他们在经济和社会公平议题方面并不支持政治上的保守价值观。比如说，很多天主教的主教都强烈反对严厉对待未登记移民的提议。但在其他关键性文化议题上，天主教和新教内部各自的极右派别达成了完全的一致。与新保守主义的犹太人和基要主义新教徒一样，右翼天主教徒也明确地把教会内部的自由主义倾向同六十年代的世俗反叛联系在一起。

华盛顿著名牧师、鲜为人知的右翼组织主业团① 成员约翰·麦克洛斯基（John McCloskey）说，第二次梵蒂冈会议之后的数年（六十年代晚期）"对于我们的国家和我们的教会，大体说来是段不幸的时期"。他激

---

① 主业团（Opus Dei），又称奥帕斯代伊会，罗马天主教组织，1928 年成立于西班牙，以在社会中重树基督教理想为宗旨。——译者注

烈抨击圣母大学和乔治城大学等"有名无实"的天主教大学，因为它们居然可怕地公开支持"开放，公平社会……多样性，和专业训练"等理念。[13]麦克洛斯基指导了来自堪萨斯州、原属循道宗的共和党参议员萨姆·布朗巴克（Sam Brownback）和犹太人专栏作家罗伯特·诺瓦克（Robert Novak）等在华盛顿知名人士皈依天主教。麦克洛斯基让知名人士改宗皈依的热情紧随富尔顿·J. 希恩的脚步，希恩不但在四五十年代精于让原共产主义者悔改，而且还抓住了克莱尔·布思·鲁斯（Clare Boothe Luce）和亨利·福特二世之类的名流。

保守派天主教徒反对世俗主义的基础并不是圣经直译主义，而是另一种信仰——如果否认上帝是至高无上的权威，那么就不存在个人道德和合法政体。可想而知，当天主教和新教右翼的代表在反堕胎策略大会或意在阻止青少年使用避孕措施、把守贞当作唯一办法的"节欲"大会上坐在一起时，他们并不会探讨彼此在《圣经》和教皇权威等问题上的不同观点。而在政府的最高层，与天主教右翼的结盟为新教基要主义者提供了掩护，让他们得以回避"美国基要主义的真正目标是建立右翼新教神权政治"的指责。布什选择了约翰·G. 罗伯茨（John G. Roberts）和塞缪尔·A. 阿利托（Samuel A. Alito）这两位极度保守的天主教徒填补了他任总统期间最高法院的两个大法官职缺，这种做法并不让人意外。

2005年，在布什提名他的私人律师哈莉特·迈尔斯（Harriet Miers）为最高法院大法官人选之后，新教右翼掀起了抗议大潮，这是过去八年来政治史上最不可思议的场景之一。布什的核心支持者之所以要竭力反对迈尔斯的提名，是因为他们怀疑她不能全心全意地致力于推翻罗诉韦德案的判决——尽管迈尔斯不仅属于保守的美南浸信会，而且还是经常在布道中谴责堕胎的达拉斯教会的成员。她确实曾在1993年的一次演讲中暗示，有关堕胎的争议最好在州而不是联邦层面解决。谁知道呢？也许迈尔斯曾经在吃烤肉时喝多了啤酒（或者冰茶，如果她是绝对禁酒的美南浸信会成员的话）而口吐真言，说她认为可以存在例外，可以为了拯救母亲的生命允许堕胎。不论真相如何，一贯忠于老板的迈尔斯从这场混战中抽身，布什立刻提名了虔诚而保守的罗马天主教徒阿利托，他的妻子是一位反堕胎活动家。绝大多数新教右翼认可了对这位教皇党人的提名，就像他们在上一年秋天支持布什选择罗伯茨接替威廉·H. 伦奎斯特（William H. Rehnquist）担任大法官一样。

如今，提名保守派天主教徒担任高层职务还会带来额外的红利：任何想要质疑对美国法律的忠诚和教会教义之间的冲突的人都难免被指为反天主教者。事实上，最高法院目前的大法官中有五位罗马天主教徒：罗伯茨、阿利托、克拉伦斯·托马斯（Clarence Thomas）、安东尼·肯尼迪（Anthony Kennedy）和索尼娅·索托马约尔（Sonia Sotomayor）。从他们对政教关系的态度上看，只有在涉及堕胎和其他宗教相关案件上长期持中间立场的肯尼迪，和由自由主义立场的奥巴马任命、坚定支持女性生育权的索托马约尔可以被视为主流天主教徒。肯尼迪支持俄勒冈州的安乐死法案，罗伯茨、托马斯和已经去世的安东宁·斯卡利亚（Antonin Scalia）都放弃了他们通常支持州权的保守主义立场，投票支持撤销一个由俄勒冈州选民三次投票认可的法律。大多数美国天主教徒并不支持教会反对安乐死的立场——和在反堕胎问题上一样——最高法院中的天主教徒似乎也分为同样的两派。

作为极度保守的天主教徒和极度保守的法官，2015年去世的斯卡利亚曾经直率地说，信奉天主教的公职人员在被要求支持与教会教义相冲突的任何公共政策时都应该辞职——这样的立场与当初帮助约翰·肯尼迪当选总统的那种态度毫不相容。任何把自己的无上忠诚献给了教会法规而不是美国法律的人是否适合进入最高法院，提出这个问题显然不算"反天主教"。这不是一个关于法律与个人信仰冲突的问题，在面临这种选择时，法官们不论多痛苦，都必须选择法律。这是一个关于对教会忠诚度的问题，这个教会和其他教会组织不同，声称自己在信仰和道德问题上永无谬误。很多天主教徒并不真的相信教皇无误，但斯卡利亚说他相信。此番评论的背景是他对死刑的强烈支持，但这却是与教皇若望·保禄二世和美国天主教主教会议的反死刑立场相悖的。但是，斯卡利亚准确地指出，反对死刑不是教义，仅仅是教会神职人员的指导性意见。于是，斯卡利亚认为自己作为一名天主教徒，可以自由遵从自己的司法与政治倾向——他由此得出结论，认为政府甚至有权处决儿童和智力发育迟缓者。

斯卡利亚在死刑问题上的逻辑值得仔细推敲，因为它直接源于《圣经》，与新教基要主义者在反对世俗政府与世俗价值观时所采用的论据是一回事。在斯卡利亚看来，民主制度本身要为反对死刑负责，因为世俗民主所仰赖的基本原则是，政府权力并非来自被统治者的许可，而是来自上帝。"在那个相信君权神授的时代，极少有人质疑死刑的道德性。"斯卡利亚在芝加哥大学神学院的一次演讲中说道。他接着指出："一个国家越是信奉基督教，就越不可能认为死刑不道德。废除（死刑）在后基督教的欧洲得到了最强烈的支持，在人们经常去教堂的美国却最少有人同意。我将此归因于这样一个事实，对于信仰基督教的人来说，死亡并没有什么大不了。"[14] 死亡对信仰基督教的人没有什么大不了，我觉得这个说法不太可靠；但就算这个说法是准确的，那也属于无意冒犯那些对死亡不那么乐观的人的杰斐逊式①的观点。然而，如果美国最高法院大法官以对来世的宗教信仰为基础作出重要的司法决定，影响到怀有各种信仰和无信仰的美国人，那么这就是件大事了。

严格意义上说，斯卡利亚的论点属于神学范畴，不属于法学、国内政策或国际事务的世界。说这些论点反智，倒不如说它们反理性更准确些。事实证明，新教和天主教反理性主义者都曾有效地通过哲学或科学语言来掩盖非理性，这也是新的旧式宗教的特征之一。提名圣公会信徒、

---

① 杰斐逊注重人的精神自由，他主张，人人有发表宗教见解的自由，任何人不得受强迫参加或维护某个宗教组织，政府影响并保护人民的信仰自由。杰斐逊认为，宗教的作用是对缺乏道德观念的人进行教育。——译者注

总体而言持保守立场的尼尔·戈萨奇（Neil Gorsuch）填补斯卡利亚留下的空缺，这是特朗普作为总统最初的一些动作之一。（众所周知，共和党人反对奥巴马的任何提名——哪怕是斯卡利亚在奥巴马卸任前 11 个月便已去世的情况下。）戈萨奇是否同斯卡利亚一样反对政教分离，这一点依然有待观察。

虽然右翼宗教少数派的规模和影响力自 1970 年便开始增长，世俗少数派也在扩大——其中增长最显著的就是在过去十年中成年的千禧一代。皮尤研究中心发布的一项民调结果显示，从 2007 年到 2015 年，不属于任何宗教团体，而且认为宗教在自己的生活中完全不重要的美国人的数量从 2100 万增长到了 3600 万。只有半数千禧一代——全部美国人当中有 70%——说自己在某种程度上相信上帝。[15] 尽管和包括犹太教徒和穆斯林在内的美国宗教少数群体相比，世俗少数派的规模是它们的十五到二十倍，但在那些被认为必须让基督教代表出席的重大活动中，世俗主义者往往都会被忽视。① "9·11" 恐怖袭击后举行的仪式上，牧师、神父、拉比和伊玛目都受邀参加，布什总统在国家大教堂讲坛上的致辞是这场仪式中最重要的环节。活动中完全没有世俗价值观的代言人——考虑到宗教狂热对袭击者动机的决定性影响，这种空白显得尤为让人吃惊。

在基要主义者和世俗主义者之间，还有一个大得多的宗教中间派，或者叫作温和派的群体，但是，宗教温和派在如今的美国究竟意味着什么，答案还不完全明朗。中间派信徒们认同整体而言的宗教，认同公共生活中礼貌的宗教表达，但他们并不认可极端立场，比如禁止干细胞研究或中止对计划生育的资助。这个群体在政治上往往没有那种"虔诚信徒"心态，但宗教温和派通常会选择阻力最小的路径，基要主义者和反

---

① 宗教意义上的犹太教徒，而不是作为种族而言的犹太人，仅占美国人口的 1.3%。穆斯林的比例则不到 0.5%。

现代主义者因此可以用他们各自的方式对待公共议题。

在公立学校中同时讲授创造论和进化论的提议得到了二比一的公众支持，这种看似荒唐的情况的解释之一是，宗教中间派倾向于接受妥协方案，同时并不重视一贯性。[16] 基要主义者可以有效达到目的，因为宗教是他们生命中坚定不移的绝对核心。宗教温和派则同大多数人一样，希望万事两头兼得——上帝与科学，对永生的信仰和对延长尘世生命的医学方法的追求。基要主义者却不一样，他们从不迟疑。和宗教信仰更加灵活的人不同，中产阶级基要主义者不可能因为世俗的自由主义候选人比共和党人更可能施行帮助年收入10万美元以下家庭的税收政策而动摇。在斯卡利亚那样的天主教徒看来，和上帝通过教会之口表示拒绝的信仰相比，胚胎干细胞研究有助于治愈他们的帕金森病或阿尔茨海默病的可能性一文不值。堕胎和同性婚姻之类与宗教有关的文化和道德议题战胜了自私自利。

当宗教中间派在选举中与基要主义者对垒的时候，他们往往不会以对宗教反理性主义的公开反对作为竞选活动的基础。相反，他们会强调候选人自身那种对科学较为友好的信仰形式，安慰选民们说，科学和宗教可以完全相容。就美国独有的这种拒绝直呼宗教狂热之名的宗教宽容形式而言，那些坚定的世俗主义者的意见相当中肯。萨姆·哈里斯（Sam Harris）在《信仰的终结：宗教、恐惧与理性的未来》（*The End of Faith: Religion, Terror, and the Future of Reason*）一书中指出，美国人"不能说基要主义者是疯子，因为他们只不过是在践行自己的宗教自由；我们甚至都不能说他们在宗教意义上是错的，因为他们对经文的知识往往无人可比。作为宗教温和派，我们唯一能说的是，我们不想承担全盘接受经文所带来的个人和社交成本"[17]。

二十一世纪的美国人依然比其他发达国家的国民虔诚得多——而且以《圣经》为基础的基要主义以损害较为温和的宗教信仰为代价扩大

着自身的影响力——即便二十世纪初的美国知识分子和科学家看来都难以理解。我的叔祖、哥伦比亚大学天文学教授哈罗德·雅各比（Harold Jacoby）在1902年发表的一篇有关伽利略的文章中，批驳了那种认为宗教会再次像天主教廷反对伽利略的日心说那样站在科学对立面的想法。"当我们思考三个世纪之前发生的事情时，"雅各比写道，"我们很容易用冷静的论据取代激动的论据；很容易想起那是暴力与残酷的时代，公众的无知如今难以想象；那时人们普遍认为，教会有责任在很多问题上采取权威态度，这些问题如今已完全与教会无关。"[18] 我的叔祖是一位知名的科学普及者，他在1932年去世之前一直定期接受报纸有关科学新发现的采访，他很难想象二十一世纪的美国宗教各派依然在纠结在他看来早在十九世纪末便已有定论的问题。①

　　二十世纪初的科学家和知识分子当然并不指望世俗主义取代宗教在美国主流中的地位，但他们确实认为，较为倾向理性的宗教形式不但取代了圣经直译主义信念，而且会取代十九世纪出现的那些美国特有的基督教的怪异分支（最有名的就是摩门教、基督教科学派和耶和华见证派）。美国一直显得不太可能像所谓"后基督教的欧洲"那么世俗化，它建国以来一直没有国教，这意味着美国人——与法国人和意大利人不同——几乎从来都不必在信仰与公民身份之间作出选择。甚至在美国存在着对小众宗教的强烈社会歧视和不时的公开迫害时，美国的法律总是站在信仰自由一边。政府只有一次明确要求宗教教派根据公众共识在核心信仰上作出永久妥协——1896年，为了让摩门教徒聚居的犹他正式成为美国的一个州，耶稣基督后期圣徒教会同意禁止一夫多妻制。尽管如此，摩门教一夫多妻制的过往依然不时意外浮出水面，破坏教会长老们不懈努力营造的诚实中产阶级形象。那些顽固好斗的一夫多妻制支持者被摩门

---

① 叔祖哈罗德全名为列维·哈罗德（Levi Harold），他是来自布雷斯劳的犹太移民之子。在成为哥伦比亚大学第一批犹太裔全职教员之后，他去掉了名字当中的"列维"，并在遇到非犹太裔的未来妻子后改宗加入了圣公会。

教会官方和犹他州说成是极端分子和叛教者。

美国建国以来，人们往往都满足于把自己看成是拥有一个世俗政府，以基督教信徒为主的群体——这是一个民间悖论，一种微妙的平衡，它在美国的大部分历史中都被视为完全自然的东西，就像我的父母和他们五十年代的邻居们所认为的那样。至于为什么这种平衡在过去三十年来遭到了狭隘的基要主义回潮的扰动，个中原因还不太清楚。从美国最初的政教分离和信仰"自由市场"的存在中，我们找不到解释，因为这些遥远的过往难以回答当今的问题——为什么那些早在一个世纪之前就已被受过教育的男男女女所抵制的宗教形式如今还能吸引那么多美国人。

兴起于七十年代，对基要主义关于女性、男性和家庭角色的设想构成了挑战的女性主义经常被看作刺激宗教右翼的主要因素。作为二十世纪后半叶的女性主义运动不可分割的一部分，关于堕胎的斗争确实为右翼新教徒和右翼天主教徒的联合提供了动因。但人们经常忘记的是，事实上，在1973年，绝大多数美国人都支持放宽州一级的堕胎法律——在这相对不长的时间里，民意已经发生了巨变。盖洛普公司1968年的一次民调发现，只有15%的美国人支持让堕胎变得更简便；到了1972年，64%表示支持。[19]

因为基督教右翼反对严格堕胎限制的任何放松，他们把罗诉韦德案描述成一种对当时社会标准的彻底破坏。尽管最高法院的判决也许会在很多时候超前于民意，但它在此案中却与支持更多选择，对希望解决意外怀孕问题的女性表示同情的普遍潮流相一致。大法官哈利·A. 布莱克蒙（Harry A. Blackmun）主笔的多数意见以一个明确的主张为核心，"第十四修正案中的'人'一词并不包括尚未出生的人"[20]。这句话点燃了一场宗教的烈火，一直燃烧至今。尽管布莱克蒙早在大众听说"胚胎干细胞研究"这个词的二十多年前就已经提出了他的意见，宗教右翼的立场自那天起就一直没有变过：享有第十四修正案赋予的一切权利不仅有胎儿，还有一团只发育了六天的胚胎细胞。

宗教右翼试图推翻罗诉韦德案错综复杂的四十年战史超出了本书的探讨范围，但如果认为堕胎问题和其他与女性、男性和家庭的社会地位有关的"价值观问题"不一样，那就错了。过去和现在想重新把堕胎行为列为刑事犯罪的，正是那些成功挫败了美国宪法平等权利修正案的人——平等权利修正案 1971 年在国会通过，但却从未得到足够的州的批准。在当今美国，包括无性别厕所和女性战斗人员等不断被翻出来反对这个修正案的传统论据都显得十分陈腐，这个国家的公众知道，有些女兵是装在运尸袋里回国的，还有像伊利诺伊州参议员谭美·达克沃斯（Tammy Duckworth）那样的女兵，在战斗中失去肢体之后坚持着扮演诸多不同的角色。征兵制的结束，和随之而来的扩大志愿服兵役人群的需求，带来了制定宪法修正案的提议无法实现的结果：人们事实上已经认同，女性也可以被征召入伍，为上帝和国家牺牲。

尽管面临着来自宗教保守主义者的强烈抗议，但女性传统的社会和经济地位天翻地覆的变化已经是无法否认的事实，这一点让美国文化中的反理性冲动火上浇油，而不是让它偃旗息鼓。人们往往错误地认为堕胎和同性恋婚姻等"分化议题"只是"纯粹象征性"的问题，因为大多数选民对这些问题的关注远重于伊拉克、恐怖主义和经济议题。象征性问题之所以具有象征性，恰恰是因为它们代表着某些比占据了大部分人的大部分时间的日常问题更加深刻的东西。世俗主义者和宗教温和派在堕胎问题上经常说的寻找"共同点"，其实是一种只能在自然世界中找到的理性、务实的妥协。但是希望强迫女性接受意外怀孕的美国人坚持的是超自然的责任：堕胎是上帝的律法所禁止的谋杀，因此必须用人类的律法加以禁止。根本问题在于，为什么一般来说仅具象征性的宗教问题在美国拥有比在其他发达国家大得多的影响。

和美国一样，欧洲也经历过始于二十世纪六十年代的严重社会混乱。和美国人一样，欧洲人也受到了近来的生物医学研究的影响，这方面的研究在基本的生理和心理层面挑战了我们对于何谓人类，以及人类可以和应当在多大程度上掌控自己的命运这两个问题上的观念。但欧洲人的反应是对传统宗教教义更深,而不是更少的怀疑:同性恋、堕胎和讲授进化论如今在大多数欧洲国家已不再是会引发分歧的政治议题。在欧洲大陆和英国,原教旨主义几乎完全是少数穆斯林的专利——这样的社会现实和恐怖主义一起,引发了与帮助特朗普上台的反移民情绪相当的欧洲白人民族主义运动。但是,大体说来,美国宗教图景中的反理性部分让世俗的欧洲人大感不解。《经济学人》(*The Economist*)2003年的一次调查得出了这样的结论:"欧洲人认为宗教是……美国例外主义中最怪异、最让人不安的特征。他们担心那个国家被基要主义者劫持。他们认为,相信处女生出耶稣的人是相信进化论的人的三倍,这实在匪夷所思。他们担心美国会……向伊斯兰世界发起'圣战',或是为了避免经费被用作节育而减少对穷国的援助。"[21]

以英国进化论生物学家理查德·道金斯(Richard Dawkins)为代表,与宗教坚决对立的世俗人士近年来指出,温和宗教——不以对《圣经》的字面诠释为基础的信仰形式——和基要主义一样是非理性的。道金斯认为,美国人高度尊重所有宗教的倾向本身就是危险的。"我认为,温和宗教让这个世界对极端分子来说更安全了,"他说,"因为孩子们从襁褓中就被教育,要把信仰本身当作好东西。"[22] 道金斯的两集反宗教纪录片《万恶之源?》(*The Root of All Evil?*)在英国的电视台播出,但美国的媒体高管们却认为这部片子太过棘手,不好处理——连小众有线电视网络也这么认为。

道金斯在美国遭到攻击的原因不仅仅是他对宗教整体上的批评,还有他对达尔文进化论的坚定辩护。一位保守的美国作家把道金斯描述成一个"拙劣的公共知识分子",因为他在说明自己关于自然界的随机性的观点时,"似乎全然不顾他的著作会导致很多读者陷入精神和感情困境"。[23] 我们很难想象,如果要回避引起读者的精神、感情或智识危机的所有可能,一个人还怎么能当好公共知识分子。但是,如果说道金斯对由一般所说的"温和"宗教代表的那种信仰与理性的妥协所作的评判不太准确,那么这种说法并不需要以受众的感情危机为出发点。尽管道金斯认为宗教——任何宗教——都应当可以接受批评的观点显然是正确的,他那种纯粹的无神论基础更多的是哲学,而不是对现实世界或宗教在美国社会运作方式的深入分析。不论现在还是过去,温和宗教和基要主义的区别是,温和的信仰试图顺应世俗教育和世俗政府,而美国宗教右翼同时拒绝这两者。如果美国境内顽固不化的基要主义分子只有极少数,美国宗教例外论也许就不会让那么多欧洲人觉得那么怪异和可怕了。

《经济学人》的调查中还引用了波士顿大学宗教与国际事务研究所所长彼得·伯格(Peter Berger)的话,大意是世俗化的欧洲,而非深受宗教影响的美国,才是世界上的真正例外。和很多其他著名宗教学者一样,伯格认为,激进伊斯兰势力在中东和远东的兴起,以及天主教和新教福音派在非洲和南美的吸引力否定了国家的现代化会不可避免地带来世俗化的传统观点。然而,如今发生在第三世界的这种"现代化"与十九世纪和二十世纪初发生在美国和欧洲、与世俗势力有关的现代化几无共同之处。以中东和非洲大部分地区的现代工业发展为例,从中获益的是一小撮贪婪的精英阶层,大多数人依然生活在贫困之中,往往忍受着残暴的独裁统治。在这样的情况下,信仰在那些几乎无望在尘世间获得更好生活的人群中肆意蔓延——一直以来都是如此。在世界上很多地方促进最倒退的宗教形式和宗教暴力发展的不是现代化,而是因为缺少有广泛基础的经济和政治现代化。在印度,被现代化所触及的人口比例远高于非洲,即便是在印度这样的国家,狂热的印度教民族主义也在那些很大程度上被全球化、讲英语的经济部门所忽视的人群中蓬勃发展。

在非洲,尽管罗马天主教会希望在不发放安全套的情况下对抗艾滋病,它依然争取到了很多皈依者;在那些大部分人都对艾滋病的传播方式有基本了解的其他地区,我们很难想象这种传教活动取得同样的成功。在那些女性拥有平等的教育机会和政治权利的地区,我们也很难想象极端伊斯兰势力对女性的压迫会广泛存在。美国是唯一一个能让五旬节派和灵恩派①——他们的宗教习俗包括"说方言"②和信仰疗法——争取到新信徒的发达国家。同样让人吃惊的是,自称属于五旬节派或灵恩派的美国人的比例(23%)和尼日利亚(26%)差不多。[24] 从反理性宗教盛行的程度看来,来自外星球的访问者一定会认为,美国充满了贫穷、饥饿和冲突不休的人,他们只能依靠超自然的东西来为悲惨的尘世生活寻求解脱。真正的现代化以教育机会的普及和整体生活水平的提高为特征,在那些经历过真正现代化的国家中,美国是宗教上的例外。

在宗教化的美国与世俗化的欧洲之间,在美国国内虔诚的宗教信徒与世俗主义者之间,深刻隔阂的核心是超自然因素普遍存在的吸引力,而不只是含义较为狭隘的基要主义。"为了从有形世界逃往无形世界,人们在各个方向进行着尝试,"小乔治·盖洛普(George Gallup, Jr.)2002年对《美国新闻与世界报道》(U.S. News & World Report)记者如是说,"人们深深渴望着一个精神港湾——上帝。"[25] 但盖洛普一定预料不到最近十年中发生的事情——认为宗教在他们的日常生活中并不重要,并不期盼上帝的美国人数量剧增。这位著名的民调人犯了奥威尔曾经指出过的错误——只能想象出现有情形的延续与加剧。此外,从有形世界逃往无形世界的欲望并不只出现在那些有着极度保守的信仰形式的美国人身上,就此而言,也并不只限于那些有着任何形式的正统信仰的人。"逃"是这里的关键词:美国基要主义复兴的背景是非宗教性的反理性主义的

---

①五旬节本是犹太教三大节期之一,为纪念上帝向摩西传授"十诫"而设立,根据《使徒行传》,基督教产生后,圣灵在五旬节降临在门徒身上,赋予了他们"说方言"和治病等能力。十九世纪晚期发源于美国的五旬节派因信徒强调五旬节圣灵降临的神恩作用而得名。灵恩派指的是二十世纪初以来美国兴起的新教"灵恩运动"中的主要成员。五旬节派和灵恩派基本观点相同,但两者是否可视为同一派别,学者和宗教界人士仍有争议。——译者注
②说方言(speaking in tongues),指流畅地说类似话语般的声音,但发出的声音一般无法被人们理解。五旬节派相信,说方言是受圣灵洗礼的证据,接获圣灵后还有治病等异能。语出《哥多林前书》14:2》:"那说方言的、原不是对人说,乃是对神说。因为没有人听出来。然而他在心灵里,却是讲说各样的奥秘。"——译者注

盛行，它强化了较为极端的宗教形式，又影响了广大公众对科学、教育和事实本身的看法。二十世纪初，和我叔祖一样的科学家们颇有道理地推测道，关于自然世界方方面面知识的扩展将让美国公众不再那么容易上当。他们推想，越来越容易获取的科学、历史和人类学证据将阻止那些不但缺乏事实基础，而且经常与事实相悖的宗教与非宗教信仰的传播。这个当时看来颇有道理的假想，是错误的。

注释：

1. Fred M. Heckinger, "Challenges Are Predicted— 30% of All Schools Use Some Rite," *The New York Times*, 26, 1962.
2. Walter Russell Mead, "God's Country," *Foreign Affairs* (September–October 2006).
3. Nancy Ammerman, "The New South and the New Baptists," *The Christian Century*, May 14, 1986.
4. "Many Americans Uneasy with Mix of Religion and Politics," Pew Forum on Religion and Public Life, August 24, 2006; www.pewforum.org.
5. "U.S. Public Becoming Less Religious," Religious Landscape Survey, Pew Research Center, November 3, 2015.
6. Baier, et al., *Income and Education of the States of the United States*, 1840–2000.
7. Hanna Rosin, "God and Country," *The New Yorker*, June 27, 2005.
8. "Many Americans Uneasy with Mix of Religion and Politics," Pew Forum.
9. Maureen Dowd, "Awake and Scream," *New York Times*, September 16, 2006.
10. Mead, "God's Country."
11. "Many Americans Uneasy with Mix of Religion and Politics," Pew Forum.
12. Patricia Zapor, "End of 'Catholic Vote'?", Catholic News Service, November 9, 2004.
13. Chris Suellentrop, "The Rev. John McCloskey: The Catholic Church's K Street Lobbyist," *Slate*, August 9, 2002; http://www.slate.com/id/2069194.
14. Antonin Scalia, "God's Justice and Ours," *First Things: The Journal of Religion and Public Life* (May 2002).
15. Graduate Center, City University of New York, *American Religious Identification Survey*, 2001, exhibits 1, 3.
16. "Public Divided on Origins of Life," Pew Forum.
17. Sam Harris, *The End of Faith: Religion, Terror, and the Future of Reason* (New York, 2004), p. 20.
18. Harold Jacoby, *Practical Talks by an Astronomer* (New York, 1902), p. 48.
19. See Susan Jacoby, *Freethinkers*, p. 343.

20. 410 US 113.
21. "God and American Diplomacy," *The Economist,* Februrary 6, 2003.
22. Quoted in Stephen Phelan, "Oh Come All Ye Faithless," *Sunday Herald* (London), January 8, 2006.
23. Carson Holloway, "The Public-Intellectual Menace," *National Review,* June 19, 2006.
24. "Spirit and Power: A 10-Country Survey of Pentecostals," Octtober 5, 2006, Pew Forum on Religion and Public Life.
25. Jeffery L. Sheier, "Faith in America," *U.S. News & World Report,* May 6, 2002.

第九章　垃圾思想

"垃圾科学"近年来成了一个时髦的贬义词,不过,它的含义恐怕和理智的人所预想的不同。对科学家来说,这个词大体上是——从占星术到"智能设计论"——伪科学的同义词,它们试图通过既无法证实,又无法证伪的方式来解释物理世界与人类社会。正如十九世纪的社会达尔文主义和如今的智能设计论,尽管伪科学用科学的语言掩饰自己,但它们的铅做的心却丝毫不为事实挑战所动。正如天文学家卡尔·萨根(Carl Sagan)所说,真正的科学与伪科学的区别在于,前者"因错误而成长,将错误逐个排除",而后者却包含了"往往经过了精心编织,因此不受实验反证影响,大体说来无法被推翻"的理论。可是,当真正的科学家拒绝接受伪科学主张时,"却会引出打压它们的阴谋论"。[1]

但垃圾科学还有一层政治化的含义,与真正的科学家们在用这个词时的意义截然不同。右翼政客和时事评论家挪用了这个词,用来描述与他们的政治、经济或文化议题相冲突的一切科学共识。互联网上涌现出了无穷无尽的右翼网站,它们给从关于全球变暖的气候学研究到表明安全套能减少性病传播的研究在内的一切都贴上了"垃圾科学"的标签。就连 DNA 测试也被右翼归为垃圾科学,因为它颠覆了以目击证人与间接证据为基础的旧有判决——在极右世界里,导致囚犯被释放的所有因素都被视同对犯罪的软弱,哪怕他们当初是被冤枉的。

右翼对垃圾科学一词的扭曲与政治化，只是那种可以恰如其分地用垃圾思想来描述的更普遍现象的一部分。垃圾思想在人文社会科学与自然科学领域中皆有表现，它的典型特征是反理性主义，以及对事实反证与专家观点的轻蔑。垃圾思想来自左右两翼，这一点再怎么强调也不为过，尽管学术界、政界和文化机构中的左右两方都乐于指责对方是唯一的非理性之源。

右翼喜欢给垃圾思想打上政治正确（指的其实只是一切违背右翼价值观的东西）的标签，而左翼则倾向于着重强调垃圾思想是宗教基要主义和迷信的副产品。此外，被大为吹捧，有时也被称为温和派的中间派美国人也无法置身事外，有些信仰体系把事实证据视为更深层的直觉性"通晓之路"上令人讨厌的绊脚石，它们有着让人无法抗拒的吸引力。假如接受垃圾思想的只有疯子和宗教极端分子，它的影响就不会如此恶劣。有些普通人怀有一种宽容的信条，相信应当平等看待一切观点，极少区分观点与事实；垃圾思想的真正威力恰恰在于它对这些人的影响。最高法院大法官安东尼·肯尼迪 2007 年撰写的支持禁止"部分生产堕胎术"[①]的 5∶4 多数意见就是结合了垃圾科学的垃圾思想主流化的典型案例，肯尼迪将堕胎可能导致的"严重抑郁和丧失尊严"作为最高法院的判决依据之一。肯尼迪甚至承认"我们没有发现度量这种现象的任何可靠数据"，但还是说"似乎可以无可指摘地得出结论，一些女性会后悔选择让自己孕育的婴儿流产"。[2]

事实上，肯尼迪这里提到的是一个垃圾科学概念——"堕胎后综合征"——这个概念是反堕胎组织以收集到的传闻为依据发明出来的。没有一项经过科学设计的研究可以证明与创伤后压力综合征类似的"堕胎后综合征"的存在，但美国心理学会在八年时间里针对 5000 名女性所进行的大型随机研究发现，有过堕胎经历的妇女罹患抑郁或压力相关疾病

[①] 又称"完整扩张吸取术"，一种妊娠中后期流产术。反对者认为，此时胎儿已有感知，进行流产相当于"部分生产"。——译者注

的几率并无显著提高。³ 尽管如此，最高法院的多数派选择了忽略真正的科学研究，以基于传闻的结论为依据作出了判决，那样的结论正是垃圾科学的本质。当然"有些女性"在堕胎之后会深有悔意，就像很多女性会经历严重的产后抑郁一样（与"堕胎后综合征"不同，产后抑郁是一种得到了科学记录的疾病）。但是，我们并不会制定法律来禁止所有女性——或者仅仅是有过危及她们自身和婴儿生命的产后精神疾病病史的人——生孩子。

那些站在思想谱系的边缘生产和传播垃圾思想的人——阴谋论博客写手——和那些靠近思想谱系中央，甚至身居这个国家最高法院威严大厅里的人们的区别仅仅是，后者下毒时会更注重配伍。还有别的可能吗？对于普通美国人，包括那些并非天生就倾向非理性的人而言，这个国家的垃圾思想菜单就和它供应的垃圾食品一样，多种多样，简单易得。垃圾思想是一种很难避免的精神状态。按一下遥控器，点一下鼠标，反理性主义世界便会向你敞开大门。我们来看两个例子，报道它们的不是罔顾事实的博客圈子，而是主流媒体和科研人员。

《新闻周刊》2005年的一篇题为"男孩的大脑，女孩的大脑"（Boy Brains, Girl Brains）的封面报道是这样一本正经地开篇的："三年前，肯塔基州欧文斯伯勒的福斯特小学校长杰夫·格雷（Jeff Gray）意识到，他的学校需要帮助——迫切需要……因此格雷参加了一个颇有争议，面向教育工作者的有关大脑发育的培训，之后调整了一二年级的课程。最大的改动是：他按性别作了分班。格雷通过培训了解到，男性可能会由于大脑中血清素含量较低而更加好动，于是他撤去了男生班里的课桌，让他们可以在一天中安排几次短暂的活动时间。因为女性有较多与感情相关的催产素，女孩们的教室里设置了一块铺着地毯的区域，她们可以坐在那里讨论自己的感受。因为男孩体内睾酮水平较高，理论上会因此更富竞争性，他们的测试题是有时间限制的多项选择。女孩们也需要完成多项选择测试，但她们有更充裕的答题时间……"⁴

关于祈祷对康复的促进作用的一个令人期待已久的研究发现，陌生人的祈祷不会给心脏手术后处于恢复期的病人带来任何益处——尽管研究中并未涉及任何来自亲友的祈祷。[5] 这项耗资 240 万美元的研究在前后十年时间里覆盖了 1800 名病人，它的主要资金来源是持续资助灵性研究的约翰·邓普顿基金会（John Templeton Foundation）。2000 年以来，不愿在让科学与宗教联系起来的奋力尝试中落后的美国政府也为有关祈祷的研究投入了 230 万美元。为邓普顿基金会研究中的病人祈祷的是罗马天主教会的修士和修女群体，以及新教福音派的祈祷牧师团，两者的祈祷都没有效果——这让人想起了克里斯托弗·迪朗（Christopher Durang）的戏剧《修女玛丽·伊格内修斯为你解释一切》（Sister Mary Ignatius Explains It All for You）中的话："上帝总是会回应我们的祈祷。有时候回应是不行。"祈祷研究的支持者们并没有被这样的结果吓倒，他们表示，还需要进一步研究，而且不论结果如何，他们都知道祈祷有用，因为他们可以亲身感受到祈祷的力量。

这些看似不相干的垃圾思想案例有一个共同点，它们几乎都和事实证据毫无关联。对祈祷的研究是为笃信宗教之人一直相信的东西——祈祷可以治愈疾病——找出科学依据的失败尝试。如果研究得出了相反的结论，报纸上的大标题就会写着，"科学证明了祈祷的威力"。事实上，相信那些东西的人并不在乎研究结果。在参加了这项祈祷研究的福音派团体沉默联合（Silent Unity）中任精神导师的鲍勃·巴思（Bob Barth）对研究结果不屑一顾，他宣称"我们已经祈祷了很久，我们见过祈祷起效，我们知道它有用，对祈祷和灵性的研究才刚刚起步"[6]。

"男孩的大脑，女孩的大脑"实验是垃圾思想另一个更为复杂的例子，因为它的依据是与事实有一定联系的教育理论，这些事实首先就是两性之间明显的激素和解剖学差异。出于文化或生理因素，男孩和女孩在学习习惯方面确实存在一些可以验证的差异，但这些并不足以成为让公立教育转向，强调两性差异而不是两性之间大得多的相似之处的理由。

以《新闻周刊》的文章为例,当那些曾经被允许在教室中跑动的男孩子要在设有桌子和工位的普通办公室中工作的时候,会发生什么,当那些曾经可以在测试中得到更长时间的女孩子要和男孩们在同样的时限内考完试的时候,会发生什么,文中完全回避了这些问题。垃圾思想也许会强调,男人来自火星,女人来自金星,但事实却是,男人来自地球,女人也来自地球。[这句话要归功于《理性》(Reason)杂志的特约编辑凯西·扬(Cathy Young)。]可是,如果让垃圾科学的践行者在公立学校中设立足够多的男女分班,他们一定能找到办法证明,迎合男女生之间任何天生差异都有好处。

用科学和理性的语言来推行非理性,这是垃圾思想最令人气恼的地方之一。"男孩的大脑,女孩的大脑"这个学校实验中的魔力词语是血清素和催产素;如果那位校长因为研究证明女孩喜欢粉色而把她们放在独立的粉色教室里,他一定会沦为笑柄。在垃圾思想领域中,催产素是一个反复出现的魔力词语。由乔治·W. 布什选任为唯一一个由联邦资助的针对低收入青少年的生育控制和生殖健康项目负责人的埃里克·凯鲁亚克博士(Dr. Eric Keroack,由于之前在马萨诸塞州经营的诊所卷入了一场不断发酵的医疗补助丑闻,他在2007年4月意外辞职)事实上对避孕措施持反对态度——至少反对未婚女性采取避孕措施。[7] 在前往华盛顿之前,凯鲁亚克积极鼓吹着一种伪科学论点,根据这种论点,婚前性行为会损害建立长期稳定关系的各种可能,因为进行婚前性行为的人每次性交都会"损失"催产素——一种能够提升亲密程度的激素。凯鲁亚克的催产素理论似乎依据的是对一种名为草原仓鼠的小型啮齿动物的研究,它还让我们想起了电影《奇爱博士》中杰克·D. 里巴(Jack D. Ripper)将军对共产主义者控制"宝贵的体液"的令人印象深刻的恐惧。凯鲁亚克没有简简单单地说"坏女孩下地狱",而是为自己以信仰为基础的伪医学找到了听上去有科学依据的解释,这是他属于垃圾思想群体的确证。

宗教基要主义和世俗反理性主义的结合是过去五十年来垃圾思想

传播的独特特征。我们完全无法确知，相比二十世纪中叶，如今有多少美国人相信结果无法以科学手段衡量的自助运动，相信效果不明的心理或生理疗法，相信占星术和通灵术这类传统的垃圾思想源泉。这些现象难以量化的一个原因是，它们既无固定组织，又无处不在，跨越了人们可以同时对各种反理性哲学加以限定的种种界限。和传统宗教相比，在二十世纪八十年代登上垃圾思想舞台的新纪元灵性运动要灵活得多，它的信徒可以同时心怀逻辑上与之不相容的其他信仰，又几乎没有精神和智识上的不安。

我们可以相当肯定地说，过去五十年来，反理性的垃圾思想在美国赢得了尊严，与世俗和宗教思想中最容易受骗的部分发生了有害的互动，而且事实证明，它们拒绝接受同一时期科学知识的广泛拓展。六十年代晚期以来，那些从信徒情绪性的坚定信仰中获取无穷力量的理论越发普及。反疫苗运动是这种现象过去十四年来最重要的例子，反疫苗运动错误地把预防麻疹、腮腺炎、风疹的麻腮风三联疫苗和自闭症联系在一起（针对许多国家超过一百万名女性的多项研究证明了这种看法的错误）。麻腮风三联疫苗的注射往往在婴儿十五到十七个月之间进行——正是警觉的父母们开始注意到自闭症早期症状的时候。自闭症的真正病因尚不明确，许多痛苦的父母们要求得到解释的心情完全可以理解。这方面的电视报道经常采访的是认定疫苗造成了子女自闭症的心碎父母，当医学研究人员试图在同一个报道中提出相反的科学证据时，他们总是显得冷血无情。

六十年代，种种较为偏执的现象使得垃圾思想公然反科学和诉诸情绪的特点都有所加强——既有左派对与军方有关的一切研究的怀疑，也有右派对人文与科学领域的自由主义知识分子同样强烈的质疑。但是，垃圾思想王国影响力的大规模扩张发生在七十年代，那时，曾经的社会抗议者们退到了自我陶醉的新纪元运动和自助运动之中。到了八十年代，反理性主义已经变成了一种庞大、多媒体、无关政治的商品，与六十年代的青年文化相当，由曾经驻扎在两派营垒中的婴儿潮一代加以推销。推销反理性主义很简单，因为垃圾思想总能带来捷径——不论是无须减少卡路里摄入的减肥饮食，为不良行为推卸责任的虚假歉意（"你受伤了我很难受"而不是"把你弄伤我很抱歉"），还是那种疗效很大程度上取决于病人态度是否积极的疗法。

最后，反理性主义在二十世纪晚期的美国的突然爆发还有一个根源，那就是美国思想中那种古老得多的非政治性倾向——对专业知识根深蒂固的怀疑与普通人更有智慧的民间信仰的结合。既充满讽刺意味又意料之中的是，对专家权威的猜忌在七八十年代爆发，而在此前的数十年中，公众对科学权威的敬意达到了前所未有的高峰——这种敬意有时甚至高得过分。

在我五十年代的童年时期中，美国人对科学与医学的尊重近乎崇敬。美国的科学技术对二战中盟军的胜利居功至伟，投向广岛和长崎的原子弹为太平洋战场画上了句号，那时的普通美国人极少对它们的道德性提出质疑。在 1957 年苏联发射斯普特尼克卫星之前，美国在科学方面的领先地位在公众眼中都是一种必然，但是，对俄国人赢得太空竞赛的担忧事实上提高了科学的地位，因为它为大幅增加基础科研和科学教育领域的政府开支提供了理由。假如美国的优越感在 1957 年没有受挫，那么十二年后的登月也许不可能成为现实。但是，尼尔·阿姆斯特朗的月面行走代表的不仅是国家和民族的成就：在那个独一无二的时刻，启发了美国人和地球上其他千百万人的，不仅是非凡的技术，还有科学探索的创新潜能。

登月那天，我恰好在佛罗伦萨，跟大批游客和佛罗伦萨人一起在一家电视机商店里观看。当阿姆斯特朗说出那句著名的"这是一个人的一小步，却是人类的一大步"（That's one small step for a man, one giant leap for mankind.）时，我们都屏住了呼吸。一个意大利人机智地说，我们非常荣幸，能在这片"伽利略的脚步"踏过的圣地见证这件大事。似乎很多人听错了阿姆斯特朗从月球传回的带着杂音的语音，认为他说的是一句不那么有诗意、不通顺的话："这是人的一小步，却是人类的一大步。（That's one small step for man, one giant leap for mankind.）"赋予宇航员情不自禁的感叹以美和情感力量的，当然正是句子里的冠词"a"（一个）——它强调了个人与人类的对比。少了这个词恰似一种普遍得令人生厌的话，"我还有点兴趣（I could care less）"——说话人其实想表达的是"我一点兴趣都没有（I couldn't care less）"。

所有我们那些在佛罗伦萨的电视机商店外的人都没听错阿姆斯特朗的话，但直到原始录音带在 2006 年完成数字修复之后，媒体才最终把这句话弄对了。（阿姆斯特朗本人说，他一直知道自己说的是"一个人"。）应当对越战负责的军事－工业综合体同样也是把人送入太空的军事－工业综合体，这个事实在 1969 年丝毫没有让我感到焦虑；这种不协调是婴儿潮一代成长中的一部分，说自己对阿姆斯特朗的月面行走无动于衷的人要么是在说谎，要么当时已经吸毒吸嗨了。

虽然武器和太空探索在国家自我形象的构建中不可或缺，但在培养普通美国人对科学的尊重方面，医学扮演了更重要的角色。二战结束后的十五年里，抗生素和疫苗战胜了每年导致成千上万名儿童死亡或残疾的最常见的重疾。在抗生素的帮助下，肺炎和产后并发症等过去死亡率较高的疾病对于儿童和成人来说不再是致命威胁。二十世纪三十年代中期，每 150 名女性中就会有一人死于分娩，到了五十年代，这个残酷的统计数字降到了二千分之一——部分是因为人们已经可以用青霉素来治疗产后感染。（产妇死亡率如今只有万分之一。）[8] 我的同龄人都无法忘记被脊髓灰质炎的恐惧所笼罩的夏天——告诉我们这种恐惧的不仅仅是我们的父母，还有常见的穿戴着支架的脊髓灰质炎患儿——那种恐惧直到索尔克疫苗①1954年投入使用之后才消失。

我的母亲担心那些未经大量人群验证的医疗手段可能存在严重的副作用，因此一直没能决定是否要让我和哥哥接种疫苗。但和那时候的大多数人一样，当儿科医生告诉她我们应该接种的时候，她接受了医生的建议。"这方法有用，"医生对她说，"你的孩子们将成为我们这个时代最伟大的医学奇迹的一部分。"确实如此。四十年代末和五十年代是属于医学奇迹的时代，和器官移植等更为晚近的医学奇迹不同，发生在我儿时的那些医学进步针对的是威胁着每一个人的疾病，因此更加令人赞叹。如果有人在1969年的时候对我说，九十年代会爆发一场被新闻媒体带着敬意报道的反疫苗运动——垃圾思想和垃圾科学的代表——我会觉得这种预言纯属胡话。

垃圾科学与垃圾思想的无法分割充分体现在了其中缺乏逻辑的特征上，这种特性又往往和蓄意的操纵联系在一起。无法区分巧合与因果关系，是其中第一个，也是最重要的警示——区分巧合与因果是掌握科学知识的基本要求。正是因为这一点，如果孩子在接种疫苗后数周到数月间发病，痛苦的父母们很容易把疫苗当作罪魁祸首。反疫苗运动中充斥着阴谋论，它们与右翼对政府的不信任和左翼对传统疗法的不信任都有关联——后者是六十年代后期到七十年代的整体医学②与新纪元运动中的极端派别留下的遗产。近二十五年来，自闭症的发病率在世界各地似乎都出现了明显增高。（我想强调的是"似乎"一词，因为很多流行病学专家对自闭症病例是否真的有所增长持怀疑态度，他们认为，造成这种现象的原因是，一些患有其他不那么严重的神经或行为障碍的儿童也被算在"自闭症谱系"当中。）为什么幼儿会患上这种在大部分历史时期会被看作上帝旨意的神秘疾病，人们也研究了可能的环境影响，但在这

---

①首例安全有效的脊髓灰质炎疫苗，得名于研发该疫苗的美国医学家乔纳斯·爱德华·索尔克（Jonas Edward Salk）。——译者注
②另类医学的一种，相信心灵会影响"身体机能和症状"，声称可以通过探索身心之间的联系来维持人的健康。——译者注

个问题上，科学界还没有明确答案。不论究竟是什么原因导致了自闭症报告病例数上升，与之相关的一个巧合是，推荐儿童接受的免疫接种数量也增加了。反疫苗组织特别关注的是一种相对较新，于 1987 年引入的三联疫苗，它可以帮助儿童对麻疹、腮腺炎和风疹免疫。语言发育迟缓和拒绝玩闹属于自闭症最初的一些征兆，父母们自然会在儿科医生按常规为孩子们注射麻腮风三联疫苗的当时或不久之后注意到孩子的症状。自闭症早期症状总是在孩子出生第二年年末出现，但反对疫苗接种的人对这样的事实无动于衷，他们只是继续寻求扩大疫苗接种的法定豁免权，以实现所有疫苗的自愿接种为最终目标。所谓疫苗导致自闭症的观点遭到了越来越多的科学证据的驳斥，但无论是反疫苗运动，还是倾向于把故事说成爱心父母大战冷血科学家的媒体，都对此视而不见。2014 年，一批澳大利亚科学家分析了覆盖了丹麦和日本 120 万名儿童的十项研究。所有这些研究都对比了接种和未接种过疫苗的儿童，发现两者的自闭症发病率并无差异。[9] 自然，特朗普——诋毁任何领域的任何专家的言论已经成了他的习惯——在 2016 年大选中又给反疫苗运动扔了一根美味的骨头。特朗普声称，他有一个朋友的孩子原本十分正常，但在接种了麻疹疫苗之后患上了严重的疾病。特朗普说，这样的经历让他得出了一个结论，他的政府一定要新设一个委员会，去调查自闭症和疫苗的关联。忘了那些涵盖全球 120 万名儿童的研究吧，忽略丹麦、芬兰、日本和澳大利亚那些"未开化的"国家里的科学家的话吧，就这样"让美国再度伟大"。

在出于宗教原因不接种疫苗的阿米什人群体中，麻疹频繁而严重的爆发引发了公共健康担忧，反疫苗斗士们却对此毫不在意。这些爆发表明，如果足够多的人成功逃避要求儿童进入公立学校前接受免疫接种的州级法律，那些致命的儿童疾病很容易卷土重来。强制免疫的反对者们带着近乎宗教的狂热认为，政府的法令不应当给任何一个孩子带来哪怕一点点危险——众所周知，所有药物都有一定的副作用风险。怎么强调都不为过的是，反疫苗运动是左右两翼共同的产物。很多受过良好教育，倾向自由主义的父母是七十年代的整体医学运动的后裔。与右翼对气候变化专家的怀疑相比，这些父母在疫苗问题上对医学专家的怀疑毫不逊色。

此外，反疫苗斗士们都知道，只要大多数人依然接种疫苗，他们的孩子们事实上就可以搭便车：讽刺的是，只有在反疫苗运动成功推翻旨在保护所有人免受古老灾祸侵袭的强制性法律之后，没有接种疫苗的孩子们才会面临真正的危险。垃圾科学利用了那些对风险—收益平衡，或对免疫接种预防恶疾的历史知之甚少的父母的恐惧和无知。"今日针灸"（Acupuncture Today）网站上提到了这样一个典型例子，死于百日咳的几率如今仅有数百万分之一，而接种百日咳、白喉、破伤风三联疫苗后发生严重不良反应的几率为一千七百五十分之一，而且"疫苗导致的死亡人数高于相关疾病的致死人数"。[10] 在如今的美国，死于百日咳的风险当然小到可以忽略，因为在疫苗的保护下，数百万儿童完全不会患上这种疾病。垃圾思想的宣传者们正在呼吁公众放弃的，正是那些让传染病的死亡率大大降低的疫苗。为垃圾科学的传播提供了文化媒介的垃圾思想控制了他们。

垃圾思想的另一个明显特征是，他们搬弄的**好似**科学的语言背后并没有科学证据和逻辑。下面是《纽约时报杂志》对国家疫苗信息中心（National Vaccine Information Center）主任洛·费希尔（Loe Fisher）的采访，这实际上是一个反对疫苗强制接种的组织，但它运营的网站却在用标题吸引着那些寻找着真正的医学建议的人。

问：很多人认为疫苗是二十世纪最伟大的医学成就之一。你不同意这种评价吗？

[费希尔]：确实，由于大规模免疫政策的实施，儿童传染病的发病率在过去四十年中有所下降。但是，与此同时，我们发现哮喘和学习障碍的发病率翻了一番。糖尿病发病率是原来的三倍。每500

名儿童中就有一个患有自闭症。我们需要研究的是，这种用在每个儿童身上的疗法是否可能是慢性疾病和缺陷背景发病率上升的原因。[11]

费希尔先是承认传染病发病率的下降，然后巧妙地转移了话题；"与此同时""哮喘和学习障碍的发病率翻了一番""糖尿病发病率是原来的三倍"，这是将巧合与因果关系混为一谈的典型的伪论证。她的话听起来很有道理——如果你对科学一无所知的话。过去五十年来，离婚率提高了，劳动力队伍中的女性数量也增加了，但却没有人推断说疫苗与这些现象有关。费希尔提到的四种现象——学习障碍、哮喘、糖尿病和自闭症——当中，只有自闭症在医学上依然是个可怕的谜团。原本只会发生在成人阶段，如今却在儿童和青春期的少年身上出现的Ⅱ型糖尿病发病率确实出现了急剧增长。这种变化和美国人肥胖率的增长高度相关，基于无数临床研究，医疗主管机构当前认为，每年新发糖尿病病例中超过半数可以通过减肥来防止病情加重。学习障碍则是另一回事，由于这种情况在五十年前极少得到认知和诊断，我们无法判断它们如今是不是更加普遍。人们如今已经广泛接受读写障碍综合征的概念，患有读写障碍综合征的儿童智力正常，但却在学习读写方面困难极大，在我小时候，这种情况往往被看作懒惰、愚蠢或是逆反。如今被诊断为读写障碍综合征的儿童在学习读写的过程中可以得到合适的帮助，他们可以过上完全正常的生活。

数学知识缺乏——对基本的数学和统计概念缺乏理解——是很多垃圾思想的第三个重要元素。媒体和公众对医疗风险相关研究的过度反应很大程度上是数学知识缺乏的结果。新闻报道经常说，服用某种药品或摄取某种特定类型的食物会大比例地增加或降低患上某种疾病的风险。但这里的关键并不是变化幅度，最重要的其实是风险的发生率。为了便于讨论，我们假设某种药品会让人们在二十岁时患上一种致命疾病的几率变成原来的两倍。假如染上这种疾病的风险本来就只有百万分之一，那么从公众健康的角度来说，这种从百万分之一到百万分之二的变化其实毫无意义。但假如有二成的人已经面临患上这种疾病的危险，从二成到四成的变化有足够的理由让我们把这种药品从市场上撤下。

数字和理解数字的能力，十分重要。费希尔 2001 年接受《纽约时报杂志》采访时，引用了儿童中自闭症发病率为五百分之一这个当时的标准数字。2006 年，美国疾病控制与预防中心（Disease Control and Prevention）调整了标准，该中心发布的一份报告指出，可能有多达一百五十分之一的儿童患有自闭症"和相关疾病"。大部分报纸的头条新闻和电视报道都没有就"相关疾病"是否和典型自闭症同样严重这个问题提出疑问——典型的自闭症通常被定义为一种罕见病，患儿无法清晰说话，难以和他人进行情感交流。可是，标准的大标题只会写道，"自闭症发病率高于预期"。[12]

事实上，疾控中心的标准中包含了如今被统称为"自闭症谱系障碍"的所有与发育有关的疾病，包括从情绪管理障碍到语言障碍等远不及典型自闭症严重的各种问题。两位顶尖的流行病学专家在《纽约时报》专栏版上撰文揭穿了把自闭症描述成"流行病"的垃圾思想正统理论。他们指出，尽管"较早期的研究依据的是对自闭症的狭义定义，往往基于某家诊所或医院中自闭症患儿数量的统计……现代研究方法采用了更为宽泛的标准，不遗余力地找出特定地区中的所有自闭症患儿，包括那些之前并未被诊断为自闭症的孩子。尽管这种疾病的实际流行情况并无变化，但这种研究方法使得新的评估数字一定会高于之前"[13]。这篇文章为编辑们招来了多得不可思议的愤怒信件，对于写信的那些代表所属的组织而言，相信自闭症爆发的存在和罗马天主教会的圣餐变体论①一样属于核心教义。突然发现某种广为人知的疾病发病率比原来的评估高得多，对这种发现的怀疑丝毫没有低估自闭症——还有不那么严重、带有

---

① 一种认为尽管圣餐面包和葡萄酒的外表没有变化，但已经变成了耶稣的身体和血液的主张。——译者注

一些自闭症特征的学习障碍——的严重性。如果说一百五十分之一的美国儿童患有典型自闭症,而不是可以通过各种方法进行治疗的不那么严重的发育障碍,这意味着最严重的公共卫生危机。

数学知识的缺乏同时也以更微妙的方式出现在了种种流行心理学理论和依赖情绪与个人体验的运动当中。在二十世纪八九十年代被越来越多的心理治疗师们所接受的"记忆恢复"理论就是一例,这个理论的基本理念是,大部分儿时经历过性侵的人都压抑了自己的痛苦记忆,但是通过治疗让他们记起意识中遗忘的那些事情会对他们有所帮助。记忆恢复的鼓吹者们列举了与童年时受到过性骚扰的女性有关的数字,但那些数字既无旁证,又不可靠。社会工作者、《秘密的幸存者:解密乱伦及其对女性的影响》(*Secret Survivors: Uncovering Incest and Its Aftereffects in Women*,1990 年)一书的作者 E. 苏·布卢姆(E. Sue Blume)声称,多达半数的美国女性年轻时遭受过性侵。[14] 半数。对于像美国这般辽阔和多元化的国家来说,如果说半数人口受到了某种现象的影响,那么这种现象一定是种种社会力量强有力的联合所造成的结果。是不是有超过半数儿童在吃快餐呢?当然是的,因为快餐消费受到了多种力量的推动,其中一些形成合力的因素有电视广告、快餐相对低廉的价格、越来越多需要上班的母亲没有时间来准备传统餐食、年轻人烹饪技艺的缺乏和单亲家庭数量的增加。更重要的是,美国人对快餐的消费——不同于压抑记忆的普遍性——可以通过客观标准来衡量。

但什么样的社会力量会导致半数女性经历了童年性侵的恐怖,而后又忘记了她们所经历的恐怖呢?所谓的"半数"比例毫无意义,这就是这种说法的唯一含义。当然,为了自圆其说,压抑记忆产业对性侵作了非常笼统的定义,情感和身体上的伤害都被包括在内——笼统到毫无意义的定义是垃圾思想的另一个显著特征。"遭受侵害之后的通常反应是把它们从意识中清除。"精神科医生朱迪斯·赫尔曼·刘易斯(Judith Herman Lewis)在《创伤与复原》(*Trauma and Recovery*,1992 年)一书

第九章 垃圾思想 225

的开篇如此写道,对于那些相信很多受害者压抑了儿时乱伦记忆的治疗师和病人,这本书成了他们的《圣经》。[15]谁说的呢?告诉那些开始接受治疗的病人吧,他们前来,恰恰是因为需要帮助,要去对抗那些他们无法遗忘的可怕的真实经历。

压抑记忆理论的主要驳斥者弗雷德里克·克鲁斯(Frederick Crews)指出,此类垃圾思想最恶劣的影响是,它们让对抗性侵儿童行为的重要而真诚的持续努力蒙上了阴影,对儿童的性侵如今依然是被低估的。七十年代初,女性主义运动的压力迫使父母和公职人员正视此前从未讨论过,也不可言说的儿童性骚扰真相,由此为美国社会作出了巨大贡献。但是,说对儿童的性骚扰——犯下这些罪行的往往是父母、看护人、教师和牧师等一般认为值得信赖的人——比美国人在七十年代之前所认识和承认的严重得多是一回事,说这些罪行报告不足是因为受害者们遗忘了发生过的事情又完全是另一回事。动摇了美国天主教会的恋童癖丑闻明确证明,儿时遭受过牧师性侵的人成年之后永远无法忘记玷污了他们童年的性侵者。他们并没有无意识地压抑自己的记忆,而是因为羞耻感、因为担心没人相信自己、因为想要保护自己的家庭与信仰而刻意地抑制了它们。

左右两翼对专家的非难只有在公众无法区分好科学、坏科学与伪科学的情况下才能起效。过去二十年里,医学研究详细说明了美国肥胖率的攀升在公共健康方面所导致的严重后果,其中又以 II 型糖尿病的爆发最为显著。与此同时,一种名为"肥胖研究"的新型非科学学术专业出现在不少大学校园之中。那些开始以肥胖研究为业的教授们——很多是原本专攻女性研究的社会学家——认为关于肥胖对健康的负面影响的科学数据只不过是针对超重人群的社会偏见的产物。加州大学洛杉矶分校社会学教授阿比盖尔·C. 萨吉(Abigail C. Saguy)说:"由此引出了一个非常有趣的社会学问题:这个问题(肥胖)为什么现在如此受关注,为什么我们那么担心体重?"[16]为什么呢?引发这种担忧的,是明确证明了近三分之一的美国人达到了医学上的肥胖标准——而不只是一般性的超重——因此面临着糖尿病、中风和多种癌症风险的医学研究吗？肥胖研究领域的阴谋论者却不以为然。洛约拉大学历史学教授罗伯特·巴克霍尔兹（Robert Buchholz）2005年在流行文化协会（Popular Culture Association）——这个组织把肥胖研究列入了它认为适于学术研究的话题——年会上提交了一篇论文，文中指出，在1702年至1714年间统治英国的安妮女王仅仅因为肥胖就被历史学家们忽视了。这位教授没能解释的是，为什么同一批仇恨胖子的历史学家非常关注俄国的叶卡捷琳娜大帝，她在位的大部分时间里也很胖。还有维多利亚女王，尽管她在十几二十岁的时候按当时的标准不算丰满，在即位钻禧①纪念之前倒是长胖了不少。

　　专家有时候会作出完全错误的预测，左右两翼的垃圾思想传播者都把这个无可争辩的事实作为他们最爱的论据。来自右翼的全球变暖批判者们喜欢把当前的科学共识比作六十年代末七十年代初部分人口学家对不受控制的人口增长的糟糕预言。[17]垃圾思想中总会留有些许真相，确实有著名人口学家警告过，如果政府不去推行严格的强制节育，美国和全世界都会面临饥饿的危险。《人口炸弹》（*The Population Bomb*，1971年）一书的作者保罗·埃利希（Paul Ehrlich）预言道，到八十年代，美国的城市将陷入食品骚乱的动荡之中。我们现在已经知道，人口学家的末日预言在很多方面犯了错误——最明显的就是误判了这个世界为自身供给食物的能力。如今依然有挨饿的人，但世界上饥饿问题的原因是政治上的失败和资源分配不均，而不是农业生产无法满足这个星球上的人口。末日人口学家们错就错在，他们认为自愿节育不会有用，在发达国家中尤其如此。但他们当然没有误判所有方面：例如，如果中国没有采取包括强制一胎政策在内，从西方角度看显得残忍与不民主的措施来控制人

---

①钻禧（Diamond Jubilee），通常指个人事件的60周年纪念（如结婚纪念、君主登基纪念）或集体事件的75周年纪念。——译者注

第九章　垃圾思想　227

口增长，中国就无法实现经济发展。

　　垃圾思想对人口学和气候学的类比是有意无意的误导，因为人口学并不是和气候学、物理学和生物学一样的自然科学。人口学属于社会科学领域——这是关于各种社会关系之中的人类研究的统称。我在这里用"科学"这个词，只是因为它被学术界、新闻界和公共话语广泛接受；但对人类生殖选择的研究不可能像对恒星和循环系统的研究那么客观，也不可能像后者那样接受客观检验。包括人口学家在内的社会科学研究者使用着很多自然科学工具（包括计量和数学），但当他们把人类过往的行为当作依据，对人类未来的行为下结论的时候，他们的论证往往非常不科学。和研究生育模式的人口学家一样，研究女性堕胎后反应的心理学家能告诉我们的只是人类过去的行为方式——而不是他们在剧变之后的未来条件下可能的行为方式。今日圣诞鬼魂对斯克罗吉说，他预见到，如果未来的影子不变，小蒂姆就会死去。[①] 无论是埃利希在说出他的预言，还是我们在听他的预言时，都应该秉持和那些小说人物同样的精神。但在埃利希的预言中，未来的影子却**发生**了变化——女性大规模进入职场，生育年龄推迟导致生育数量下降，而且人们意识到，在后工业时代经济中，太多子女不是财富，而是负担。相反，今天的气候学家却没有假定人们不能或不愿改变自己的行为：他们小心翼翼地说出的是，如果我们不减少化石燃料消耗，地球的气温将会继续上升，给这个星球带来不利影响。同样值得一提的是，因为气候学属于自然科学而不是社会科学，它评估现状的依据是事实证据，而不是意识形态。当人口学家说美国如今依然人口过多时——包括埃利希在内的很多人说的其实是——他们只是在对多少人、哪些人算是太多作出了自己的主观评价。影响他们观点的可能是拥堵的高速公路，名牌大学激烈的入学竞争（在加州等地，第三代和第四代美国白人在这场竞争中正在输给第一代和第二代亚裔美国人），还有可能是因为他们相信增长中的拉丁裔人口是对美国说英语

[①] 典出狄更斯的小说《圣诞颂歌》（*A Christmas Carol*）。——译者注

的盎格鲁—撒克逊传统的主要威胁。

不论人们是否认同这些担忧,它们都属于观点,而非事实。但是,当气候学家谈及当下的全球变暖时,他们说的是一种可以客观度量的现象:极地冰盖的缩小,高山积雪的消失,海平面的上升,北极熊等找不到赖以为生的寒冷气候的濒危物种,突然盛放在温带地区的热带植物……想象一下穿着泳装攀登乞力马扎罗山的景象吧,不论这让你感到高兴还是惊恐,这都是可以预见的事实,积雪正在融化。真正有讨论余地的问题是,我们如今是否愿意为了遏制引起气候变化的种种因素而改变自己的行为,如果我们什么都不做,全球变暖最严重的后果会在多久之后影响我们。

垃圾思想不应跟愚蠢和单纯的无知混为一谈,因为运用垃圾思想的往往是非常聪明的人,他们以误导和迷惑大众为目的,而大众又对看穿那些设计低劣的研究所必需的逻辑、科学方法和基础算术缺乏足够的了解。近二十年来进行的历次国际性调查表明,相比其他发达国家,美国的学校在传授基础数学和科学知识方面做得非常糟糕。国际学生能力评估计划(Program for International Student Assessment)2015年针对数学、科学和阅读能力的教学评定是最近的一次国际性调查,此次评定发现,美国15岁学生的数学水平在被调查的72个国家中排行半数之后,在阅读和科学方面的得分也仅略高于平均分。[1] 在数学方面,美国落后于除希腊之外的所有欧洲国家,也不及保加利亚和摩尔多瓦等曾经与前苏联帝国关系紧密或属于苏联一部分的国家。仅有几个亚洲国家和地区排名低于美国,新加坡排名第一,其后是中国的香港、澳门和台湾地区,日本,中国大陆,韩国等。[18] 国际学生能力评估计划的标准以学生运用数学解决实际问题的能力为重点,它所测试的正是理解科研人员和媒体所提出的种种说法中的分数和百分数所需要的技能。综上,在识别以垃圾科学和垃圾思想为基础的研究所需的基本数学技能方面,美国高中学生远远

---

[1] 国际学生能力评估计划由总部设在巴黎的经济合作与发展组织(OECD)筹划,每三年进行一次。

落后于其他发达国家的学生。

美国的学生们在学校中的学习年限更长,但能力上还是落后于欧亚的大部分发达国家,美国作为科技领域全球领袖的自我形象与美国的这种现实之间存在着特有的鸿沟。在土耳其和墨西哥,不会一直有人对那里的人说他们是"第一",或者应该成为第一。更重要的是,在辽阔而强大的国家中,公众的无知对世界其他国家尤为危险,这正是因为强大的国家拥有恃强凌弱的能力。

特朗普颇有争议的教育部长贝齐·德沃斯等人相信,将公共资金投入私立特许学校①可以解决美国的教育问题,但国际学生能力评估计划的调查结果并不支持这种观点。加拿大——一个完全没有将税金投入私立学校的国家——在国际学生能力评估计划对数学、科学和阅读能力的评定中名列前十。[19]值得一提的是,与韩国、日本等其他名列前十的国家不同,加拿大人口结构的多样性与美国十分相似。在德沃斯的家乡密歇根州,她二十年来将大量家族财富投入到了削弱这个州的公立学校的努力之中,也许德沃斯更应该做的是从底特律跨过边境,去加拿大的温莎市看看那里的公立学校是如何取得成功的。

科学知识和对科学方法的尊重并不等于迷信专家,对以事实为依据的科学的仇恨也不能与对科学研究进行伦理监督这种完全正当的关切混为一谈,这两点自不必多言。但是,垃圾思想在美国已经极为普遍,只要一有人批评对干细胞研究的宗教性限制,那些吆喝叫卖非逻辑思想的人就会不可避免地提醒大众想起那些进行过毫无医学意义的残忍人体实验的纳粹医生、苏联的李森科生物学,还有广为人知的2005年韩国科研人员胚胎克隆研究造假事件。揭露这些欺骗行为的自然是其他科学家,因为所有真正的科学研究都必须经过严格的同行审查。科学与伪科学和

---

①特许学校(charter school),指由州政府立法通过,特别允许教师、家长、教育专业团体或其他非营利机构等私人经营的由公共资金负担经费的学校,不受例行性教育行政规定约束。——译者注

垃圾思想的区别正在于此。如果对什么算是好科学这个问题缺乏基本了解，不论是普通公民，还是代表他们的政客，都难以作出缜密判断，无法把江湖郎中、骗子和宣扬坏科学的人同有着真知灼见的专家区分开来。

思想骗局在人文和社会科学领域很难被证伪，也许是因为哲学、文学和艺术领域类似垃圾思想的东西可以轻描淡写地说成见解问题，它们才更为普遍。思想骗局的推手们以知识分子自许，这很可悲，但在学术史记载上却并不引人注目。这种垃圾思想眼中没有任何种族、政治和性别界限；其中最重要的例证之一是学术性的女性主义当中一股虽然滑稽可笑，但却很有影响力的运动，它执意攻击人类探索中最伟大的功绩，认为男性的暴力欲和统治欲无可救药地玷污了它们。这些被玷污的男性至上的探索天差地别，科学和古典音乐都被列入其中。在1986年出版的一本著作中，特拉华大学哲学教授桑德拉·哈丁（Sandra Harding）把科学方法比作"婚内强奸，科学家以丈夫的角色强迫自然遵从他的意愿"[20]。哈丁还提到，女性主义历史学家（我想说的是，只是女性主义历史学家中不合格的少数）关注的是"弗朗西斯·培根（Sir Francis Bacon）和其他……对新的科学方法心怀热情之人的作品中强奸和折磨的隐喻"。她接着写道：

> 连贯一致的分析会得出这样的结论：把自然理解为一个对强奸并不在意甚至持欢迎态度的女性，这对那些关于自然和探索的新理念同样至关重要。这些隐喻想必也为科学带来了丰富的实践、方法论和形而上学的成果。那么，我们为什么不像富有启发和真诚地把牛顿的定律称作"牛顿力学"那样把它们叫作"牛顿强奸指南"呢？[21]

音乐学方面的类似人物是苏珊·麦克拉芮（Susan McClary），她指出，十七世纪和二十世纪之间的古典音乐的独特形式在音乐层面汇集了暴力释放之后失意的男性欲望。贝多芬第九交响曲第一乐章再现部的音符"释放出了音乐史上最骇人的暴力片段",整部交响曲是"自启蒙运动以来形成的父权文化的矛盾冲动在音乐上最强烈的表达"。[22]在学术女性主义中,麦克拉芮的批评并没有被贬作荒谬的边缘理论,相反,她在1995年获颁人人渴望的麦克阿瑟奖金,也就是众所周知的"天才奖金"。

这种最为恶劣的垃圾思想已经体现出了从政治光谱一端转移到另一端的趋势;它们以一种与自然选择的进化论相反的怪异方式改变和被改变着。经过重新包装的垃圾思想必然会带着与原来大不相同的新貌,顶着看似新鲜和富有争议的伪装出现,无论是不是知识分子,都难以看穿它新瓶装旧酒的本质。

智识生活中不适者生存近来最突出的例子之一是重新出现的对两性据称是与生俱来差异的过分兴趣,这些差异被用来解释从科学界顶层女性的缺位到小学男生的注意力问题(正如《新闻周刊》所报道的)的一切。这些差异有时被归因于激素,就像我们在旨在让受到睾酮荼毒的男孩从课桌的暴政中解放出来,让催产素丰富的女孩在课堂上叽叽喳喳或者用短信来交流彼此感受而不会被老师批评的课程设计的推销中看到的那样。这种所谓的差异有时还会被归咎于基因——随着基因研究的发展,随着用于大脑成像的技术工具变得越发精妙,这样的趋势无疑将更加明显。对"男孩的大脑,女孩的大脑"二分法新理论的热情跨越了政治和文化边界,从自由派学者延伸到了宗教基要主义者,后者坚持认为,神为男女规定了各自的职责范围。

在任哈佛大学校长前曾任比尔·克林顿政府财政部长的劳伦斯·H·萨默斯(Lawrence H. Summers)掀起过一场最终导致他离开哈佛的轩然大波。他当时暗示说,女性的身影之所以在顶尖科学领域较为少见,可能是因为男女两性在科学和数学方面的天赋生来不同。(我们必须了解的是,日后被重新起用,担任过巴拉克·奥巴马总统首席经济顾问的萨默斯对经济学的了解要远多于先天和后天的关系。)在2005年的一次演讲中,萨默斯把科学领域中少有女性身影和投资银行中少有天主教徒、NBA 中少有白人球员、农业领域少有犹太人相提并论。这种不恰当的类比不适合用来引出对"天生"才华的讨论，因为除了黑人篮球运动员的平均身高之外，萨默斯的其他例子都很好地说明了文化和社会化过程对职业选择和机遇的重要影响。不用说，以色列的农业领域有的是犹太人，而负责梵蒂冈金融运作的则是天主教徒。如果天主教廷在两千年前把总部设在了刚果，我可以肯定，教皇和他的高级金融顾问一定是非洲黑人。

萨默斯的猜测性言论之所以属于垃圾思想，原因并不是男女之间可能存在天赋差异的想法，而是因为他得出了一个毫无根据的结论。他认为，如果这些差异真的存在，在是否有望于科学领域取得成功这个问题上，它们比男孩和女孩所接收到的极为不同的文化信息更重要。为了便于讨论，我们假设男孩和女孩在表现出对数学或科学的兴趣时得到了同样的鼓励，而且，就算在这种假想的公平竞争中，男孩的基因优势注定可以在一个世纪中造就两个阿尔伯特·爱因斯坦水平的思想家，而女孩中只能产生一个。天才的这种可以预测的分布当然明显是个荒谬的前提，但公平竞争的存在却是个更荒谬的假设。相信天赋差异对教育者来说是个很顺手的借口，让他们不用为了激发女孩对科学的兴趣而多加费力，研究机构和企业也不用作出改变，不用设法支持而不是阻碍身为母亲的科学家的事业选择。此外，如果女性真的天生不如男性适合从事科学工作，那么那些学术界的大人物就无须参加旨在推动多元化的各种烦人的会议，因此也避开了祸从口出这种难免存在的风险。

女性学者，尤其是那些在职业生涯中早期持续忍耐和对抗歧视之后才取得了成功的科学家，是最强烈地批评萨默斯的人。听到哈佛校长自以为是地说着女性在科学方面先天不足，女性科学家和医生们一定会倍感屈辱，因为在科学或医学领域取得成功的任何六十岁以上的女性所忍受过的歧视是萨默斯这样的男人永远无法想象的。《新英格兰医学杂志》（*New England Journal of Medicine*）名誉主编（也是这份令人尊重的刊物有史以来唯一一位女性高级编辑）玛西娅·安吉尔博士（Dr. Marcia Angell）曾经回忆说，大学时有人说她"思考起来像男人一样"，而她已经将女医生技不如人的刻板印象内化于心，因此"没有足够的意识来对这种恭维产生不快"[23]。最激烈地为萨默斯辩护的是右翼学者和记者，他们认为，这位哈佛校长遭遇批评，是因为他说出了政治不正确的真相。右翼人士发现他们的立场虽有些陌生，但却很舒适，既能批驳政治正确的左倾哈佛员工，又能通过支持与民主党有所关联的哈佛校长来显示他们的公正无私。萨默斯在哈佛教职员工当中不受欢迎的真正原因似乎是他不懂得对任何大学校长来说都至关重要的自我激励技巧——可能是由于基因缺陷。

萨默斯关于女性缺乏科学和数学天赋的猜测是在一个颇具讽刺意味的背景下提出的，越来越多的人认为，男孩才是真正在各个教育阶段真正陷入学业困境的群体。这些说法共同的主题当然还是老一套，认为男女大脑上的差异导致了不同结果，甚至需要区别对待。2006年10月25日，《纽约时报》以相对无害的大标题刊发了一篇本应让人感到震惊的头版文章——"联邦规则转而鼓励单性别公立教育"（Change in Federal Rules Backs Single-Sex Public Education）。这篇报道透露，布什政府引入了一项新政策，允许公立学区在自愿性和为另一性别的学生提供"基本平等"的班级的前提下设立单性别班级，甚至是单性别学校。换言之，隔离但平等。这一政策与里程碑式的《1972年教育法修正案》第九条相冲突，根据这条法律，公立学校在体育课和性教育课程之外不得实施性别隔离教育。单性别学校的好处现在已经成了特许学校拥护者们最热衷的话题。

特许学校拥护者们一直以来最大的问题是，他们找不到充分的证据来支持自己的事业。从布什时期开始，到特朗普政府正在发展中的私有化尝试，研究所证明的只是有些特许学校效果不错，有些则不然（对公立学校的研究往往也是这样的结果）。早在2005年，布什政府的教育部民权办公室负责人斯蒂芬妮·门罗（Stephanie Monroe）承认，政府内部研究未能明确证实特许学校的优越性。"尽管教育方面的研究仍在继续进行,而且有些结果并不明确,但这些研究确实表明,在特定情况下,单性别教育可以为一些学生带来一些好处。"门罗说。[24] **并不明确……一些好处……在特定情况下……**这项政策抛弃了女性主义者四十五年来为女性争取教育平等的努力,也放弃了公立学校中务实、合乎常理的男女同校制度——自立国以来,这一直是常规而非例外——代价如此之高,而研究结果却不能提供严密,甚至负责任的依据。小小红校舍①并不全是虚构,女孩和男孩之间也并没有帷幕分开:他们一起学习读写和算术的场景被当作了理所当然的事。

把税金花在单性别教育上,这不单单是政治保守主义者颇为重视的工作,他们当中有很多人相信,如果课堂上没有异性让孩子们分心,男孩和女孩的表现都会更好,但这项事业也得到了很多被关于所谓男孩危机的营销活动所欺骗的自由主义者的支持。很多自由主义者(包括奥巴马在内)同样支持特许学校。过去二十年中针对所谓男孩危机的营销让有些自由主义者上了当。可想而知,男孩危机的始作俑者正在通过这个新发现的威胁大把捞钱。家庭治疗师、《男孩奇迹》(*The Wonder of Boys*,2006年)一书的作者迈克尔·古里安(Michael Gurian)1997年创立的古里安研究所赞助费用高昂的研讨会,向教师灌输男孩和女孩之间存在固有神经差异的理论——我在这里使用的"理论"一词只用了它非科学的日常意义。来自休斯敦,专门研究捣乱学生的神经学家布鲁斯·佩里(Bruce Perry)认为,从幼儿园开始就男女同班的标准公立学校体系是"从生物学角度看缺乏尊重的教育形式"[25]。因为小女孩一般来说比小男孩更擅长语言,对读写能力的强调据说会让男孩在低年级时处于尤为不利的地位。女性——女性主义者和反女性主义者——同样也被卷入了这

---

①小小红校舍,1936年同名电影中《小小红校舍》(*The Little Red Schoolhouse*)中的学校。电影中,一位17岁男生因为不愿遵守纪律而逃学前往纽约,发现自己遭遇的问题比上学更难对付。——译者注

场运动。自称女性主义者,在旧金山开了一家针对女性的激素诊所的神经精神病学家卢瓦安·布里曾丹(Louann Brizendine)带着自己的书《女性之脑》(*The Female Brain*)在脱口秀上大出风头。"对话沟通激活了女孩大脑中的快感中枢,"她解释说,"我们要说的不是微弱的快感。它非常巨大。那是多巴胺和催产素的大爆发,是除了性高潮之外你能感受到的最大、最强烈的神经奖赏。"[26] 学校的使命难道是带给学生仅次于性高潮的神经奖赏,以此引诱学生学习吗?如果你不是个垃圾思想者,这个问题最好还是不提为好。

  右翼也毫不逊色,他们把男孩危机归咎于女性主义者,认为他们不是厌恶真正的男人,就是希望把男孩变成女孩。所有那些关于校园中男生问题的言论都有一个大漏洞,那就是男孩危机很大程度上只局限于贫困或以少数族裔为主的社区之中。富有白人家庭中的男孩并没有落后于同样背景的女孩。但是,危机在非裔美国人社区中确实存在,而且从小学就开始了。在高中阶段,这种问题尤其严峻。城市研究所(Urban Institute)的一项研究发现,在波士顿的学校中,完成高中教育的白人女孩与男孩的比率为104∶100——有差距,但算不上危机。在非裔美国人中,这一比率为139∶100。这确实是一场灾难,但如果将这样的结果归咎于"从生物学角度看缺乏尊重",但对上层中产阶级的白人男孩女孩效果不错的学校体制,那就太荒谬了。从全国范围内看,超过半数的非裔男孩在高中退学——这个数字背后有深刻的社会原因,很多政治立场各异的黑人作家和学者都探讨过这个问题。和钟爱"男孩危机"这个说法的白人不同,那些非裔美国人在就这个问题发表评论的时候,没有一位把重点放在男孩和女孩的基因差异或据说有所不同的学习风格上。他们关注的是把暴力美化成男性气概,贬低知识的街头文化,以及很多贫困非裔美国人家庭中父亲的缺位。类似的情况在低收入拉丁裔社区和贫困白人当中同样存在,贫困白人的离婚率远高于较为富有的白人。即便是在暴力和贫困问题严重的社区中,女孩们的表现依然好于男孩,在生活中缺乏积极向上、遵纪守法的男性成人的情况下，男孩更容易受到负面因素影响——包括毒品、帮派和蔑视女性的大男子主义，女孩们较好的表现必定与此有关。尽管如此，（真是不敢相信！）白人学者和媒体人士还是更倾向于关注男孩和女孩的大脑在"语言处理"方面的不同。在男孩的大脑中，掌管情绪的杏仁核与负责用语言来表达情感的那一部分连接较差，因此，在教男孩读写的时候，要采用和女孩不同的教学方法。照此逻辑，鉴于十八世纪之前所有的大作家都是男性，也许那个时代的女性大脑中杏仁核的螺丝松了。还是因为在启蒙时代之前的社会中，很少有女性学习读写，而且被系统性地排除在智识探索之外呢？

在男孩危机的沉寂期中拉响警报的第一人无疑是《纽约时报》评论版专栏作家大卫·布鲁克斯。认为老左派和新左派都应当为中流文化之死负责的布鲁克斯把男孩的阅读问题归咎于女性作家写的"青年"小说。男孩子们讨厌阅读，因为他们"要带着有关青年问题的新浪潮小说回家，书中似乎全是内向阴郁的女青年，她们的父母不是不要命的瘾君子，就是病入膏肓的抑郁狂"[27]。要激发男孩们对读书的兴趣，布鲁克斯说，必须让他们读海明威、托尔斯泰、荷马和马克·吐温。托尔斯泰的《安娜·卡列尼娜》？大脑中语言处理中枢连接不佳的男孩子怎么可能会对一本用女人的名字当标题的小说感兴趣？而且，他的整个理论建立在一个靠不住的前提上，他认为学校布置的阅读书单会让男孩和女孩变成爱读书的人——或者让他们完全远离阅读。假如真是这样，每一个通过"迪克和简"（Dick-and-Jane）识字书开始学习阅读的人都不可能再去翻开其他的书。

十九世纪自学成才的男男女女的回忆录表明，他们都是从同样的书——《圣经》和莎士比亚——开始阅读的，因为当时的很多小型社区中只能找到这些书。如今的美国儿童既没有获得阅读能力，也没有养成阅读习惯，早在他们年长到足够理解托尔斯泰、荷马、马克·吐温和海明威的十分之一之前，有些东西就已经完全弄错了方向。就连那些乏味

第九章 垃圾思想 237

的青年小说［没错，朱迪·布卢姆（Judy Blume）写了很多这种书］也在十几岁女孩的视野之外，除非她们从小就已经养成了阅读习惯。成年男性，包括那些早在女性主义据说开始侵蚀男孩教育之前就已经长大成人的男人，读的书——尤其是小说——也比女性要少，但以愉悦为目的的阅读的减少是一种普遍现象，在不同性别、不同收入、不同种族的美国人当中都很明显。这些因素和大脑差异有关系吗？"女性比男性更均衡地使用大脑的左右半球，"布鲁克斯解释说，"男性和女性以不同的方式去听和嗅（女性要敏感得多）。男孩和女孩对颜色的选择不同（小女孩喜欢红色、绿色和橙色的蜡笔，而小男孩往往喜欢黑色、灰色和蓝色）。男性和女性对风险的感受也不同（男性更享受冒险）。"[28] 也许，在督促学生阅读马克·吐温和海明威之外，教师们还得准备一堆包着黑色、灰色和蓝色书皮的"男孩书籍"，把那些颜色更明亮的封面留给女生。

　　取笑这种形式的垃圾思想实在是太过容易——就好像枪打折翼的鹌鹑一样。但是，在这种重新强调男女大脑先天差异的过程中，真正令人不安的元素是，它们是过去的非科学和反科学思想的直系后裔。各种不同的人群天生不适合某些形式的学习，这种观念并不新鲜：我们过去都听过这样的说法——古时圣贤说，女性不适合研究哲学；种植园主确信，黑人的脑袋太笨，学不了阅读（似乎也没笨到让南方人放心的地步，他们还专门通过了法律来禁止教黑人读书）；十九世纪的男性坚持认为，女性身体太弱，没法经受高等教育的艰辛；最后十分值得一提的是，一代又一代美国土生土长的白人新教徒始终认为，爱尔兰人、华人苦力、东欧犹太人、斯拉夫人和意大利人移民永远都不能教会自己除了体力劳动之外的其他事情。公平地说，必须承认，男孩大脑-女孩大脑二分法的支持者们坚持认为，他们的理论并不意味着某一性别的优越或低劣，而单性别教育的唯一目标就是通过最符合男女生大脑化学因素的教育方法来体现对生物学的尊重。这只是名义上的区别：不论意图如何，在学校中将男女生隔离开——而且用公共资金为这种隔离买单——无异于对

"男人来自火星，女人来自金星"这种思想的官方背书。这样的臆断也让美国的统治阶级和不同种族的公民摆脱了他们对持续存在的美国贫困阶层的责任，真正地处在永恒的危机状态之中的是那个阶层中的男孩和男人。

男孩大脑—女孩大脑的喧嚣主要是心理学家和社会科学家的功劳。和自然科学领域相比，垃圾思想在社会学和心理学领域中更为普遍，也更容易推广，因为要为站不住脚的社会科学背书，并不需要完全拒绝专家意见。那些顽固反对进化论的人很难找到支持他们的严肃科学家：相反，他们只能指望那些偶尔出现的怪人，那些人反对科学共识，声称异见者遭到了控制着大学和研究机构的精英分子的阴谋压制。相比之下，社会科学领域从来不缺既有资格，又愿意为任何观点背书的专家，不管那些观点与常识和学术证据有多大的冲突。如果没有那么多有着一堆学位的心理治疗师用自己的专业权威去宣扬女性很容易遗忘儿时性侵经历，而且成人之后——当然要通过足够的治疗——很容易"恢复"那些记忆的理念，压抑记忆运动在九十年代就不可能那么盛行。也有值得尊敬的精神病学权威反对记忆恢复运动，但这只是让公众越发倾向于情绪和观点（就像媒体对自闭症患儿父母的情绪渲染被赋予了不成比例的分量一样），而不是去重视由铁石心肠的科学家所展示的证据。

近年来，站不住脚的社会科学与盲目的政治激情（也就是我所说的政治正确）相结合的最危险的例子是这样一种观点：高等教育机构应当成为"安全空间"，应当保护学生免受任何可能导致不快的观点或话题影响。有文章引述了艺术史教授因为提到提香《欧罗巴的掠夺》(*The Rape of Europa*)被学生批评的经历（应该向女性发出"触发警告"，以防公牛驮走女子的画面激起性骚扰的记忆），英语教授的学生因为约翰·多恩的《献给就寝的情侣》而感觉被冒犯（"前前后后，里里外外，上上下下"那些话多么可怕！），我刚看到这些文章时，认为这一定是想出名的右翼教授的夸张描述。在这里，我对自己不经事实核查就过早得出了政治性结论的做法作出最诚挚的道歉。在大学里做的讲座越多,越是会听到学生的类似抱怨。大部分来听我的讲座的学生都清楚地知道,我是无神论者,会提及一些和无神论有关的内容,他们(不论是否信教)前来是为了听到我的观点。但总有些学生——往往是那些为了学分来听讲座的——会因为我提到的有关《圣经》、基督教历史或任何宗教话题的内容而大为光火。在一所世俗性的公立大学中做讲座时,我回忆起上天主教小学的时候,上帝要求亚伯拉罕牺牲自己独子的圣经故事对我造成了潜在的影响,导致我对慈爱的神的存在产生怀疑。我特别记得当时一位学生的反应。(在《创世记》的这段故事中,上帝其实只是在考验亚伯拉罕是否顺从,但这个故事一直以来都让很多非基要主义的犹太教徒和天主教徒感到恐怖,在大多数宗教圈子里,我的反应并不会引起争议。)不过,那位学生——自称为"真正的天主教徒"——说,她根本不该被要求来参加一场鼓吹"亵渎神明"的讲座。如果不是因为担心纪律处分,她告诉我,她会直接扇我耳光。学生有权接受一种不冒犯他们珍视的各种信仰,不去引发不快,或者不迫使他们思考他们希望忽视的话题的高等教育,这样的想法实在是荒唐。政治右翼所用的"政治正确"一词过于狭隘,而且不够细致,不足以概括这种现象。事实上,我认为极右翼那里找不出合适的词来描述那位学生的做法,因为右翼博客圈子把所有世俗大学都想象成了反宗教的堡垒。在从保守主义立场出发反对他们所谓的政治正确的人看来,只有在学生们反对的是倡导创造论的演讲者时,这个词才能适用。如果一名学生想通过扇耳光来与创造论者或无神论者打交道的话,用"政治正确"来描述她并不合适。描述这类人的准确词语是"愚蠢"。

如果没有在大学校园中花上大量时间,就无法理解鼓吹专制性非逻辑思想的人对专业训练和整体而言的科学及人文教育造成的危害。哈佛大学法学院教授、纽约客网站专栏作家珍妮·苏克·格尔森(Jeanie Suk Gersen)让我们看到了一种令人不安的场景,在这个国家的一些最优秀、最古老的法学院中,讲授强奸法却有很多困难。格尔森指出,在二十世纪八十年代中期之前,法学院课程中并没有强奸法,因为人们认为它不太重要,而且认为(在大部分情况下,这种看法是正确的)受害者在法庭上几乎没有可能占据主动。而后,随着女性主义运动通过斗争改变了不假思索地指责受害者的法律和心态,几乎所有主要法学院都在课程里加入了强奸法。但是,近十年来,学生组织(和一些懦弱的教职员工)颠覆了女性主义,他们坚称,强奸法不应列入必修课程,因为它会让很多女生感到不安。"代表女性利益的学生组织如今对学生的例行建议是,他们不该被强迫参加以性暴力相关法律为重点,可能会让人感到痛苦的课程,"格尔森写道,"这些组织还要求刑法教师在上课时提前告知学生,强奸法单元可能会'触发'关于创伤的记忆。经常会有学生要求教师在考试时不要考强奸法,因为他们害怕那些材料会让自己表现不佳。"[29]更糟糕的是,很多学生反对一种在所有法学院中运用了数百年的教学方法,这种方法要求学生依据他们个人可能并不认同的观点——从检方或控方的角度——展开论辩。格尔森说:"不同机构的十多位新入职的刑法教师告诉我,他们在课程中取消了强奸法,说没有必要去承担学生因感到不适而提出举报的风险。"

遗祸莫甚于此。什么样的强奸受害者会请不教学生如何赢得强奸诉讼的法学院训练出来的原告律师?还有,如果一个学生的感情脆弱到了无法忍受关于强奸法的课堂讨论的地步,这样的学生又怎么可能成为合格的律师?任何学科的男男女女所要接受的训练都是这个道理——不论这门学科会给学生带来多大的痛苦。对于那些相信男女生在小学中要得到保护,不能让他们被异性有所冲突的学习风格所影响的人来说,这个道理同样也适用。当这些脆弱的孩子们长大之后,走进男女一起工作的世界,他们会面临多么大的冲击啊!从儿童教育到高等教育,垃圾思想的本质就是一种专制性的非逻辑思想,试图保护我们远离那些令人不适的真相。

注释：

1. Carl Sagan, *The Demon-Haunted World* (New York, 1996), p. 21.
2. US05-380, Gonzales v. Carhart.
3. See N. F. Russo, and K. L. Zierk, "Abortion, Childbearing, and Women's Well-Being," *Professional Psychology: Research and Practice* 23 (1992), pp. 269–280 and N. Stotland, "The Myth of the Abortion Trauma Syndrome," *Journal of the American Medical Association* 268 (October 1992), p. 15.
4. Peg Tyre, "Boy Brains, Girl Brains: Are Separate Classrooms the Best Way to Teach Kids?", *Newsweek*, September 19, 2005.
5. Herbert Benson et al., "Study of Therapeutic Effects of Intercessory Prayer (STEP)," *American Heart Journal* 151 (April 2006), pp. 762–764.
6. Quoted in Bendict Carey, "Long-Awaited Medical Study Questions the Power of Prayer," *New York Times*, March 31, 2006.
7. Christopher Lee, "Family Planning Chief Seen as Political Pick," The Washington Post-Los Angeles Times News Service, in *San Francisco Chronicle*, November 17, 2002.
8. Atul Gawande, "Annals of Medicine: The Score," *The New Yorker*, October 9, 2006.
9. In Vivian Chu and Daniel Utter, "To Vaccinate or Not to Vaccinate? Searching for a Verdict in the Vaccination Debate," *Science in the News,* Harvard University, the Graduate School of Arts and Sciences, January 4, 2016.
10. Jake Paul Fratkin, "The Treatment of Pertussis (Whooping Cough) with Chinese Herbal Medicine, Part Two: Risks and Benefits of Vaccinations," *Acupuncture Today* (September 2006); www.acupuncturetoday.com.
11. *New York Times Magazine*, May 6, 2001; interview conducted by Arthur Allen.
12. Josh Goldstein, "Report: Autism Rate Higher Than Thought," *Philadelphia Inquirer*, February 9, 2007.
13. Paul J. Shadtuck and Maureen Durkin, "A Spectrum of Disputes,"*New York Times*, June 11, 2007.
14. E. Sue Blume, Secret Survivors: Uncovering Emotional Incest and Its Aftereffects in Women (New York, 1990), p. xiv.
15. Judith Herman Lewis, *Trauma and Recovery* (New York, 1992), p. 1.
16. Abby Ellin, "Big People on Campus," *New York Times*, November 26, 2006.
17. See John Tierney, "The Kids Are All Right," *New York Times*, October 14, 2006.
18. Abby Jackson and Andy Kiersz, "The Latest Ranking of Top Countries in Math, Reading, and Science Is Out—And the US Didn't Crack the Top 10," *Business Insider*, December 6, 2016.
19. Ibid.
20. Quoted in Marcia Angell, *Science on Trial: The Clash of Medical Evidence and the Law in the Breast Implant Case* (New York, 1986), p. 180.
21. Sandra Harding, *The Science Question in Feminism* (Ithaca, N.Y. 1986), p. 113.

22. Susan McClary, *Feminine Endings: Music, Gender, and Sexuality* (Minneapolis, 1991), pp. 128–129.
23. Angell, *Science on Trial*, p. 189.
24. Diana Jean Schemo, "Change in Federal Rules Backs Single-Sex Education," *New York Times*, October 25, 2006.
25. Peg Tyre, "The Trouble with Boys," *Newsweek*, January 30, 2006.
26. See Joe Garofoli, "Femme Mentale," *San Francisco Chronicle*, August 6, 2006.
27. David Brooks, "The Gender Gap at School," *New York Times*, June 11, 2006.
28. Ibid.
29. Jeannie Suk Gersen, "The Trouble with Teaching Rape Law," www.newyorker.com, December 14, 2014.

第十章 娱乐文化

1989 年,《芝加哥论坛报》(*Chicago Tribune*)时任总编詹姆斯·D. 斯夸尔斯(James D. Squires)邀请甘尼特集团新任董事长与美国报纸编辑协会(American Society of Newspaper Editors)成员探讨新闻业的未来。编辑们的担忧包括美国年轻人中报纸阅读率的急剧下降,以及甘尼特等媒体巨头对地方报纸造成的内容同质化影响。按照斯夸尔斯的描述,甘尼特集团董事长约翰·柯利(John Curley)笑了笑说:"你是说跟一群你这样的人谈话?斯夸尔斯,你们已经完蛋了。"[1]

四十六岁的斯夸尔斯并不是电影《满城风雨》(*The Front Page*)中的那种头发花白、不懂电脑的传统报业遗老,但他被人轻视,人们认为他代表着对利润至上的企业精神不利的价值观,这种企业精神掌控着越来越多风雨飘摇的报纸和杂志。当时,平面新闻媒体控制权的快速转移已经开始,从认为自己有责任尽可能深刻地向公众提供信息甚至是教育公众的人手中,转移到了精于截短文字,徒劳地试图与视频和数字文本竞争的人手里,从这个意义上说,那位毫不客气的甘尼特高管当然是对的。尽管奋力尝试着——他们现在依然在这样做——斯夸尔斯那一代人之后的报刊编辑们还是不能让文章变得足够短,不能给文章配上足够多的花哨彩照,无法借此同只需一瞥电视屏幕便能获得的瞬间印象与刺激和互联网上不断飞舞闪现的图片大军争夺年轻受众。二十世纪八十年代末,互联网并不是报纸出版人关注的重点。尽管那时个人电脑已经存在,但使用电脑的主要是被称作"早期用户"的科技迷。我们可以很有把握地说,斯夸尔斯那一代的大部分编辑要到很久之后才会意识到,互联网对报业的威胁甚于任何针对单一报纸的企业收购行为。电视业高管们也没有意识到,在威胁着报刊业的文化力量面前,他们在新闻采访中的传统角色同样会成为牺牲品。报纸阅读率在七十年代早期之后的下降预示着公众注意力集中时间的加速缩短,在互联网和 iPhone 的时代,公众的注意力将蜕化为持续数字化产出的娱乐,正是它们构成了我们如今的生活方式。

尽管如此,致力于发现和曝光政商领袖希望掩盖的事实的新闻业和新闻记者还没完蛋。有些新闻机构的所有者还愿意为了找出公众有权知道的事实而投入资金,这些机构往往被称作"传统媒体"——我是从一个二十来岁,自以为是的新闻网站编辑那里听说这种居高临下的说法的,那个网站几乎不给作者任何报酬,它的评论则以所谓传统媒体的报道为基础。特朗普乐于把自己讨厌的所有新闻报道都打上"假新闻"的恶意标签,而要辨认出传统媒体机构,我们需要留意一下那些特朗普最厌恶的记者、报刊和电视网络。这份名单——倒是并不长——包括《纽约时报》、《华盛顿邮报》、《华尔街日报》、NBC、CBS、ABC、CNN 和 BBC。传统媒体的成员是些什么人呢?想想 NBC 的理查德·恩格尔(Richard Engel),在饱受战火蹂躏的叙利亚,他多次冒着生命危险发回关于叙利亚人民真实遭遇的第一手报道。想想那些为了研究表明特朗普团队工作人员在大选期间与俄罗斯情报机构有接触的电话记录而工作到深夜的《纽约时报》的记者们,还有在特朗普的国家安全顾问迈克尔·T. 弗林(Michael T. Flynn)于特朗普就职前违背"以现任总统为准"的传统惯例,私下与俄国大使对话的事件中揭露出证据的《华盛顿邮报》的记者们。在弗林承认曾就与俄国大使接触一事向副总统麦克·彭斯撒谎之后,特朗普解除了这位顾问的职务。而后,在一场新闻发布会上,愤怒的总统指责"不诚实的媒体"应当为弗林下台负责。"媒体已经失控了,"特朗普说,"他们不诚实的程度已经失控了。"他接着又强调说:"公众再也不会相信你们这些人了。"[2] 特朗普的最后一句话也许是对的。要想识别假新闻,就必须能在熟悉的基础上作出判断,美国人过去四十年来对平面媒体的逐渐抛弃带来了这样一个世界——绝大多数 65 岁以下的人几乎完全依靠网络或电视获取新闻。30 岁以下的成人当中仅有 5% 阅读实体报纸,30 岁至 50 岁和 50 岁至 65 岁人群中阅读报纸的比例分别为 27% 和 29%。[3] 针对美国人的新闻知识的所有调查都有一个重大缺陷,这些研究都未能探明,线上读者是否曾经从平面媒体记者花费数周到数月时间进行深度调查之后写成的长篇文章当中获取过信息。在和主要通过移动设备获取新闻的年轻人交流之后,我的体会是,他们倾向于只看标题或者文章头几段话。不论是谁,不论老幼,只要用 iPhone 读过新闻就都会知道,想不受广告、短信息或另一条标题的干扰连续阅读超过一分钟几乎是不可能的事。为了诠释疯帽匠的话,美国人吃着他们看见的,他们看见的更可能是 140 字的推文,而不是两千字的报纸文章。

在关于美国当前反智主义大潮的讨论中,强调报纸的不幸会招来一种毫无新意的反对意见:美国的大部分报纸和大众杂志从来都不以智识上的高水平而闻名。确实,除了对拉尔夫·沃尔多·爱默生和阿尔伯特·爱因斯坦这样的名流之外,通俗报刊对知识分子和他们的作为不是无动于衷,就是公然蔑视。报纸过去和现在的智识缺陷与这里的问题并不相干,因为今日的视频和昨日的平面媒体之间真正的区别不是内容,而是情境——在当前的情境中,视频/数字时代喷涌而出的图像与噪声充斥着生活中的每分每秒。读报曾经是千百万人上班前或下班后的习惯,报纸并不能持续不断地入侵个体的思想意识。最低劣的报纸和最崇高的文学作品具有一个同样的关键特点:人们都可以随心拿起、研读、思考和放下它们。印刷作品无法仅凭存在本身而占据人们的精神空间,人们必须注意其中的内容,否则无论这些内容简单还是复杂,都无法真正加以吸收。平面媒体所需要的刻意的注意力与信息娱乐媒体所催生的反射性娱乐相对立，不论我们所谈论的是 iPod 上的音乐、网页上一闪而过的图片、短信息、电子游戏还是最新的电视"真人秀"。正因如此，主要通过移动设备获取信息的人不大可能去仔细阅读任何文章，不分长短。所有这些信息和娱乐来源都能同时带来娱乐和沉浸体验，它们潜在的魅力正是由此而生。正如托德·吉特林所说，把媒体当成单数名词的"某个媒介"这种常见的误用不仅仅是语法错误。

> 非常注重语法的人（比如笔者）总是会在媒体本身或大学生像说着"某个天空"——好像天空可以论"个"——那样说起"某个媒介"的时候感到十分难堪。但是，除了语法方面的不修边幅之外，这个错误另有原因。我们的某些体验导致我们想以单数"它"来称呼媒体。我们也许会因为"媒体"是不是技术和文化规范的集合而感到困扰。但透过所有这些困惑，我们感受到了一种以类似统一体的方式在运作的东西……就算我们四处乱逛，还是会有种统一感——不间断的步伐、打断我们的同样方式、要求我们不再严肃的压力、准备接受情感耸动的状态、对下一个新事物的期盼。不论文本差异多大，媒体很大程度上具有一种共同的神韵……[4]

由此，媒体形成了生态学意义上的媒介，就像有机体——更确切地说，人类有机体——在自然界中的栖息地一样。尽管这种无所不包的媒介内含很多智识上有所助益的要素，但总体上说，对于严肃的高层次智识探索，和为不同层次的文化带来活力与促进的更加普遍的思想交流而言，这样的栖息地并不友好。这种媒介并非作为一种反智力量而生，不论这种结果是有意还是无意，都证明了它既微妙又显著的力量。很多人会反对将本质上具有被动性的电视和互动性更强的数字平台上的媒体产品归为一类，但两者之间的差异在莫大的共性面前不值一提——它们都能通过视觉图像带来近乎实时的快感。

对印刷文化愤愤不平的悼词和对以视频为主的信息娱乐媒体控制美国文化的责难已经司空见惯,除了那些依然以印刷文字为业的人之外,几乎无人注意轻易以"xxxx 的兴衰"为题的种种批评。那些对印刷媒体的衰落所带来的智识和政治后果持悲观看法的人要想证明自己的真诚与善意,就必须否定任何对"电脑为人类的进步之路带来的不仅是技术突破,更是智识突破"这种观点的抗拒。如今,如果说一个人是勒德分子,这比称其为骗子、瘾君子或荡妇更加让人无法接受。对于评论家而言,重要的是抢先承认自己同样享受痛苦的一天过后在电视机前无所事事的"放松",好给对方安上精英主义的罪名。如果想要做得更好,还得去掉"放松"这个词两旁的引号,因为引号暗含某种优越感,带有犯忌的精英主义意味。最后,在谈起媒体对儿童尤为不利的影响之前,还得加上一段必不可少的陈述:对年轻人对待智识的严肃性和他们的智识成就,每一代人都会抱有悲观看法。

既要应对媒体所传播的文化疾患,又要避免听上去像个古怪的勒德分子,最简单的办法就是集中讨论信息娱乐的内容和它最恶劣的表现,这也正是大部分致力于通过改变信息来改变媒体的消费者团体所采用的策略。反对儿童节目中无穷无尽的广告、各种电视节目中的暴力、诸多流行音乐产品中野蛮和厌女的歌词与形象、互联网上层出不穷的儿童色情网站,以及电视电台和网络节目中数不胜数的其他种种垃圾的各类斗士们都同意这样一个前提,内容决定情境,而非相反。他们的基本观念是,通过清除某些特定种类的毒素,媒体就不会伤害儿童和一切生灵。这样的工作当然十分重要,哪怕只是为了避免对这个将要交给下一代的世界心怀愧疚。但媒体确实已经成为能够自我更新的统一化有机体,仅仅剪除较为恶性的细胞组织无法做到根本性的约束和修整。

没有人会质疑过去四十年来美国文化中的无穷变化——尤其是美国

人工作、休闲和收集信息的方式——尽管如此,我们仍然无法从重要研究中得出有力的结论。皮尤研究中心 2015 年进行的一次调查显示,72% 的美国成人(2011 年则有 79%)报告称,他们在前一年里读过一本书——"或是读完,或是读了一部分,而且任何形式的书都算在内"。[5] 在我看来,这种统计根本毫无意义,因为我们完全没法知道"或是读完,或是读了一部分"是什么意思。是在搜索特定短语的时候在谷歌图书上读了一页,还是读了一本 400 页的传记?更好的问题应该是这样的:"过去一年里,你是否购买过任何形式的书或曾从图书馆借出过书?"愿意为书花钱或者愿意前往图书馆借书的人更有可能去阅读那些书,这样的推断相当合理。关于人们如何利用时间的政府研究同样得出了令人沮丧的结果。美国劳工统计局每年都会要求人们对自己利用时间的方式进行精确到分钟的记录。结果很有趣,但却缺乏新意。仅举一个例子,报告表明,从 2004 年到 2014 年,20 多岁的人日均看电视的时间从 144.9 分钟下降到了 137 分钟。30 多岁的人看电视的时间却从 141.6 分钟增长到了 150.5 分钟。[6] 的确,美国人每天看电视多 10 分钟或者少 10 分钟有什么意义?多数调查的另一个问题是,它们无法准确描述数字设备的使用与传统的利用时间的方式——从购物到"社交、放松和休闲"——有无重叠。社交指的是和朋友共进晚餐,还是五个字的短消息?——也许还是一条粗鲁地打断人们和朋友的晚餐的消息。

有一种挺有道理的说法,说我们只要关掉电视、iPad 和电脑,就能控制生活中媒体的影响,那么,我们应该如何理解这一点呢?把媒体关掉并没有那么简单,用一条著名的纯棉服装广告的话说,媒体已经成为构成"我们生命的纤维"。在很多家庭,包括自认为属于知识分子的家庭中,不论有没有人在看,电视都会开着。映着电视似有似无的光亮,听着电视传出的似有似无的声音,人们会感到更加轻松自然,而不是相反,而且,不论对于成长于电视时代之前的人还是现在的年轻人来说都是这样。1985 年,尼尔·波兹曼把电视描述成我们对所有媒体的依赖的范式。

在那个人人开始谈论个人电脑,但却没有几个家庭真正拥有电脑的年代,波兹曼指出,很大程度上说,是电视告诉了大众,电脑将很快成为人人生活中的必需品——而且"如果我们的孩子'不懂电脑',就无法完成学业,继而在生活中落后"[7]。尽管互联网现在已经接过了很多原本属于电视、杂志和报纸的信息和营销使命,电视作为范式的形象——我们生活的屏幕——依然站得住脚。电视与电脑的区别在于,前者所能处理的任务较少。电脑既是信息娱乐媒介又是工具,凭借极高的效率取代了打字机和黄页电话簿等用途单一的早期工具。

电脑的生活方式除了视频和音频之外也包含文字,即时性是它最大的魅力。可以查看图片和聆听音乐——往往同时进行——的便携设备的出现进一步拓展了媒体的影响范围,延伸到了原本可以让人们有意无意独自沉浸在自己思想中的空间。啊,我听到了技术爱好者们在说,这些新设备都是**定制化**的,它们提供了与个人的智力和兴趣相匹配的无数选择,因此和五十年代只能收看三个电视网络的"傻大粗"电视完全不同。照此看来,新生的数字音视频实际上对智识生活大有帮助,因为它们并不要求个体观众屈就大众的最低品位。但是,不论新老,音视频媒体同样要求每个人成为观众之一,尽管很多电脑程序具有互动性,这种互动也只能在软件内部所限定的宇宙中进行。人们在电脑屏幕或任何其他屏幕前花的时间越多,他们就会越少有时间和欲望留给两件对既富有成果又费时费力的智识生活至关重要的人类活动:持续且注意力集中的阅读和对话。媒体侵入了对阅读有所促进的寂静,侵入了独自思索和社交对话所需要的自由时间,有时甚至将它们完全摧毁。更重要的是,通过让越来越低龄的儿童的思维——不论是男孩还是女孩的大脑——暴露在剂量越来越大的预制娱乐之前,媒体不断扩大着它们在文化生活中的影响力。

近十年来,儿童视频生产者的目标受众不仅是已经上幼儿园的三到五岁儿童,还包括刚学会走路和连坐直都不会的婴儿。也许有一天,

2006年会被看作媒体全面渗透人类市场的努力中的一个转折点。自命不凡的《小小爱因斯坦》系列节目——以希望让孩子们在争取进入顶尖幼儿园的竞争中夺得先机的父母为目标，进了这样的幼儿园，就能上顶尖中小学，最终奔向常青藤盟校——已经享有盛誉。但在2006年初，在那些针对学步期儿童的视频节目之外，出现了第一个专门针对摇篮中的婴儿，而不是已经老于世故的两三岁小孩的电视频道，第一宝贝电视（BabyFirstTV）。

第一宝贝电视可以通过各种数字屏幕收看，它标榜自己没有广告，但这整个项目恐怕都可以被形容成一个为电视本身作宣传的广告——在目标受众肉体和精神上有能力关掉它之前就已经开始播放的广告。一如既往，在第一宝贝开播之初，也有些所谓的专家从正反两个方面来考虑这个问题。"当我刚听说它的时候，我持怀疑态度，"现任美国出生缺陷基金会（March of Dimes）医学负责人爱德华·麦凯布博士（Dr. Edward McCabe）说，"但我后来确信，这是儿童媒体的一大进化。"[8] 麦凯布对美联社说的这番话被重现在"电视"网站（TV.com）上（还能在哪？）的一篇关于"婴儿娱乐"的文章中，他同时是第一宝贝电视顾问委员会成员，也一直是与此项目有关的专家中被引用最多的。麦凯布博士是一位杰出的遗传学家，是在由染色体缺陷引发的代谢障碍甘油激酶缺乏症相关问题上最值得咨询的医生，但从他的医学背景中，我们看不出有什么能让他比美泰克洗衣机广告中的修理工更了解电视对普通儿童智力发育的影响。既然几乎所有毕生致力于研究普通儿童发育问题的医学专业人员都对婴儿接触更多视频持高度怀疑态度，营销人员只能找专业领域并不相干的医生来凑合了。

在某些方面更加令人不安的是芝麻街工作室推出的一套以六个月到两岁之间的幼儿为对象，名为《芝麻启蒙》（Sesame Beginnings）的半小时DVD节目。作为针对年龄稍大的幼儿园儿童、深受喜爱的《芝麻街》系列节目的制作者和所有者，芝麻街工作室在美国人眼中就是品质和教育价值的代名词：怎么会有人反对由芝麻街布偶作品质保证的东西？正好，一些著名的儿科医生和儿童心理学家——其中包括继本杰明·斯波克博士之后成为非官方美国父母总顾问的T.贝利·布拉泽顿博士（Dr. T. Berry Brazelton）、《拔苗助长》（The Hurried Child，2001年）一书的作者大卫·艾尔金德博士（Dr. David Elkind）、专注于研究黑人社区中儿童成长问题的非裔精神病学专家阿尔文·F.普森特博士（Dr. Alvin F. Poussaint）——确实提出了反对。在对让儿童接触视频的强烈反对中，他们引用了美国儿科学会让两岁以下的儿童完全不看电视的建议。他们的声明激怒了几乎所有以视频为业的人，包括一些为报纸与杂志撰稿的电视评论家。

在包括平面媒体在内的主流媒体上，婴儿电视产业捍卫者们以"精英主义"来指责公开抨击那些DVD的德高望重的儿科专家和儿童发育专家。《纽约时报》的电视评论家弗吉尼亚·赫弗南（Virginia Heffernan）写了一篇尖刻的专栏文章，批评"那些来自波士顿的专家"——包括布拉泽顿、艾尔金德和普森特这三位博士——的傲慢。地名"波士顿"成了"脑袋尖尖的东部知识分子当权派之都和'精英'之家"的代称。按照赫弗南的说法，那些反对视频的专家"对'芝麻启蒙'的态度不仅仅是对进步怀有些许反对，在他们看来，好像技术本身——**任何屏幕！**——都会伤害那些就该只盯着落日、摇着拨浪鼓、抱着玉米皮洋娃娃的儿童。"[9]（尽管赫弗南的词汇量比特朗普大不少，但她那反对精英主义和专业知识的长篇大论看起来还是有点像特朗普。）照此看来，反对让儿童接触罐装娱乐的可能原因就只剩下了知识分子的自命不凡，对将技术运用于任何年龄的任何人的条件反射性的反对，当然还有对肩挑重担、辛勤工作的父母们的缺乏同情。不管怎样，视频营销者们都不必担心儿童接收不到他们的信息。早在2003年，恺撒家庭基金会（Kaiser Family Foundation）在一项先驱性研究中准确地应用了"屏幕媒体"这个词来概括各式各样以儿童为对象的视频。2003年，43%的两岁以下儿童已经每天都看电视，高达 68% 的两岁以下儿童已经在每天接触电视、DVD 或录像带上的各种形式的视频。30% 的三岁以下儿童，43% 的四至六岁儿童卧室中有电视机。[10] 这些熟识媒体的幼儿想必已经抛弃了他们的玉米皮洋娃娃和木制拨浪鼓，会看着夕阳从他们的个人视频屏幕中而不是地平线上落下。自二十一世纪初以来，移动数字屏幕的普及只是让婴幼儿更多地接触到了那些脑袋尖尖的儿科专家拒绝他们接触的世界。

营销人员坚持说，这些有益身心的幼儿 DVD 的意图是推动亲子互动：爸爸妈妈应该和孩子一起观看《芝麻启蒙》。这些视频更加真实而又令人悲伤的后果在于其中集中表现了母亲和她们的孩子玩耍的内容，这些母亲当中有些是名人，有些只是无名的普通人。父母为什么要去看别的父母和别的小孩玩耍的 DVD，而不是抱着自己的小孩，和他们对话呢？不论父母们是否愿意承认，答案在于，他们希望小家伙们看着屏幕——是的，**任何屏幕**——上最爱的视频进入习惯性的催眠状态。这样一来，大人们可以不用照看他们，可以享受一杯红酒，进行一些成人的对话（如果他们自己没在看电视的话）。假如视频不是一种成瘾性的镇静剂，这样做本来也无可非议。但它在大多数家庭中确实成了一种成瘾性的镇静剂，而且这就是制作这些视频原本的目的。还没有多少研究来说明让摇篮中的婴儿看电视的危害，因为直到目前，一直没有足够大的婴儿群体作为研究对象。这个问题上最初的严肃研究发表于 2007 年，来自华盛顿大学和西雅图儿童医院的研究发现，《小小爱因斯坦》和《天才宝宝》(*Brainy Baby*) 这样的视频节目事实上可能阻碍八到十六个月的婴儿的语言发育。研究人员发现，和没有在那么小的时候接触视频的婴儿相比，婴儿们观看电视的时间每多一个小时，他们所能理解的单词数量平均就会少六到八个。[11] 但如果营销人员可以自由行事的话，我们很快就会找不到在学会走路和说话之前没有对视频着迷的对照组婴儿了。

恺撒基金会的一个尤为让人难过的发现是，六岁以下的儿童平均每天阅读或听家长给他们读书的时间只有 39 分钟。[12] 还需要更多研究来

第十章　娱乐文化　253

告诉我们通过对毒品的医学研究和千百年来的教育实践已经了解的东西吗？——无论好坏，任何物质或体验对人的影响会随着接触时间的增长而加深，而且，这种效应在因为尚未发育成熟而更具可塑性的生物身上表现得最为明显。给我们一个婴儿，还你一个终身视频消费者。

确实有必要解释一下对数字信息的痴迷取代了以愉悦为目的的阅读这个说法。当你玩着电子游戏的时候，根本没办法阅读一本严肃的书。当近四成成人一年中连一本书（小说和非小说）都没有读过，超过一半的人没有读过虚构类作品的时候，事实不言自明。文学性阅读的衰落并非新事，这种现象在二十世纪的最后二十五年中就已开始。国家艺术基金会调查发现，从 1982 年到 2002 年，美国人整体的虚构类作品阅读率下降了 10%，而最严重的下降——28%——发生在 25 岁以下的人群中。更糟糕的是，在 1992 年到 2002 年间，文学性阅读的下降速度几乎增长到了最初的三倍，就在这十年中，个人电脑走进了中产阶级美国人的日常生活。[13] 另外值得一提的是，国家艺术基金会在"文学性阅读"这个词上使用了它最广义的定义——任何虚构类或诗歌作品都算。因此，在以愉悦为目的而读小说的少数美国人当中，不少人也许只是沉迷于"青年小说"、言情小说，或者那种被称为"小妞文学"的恶俗的新型女性幻想小说——相比这些小说作者，五十年代的中流作家几乎就是莎士比亚和托尔斯泰了。相对于"小妞文学"，并没有类似的"小伙文学"分类，这不是因为从性别歧视的意义上说以男性为受众的文学已是常态，而是因为相比任何其他群体，年轻男性阅读的小说都更少。

这些近期的统计数字尤其重要，因为它们记录下了一个少有文盲的社会中文学性阅读的困境。就算两个世纪之前的数字与当今相当，把 2000 年的阅读率和 1800 年的阅读率拿来比较完全没有意义，因为 1800 年时只有一小部分人能识字。但是，严肃阅读在近四十年中的下降只能归因于来自其他娱乐形式的竞争。对于赞赏这种新的数字/视频常态的人来说，他们只需断言，严肃阅读——数百年来人们所理解的严肃阅读——普及率的下降并不意味着文化方面的不利发展，因为其他媒体其实提供了新的学习方式。在《一切坏东西都对你有益》一书中，技术爱好者史蒂芬·约翰逊声称："是的，我们花在阅读文学性小说上的时间变少了，但那是因为我们花在过去常做的一切事情上的时间都变少了……我们买的 CD 越来越少，我们不再经常去电影院。这些旧式的事情我们做得少了，因为十来样新式活动近十年来已经成为真正的主流消遣：互联网、电子邮件、DVD、有线点播电视、短信聊天。我们读书少了，因为一天只有这么长时间……如果阅读是唯一出现下滑的文化活动，那也许确实值得警惕……只要读书依然是我们文化菜单的一部分，只要新型的流行形式依然可以提供它们的认知奖赏，我们短期内不大可能陷入一种精神萎缩的文化。"[14] 这种论调的惋惜、遗憾和责任都体现在了"认知奖赏"这个词上。不同的媒体和不同的活动当然可以通过刺激大脑的不同部位带来不同的认知奖赏。骑自行车、给奶牛挤奶和阅读需要不同神经元分工协作，但只有阅读是智识生活中无法分割的一部分。（我并不是说骑自行车和给奶牛挤奶意义不大，也没有否认这些活动有时能给人带来快乐。）较为复杂的电子游戏需要高度集中的注意力，但到头来，游戏大师得到的认知奖赏不过是打通其他更加复杂的电子游戏的能力。相反，阅读好书几乎不能——在你七八岁之后完全不能——提升你的阅读技能，但它却几乎能够在人类所能想到的各个方面拓展阅读者知识与想象力的深度和广度。当安娜·卡列尼娜卧轨自杀的时候，读者要面对的是关于背叛的本质、性方面的双重标准、婚姻的妥协、家长责任与个人实现、对家庭的忠诚、宗教等无穷问题——任何时代的生活中既伟大又平凡的两难困境和智识论述的本质。当游戏玩家解决了游戏中最后一个关卡时，他几乎只会想着去找另一个更加复杂的游戏。约翰逊说对了一半。我们读书少了，因为一天只有这么长时间，但另一半解释是，越来越多的人，尤其是青少年，更乐于把这些时间花在各种各样的视频娱乐上——既包括在无互动性的屏幕上完全被动的娱乐，也包括电子游戏这类更具认知挑战的互动娱乐。只要读书依然是我们文化菜单的一部分就无须为文明担忧，这种说法就像说只要儿童生活中还有锻炼就无须担心他们的身体健康一样毫无意义。"一部分"可能很大，也可能小到微不足道。和阅读一样，儿童们过去花在体育活动上的玩耍时间也在稳步被视频所占据。如果美国儿童的锻炼时间继续减少，就算体育活动依然是他们生活的"一部分"，他们还是会不可避免地变得更胖。如果我们的文化菜单中阅读的份额继续减少，智识生活将不可避免地变得越发贫乏。

当游戏发烧友开始谈论电子游戏的好处，说它们通过要求玩家建设城市而不是炸飞对手来激发玩家的创造力时，他们听起来就像过去自称为了阅读高质量文章才去买《花花公子》的读者。但我们必须认可那些制作精良，少有暴力和色情内容的电子游戏的存在，尽管这些严肃的智力游戏并不在大多数男孩的心愿单上。每种电子游戏当中都有一个奖赏系统，但这与约翰逊所吹嘘的那种一般性的认知奖赏几乎完全无关。这些奖赏包括能让玩家升级的经验值点数、与"大富翁"游戏中的金钱相当的虚拟财富，还有让人想起"好狗狗"的赞赏。约翰逊正确地写道："大多数游戏营造了一个虚拟世界，和真实生活相比，那里奖赏更高、更加生动、更加明确。"[15] 人们总是认为，游戏是让青少年开始接触科学方法的不二法门，因为它们要求参与者反复试错。但真正的科学往往要经历多年的挫折与困境；科学中比日常生活更大的奖赏就算真能拿到，它也不会像游戏中的图标那样有规律地跳出来。

注意力集中时间的缩短导致很多孩子认为书本太过无聊，但他们似乎并不会对弹出奖赏的电子游戏持同样看法，因此，在课堂上用"教育性"游戏作为书本的补充成了当前的一大重要举措。理论上说，并没有什么理由不让影响有限且精心设计了目标对象的教育性电子游戏成为书本的补充，但在实践中，鉴于电子游戏的成瘾性和巨大的经济利益，技术更可能成为阅读和其他传统学习方式的替代。十几岁的男孩们会一连玩上好几个小时的电子游戏，但却不会想到把同样多的时间花在读小说上，那是我这一代十几岁的书呆子的特点，他们更有可能成为正直的人，而不是厌书者。问题在于，为什么。我怀疑，所谓奖赏（在从来都没玩过电子游戏的人听来相当荒唐）是电子游戏主要的魅力所在，毕竟引诱人们读一本小说的只不过是连贯叙事的吸引力。更重要的是，游戏中的奖赏所带来的不仅仅是激励，它们同时还作为一种间隔存在，标志着一个谜题的结束和另一个谜题的开始：奖赏本身是一种能在提供新鲜感的同时让玩家继续沉浸在游戏中的消遣。

美国人花在游戏上的时间和金钱多得让人难以置信。代表游戏产业的公关团体娱乐软件协会（Entertainment Software Association）报告称，美国消费者 2015 年在游戏上花了 235 亿美元。买游戏来玩的人当中约有六成为男性，四十岁以下的男性比女性更有可能自认为属于"游戏发烧友"——那些每周都会玩游戏或在游戏上投入大量时间的人，或是和他人一起玩，或是自得其乐。[16] 就游戏对文化的冲击而言，游戏当中的心理学比相关的经济统计数字更能说明问题。承认自己对游戏上瘾的作家关张（Frank Guan）在《纽约》（New York）杂志上的文章给出了（对于不玩游戏的人来说）最富洞见、最让人不安的解释之一。关指出，游戏相当具有诱惑力，因为——和人生不同——它的规则是可以预料的。他解释清楚了"游戏"可以带给我们，但真实世界无法提供的东西。

> 首先，与人生不同，游戏意义明确：和所有运动一样，不论是数字游戏还是模拟游戏，总有通往成功的规则（和在社会上不同，这些规则人人可见）。游戏之中的目标，和在社会上不同，直接可见而且从不打折。你永远都是主人公：在看电影和电视的时候，你只能看他人表演。在游戏中，你就是原动力。和参加体育运动的人不同，你不用离开家就能参赛、探险、交流、发挥作用或感受快乐，而且游戏可以让你同时做到这一切。游戏之中的环境可能具有挑战

第十章　娱乐文化　257

性，但从某种意义上说它设计出来就是为了让玩家获胜的——而在多人游戏当中，玩家获胜的概率也不小。在这类游戏中，玩家往往都有同样的起点，而且就决定地位的要素以及如何取得这些要素达成了公开的共识。**换句话说，游戏看上去就像是我们从小就被教导去期待，但在成人之后却永远都找不到的精英政治。**

关补充道，游戏会带来一种鸦片般的迷幻感，除了游戏之外，"只有，好吧，真正的鸦片"能带来这样的感觉。[17] 我所认识的大部分游戏玩家都喜欢这篇文章，认为其中的描述完全准确。我认为，这是我读过的最吓人的文化分析文章之一，我并不怀疑它的真实性。本质上说，这位作者所谈论的，是作为回避成长的方式的游戏——不用和必然不完美，有时甚至完全不存在的精英政治打交道——正是它们构成了成人生活。在游戏当中，你永远都不会因为爱上的人不爱你而苦恼。你永远都不会在为了创造投入精力之后却一无所获。你永远都不会发现你所信任的人对你撒谎。任何一个五岁孩童都懂得更多——当然，前提是他还没有接触到游戏娱乐文化。

针对学校的"教育性"电子游戏研发已经不再苦于资金短缺，这并没有什么奇怪的。麦克阿瑟基金会（John D. and Catherine T. MacArthur Foundation）将在未来五年中投入 5000 万美元，用于新型数字知识媒体的研究和购买。美国科学家联盟（Federation of American Scientists）——一个以向美国政府机构提供国家安全建议著称的组织——呼吁将更多的联邦资金投入能够传授"演绎分析、问题解决、计划制订与实施和适应快速变化等更高层次的思维技能"的游戏。[18] 对于通过游戏学习和传统学习方式的效率对比，几乎还没有过相关研究，尽管美国陆军已经在征兵和某些特定类型的训练中广泛运用"视频模拟"。但我几乎可以肯定，越来越多的"教育性"电子游戏将成为教室中的主力军，在本已偏好视频胜过书本的孩子当中，阅读厚厚的书籍将越发少见。别忘了，新一代小学生在婴儿时期观看的视频和 DVD 已经让他们为接受教育性电子游戏做好了准备——而且,不论他们是否自知,从生命的最初几个月里就开始陪伴着他们的动态画面已经让他们觉得书籍不像动画那么有趣和令人兴奋。不用说,把电子游戏卖给学校是笔大买卖。2006 年,和美国科学家联盟联合发布题为《将电子游戏的威力用于学习》(*Harnessing the Power of Video Games for Learning*)报告的是美国娱乐软件协会,这一点很重要。(当时,游戏市场的规模仅有 70 亿美元。)但大多数新闻报道中都忽略了这份报告和营利性软件公关公司的联系。大部分新闻中只出现了一个不和谐的音符。发布过无数份美国中小学教育缺陷报告、颇受尊重的智库机构托马斯·B. 福特汉姆基金会时任主席查尔斯·E. 芬恩(Charles E. Finn)很有勇气地指出,美国科学家联盟的建议是"胡闹"。他问道:"他们下一步是要建议政府出资研究漫画书、真人秀电视节目和即时通讯的教育价值吗?"事实上,答案是肯定的。而芬恩,毫无疑问,也是傻乎乎的勒德分子之一。

没有理由认为对"后古登堡"教育不加区分予以赞同的趋势有逆转的可能,因为年轻人们得到的不仅仅是认知奖赏,还有来自电子游戏技能的其他更加实际的奖赏。2006 年春天,我拿到了密歇根州立大学传播艺术学院的杰出校友奖,仪式开始时,我刚好听到了一位系主任和他的副手在台上的对话。这位系主任说,从有才华的高中毕业生——那些拿到 SAT 高分,高中成绩优异的学生——中选出"顶尖"申请者的最好办法是,"顶尖"学生的电子游戏水平出类拔萃。在前一晚的颁奖晚餐上,我遇到了一位荣誉学生,交谈中恰好提到富兰克林·D. 罗斯福的炉边谈话是二十世纪政治传播的一大创新。她看起来一脸茫然,我意识到,就算她知道罗斯福是谁,她也从来没听说过炉边谈话——这意味着她已经临近毕业,但却对新政和罗斯福在美国历史上的地位没什么了解。在传播艺术学院里,我们也许应该指望较年长的学生听说过炉边谈话,听说过肯尼迪与尼克松的辩论。但如果系主任们把精通电子游戏当作"顶尖"

学生的特质，那么在学校和日后的"媒体界"职业生涯中，历史知识也许就不会被看作成功的重要因素。如果学生通过精通电子游戏和其他技术知识得到的奖赏最高，那么技术无疑将是他们最重视的东西。

更重要的是，要衡量人们赋予某种行为的文化和个人价值，投入其中的空闲时间长短是个明确标准。要一窥美国人的头等大事，只需看看感恩节第二天一早（其实是午夜）排大队争抢的顾客——有时还会发生只有警察才能拉开的拳脚之争——他们要利用最早的节日促销之机购买平板电视、新发布的电子游戏和最新款 iPhone。（事实上，如今很多队伍在感恩节当天就开始排了。）美国人会为了最先买到打折图书而拳脚相向吗？除非签名售书的作者是他们在电视上见过的名人。

在取代了传统阅读的新科技王国中，并没有"够用"的概念。苹果公司 2007 年夏天推出的 iPhone 如今已经俘获了差不多三分之二的美国人。除了那些过去十年间一直心不在焉的人之外，人人都知道，iPhone 是一台强大的手持电脑，可以连接互联网，融合了电话、存储音乐的 iPod、相机和很多原本需要依靠家中的大型机器（至少是一台沉重的笔记本电脑）才能实现的音视频设备的大部分（尽管不是全部）功能。iPhone 的魅力，或者说智能手机的魅力，在它 2007 年发售之后的最初几天就已显而易见。随着气温在那年六月最后一周升高到 30 多摄氏度，纽约正在连续经受季节性断电的痛苦，为了在等待 iPhone 发售的队伍中排到最前，人们要在苹果零售店前酷热难耐的人行道上扎营三天。作为手机，iPhone 取得了真正意义上史无前例的成功。但是，成人们低着头花在这台让人分心的设备上的大量时间确实带来了某些问题。首先，由于低头看着手机给颈部造成的压力，人们会颈椎疼痛。成人的头部平均重 14 磅，但在像 iPhone 用户经常做的那样低头 60 度时，脊椎实际承受着高达 60 磅的压力。[19] 另一个问题是，由于 iPhone 让用户忘记了周遭环境，iPhone 用户本身、其他行人和司机都会面临危险。前不久，我拦住了一位正在把婴儿车推向骑来的自行车前的母亲，当时，她在一边低头看着手机，一边过马路。而那位骑车人——他也在用着手机——正在单行道上逆行。

随着被动和主动的视频消费者对通过书面语言获取信息的过程越发失去耐心，所有信息娱乐的提供者都面临着极大的压力，需要尽可能快地传递讯息、获得回应——今天的"快"要比过去的"快"快得多。根据文化历史学家伊库·阿达托（Kiku Adatto）一项广为人知的研究，从1968年到1988年，总统候选人的电视原声片段——候选人自己的声音——的平均时长从42.3秒降到了9.8秒。到了2000年，常见的候选人原声片段平均只有7.8秒。[20]在这个以特朗普的推文为特征的总统时代，那样的研究听起来有些落伍，但它明确告诉我们，早在数字时代来临之前，公众的注意力集中时间就已经开始缩短。特朗普的独特之处在于，不论话题是严肃的还是琐碎的，发推都是他最喜爱的交流模式。当奥巴马时期的白宫使用Twitter的时候，发布的一般都是无须冗长解说的日常通告（往往以日程信息为主）。特朗普的推文内容五花八门，有亚历克·鲍德温（Alec Baldwin）在《周六夜现场》（Saturday Night Live）中模仿他表演这样的琐事（"不值一看"），也有发生在佛罗里达州奥兰多一家夜店的恐怖袭击——美国史上最严重的大规模枪击事件。我们无法想象奥巴马或他的前任布什会作出特朗普在奥兰多惨案发生之后的2016年6月12日那样的反应。"感谢祝贺，"这位未来总统在推文中写道，"在激进伊斯兰恐怖主义上看法正确。我不要祝贺。我要坚强与警惕。我们一定要聪明！"祝贺（Congrats）①。当然，在你只能写下140个字符的时候，没法把这个单词拼写完整。我们可以想象一下，假如在一年之前发生在南卡罗来纳州查尔斯顿的九名黑人教徒在《圣经》学习班上被枪杀事件之后，奥巴马吹嘘自己在美国生活中种族主义的延续上"看法正确"，他会招来什么样的反应。特朗普的推文是否会成为我们本应臻于至善的

① Congrats 为 Congratulations（祝贺）一词较不正式的缩写形式。——译者注

政治话语中的永久特征？公众是否会厌烦那种粗俗自大的咆哮，选上一名能意识到总统的交流应当庄重得体的人作为特朗普的后继者？要回答这两个问题，现在还为时过早。鉴于过去八年里断章取义的交流越发普遍，我不会小看 Twitter，除非特朗普咆哮般的周六晨推——他与任何人为敌，从（在一次颁奖典礼上批评他的）演员梅丽尔·斯特里普（Meryl Streep），到前总统奥巴马（他庄重的矜持总是显得更加高贵）——让这个国家集体精神失常，导致特朗普被弹劾下台。

过去二十五年来，所有平面媒体——不光是报纸，还有以受过良好教育的读者为受众的杂志——都学着电视的样子，大大压缩了文章篇幅。当电视新闻主管认为长过八秒的声音片段会让它们失去观众的注意力时，杂志编辑们又有什么理由认为读者会花半个小时甚至是十五分钟，坐下来阅读一篇冗长的文章呢？自八十年代末开始，为任何形式的平面媒体撰写过文章的人都得应付编辑的严苛要求，他们必须用六七十年代类似文章四分之一到一半的长度把故事讲完。1974 年，我在离停刊不久的《星期六评论》杂志的一期十五周年纪念刊上发表了一篇 3000 字的文章，评论安娜·阿赫玛托娃、约瑟夫·布罗茨基和奥西普·曼德尔施塔姆等人的俄语诗歌的新译本。如今，根本无法想象再把如此之长，题材如此生僻的文章兜售给超小众文学刊物、《纽约书评》和《纽约客》之外的杂志——后者是当前仅存的能在中流和上流之间架起桥梁，而且还能在不依靠基金会支持的情况下赚钱的大众杂志。

七十年代后期，甚至还包括进入八十年代之后的很长一段时间，我都能通过给女性杂志撰写严肃文章获得不错的收入——这些文章的长度大多在 3000 到 5000 字之间，主题从家庭暴力到苏联妇女的地位。1988 年，《魅力》杂志颇受敬重的老编辑鲁斯·惠特尼（Ruth Whitney）派我去俄国，研究米哈伊尔·戈尔巴乔夫（Mikhail Gorbachev）发起的政治改革是否意味着苏联妇女地位的变化，最后写成的文章将近 5000 字。如今已经无法想象女性杂志的编辑还会给如此严肃的话题留出那么大的空间。我当时还为另一位大名鼎鼎的编辑,《时尚》(Cosmopolitan)的海伦·格利·布朗(Helen Gurley Brown)写稿,她同样偏爱篇幅较长的文章:她认为,她的女性读者对阅读和性感模特照片同样兴趣浓厚。"布朗夫人"(深得宠爱的作者们总是这样称呼她)曾经因为我在一篇文章里引用了弥尔顿的"同你谈着话,我全忘了时间/时辰和时辰的改变,一样教我喜欢"给我写了一条表示赞许的便笺。德怀特·麦克唐纳一定会感到不屑,因为《时尚》当中也有和穿着轮滑鞋的马类似的内容,那就是一页又一页关于如何引诱男性,打造日进斗金的事业,也许还能钓得美婿的建议。但是现在,引自《失乐园》(Paradise Lost)的诗句——依然沿用它十七世纪原文中的标点——绝不可能出现在针对年轻女性的杂志上。和报纸一样,女性杂志代表不了最高层次的精神生活;但它们的内容过去二十年来的改变——和报纸阅读率的下降一样——是流行文化水准降低的又一证据。

当布朗不再担任《时尚》编辑的时候,我手里还有好几篇约稿没有完成(布朗已经预付了全部稿费。她前些年已经去世),其中一位新编辑告诉我,我要做的第一件事就是把文章长度缩减一半。"字数,字数,字数。"她带着怒气说。不知何故,她似乎希望我继续为这份杂志撰稿,又对我的第一项任务十分不满。她希望我完成一篇关于喜欢看女友自慰的男人的文章,里面全都要是第一人称的采访。我一开始以为这只是个拙劣的玩笑——换做戴安娜·特里林会怎么说呢?——但我很快意识到,是时候跟这个稳定的收入来源说再见了。

当然,更长未必就是更好:大卫·雷姆尼克(David Remnick)执掌下的《纽约客》杂志内容丰富的报道质量更高,因为它们比威廉·肖恩(William Shawn)时期的文章稍短(尽管按目前杂志的标准来说还是很长了)。但由编辑对自身和公众的较低期望为基础,对各种文字惯性的极端裁剪保证了由此产出的是只适合粗俗读者的粗俗内容——简洁不再是智慧的灵魂,却成了庸俗的内心。我怀疑,过去的女性杂志编辑甚至从来都没有想过让作者写一篇关于看着女人自慰的男人的文章,不论长短;不仅是因为他们认为这样的话题对普通读者来说太过粗俗,而且很难想象对这个话题的"深入"探讨会包含些什么样的内容。

一旦像近年来的少女杂志那样甘于粗俗,那么就可以想象出来,如何通过生编硬造或是从傻到愿意接受那种采访的男人那里凑出足够数量的下流文字,好凑成一篇不到1000字的文章——女性杂志如今想要的就是1000字或更短的文章。当平面媒体的编辑们不再试图与其他报纸杂志竞争,而是把YouTube、真人秀电视节目和能够即时反馈的博客当作对手的时候,他们必须选择那些用极少的文字就能对付的话题。平面媒体总是在宣传,它们很适合那些选择"忙碌生活方式"的人。出版物开始以"适合讨厌阅读的人的杂志"自我标榜也许只是个时间问题。

印刷文化之困的另一个表现是报纸管理层在小众艺术——尤其是文学和古典音乐——相关报道上的残忍态度。书评版面的缩减从六十年代末就已经开始,但这一进程在近十年来由于三个原因进一步加速。首先,像《洛杉矶时报》(*Los Angeles Times*)那样原本为家族所有、颇受尊敬的地方报纸已经被大企业收购,这些企业决心裁员,而且对于把文化报道当作社会责任这种古板理念不以为意。其次,所有报纸都面临着读者群老龄化和缩小的问题,不再重视传统的艺术报道,同时,为了吸引年轻读者——既在纸质版又在网络版上——加强报道流行视频和数字文化。最后,很多正在走向老龄的婴儿潮一代和他们的父母相比,不但对文学阅读兴趣不大,对六十年代青年文化所排斥的包括古典音乐在内的所有表演艺术都没有兴趣。报纸出版人赌的是现在五六十岁的婴儿潮一代读者和二三十岁的读者(和期待中的新读者)一样对书评和古典音乐评论不感兴趣。仅在2007年,《洛杉矶时报》把独立的周日书评并入了评论版块,把书评从十二个版压缩到了十个,《旧金山纪事报》(*San Francisco Chronicle*)则把每周一期的书评版从六个版压缩到了四个,《亚特兰大宪政报》(Atlanta Journal-Constitution，以下简称《宪政报》)完全消灭了书评编辑职位（相比直接开除员工，通过官僚化的"改组"来取消职位是致力于把艺术版拉低到通俗口味水平的管理人员最爱的计策）。根据美国书评人协会（National Book Critics Circle）的说法，全国范围内的小型报纸越来越依赖粗疏的电传书评服务——如果他们还为书评留出空间的话。[21]

当然，哀叹报纸书评消亡的作家和评论家们很像一个老犹太人笑话里的人物，笑话的场景往往是下东区的熟食店，顾客不停地对服务员抱怨饭菜质量太差。精彩的讽刺结尾是这样的："吃的这么差——分量还这么小！"报纸上的书评无疑展现着中流格调，但它们的消逝又是中流文化价值的又一例证。在线文学博客的兴起并不能取代报纸上定期刊载的书评，尽管在印刷文化本身更健康的情况下，它们可以为文学讨论锦上添花。网上也有些像"优雅变奏"(The Elegant Variation) 那样较为出色的文学博客，会刊登一些由对相关领域确实有所了解的作家撰写的长篇评论。但很多书评博客上只有那些想当作家，却被编辑和出版人拒稿的人愤愤不平的胡言乱语。这些博客上有很多阴谋论，讨论关于为什么有些书在《纽约时报》和《纽约书评》上得到了评论但别的却被忽略（和那种经常在博客之外的文学圈鸡尾酒会上传播的阴谋论一样）。网络的民主性几乎能让所有想要评论一本书的人发声，这对评论者本人来说有好处，但对作家和希望了解应该买哪些书的消费者来说却并不一定如此。如果我在报纸上读到一篇评论，我往往会对评论者的资格有一个整体概念，会了解他是否别有政治或个人目的。但我怎么能决定自己是否应该花上五分钟去读一篇"图书荡妇"(bookslut.com，较为活跃的文学博客之一）上的评论呢？我浏览了一下"图书荡妇"上对大卫·马克森（David Markson）《最后的小说》(The Last Novel) 的评论，发现评论者因为马克森不赏识鲍勃·迪伦而心怀不满。[22] 评论者接下来气势汹汹地说，他还没见过需要先用谷歌搜索才知道大名鼎鼎的美国作曲家内德·罗雷姆

(Ned Rorem)是谁的人。至此,这位评论者在文化上的诚意已经昭然若揭,但我已经浪费了好几分钟。[在文章最后,我发现他是末日短篇小说集《末世读者》(The Apocalypse Reader)的编辑贾斯汀·泰勒(Justin Taylor)。]对罗雷姆的履历一无所知并不是文化上不可饶恕的重罪,但对无知的骄傲却并非书评人应有的品质。任何一位写过超过 1000 字的书评的人都能证明,报纸对特约撰稿人和书评编辑要求更高。正如美国书评人协会主席约翰·弗里曼(John Freeman)所说:"公众对知识和书面文字的渴求是从平面媒体诞生之初就赋予了报纸生命的两大要素,报纸为平面媒体的未来焦虑不安,同时又在摧毁报纸上与那两大要素联系最紧密的版块。"[23]

在古典音乐方面,评论的未来显得更不乐观。在明尼阿波利斯和芝加哥——拥有历史悠久的音乐文化和世界级乐团的两个城市——报纸的评论家们接受了强制收购,被特约作者所取代。"他们没有开除我,"在明尼阿波利斯《明星论坛报》(The Star-Tribune)任职多年的音乐评论家迈克尔·安东尼(Michael Anthony)说,"他们开除了我的职位。"[24] 在亚特兰大,《宪政报》试图像取消书评编辑一样取消古典音乐评论家的职位,但在当地富有影响力的艺术赞助人的激烈反对下作出了让步。

在压缩图书和古典表演艺术报道的同时,报纸同时也在纸质版和网络版上增加对流行文化、信息娱乐和与数字媒体相关的一切内容的报道。这让人想起了《星期六评论》等过去的中流杂志注定失败的努力——它们试图通过屈服于六十年代末和七十年代初的新趋势而吸引年轻读者。平面媒体当然需要深度报道流行文化和数字世界,但这样的报道不大可能让报纸发行量止住下滑。问题在于,人们越是沉迷于信息娱乐,就越不可能再去阅读。编辑们也许可以在艺术版上填满对嘻哈音乐最新趋势的分析、对 YouTube 上最新视频的报道和(用来安抚年长的婴儿潮一代的)已经关节僵硬但却不愿优雅谢幕的六十年代摇滚明星最新的音乐会和 DVD 的评论,但这些评论却未必能吸引人们离开 iPad、iPhone、电脑和电视。通过这些数字玩具,信息娱乐消费者们可以听到(或者既看到又听到)真实的东西,而不是读到对它们的描述。

有一个思想流派把互联网誉为"拯救印刷文化的弥赛亚",但这种救赎期望的基础是在文字的可得性与真正的读写之间根本性的混淆。互联网带来的确实是文字和视频的高速公路,能用谷歌的人都能走上这条高速公路,但文字和具有重要智识意义的阅读材料之间几无相似之处。未来岁月必将见证一个不断扩大的在线文本库的诞生——即便谷歌没能实现它那扫描世上所有书本的狂妄目标。尽管我和其他作者一样担心谷歌对版权的侵害,我还是希望它能如愿(说得好像它需要我的祝愿一样)。但如果谷歌想要扫描我那本1972年出版、只卖出不到2000册的关于俄国的书,如果乌兹别克斯坦有人想要在线阅读那本书[①],那么,加油吧。

但是,不论我们多大年纪,不论多么通晓电脑,没有预设目标的传统阅读并不是我们在网上会做的事。我们所做的——和正在觅食的猛禽一样——不过是盘旋俯冲,寻找特定种类的信息。在网上阅读的时候,不管那些材料多有趣、写得多好,我几乎从来都不会停下来思考,因为节约时间是我的首要目标——而不是像在读一本引人入胜的纸质书时那样忘记了时间。如果那些信息足够重要,我会把它打印出来,和其他线下来源相对照——这是必要的预防措施,因为我在为上一本书进行事实核查时发现,网上信息源的错误率是从书本中摘选出的事实内容的三倍。不管怎么说,我都不是在真正地阅读,而是在为某个非常明确的目的收集文本,我觉得,未来那个无所不包的虚拟图书馆的用户将不再区分这两者。那位想象中的乌兹别克读者也许会是个大学生,在为关于前苏联民俗的学期论文收集传闻逸事,他几乎不可能会把我的《莫斯科对话》(*Moscow Conversations*)从虚拟的封面一直读到虚拟的封底。思考一下《连线》(*Wired*)杂志的一位撰稿人对未来数字图书馆潜在研究用途

[①]作者指的是《莫斯科对话》(*Moscow Conversations*)。——译者注

的描述吧：

> 搜索引擎正在改变我们的文化，因为它们控制了关系的力量，所有链接实际上都属于关系……这种对关系的提升即将让书本知识的静态世界发生剧变，从书中的每一页上都能发现其他页、其他书。文本的数字化一旦实现，书本的封皮就将解体，将它们自身编织在一起。从一个图书馆的整体智慧当中，我们可以发现孤立的书中看不到的东西。
>
> 与此同时，一旦完成数字化，书本就可以解开成为一张张单独的页面，或者进一步解体，变成页面上的一个个片段。这些片段将再次合成为重组的书和虚拟书架……无所不包的图书馆将促进虚拟"书架"的诞生——它们是文本的集合，有些像段落那么短，有些像一整本书那么长，它们集合成为图书馆中满满一架子的专门知识。这些"书架"会像音乐播放列表一样，一创造出来就会发布到公共空间，供人们彼此交换。确实，有些作者将开始书写在未来会被当作片段阅读或是被重新合成页面的书。[25]

我确信，这个可怕的预言在未来二三十年中必将实现，至少是部分实现，因为这样的进程早已开始。"重新合成"这个词让人想起了它在电影和录音方面的意义，它在这里极具暗示意味。从大学的学期论文到商业化出版的图书，很多（广义上的）作者生产出的手稿除了作为重新合成的原料之外别无用处。这个进程还有一个别名：抄袭。2002年，罗格斯大学管理教育中心所做的一项全国性调查发现，超过半数的高中生曾经剽窃过网上的内容。[26]但在这个问题上，如果把互联网描述成唯一元凶，甚至只是罪魁祸首，都会是巨大的错误。佛蒙特州明德学院历史系因为禁止学生在研究论文中引用维基百科而引发了一场风波，但他们的规定没有触及真正的问题：研究项目中不应引用任何（线上或线下的）

百科全书。这一点应当在中学阶段就教给学生：我高中时的社会科教师戴尔·布鲁贝克（Dale Brubaker）对他那些闷闷不乐的学生所明确提出的头几个要求之一，就是不能在学期论文中把《不列颠百科全书》当作引用来源。谁还知道，在那个百科全书推销员带着便于获取知识的诱惑上门推销的时代，家中的孩子却不能依靠那些书来写他的高中学期论文呢？大学教授居然必须去教学生那些本应在刚进高中时学到的研究基本要求，没有比这个更能明确标志着以印刷文字为基础的中流文化的衰退了。

电脑时代的技术当然也导致了对文学原创性尊重程度的加速下滑：生产"重新合成"材料相比过去既简单、又快捷。这样的技术对"包装"公司的目标来说非常合适，它们鼓励作者生产与已经具有明确商业价值的产品十分相似的文学产品。这些预制产品不应该被称作书，就像网上为了重新包装成段和重新合成为页面而写出的文字不该被称作书一样。事实上，这些产品的作者都不该称为作家，用约瑟夫·斯大林那句难忘的话来概括他们的工作更为恰当，斯大林说，作家是"人类灵魂的工程师"。（人们误以为这个说法是斯大林在 1932 年的一次作家集会上第一次提出的——它的原创者其实是一位默默无闻的苏联小说家。几年之后，那些没有足够的才华来充当工程师的作家们消失在古拉格之中。）

近年来较为发人深省的包装-剽窃怒潮爆发在一本"小妞文学"读物上，这本书由利特尔 & 布朗出版社出版于 2006 年，作者是十九岁的哈佛大学大二学生卡薇娅·维斯瓦纳坦（Kaavya Viswanathan）。作为第一本由印度裔美国人写作的关于印度裔美国人的小妞文学，《梅塔的哈佛之旅》(*How Opal Mehta Got Kissed, Got Wild, and Got a Life*) 声名大噪，在看上去注定要大卖的时候，有人发现这位作者大量抄袭了另外两本著名的小妞文学小说——梅根·麦卡弗蒂（Megan McCafferty）的《糟糕的初恋》(*Sloppy Firsts*) 和《第二次恋情》(*Second Helpings*)。维斯瓦纳坦声称，这种"模仿"是无心为之，因为她有着过目不忘的记忆力。

但是这远不只是一个雄心勃勃的少女的道德问题。似乎维斯瓦纳坦还在高中最后一年，就在一位私人教师的建议下构思出了这个计划，她的父母为了增加女儿进入常青藤盟校的机会雇用了这位教师。这位教师恰巧写过一本关于写作大学申请的书，她把维斯瓦纳坦的一些作品给了她在威廉·莫里斯经纪公司（William Morris Agency）的经纪人。这位经纪人又把维斯瓦纳坦推荐给了阿劳娱乐公司（Allow Entertainment），这家为出版商策划出版方案的图书包装公司聘请了通晓女孩心思，能够根据预设的情节和人物制作图书的工程师。《纽约时报》引述了利特尔＆布朗青少年图书出版公司主编辛迪·伊根（Cindy Eagan）关于包装的说法，"这有点像是制作电视节目。我们为了雕琢每一本小说一起工作"[27]。利特尔＆布朗青少年图书出版公司是《女校风波》（Clique）、《A级明星》（A-List）和《绯闻女孩》（Gossip Girl）这三套系列伪小说的出版商，这些面向九到十三岁女孩的小说足以让女性主义者痛哭，因为它们都认为，除了欺骗和伤害男孩，除了争风吃醋，女孩什么都做不了。

《绯闻女孩》之类的系列小说事实上是类似梅根·麦卡弗蒂的作家生产出来的更加"成熟"、以二十岁左右的女孩为受众的小妞文学的"小师妹"。那些包装出来的小说有些根据包装公司的详细要求写出，有些则给了作者更大的自由度，可以偏离常规套路。在维斯瓦纳坦的案例中，这种自由度意味着描写印度裔女性，而不是已经充斥着小妞文学作品的白人、非裔美国人和拉丁裔女性。整体而言，这些书的问题在于，就算文字各不相同，但它们还是显得十分相似，因为它们都遵循着同样的基本套路：就像维斯瓦纳坦所证明的，一本书中的一大段话可以无缝合成到另一本书当中。一位出版业高管承认，这些系列小说"整体上存在某些相似之处"，他补充说，"少年人的经历都差不离"。[28]

套路化的包装和写作在出版界并不是什么新鲜事，不同的作者几十年来一直都在用同样的笔名生产《少女妙探》（Nancy Drew）和《哈迪男孩》（Hardy Boys）系列小说。其中的巨大区别在于，早期系列小说的读者几乎都是小学生：《少女妙探》和《哈迪男孩》的目标从来都不是成为面向十几岁的少年和二十多岁成人的类似图书的过渡和范本。如果一个女孩到了十二岁还没对《少女妙探》失去热情，那么她一定哪里有点问题。当你长大到可以通过书本探索性和成人世界的神秘时，你会转而去找由成人撰写、关于成人的成人小说。六十年代初，准备进入常青藤盟校的女生们读的是玛丽·麦卡锡和菲利普·罗斯，而不是那些十几岁或是刚刚二十出头的作者们鼓捣出来的东西。"青年"文学和小姐文学伪小说千篇一律，就像是一个成功的电视节目出现之后无穷无尽的模仿者一样。

卡薇娅·维斯瓦纳坦也许会被打入冷宫，但她对待文学的态度却并不鲜见。她的辩解是《纽约时报》的采访中最可悲的地方，她说，她模仿爱丽丝·西伯德（Alice Sebold）的畅销书《可爱的骨头》（*The Lovely Bones*）写了一个原创故事，但威廉·莫里斯公司的经纪人认为那篇东西"太阴暗"。经纪人和图书包装公司建议维斯瓦纳坦，"如果写一本轻快点的东西会更好，他们认为那样更可能大卖"。[29] 当然了。如果你模仿一位较为严肃的作家写出的作品看起来销售前景不佳，那么为什么还为要不要模仿小姐文学的作者而迟疑呢？

把"文本"视为一种可以互换的商品，导致这种观念的是这样一种想法：作为文化生活的一部分，阅读本身可以与电子游戏之类的其他文化商品互换，而且不会与个人和社会造成伤害——只要读书这种行为没有完全消失就行。技术爱好者们在这个问题上错了，保护文学性阅读的独特重要性的人才是对的。约翰·厄普代克（John Updike）曾经形象地说："花钱买来的实体书曾经——一段时间内仍然如此——对它的生产者和消费者要求更高。这是两颗心无声邂逅的场所，一颗心跟随着另一颗心的脚步，却又受邀在高于个人邂逅的层次上去想象、去争辩、去共鸣，尽管其中也有社交习俗，也有零零碎碎的唠叨和彼此谅解。读书和写书的人正在走向互不合作的状态，像是脾气乖戾的隐士，拒绝走入后古登堡时代的村庄中的电子阳光,拒绝在这样的阳光下玩耍。"[30]

如果书籍是精神生活中最强大、最不可或缺的支柱,那么对话就是第二重要的。近四十年来,向对话发起的侵袭要比对文学的攻击更加猛烈,从很多方面看,大众媒体应当为此负责。对话遭受的第一轮重击发生在五十年代,那时,很多家庭开始在吃晚饭的时候开着电视机。我妈妈禁止这样的做法,但很多家庭并不觉得这样做有什么不妥,那块黑白屏幕的吸引力特别大,我总是期待着在伙伴家中过夜,因为他们的父母对在吃饭时看电视的行为更加宽容。电视节目并不会终结对话,但它们改变了对话的本质:在关着电视的时候,我们更可能会去谈论生活中发生的事情,而不是屏幕上的一举一动。二十一世纪前二十年中,那些堪称对话阻碍器的设备迎来了大爆发。

史蒂芬·米勒(Stephen Miller)在一本关于对话的历史的有趣著作中指出,这类设备不仅包括电子游戏和配有耳机的音乐播放器等显而易见的对话终结者,还包括看似便于对话的手机、电子邮件和短信息。所有这些信息传送设备都让交流变得更加便利,但交流和对话之间的关系大体就是文本和优秀书籍之间的关系:前者未必能保证后者的出现。在评论米勒的书时,罗素·贝克(Russell Baker)如此描述了三十年代他成长过程中无处不在的家庭对话。

> 从大萧条时期开始,我的儿时记忆之一便是躺在床上似睡非睡,听着人们——大人——的低语,不断交谈、交谈、交谈,直至深夜。我们的屋子小而融洽,住了太多刚工作不久的大人,钱总是不够用。他们就那样不断地交谈、交谈、交谈。这似乎是最让我怀念的,他们是来自一个大家庭的兄弟姐妹,有着需要不断深入审视的记忆。他们一定开过玩笑,因为总能听到很多轻轻的笑声,但他们也会谈论严肃话题。他们经常讨论伍德罗·威尔逊。他们想知道威尔逊到

底是不是"理想主义者"。这是不是他失败的原因？他是不是上了英国人的当？美国是不是被骗去欧洲火中取栗的？听着这些从容的对话低语入睡，让人十分安心。[31]

对那些挣扎着走过大萧条的人来说，不花钱是对话的一大优点。世纪中叶的日子要比前一代人宽松很多，但我对那时的家庭对话的记忆却和贝克非常相似。我也记得八九岁时伴着隔壁房间中的低声对话打盹的经历——同时还要努力避免睡着，因为我想偷听大人们关于那些他们认为不该让小孩听到的话题要说些什么。那些话题包括我父母对核武器的担忧——当这个经常出现的话题在新闻节目上被提到的时候，他们总是会轻描淡写一带而过；朱利叶斯和埃瑟尔·罗森堡的处决；还有是不是应该警告我不要告诉小弟弟圣诞老人不存在。当我长大了几岁之后——足够参与和理解大人的谈话，又没年长到会觉得他们无聊的时候——我会熬夜等着加入成人的对话。

如今，十三岁以下的孩子们会在晚饭后独自待在自己房中，做着各个年龄的孩子都必须完成的无穷无尽的家庭作业——这是以愉悦为目的的阅读的另一个敌人——或者是上网，在手机上发短信，或者是玩电子游戏。父母们往往各自沉浸在自己钟爱的娱乐形式之中，尽管在办公室中辛苦工作了一整天但还是要做家务的女性晚上往往没有那么多时间上网。

本质上说，任何智识和情感生活都是对话——这种对话从出生就已开始。如果说家中的餐桌曾经为进行社交对话，享受这种半正式乐趣提供了第一个面对面的场合，之后还会有学校餐厅、朋友家中的过夜、深夜里的寝室卧谈、咖啡厅、酒吧等各种场合——任何一个能让朋友之间交流思想和知心话的场所。但无论家里家外，个人化的社交接触是娱乐文化的另一个受害者。各个年龄段的成人都说，和二十五年前相比，他们的朋友变少了，能讨论重要问题的人也变少了。四分之一的美国人说，

第十章 娱乐文化 273

他们找不到可以谈论重要话题的人——这一比例是 1985 年的两倍。最严重的下降发生在与非家庭成员的社交接触上：1985 年，45% 的美国人会和朋友讨论重要问题，但这一比例在 2004 年只有 20%。[32] 在二十一世纪头十年里的这种趋势近年来进一步加重。我相信，智能手机已经对真正的对话形成了阻遏，尽管我清楚地知道这是个反直觉的结论。任何在手机出现之前成年的人都知道，相比过去的交谈，我们通过手机和他人的对话变短了。智能手机尤其妨碍了深入而亲密的对话。总有别的人、别的事来打扰我们——另一个打进来的电话，曾经消费过的商户发来的促销信息，还有文字短信息。不论是短信息还是大部分电子邮件，都无法取代能让我们听到他人声音的真正对话。在最好的情况下，我们在线交流时会说："我在这里，我在想你。"在最糟的情况下，它们只是让你承认，你不愿与之发生真实对话的人确实存在，而且往往还是出于高度工具性的理由。我们都知道这一点。如果屏幕告诉你，来电打扰的只是个让人心烦的人，有谁会接这个电话吗？

　　毫无疑问，能够交谈的朋友数量下降有很多原因。美国人花在工作上的时间比过去更长，在夫妻二人都工作的家庭中，忙乱的日程安排让他们极少有自由时间来培养友谊和维持社交。但是，科技的孤立作用强化了我们文化当中的其他反对话元素。耳机不但为我们提供了一个将讨厌的噪声屏蔽在外的简单方式，也屏蔽了与朋友和家庭之间有时同样讨厌的对话。在不得不与他人对话的情况下——长途的汽车之旅、海滩上的慵懒下午、学校餐厅——年轻人总是将年长者拒绝在外，也经常不理会他们的同龄人。任何一个在 1980 年前大学毕业的人都必定会对如今学生住所中的安静大吃一惊；一代代学生生活中必不可少的深夜或通宵对话已经让位给了学生宿舍中的各种个人化的体验，几乎人人都在上网，要么就沉浸在 iPod 的茧房之中。我去年在一所大学演讲完之后，不得不在学生宿舍中住上一晚，想起了我学生时代持续入夜的高音量噪声和笑声，我以为自己会难以入眠。不用担心：宿舍静得可怕，当我在公共厨房中遇到两位做咖啡的学生时，我们连招呼都没打，因为她们都在跟着 iPod 中的音乐节拍摇头晃脑。哪怕在一个像我在六十年代初上学时的密歇根州立大学那样不关心政治、专注于职业发展的学校里，我敢肯定，一位真正的作家——尽管远非名人——会吸引来一小群学生，展开一场紧张的讨论。

米勒所说的"对话替代品"在电波和网络博客中的统治地位是另一个重要因素。这些对话替代品包括由意识形态推动的电台和电视脱口秀节目中愤怒的争吵，还有以奥普拉·温弗里（Oprah Winfrey）为代表的一些人所偏爱的更加圆滑的圈套——尽管是直播，但也有剧本。比尔·奥莱利（Bill O'Reilly）之类的主持人甚至都不会去假装对嘉宾的话有兴趣，2017 年 4 月，由于多起性骚扰指控被揭露（公司私下里了结了其中数起事件），奥莱利被迫离开了他在福克斯新闻台颇受欢迎的节目。不管谁的话与他的政治观点相左，他都会粗暴地打断。尽管如此，应出版商的要求，我在 2008 年上过《奥莱利因素》（The O'Reilly Factor）节目，出版商指出，尽管奥莱利必然会反对我的想法，但我的书会在一定比例的观众面前得到露面机会，那些观众收看这个节目只是为了对右翼主持人那个晚上说的任何话生气。奥莱利称呼我"夫人"，后来有人告诉我，我称他为"先生"，这让我占了上风。也许吧，但发生在那里的完全不是一场真正的对话。（奥莱利没有对我说出任何带有性暗示的话。也许我不是他喜欢的类型，也许在有那么多好欺负的女性雇员的情况下没有必要动嘉宾的心思。但我的出版商是对的：我收到了非常多的自由主义者发来的电子邮件，他们因为奥莱利不喜欢我的书而买了那本书。）

温弗里凭借她的日间节目《奥普拉》建立起了一个金融帝国，在类似《奥普拉》的脱口秀上，出现的是另一种对话替代品。温弗里当然是共情女王，她还把她的那种对话方式移交给了以艾伦·德杰尼勒斯（Ellen DeGeneres）为代表的下一代人。在大多数情况下，嘉宾都知道制作方希望他们如何表现，会遵循有感染力的剧本，按要求向听众讲述他们的

第十章　娱乐文化　275

磨难与痛苦、为了生存的努力，还有最终的胜利与精神重生。《奥普拉》的剧本并不是对话，而是缩写版的《天路历程》(Pilgrim's Progress)，温弗里的角色就是防止嘉宾和观众跌进失望泥沼。尽管眼中可能充满泪水，但在数百万观众面前卷入这种虚假的亲密，既不正常，也非私密。

每天在博客上进行的千百万所谓的对话同样是虚假的替代品。即便是博客写手彼此之间的直接交谈也往往会因为评论与回应之间毫无联系而显得别有特色。博客上肆意奔流的是人们粗疏的言论，这些言论往往没有经过编辑完善，这些人通常也难以通过书面文字有条理地自我表达，而且缺乏在线交流所需的虚拟对话技巧，就像他们一定缺乏面对面交流的技巧一样。博客重在自我表达，而非对话。我曾多年担任《华盛顿邮报》和《新闻周刊》主办的博客"论信仰"(On Faith，现已关闭)的定期撰稿人，我的文章频繁引来不合逻辑的推论，它们让我感到困惑，尽管偶尔也显得好笑。当我在每周评论中提到民意调查一直都表明女性整体而言比男性对宗教更虔诚之后，引发了一场典型的争论。一条署名为"我"的回复直截了当地说，女性比男性更虔诚，是因为她们比男性更蠢。"我"先生接下来大骂女性，说她们求助于信仰的原因是想让上帝带给她们能掏钱抚养孩子的男人——据说这是笃信宗教的额外好处。

"最常见的祈祷是，"他写道，"亲爱的上帝啊，请不要让'他'丢掉工作，如果没有他的抚养费支票，我还怎么过。"这种标点用法和自我中心的语气，和"我"这个名字一样，是博客空间上漫无目的的聊天的特征之一。不论那些评论是合理的言论还是明显的胡话，它们都和真正的对话完全不同，在真正的对话中，实实在在的个人要为自己的言论负责，有时还需要举出可以支持观点的事实。当然，现实生活中的讨论也会有很多令人讨厌和粗鲁的人参与其中，他们从来都不知道对话的艺术既需要发言，也需要倾听，但这种人终将受到惩罚，不是被他人回避，就是被当场否定。这样的事在虚拟世界中不会发生，除非博主违反了某个特定的规则，比如对人身攻击或污言秽语的限制。我经常指出，匿名言论的价值往往比署名言论低得多,没有比这句话更能让我的读者们愤怒的了。很多匿名撰稿人在社交媒体上的表现方式如果放在他们的家庭成员、朋友和同事面前,都会让他们蒙羞。

现场对话的艺术还在继续衰落,让人痛心的是,关于旧式、流畅、热情的知识对话的最好的一些例子如今只能在书上看到。要一瞥知识分子过去对彼此,和与任何他人谈话的风采,我们也许可以看看1988年对特立独行的记者 I. F. 斯通(I. F. Stone)精彩而简练的描写,这些内容是从斯通和作家安德鲁·帕特纳(Andrew Patner)的对话录音整理出来的(略去了帕特纳的回应)。作为一位大三时退学的自学成才者,斯通谈论的是他对一本关于苏格拉底审判之书的研究。

> 我常说,没有人像柏拉图那样,单纯凭借魅力就能让大批恶劣至极的谬论流传于世。那是谬论——彻头彻尾的谬论。那些虔诚的柏拉图主义者——就像邪教一样,就像统一教徒。我的意思是,柏拉图是迷人的思想家,非凡的写作者,也是个拥有戏剧天赋的人。奥林匹奥多罗(Olympiodorus)说,他想成为喜剧作家,去写正剧和喜剧——据说他在去世的时候床上放着一本阿里斯托芬(Aristophanes)的书——但在见到苏格拉底之后放弃了……你也应该去读他的书,不只是为了了解他的体系和思想,还要了解他的行文方式,还有那些副产品,比如其中的欢乐与思考。没有别的哲学家能把自己的哲学变成一幕幕短剧。他的哲学因此取得了持续的魅力……《斐多篇》真的——我在美国大学阅读《斐多篇》,我读到了最后。我真的流出了眼泪。孩子们一定认为我很滑稽。它非常动人。是一部伟大的戏剧。
>
> ……由此,你会理解希腊戏剧及其自由的源泉,远比你能从罗马正剧和喜剧中所能看到的多。同样的差别也体现在希腊法律和罗马法律,希腊和罗马的国民大会的程序和法律上……我并不怎么在

第十章 娱乐文化　277

乎罗马。西塞罗就是个大粪坑。像个典型的公司律师，拍着有钱有势之人的马屁。但他曾经在雅典学习过，那已经是伟大时代几百年之后，他的哲学著作虽不深刻，但却很有价值。你可以翻翻他在《论神性》（*De natura deorum*）、《论感悟》（*De divinatione*）和《图斯库卢姆谈话录》（*Tusculan Disputations*）中说的话……尽管我同意恺撒的说法。他说这种散文风格是小亚细亚式的，他的意思是说那些文字太多矫饰，我认为那些言论有些过于浮华。[33]

热情的智识对话听起来就是这个样子——真正的学问、集中的精力，还有那种与生活和死亡在几千年前的人进行精神交流的感觉。我希望我也能加入那场谈话的另一边。我已经很久没听到过有人说柏拉图宣扬的是恶劣至极的谬论，说西塞罗是个大马屁精。我们已经无须再为阅读的衰落和智识对话的衰落之间的联系找个恰当的例子了。

另一种形式的对话——过去发生在信件中的对话——不仅衰落了，而且实际上已经死亡。电子邮件往往被称作书面交流的拯救者，过时的蜗牛邮件颇为优秀的后继者，早在人人开始在手机上发短信之前，它已经给了传统信件致命的一击。前不久，我在整理家中的书房时，碰巧发现了厚厚的一沓1968年的信件，那时我在华盛顿当记者，我的未婚夫正作为《华盛顿邮报》驻非洲记者在肯尼亚首都内罗毕驻站。刚刚订婚而且深爱彼此的我们互致长信——两到五页纸，写得密密麻麻——至少一周两封。几十年后第一次拿起这些薄薄皱皱的航空信纸，我记起了每一次我打开信箱，看见里面有一个厚厚的信封时的激动心情。我的信是那个年轻的自我的写照，同时也是1968年诸多痛苦事件的微缩历史。在其中一封信里，我努力想告诉托尼，在马丁·路德·金遇刺之后，随着暴力和抢劫行为在华盛顿最贫困的黑人社区中爆发，看着火焰和烟尘升起在华盛顿上空是什么感觉。我又怎么能忘记被没注意到我进入骚乱地区的媒体通行证的警察拿枪指着的恐惧？还有金去世第二天早上绝望至极的心情，那时，一位黑人出租车司机转过来说："我想让你知道，假如我能负担得起今天不载白人的损失，我会让你们站在街角干等着。"

托尼的信生动地记录了南非种族隔离制度，尼日利亚与比夫拉之间毫无意义的悲剧性内战——他在那里也发现自己被枪口指着，还有他对殖民主义的终结不会给非洲贫民带来社会和经济平等，而是催生一个腐败的非洲独裁者新阶层的担忧。这样的信件并不只是个人记忆的仓库；它们多年来也一直是对于历史学家和传记作者十分重要的主要信息来源。

在缺乏个人通信联系的纸质痕迹的情况下，我不知道传记作者们将如何重现 1950 年后出生的人的人生，这不是知识分子的专利，无数识字的男男女女也会彼此通信。和报纸阅读的衰落一样，通信的衰落——在电子邮件出现之前很久就已开始——也是印刷文化式微的早期征兆之一。七十年代早期，随着长途电话费的不断下降，写信已经是少有的做法，不再属于日常活动，而且日益被视为负担——尤其是在我这一代人看来。如果我和未婚夫之前的联系是借助电子邮件进行的，我可以肯定，信件丰富的内容和有声有色的氛围都将大为失色。尽管我们之间的联系会更加频繁，但交流的总长度会大为缩短。就算我把所有的电子邮件都保存了下来（我也许真会那么做，毕竟那时我们已经快结婚了），我也知道，四十年后它们带来的思考会少很多。

我之所以这么认为，是因为我和一些密友如今在电子邮件中对待阅读和写作时仓促而心不在焉。不论是我，还是我认识的其他人，在面对电子邮件时，都完全不会像我过去打开信箱时那样心怀期待和愉快。怎么可能有呢？每天收到的无数垃圾邮件和商务交流信息——就算其中有些信息值得期待——都是连续不断的烦恼。收到来自我关心的人的电子邮件时，我会感到高兴。但邮件的内容往往是，"嘿，我有一天读到这篇文章的时候想起了你"，后面跟着一条链接。我的回复也同样不着边际。刚开始上网时，电子邮件很是让我激动，因为我认为它将取代我过去收发的长长的信件，但我很快发现，很长的电子邮件带来的却是很短的回复——哪怕发信者是喜欢或爱我的人。所以我也开始用同样的方式回复邮件了。

毫无疑问，有些人会保存与好友之间的电子邮件，有人会像我们很多人在蜗牛信件时代写信那样写出非常有趣的电子邮件。但在大多数情况下，作为媒介的电子邮件确实是讯息——而且是很短的讯息。未来的历史学家再也无法找到像约翰·亚当斯和托马斯·杰斐逊之间、居斯塔夫·福楼拜（Gustave Flaubert）和乔治·桑（George Sand）之间、约翰内斯·勃拉姆斯（Johannes Brahms）和克拉拉·舒曼（Clara Schumann）之间、汉娜·阿伦特和玛丽·麦卡锡之间、拜伦勋爵和他的世界中的每一个人之间来往的那种信件。他们将徒劳地寻找一种智识生活的踪迹，在那样的世界里，阅读、写作和面对面的对话作为促进热爱思想的人彼此深入交流的方式无缝衔接在了一起。

在我找到我和未婚夫六十年代的信件之后不久，我又偶然地找到了另一个信件的宝藏，那些从八十年代初一直延续到九十年代中期的信件是友谊的证明，也肯定是我最后一段成熟的书信之谊。和我通信的是伟大的英国翻译家、欧里庇得斯和埃斯库罗斯的译者菲利普·维拉克特（Philip Vellacott），他于 1997 年去世，享年 90 岁。我在八十年代初第一次读到了菲利普的译作，当时我正在为了写 1984 年出版的《野蛮的正义：复仇的进化》（Wild Justice: The Evolution of Revenge）而阅读所有古希腊悲剧。他拥有一种天赋，可以将古老的文本用永恒性与当代感兼具的语言再现，他的语言十分高贵，但却并不夸张，他的译著是那么让我激动，感觉好像是第一次阅读那些戏剧。事实上，由于质量不佳的高等教育，**我确实是第一次认真阅读欧里庇得斯**。我想给菲利普写一封表示崇拜的信，告诉他我是多么仰慕他的翻译风格，但是——因为已经习惯于没有回信——我一直都没有落笔。1984 年的一个早晨，我带着惊喜打开信封，里面是菲利普笔画顾长的便条，留下了威尔士的回邮地址。他写道："我刚刚读完你那本令人印象深刻的《野蛮的正义》，我在伦敦的一家书店偶然发现了它，你的论说让我那么入迷，促使我立刻给你写下这封表示崇拜的信。"

我们的通信关系由此开始，在见面之前就已经成了真正的朋友。我最终开始接受在大学时错过的关于古希腊悲剧的教育，还有一位杰出的老师作为向导。菲利普和我还在信中对彼此讲述对巴赫的热爱，对美国汽车旅馆中冷漠的舒适的享受，还有我们对八十年代大西洋两岸右翼政治得势的反感。菲利普讨厌玛格丽特·撒切尔（Margaret Thatcher），但觉得她比罗纳德·里根更可取，因为，按他的话说，"撒切尔夫人的样子看起来和她的社会政策一样坏"。在大多数时候，我们谈论的是书籍。他向我介绍了威廉·燕卜荪（William Empson）的《弥尔顿的上帝》（Milton's God），我向他介绍了阿尔弗雷德·卡津的《纽约行者》（A Walker in the City）和《纽约犹太人》（New York Jew）。菲利普的另一个兴趣所在——另一个我们的共同兴趣——是女性主义。他认为，欧里庇得斯的悲剧是对女性恶行的评说，这种观点比女性主义文学评论领先了二十年。在他衰老到不能旅行之前，菲利普一直强烈期待着作为加州大学圣克鲁斯分校的古典文学客座教授定期前来工作。他在自己所形容的"一口大锅，但如果你愿意，便是修正主义学术研究的热水浴池"中颇为自在——尽管美国学术界中语言的堕落让他痛心不已。他欢快地讲述了和一位以教条主义闻名的女性主义文学评论家客客气气的争执，她带着赞赏把美狄亚谋杀子女的行为归因于"争取性别平等的激情"。菲利普回应道："平等当然不分男女，就像圣灵一样。"

菲利普谈起有史以来最伟大的作家时，好像他们是他的朋友——他们当然是。我最后一次见他的时候，我们正在去拜访一位共同朋友的路上，因为八十六街地铁站有人在列车进站时跳下轨道，我们在地铁里被困了半个小时。为了从幽闭恐惧和地铁自杀事件上转移我的注意力，菲利普为我做了一场关于延迟教育好处的充满激情的专题报告。

"我很羡慕你，在35岁时才第一次接触到欧里庇得斯，"他说，好像我们正在去找这位剧作家小酌的路上，"为什么呢，这就好像你在年长到能够真正理解他人之后才坠入爱河一样。多么美妙啊！我这么说很有把握，因为我在遇到一生挚爱时已经32岁了，能与她结婚真是幸运之至。"一个脏兮兮的十几岁男孩在闷热的车厢里脱下了衬衫给自己扇风，他认真地倾听着这位激情四射的老人口中上个世纪之交时那种优雅的英语措辞。当地铁工人终于让我们从车厢里走出来的时候，那个孩子转身对菲利普说："嘿，听你说话真是愉快。"

确实愉快。那次地铁之旅是在八十年代末，耳机和个人音乐播放设备还没普及，不然的话，那位菲利普的小小崇拜者也许就会被关在私密的噪音世界之中。伴随着娱乐文化的胜利，和印刷文字一同兴起，与知识世界一同终结的对话正在变成一种只属于往昔的愉快。

注释：

1. James D. Squires, *Read All About It: The Corporate Takeover of America's Newspapers* (New York, 1993), p. 208.
2. Peter Baker, "Trump Delivers Heated Defense of First Month," *New York Times*, February 17, 2017.
3. Amy Mitchell et al., "The Modern News Consumer," Pew Research Center, July 7, 2016.
4. Gitlin, *Media Unlimited*, p. 7.
5. Lee Raine and Andrew Perrin, "Slightly Fewer Americans Are Reading Print Books, New Survey Finds," Pew Research Center, October 19, 2015.
6. *American Time Use Survey:* 2014 *Results,* Bureau of Labor Statistics, June 24, 2015, in Dan Kopf, "How Young Adults Spend Their Time: 2004 vs 2014", Priceonomics.com, January 5, 2016.
7. Postman, *Amusing Ourselves to Death,* p. 78.
8. Colin Mahan, "Babies Get Some Infatainment," May 12, 2006, http://www.tv.com/story/4511.html.
9. Virginia Heffernan, "The Evil Screen's Plot to Take Over the 2-and-Under World," *New York Times*, April 14, 2006.
10. "Zero to Six: Electronic Media in the Lives of Infants, Toddlers and Preschoolers," Kaiser Family Foundation and the Children's Digital Media Centers, October 28, 2003.
11. Jeneen Interlandi, "Are Educational Videos Bad for Your Baby?", August 7, 2007, *Newsweek*,

http://www.msnbc.msn.com/id/20167189/site/newsweek/page/ 2/.
12. Ibid.
13. "Reading at Risk," July 8, 2000, National Endowment for the Arts.
14. Johnson, *Everything Bad Is Good for You,* p. 184.
15. Ibid., p. 36.
16. Entertainment Software Association, 2015 Annual Report.
17. Frank Guan, "Why Ever Stop Playing Video Games," *New York*, February 20, 2017.
18. *Harnessing the Power of Video Games for Learning*, Federation of American Scientists, October 17, 2006.
19. Khaleeli, Homa, "Text Neck: How Smartphones Are Damaging Our Spines,"*Washington Post*, November 24, 2014.
20. Kiko Adatto, *Sound Bite Democracy: Network Evening News Presidential Campaign Coverage,* 1968 and 1988, Research Paper R-2, Joan Shorenstein Barrone Center for Press, Politics, and Public Policy, June 1990. Thomas L. Patterson, *Diminishing Returns: A Comparison of the* 1968 and 2000 *Election Night Broadcasts*, Harvard University Faculty Research Working Papers Series, RWP03-050, December 2003.
21. John Freeman, "The National Book Critics Circle's Campaign to Save Book Reviews,"http://www.bookcritics.org/?go=save BookReviews.
22. Justin Taylor, "The Last Novel by David Markson," http://www.bookslut.com/fiction/2007_06_011196.php.
23. Freeman, "The National Book Critics Circle's Campaign."
24. Quoted in Daniel J. Wakin, "Newspapers Trimming Classical Music Critics," *New York Times*, June 9, 2007.
25. Kevin Kelly, "What Will Happen to Books?" *New York Times Magazine*, May 14, 2006.
26. "New Study Confirms Internet Plagiarism Is Prevalent," Office of Media Relations, Rutgers University; http://urwebsrv.rutgers.edu/medrel/viewArticle.html?ArticleID=3408.
27. Motoko Rich and Dinitia Smith, "First, Idea, Plot and Characters. Then, a Book Needs an Author," *New York Times*, April 27, 2006.
28. Ibid.
29. Ibid.
30. John Updike, "The End of Authorship," *New York Times Book Review*, June 25, 2006.
31. Russell Baker, "Talking It Up," *New York Review of Books*, May 11, 2006.
32. Lynn Smith-Lovin, Miller McPherson, and Matthew E. Brashears, "Core Discussion Networks of Americans," *American Sociological Review* (June 2006).
33. Andrew Patner, *I. F. Stone: A Portrait* (New York, 1988), pp. 23–24.

第十一章　公共生活：愚蠢标准的不断降低

1968 年 4 月 4 日，当罗伯特·F. 肯尼迪得知马丁·路德·金在孟菲斯遇刺的消息时，他刚刚为发表竞选演讲抵达印第安纳波利斯。肯尼迪的助手强烈建议他取消演讲，但他还是决定，亲自向以黑人为主的人群传达这个悲痛的消息。他首先把听众称为"女士们、先生们"，让他们放下竞选标志。接下来是一篇短短的即兴美国公共修辞杰作——也许是久远的政治传统中的最后一篇。语带哽咽，肯尼迪动情地援引了埃斯库罗斯的诗句，在他的哥哥遇刺之后慰藉了他的正是这样的诗歌：

> 即使是在我们的梦中，不能忘怀的痛苦
> 一点一滴地落在心头，
> 直到，在我们自己的绝望中
> 明智
> 违背我们的意愿，
> 在上帝庄严的感召下来临。①

肯尼迪接着宣布："在美国，我们需要的不是分裂；在美国，我们

---

① 这些诗句摘自埃斯库罗斯的《阿伽门农》（*Agamemnon*），因千百年来翻译家的不同处理而形式不同。

需要的不是暴力与不法,而是爱,智慧,对彼此的同情,还有对我们这个国家还在受苦的人们的正义感,无论他们是黑人还是白人。"他的演讲以对美国人民的希望作结,希望他们献身于"希腊人多年前写下的话:驯服人的野性,让尘世生活变得温和平静。让我们为此献身,为我们的国家,为我们的人民祈祷"。[1]

这篇演讲的不凡之处,除了即兴的特质之外,是它那高雅的格调与语言。肯尼迪相信,由普通男女——女士们、先生们,而不是伙计们——组成的听众会响应希腊剧作家数千年前写下的话。他完全没有想着屈尊俯就自己的听众,而是引用了一段从他自己的偏好和情感中自发浮现出的话,从流行文化中寻找更简单易懂的典故。这篇演讲的另一个特点就是结尾那句话中的谦逊。二十世纪六十年代,那个陷于右翼迷思的罪恶十年里,政客们的演讲还不必用充满必胜意味的"上帝保佑美国"结尾。委婉地建议人们为我们的国家和人民祈祷,意味着承认错误——这错误属于美国人自身,不应归咎于外来非美国影响的缺陷。

我并不想唤起人们对卡米洛时期的怀念,或是带着伤感美化罗伯特·肯尼迪。然而,肯尼迪1968年的这次演讲如今听上去和埃斯库罗斯本人的语言一样古老。在如今的文化气候下,我无法想象还会有受欢迎的政客作这样的演讲——哪怕他自身的文学品位能让他自然地想起古希腊悲剧——因为他害怕被贴上自命不凡和精英主义的标签。如果肯尼迪也受到了如今束缚政治话语的那些势力的影响,他也会引用鲍勃·迪伦、披头士或"彼得、保罗和玛丽"等当代流行偶像,而不是埃斯库罗斯的话来表达哀思。那些渴望掌权的人对陌生典故和修辞手法敬而远之,这种状况清楚地表明,在近五十年来的美国公共生活中,愚蠢的标准已经降低到了何种程度。[1] 关于近年来政治人物在公开场合运用古老文学意象,像肯尼迪的演讲那样带来强大情感冲击的情形,我只能想起一例:

---

[1] 当参议员丹尼尔·帕特里克·莫伊尼汉(Daniel Patrick Moynihan)在二十世纪七十年代首创"降低不正常的标准"(defining deviancy downward)这个说法的时候,他指的是犯罪现象。

2015 年，在查尔斯顿被一位白人至上主义者枪杀的九名《圣经》学习班成员的悼念仪式上，巴拉克·奥巴马洪亮地演唱了《奇异恩典》（Amazing Grace）。作为英语世界中最著名的圣歌之一，创作于 1772 年的《奇异恩典》除了在教堂中演唱之外，很多流行歌手也录制了这首歌。运用雅俗共赏的典故，是奥巴马作为公共演讲者的独特天分。

和媒体人士一样，政客创造了对复杂性、微妙的差别和深刻知识深怀质疑的公众，同时又是这些公众的产物。如果人们惯于听到领导人或即将成为领导人的人在面对复杂政策问题的时候，说出乔治·W. 布什那样的"我是决策者"，或者唐纳德·特朗普那样的"我，我一个人就能解决问题"，他们几乎无法想象出在美国参加二战最初几个月的黑暗时刻中，富兰克林·罗斯福要承受多大的痛苦才能向公众解释为什么军队在太平洋战场连遭败绩。1942 年 2 月，罗斯福作了珍珠港事件之后的第一次炉边谈话，他在广播讲话中请美国人展开一张地图，以便了解战争的地理格局。《纽约时报》引用了曼哈顿一家书店的销售经理 E. O. 施密特（E. O. Schmidt）的话，让人们看到了公众对总统请求的反应。根据预估的需求量，施密特搜罗了两千份新地图，到了炉边谈话那一晚，地图全部售罄。罗斯福对听众们（80% 的美国成人）说，他希望他们使用地图，以更好地理解一场不同于以往，在"世界上每一块大陆、每一个岛屿、每一片海洋、每一条航线"上展开的战争。在向公众解释战略形势的过程中，罗斯福利用了他早年间凭借众所周知的集邮爱好而掌握的丰富的地理知识。他对演讲撰稿人说，他确信美国人可以理解向部队运输给养所必须经过的漫漫长路，"如果他们能够理解这个问题和我们的暗示，我确信，他们可以承受任何坏消息"。当布什入侵伊拉克时，他觉得美国人完全没必要去了解战场的地理形势；也许他认为，公众了解的地理知识越多，越难以接受坏消息。总之，对地理的无知是美国人如今在地球村中的生活方式之一。美国国家地理学会和罗普民调（National Geographic-Roper poll）在 2005 年 12 月到 2016 年 1 月间——战争打响三年多，2400 名美国人死于伊拉克之后——联合进行的一次调查发现，18 至 24 岁的美国人当中有三分之二在地图上找不出伊拉克。[2] 奥巴马固然对地理有所了解，但他还是没有解释俄罗斯占领克里米亚并入侵东乌克兰的地缘意义和缘由，也没有说清楚这些地区在俄罗斯与东欧各国之间的历次战争中的历史作用。也许奥巴马比谁都清楚，一旦他流露出国家头号教育者的姿态和语气，竞争对手（和部分支持者）就会把他称作迂腐的知识分子。鉴于前总统相比现任总统自由得多，可以畅谈相关话题，假如奥巴马在回忆录中深入探讨他作为教育者的得失，那一定会是引人入胜的一章。

至于特朗普，几乎没有证据能够表明，他在世界地图上能找到自己的高尔夫球场之外的东西。就任总统后，特朗普在与中国国家主席习近平通电话时，（至少在当时）弥补了此前由于暗示美国将重新考虑一个中国政策而给两国关系造成的伤害，让国际政策专家们长出了一口气。（当选总统后不久，特朗普与台湾地区领导人通了电话，触怒了中国。）按照很多媒体的说法，这位当选总统之后"转过弯来"了。想必他屈从了那些高级智慧，他们让他知道了承认台湾地区是第二个"中国"将摧毁与中国合作的一切可能。但愿吧。我的猜测是，特朗普也许根本就不清楚台湾地区与中国大陆之间——在政治和地理意义上——是什么关系，他陷入麻烦的主要原因是无知，而不是因为他有什么信念。不过，特朗普无论如何都不必担心有人指责他炫耀知识，指责他想当国家头号教育者。

在当前的媒体环境中，我们很可能过于强调总统的个人品质，忽视了公众的知识——和无知——对总统领导风格的塑造。罗斯福时代的美国没法使用由卫星加强的谷歌地图，但那时的美国公众拥有志在学习的视野。难道真有人认真地认为，如今的晚上会有大部分美国公众坐下来听任何一位总统讲一节 20 分钟的地理课吗？根据 2006 年的地理知识调查，18 到 24 岁的美国人中，近半数认为没有必要了解世界上正在发生重大新闻的国家位于何方。超过三分之一认为懂得外语"完全不重要"，

第十一章　公共生活：愚蠢标准的不断降低　287

认为"非常重要"的仅有14%。这样的结果并不意外：在2002年的同一调查中，美国人在被调查的各国中排名倒数第二，落在加拿大、法国、德国、英国、意大利、日本和瑞典之后。没有任何迹象表明，美国人的地理知识在过去十年间有所提升。

而且，接受调查的这些人的年龄段表明，美国的高中和大学教育非常失败：人们小时候对地理知识的了解只多不少，因为那时候课堂上教的东西在他们的脑海中还很鲜明。调查报告中的一个"好消息"是，和只上过高中的美国人相比，有过大学教育经历的人在地图上正确指出伊拉克、沙特阿拉伯、伊朗和以色列的位置的概率是前者的四倍。坏消息是，大学组中只有23%的人能成功辨认出这些中东国家，高中毕业生中只有6%。换句话说，教育程度在高中或以上的美国年轻人中，近八成对与美国利益联系紧密的四个国家的位置一无所知。

至于互联网那颇受吹捧的教育价值，网络似乎只有在灌输基础知识的时候有些有限的功用——也许问题只是，我们大多数人在网上浏览时所寻找的并不是真正的知识。在美国国家地理学会和罗普民调的测试中——用传统的评分体系衡量——在网上阅读新闻的年轻人拿了69分，那些不上网的人则得了59分。（测试中一共有53个问题。）这么看来，这两个群体都不及格——但相比不上网的人，网民们分数稍高。在其他方面都很不乐观的画面中，这一发现是唯一的亮点，这样的情况本身就证明了期望之低。稍高的不及格分数——比F-高一档的F在健全的社会中并非竞争力的标志。① 这份研究的作者们用保守得出奇的说法得出了结论，他们指出，"这些结果说明，美国的年轻人……尚未准备好迎接日益全球化的未来"³。这份报告的标题也许可以改作"无知，并自豪着"。

公众的无知和反智主义当然不是一回事，但它们却是近亲。两者都有助于那种把关于历史、科学、文化的渊博知识和对母语的得体运用看作政治负担而不是财富的候选人的崛起——为了迎合把展现学识当作秀

---

①美国大学成绩等级中，不及格标注为"F"。——译者注

优越的公众，就算他们拥有这样的智识品质，往往也会自掩锋芒。

要衡量过去五十年中政治方面的自我呈现和政治言论标准的刻意堕落，可以将约翰·克里（John Kerry）在2004年和约翰·肯尼迪在1960年的竞选活动作个对比。他们都是权贵子弟，都接受过美国和其他国家最优秀的教育，都是教养的象征——从对旅行的偏好、对世界历史的兴趣，到他们选择的颇具异国情调、掌握多种语言的优雅夫人。为了让自己看上去和听上去更像是个普通人，克里在竞选中做了很多无用功，他穿着迷彩服去猎鹅，这显然是为了取悦乡村中热爱打猎的人，但结果只是自取其辱。到头来，那身猎装和克里在摄影师面前挥舞的十二号双管猎枪都是从一个俄亥俄农民那里借来的，他还献出了自己的鹅当作政治祭品。在竞选旅程中，克里试图摆脱他那颇有教养的发音，开始吞掉单词中字母g、t和n的发音，而且还留意着在话中提到必不可少的"伙计们"。

相反，约翰·肯尼迪竭力渲染自己的高雅气质，这拉开了他和1960年的普通选民之间的距离，但又牢牢抓住了他们的想象力。众所周知，他拒绝戴上牛仔帽、印第安头饰、棒球帽和一切意在让他泯于众人的帽子，而且，冒充南方和中西部乡村口音之类的建议一定会让他瞠目结舌。他的口音融合了波士顿和哈佛语调，一直未改。肯尼迪是否像他看上去那样有教养，他是否是一个本可成为历史学家——或者，至少可以是个像赞赏他的沃尔特·李普曼（Walter Lippmann）和理查德·罗维尔（Richard Rovere）那样的上层中流记者——的兴趣广泛的阅读者，都不如他想展现出自己的知识分子特质，并以此赢得赞赏的愿望更重要。他最爱的小说是司汤达的《红与黑》（The Red and the Black），他说。问题并不在于他是不是真的喜欢这本书［我总是想象着肯尼迪抱着一本雷蒙德·钱德勒（Raymond Chandler）的侦探小说放松身心］，而是在于这位总统并不害怕提到一本大多数人无疑都不知道的法国小说。（奥巴马拒绝挑出一本最爱的书，他认为，不同心境下需要读不同类型的书，这种态度似乎更加真诚。）阿尔弗雷德·卡津指出，肯尼迪的性格中最迷人的因素之一，是"那么热切地向公众宣传他对书籍的热爱、他的才华与优雅、他与知识分子专家交往的爱好，毫不担心这样做会让民众大为惊诧，众所周知，这些民众会因为其他人身上的这些特性而心生怀疑"[4]。

不论真相如何，毫无疑问的是，肯尼迪具有世界眼光的博学之士形象——代表着美国人希望自己，更可能希望自己的孩子所成为的那种人——对他的魅力至关重要。一位总统候选人对文化的了解在公众眼中是个颇为可取的特点，而肯尼迪兄弟向世界展现出的有家学的精通形象进一步提升了他们在美国国内的吸引力。理查德·M. 尼克松虽然聪明绝顶，但和对手相比，他并没有那种看上去轻松自如的文雅和知性神态。

四十四年之后，大学毕业生在美国人口中的比例已经远高于六十年代初，但选民们却再次把这个国家的最高职位交给了一个以毫无求知欲为最突出的个性特征的人。这个人的父亲、祖父和曾祖皆为有钱有势之人，绰号"W"的他是三流绅士的鲜活代表：如果没有家族声望和关系网，布什凭头脑根本无法靠近耶鲁和哈佛商学院，也不可能拿下一支棒球队——更不用说总统一职了。尽管如此，这个天生特权的活证据还是让选民们相信，他只是个普通人，不属于令人厌恶的"精英"。

他是怎么做到的呢？我认为，"做自己"就是他的成功之道，最明显的表现就是他对母语的拙劣运用。与克里［还有2000年的对手阿尔·戈尔（Al Gore）］不同，布什不需要刻意努力也能表现得像个没接受过精英教育的普通人。尽管他在肯纳邦克港度夏，在常青藤盟校读书，但他总是能把总统们经常要说的"核"和"政府"轻松地说成"活"和"增府"。美国大众——至少在他们开始坚决反对伊拉克战争之前——对这种会让其他发达国家的中产阶级感到羞辱的丑陋表演不是无动于衷，就是为之倾倒。比如，在和法国总统雅克·希拉克（Jacques Chirac）于巴黎举办的一场联合新闻发布会上，当NBC记者大卫·格雷戈里（David Gregory）用流利的法语向希拉克提了一个问题之后，布什的反应相当任性。"很好，"这位美国总统不耐烦地说，"这家伙记得四个词，好像自己很会洲际交流一样。"十分惊讶的格雷戈里开始回应说:"我可以继续……"但布什打断道:"我很佩服——*que bueno*①。我也懂两种语言。"

问题并不在于布什是否真的像听上去那样像个普通人,而是他与美国国家地理学会和罗普民调调查的那些美国年轻人一样,似乎并不以自己的狭隘为耻,反而颇以为荣。在看似没完没了的伊拉克战争让人们看到布什"我是决策者"的断言所概括的那种政治领导风格中暗藏的危险之前,选民们似乎并不觉得这有什么问题;在 2008 年两党初选中,伊拉克战争成了辩论中最重要的话题。在开启战端之前,一位总统难道不该先思索一番吗?——哪怕是咨询一下那些比他更了解世界其他国家的人。巧合的是,最有力地给出肯定回答的是来自伊利诺伊州,不太为人所知的年轻资浅参议员巴拉克·奥巴马,初选早期,也就是他在 2008 年 1 月的艾奥瓦州民主党初选大会上意外大胜之前,政界人士认为他不可能获得提名。和特朗普和希拉里·克林顿激烈得多的 2016 年大选相比,黯然失色的 2008 年大选如今看起来和伯罗奔尼撒战争一样遥远。但回到二十一世纪头十年中的那些旧时光,奥巴马高超的演讲技巧与语调柔和的理性的结合已经让厌倦了布什、厌倦了战争,期待改变的潜在选民们印象深刻。奥巴马确实说了些新东西——不仅是外交政策之类的公认议题,还谈到了学习和知识方面的个人责任。在提升公立教育方面,奥巴马的标准说法之一是强调不论政府的行动多么积极,都无法代替愿意"关掉电视机,收起电子游戏,花上更多时间为孩子们读书、与孩子们对话"的父母。(鉴于游戏行业的指数级增长,我们如今已经知道,这些话很多美国人根本没听进去。)不过,这句话——尽管它代表了一种很多人会在日常生活中忽视的理想——得到了各种肤色和种族的听众的热烈掌声。它在黑人社群中激起的反响是最强烈的。作为哈佛大学法学院毕业生[奥巴马后来成了《哈佛法律评论》(*Harvard Law Review*)首位非裔总编],巴拉克·奥巴马和米歇尔·奥巴马(Michelle Obama)都享受到

①西班牙语,意为"很好"。——译者注

了美国最顶尖的教育。他们通过自己的努力得到了这样的教育，和让他们有条件接受这种教育的奖学金。奥巴马的肯尼亚父亲在他还是婴儿时就离开了他的母亲，单亲母亲和外祖父母在夏威夷将他抚养长大。他的成长是为自己争取荣耀的故事；比尔·克林顿也是一样，克林顿来自阿肯色州农村的工人阶级家庭，完全通过自己的努力进入了乔治敦大学、牛津大学和耶鲁大学法学院。

当奥巴马变成一位令人生畏的候选人时，他也成了曾让克里折戟的反精英主义和反智主义攻击的目标，也许正是他为自己争取荣耀的努力给了他些许保护。在 2008 年总统竞选的最后两个月，共和党人疯狂地想让公众的注意力从股市暴跌、无数住房被银行收回和失业率上升的日复一日的悲哀新闻中转移出来，他们发起了反精英主义的猛攻，掀起了阶级仇恨和对非美行为的指责。为了把奥巴马渲染成货真价实的"精英"，共和党候选人约翰·麦凯恩对"水暖工乔"（Joe the Plumber，事实上，乔甚至都不是他真正的名字）形象欣然接受。不过，在反精英主义之战中挑大梁的是麦凯恩的副总统搭档沙拉·佩林（Sarah Palin）。佩林在竞选大剧中扮演着西方坏女巫的角色，把奥巴马对经济学概念（比如说，税收是一种财富再分配手段）的理解和彻头彻尾的反美主义联系在了一起。穿着四英尺高的高跟鞋，宣称"鞋跟高了，就该摘掉手套大干"的佩林把奥巴马跟恐怖主义和社会主义挂钩。佩林还把奥巴马的语言天赋作为攻击对象。奥巴马对口头和书面英语的运用被描绘成精英主义的负累，就好像德怀特·艾森豪威尔把知识分子说成是"不止强作解人，还会信口开河的人"一样。当佩林说她和丈夫不曾像奥巴马夫妇那样"通过写书"致富的时候——好像写书赚钱和贩毒差不多——她完美地把阶级仇恨和反智主义结合到了一起。

反精英主义的攻击在 2008 年没有奏效，部分是因为很多公职人员（包括麦凯恩在内）对经济难题束手无策。泰然自若的奥巴马咨询的对象有政府官员，还有克林顿政府中的哈佛系经济专家，不知为何，候选人倾听他人——而不是自己信口开河——的情景体现的似乎并不是精英主义，而是理智的做法。一位公职人员倾听专家意见，这当然并不意味着他属于霍夫施塔特所说的那种严格意义上的知识分子。专家本身都有可能不属于知识分子，而且知识分子也会犯错（正如知识分子曾经对约翰·肯尼迪和林登·约翰逊这两位总统说，在越南已经可以看到隧道尽头的光亮）。奥巴马没有去设法证明自己也属于普通人群，而是展现了他所具有的担任这个国家最高职位的关键资格——在危机时刻和平常日子里鉴别有价值意见的意愿和智识能力。

真正的问题不是为什么在布什之后我们选上了奥巴马，而是为什么在奥巴马之后我们选上了特朗普——或者，更准确地说，从布什到奥巴马再到特朗普。对周期性政治变化相对直接的要求并不能解释选民心理，他们曾经被奥巴马的知识和理性气质所吸引，之后又选择了一位粗俗且无知好斗的人作为他的后任，在特朗普面前，反观布什都显得像是伯里克利或托马斯·杰斐逊。（而且，鉴于特朗普主义中充满敌意的反移民和反穆斯林倾向，我们如今想起布什的时候，想起的理所当然的是他在"9·11"事件之后对宗教自由的勇敢辩护，而不是他念错的词和恐法症的发作。）在对生活质量不满的情况下，选民可能，而且确实会想要给另一个政党一个机会——或者即便是在对生活相对满意的情况下，只是为了取乐——但他们很少会选择像特朗普和奥巴马这样在秉性、价值观和自我呈现方式上都有着天壤之别的候选人。在对选举的事后分析中，媒体集中探讨了克林顿作为候选人的弱点，特朗普对蛰伏的种族主义和本土主义"狗哨"式的呼唤（事实上，那些呼唤更像是火警），还有（以白人为主的）蓝领工人当中普遍的怒气。蓝领工人的工作岗位在过去三十年中一直在减少，而且在奥巴马时期无可否认但却分配不均的经济复苏中，他们很大程度上被遗忘了。所有这些因素无疑有助于特朗普在密歇根州、威斯康星州和宾夕法尼亚州得到刚刚好的白人选票，从而在选举人团投票中胜出，尽管他在全国普选中的得票比克林顿约少 300 万。但所有这些解释都没有说明为什么特朗普能够赢得共和党提名（争夺提名的还有很多白人男性和一位白人女性，两党的绝大多数选民都还没有忘记他们的名字）。选民们也许还记得本·卡森（Ben Carson）这个名字，他是唯一一位非裔候选人，之后被特朗普选为住房和城市发展部长。在从政之前曾是出色的儿科神经外科医生的卡森完全没有领导住房和城市发展部所需的专业知识——也许正是出于这个原因，特朗普才选择了他担任此职，而不是给他一个在专业经验和训练方面更加合适的职位——比如说，让他在美国国立卫生研究院（National Institutes of Health）任职。特朗普厌恶专业知识，将军们提出的专业知识例外——但特朗普甚至都不确定，那些将军们在军事问题上是不是比他懂得更多。"我对 ISIS 的了解比将军们更多。"特朗普在一次竞选活动中一如既往地咆哮道。在特朗普发出的反精英主义和反智主义的讯息中，对各种形式的专业知识的真心轻蔑是其中不可或缺的一部分。2016 年春，特朗普因为缺乏外交政策方面的知识而受到了批评，他在威斯康星州的一次竞选活动上用充满嘲讽的语无伦次的怒吼作出了回应。"你们知道，我一直想说——我之前从来都没有说过这些——所有那些专家们。'哦，我们需要一个专家——'那些专家们一塌糊涂。看看我们那些专家带来的混乱。看看那种混乱。看看中东。如果我们的总统和政客们每年去海边休假 365 天，我们在中东的处境会好得多。"[5]

特朗普无疑是当下美国人记忆中最为反智的总统，可能也是美国历任总统中最反智的〔我认为，那些拿安德鲁·杰克逊（Andrew Jackson）与特朗普相比较的人对杰克逊的评价还算公正——想想他那些无可否认的过失〕[①]。假如特朗普的竞选活动没有发生在标准加速降低的进程之中，他对专业知识的诋毁就无法蒙混过关。《牛津英语词典》把"后真相"

[①] 参见乔恩·米查姆（Jon Meacham）《美国雄狮：安德鲁·杰克逊》（*American Lion: Andrew Jackson*）一书中对杰克逊作为法官和律师的个人经历，以及他对联邦司法制度的观点的探讨。

（post-truth）评为了 2016 年的年度词汇（之前的年度词汇还有"删除好友"和"自拍"），特朗普就是这个后真相时代的产物。

这便是他得以成功打造自己白手起家形象的原因，尽管他实际上和布什一样生来就享有特权。特朗普的父亲是富有的纽约住宅地产开发商（他的成功部分源自他将黑人挡在了纽约皇后区的公寓住宅区之外）。1975 年，特朗普凭借来自父亲的 100 万美元贷款开始了他那日后变形为品牌运作的地产生涯，在随后的十年中，他又从弗雷德·特朗普（Fred Trump）及其公司手中借了 1400 万美元。但在那些连经过服务人员通道走进特朗普位于棕榈滩的海湖庄园都不敢奢望的选民们面前，特朗普设法把自己包装为一个白手起家的人。在塑造形象的同时，特朗普还成功地成为近些年来唯一一个拒绝公开自己纳税申报单的总统候选人，这些申报单或许会证明，由于多次宣告破产，他很多年里完全没缴过税。他一开始说，无法公开税单的原因是美国国家税务局（Internal Revenue Service）正在进行审计，但在国家税务局指出任何纳税人都可以合法地随时公开税单之后，特朗普却毫不让步，继续说不。对普通美国人来说，哪怕是想到与国税局有关的小问题都会不寒而栗，特朗普却在那些按理说会激怒美国人的问题上蒙混过关了。如果我们没有生活在这个后真相时代，特朗普也就无法凭借正在接受审计的纳税人不得公布税单这样的谎言逃脱他的税单困境。

后真相文化丝毫不为真相所动的特点对于"白手起家的特朗普"这个虚幻形象的营造至关重要。自 2014 年到此次总统大选之前，我在俄亥俄州、宾夕法尼亚州、密歇根州和威斯康星州做了多场演讲。尽管我的听众以政治和宗教上的自由主义者为主（我经常谈论无神论），但 2015 年下半年我的演讲上开始出现特朗普的支持者们。他们经常说两点："他听起来像是我们当中的一员"和"我喜欢他，是因为他说出了自己的心声"。特朗普的讲话含混不清，乱七八糟的语法和普通的纽约口音完全体现不出他的特权阶层出身，在那些因为教育和经济水平较低而——和特朗普一样——语法混乱的听众面前，他的语言风格反而成了优势。假如特朗普的说话方式和奥巴马一样，人们也许会把他当作富有的伪民粹主义者一笑了之——那其实就是他的真面目。假如奥巴马和特朗普一样语言笨拙，他就会成为所谓黑人教育水平太低、头脑太蠢，不适合担任任何重要职务——更不用说美国总统了——的种族诋毁的目标。特朗普用一种更接近于工厂工人而不是住在第五大道镀金公寓里的企业高管的英语与支持者对话（在 Twitter 上和当面交流都是如此），也许这让人们更容易忽视他真正的经济情况。此外，当知名的富人说起话来和没受过什么教育的傻瓜一样的时候，一种独特的幻想油然而生：如果他能这么说话，不论多大年纪都有美女陪伴，能挣到大钱，还能竞选总统，我这样的人又有什么不可以呢？

和听起来像"我们当中的一员"一样，因为特朗普"说出了自己的心声"而视其为领导人的看法也是对他的魅力的反智本质不可或缺的一环。不论是在公开还是私密场合，只有在你的心声值得说，而且有事实根据的情况下，说出心声才是美德。然而，在后真相文化中，事实与领导人言论的关系在坦诚的表象面前无关紧要，尽管政客的话全是无稽之谈或彻底的谎言，坦诚的表象依然可以在政客和人群之间建立起真正的联系。从声称自己看过穆斯林在世贸双塔倒塌之后的庆祝影片，到宣扬瑞典因为接收太多叙利亚难民而在 2016 年 2 月遭受恐怖袭击，特朗普作为候选人和总统说出的种种谎言遭到了致力于事实核查的主流媒体的详细报道和驳斥。要列出特朗普所有类似的谎言实在太占篇幅。（特此说明：2016 年 2 月瑞典没有发生恐怖袭击，就像"9·11"之后并没有数千名穆斯林欢呼的场景一样。）但特朗普的后真相主义并非一般的谎言。它们似乎更加恶劣，那是一种关于世界的幻觉，即便被不容置疑的事实证伪也面不改色。特朗普的所有幻觉中，最让我惊讶的是，他说，在就职典礼的那个细雨蒙蒙的阴天，太阳在他开始就职演说之时钻了出来。所有在看电视的人都能看出那是谎言——出于安全考虑，观众不能带伞进场，近处的观众用雨披遮着脑袋——但特朗普还是照说不误。某种程度上说，他相信这是真的；他脑中一定有那样的场景，幻想着自己演讲时，他和观众沐浴在金色的阳光下——这个比任何湿答答的事实都更有力的场景。在个人生活中，这种幻想十分常见，而且并不一定是坏事：它帮助了很多新郎新娘度过了天气不佳的结婚日子，让很多作家熬过了书评不及预期的痛苦。但假如人们习惯性地沉湎其中，分不清幻想和现实，即便是在个人生活中，它也会带来危险。在公共生活中——尤其是世界第一强国的领导人的公共生活中——它可能是灾难性的。当全国人民都能在电视上看出下雨的时候，说阳光照耀着你的就职典礼，这仅仅是愚蠢；说你输掉了普选票的唯一原因是数百万移民非法投票，则是在破坏对你立誓要去恪守、维护和捍卫的民主制度的信仰。你已经成了假新闻——或者，更准确地说，谎言——的总散播者，而不再是誓言维护宪法的总统。

如果说"后真相"有资格成为《牛津英语词典》2016年年度词汇，那么"假新闻"一定能算是年度短语。相较于假新闻在2016年竞选期间的进化，没有什么更能代表那种定义了美国政治的激烈的反智主义和好斗的无知了。最初发现假新闻现象时，人们谈论的是那种蓄意制造的虚假内容，这些内容往往由臆想网站生产，被社交网络上的无聊用户有意无意地传播开来。大选期间，传播最广的两条假新闻其一是教宗方济各"支持"特朗普担任总统，其二是华盛顿一家由克林顿支持者运营的知名比萨饼店中存在一个儿童性奴圈子。第一条没造成什么真正的危害，因为罗马天主教廷教宗态度坚定地称之为谎言，而且他是个值得信赖的人。华盛顿那家比萨饼店的老板就没那么幸运了；儿童在家庭餐馆中遭受性侵的疯狂故事在社交网络中引发了延续甚久的轩然大波。一个荷枪实弹的怪人为了亲自查探事实出现在那家店里，就连华盛顿颇为时髦的康涅狄格大街上的其他店铺也接到了威胁电话。看起来，只有梵蒂冈才能够有效驳斥社交网络上散布的谎言。

臆想网站只要有个域名就能开，运作这种网站的往往是与新闻采访机构毫无关系、穿着睡衣道听途说的人。你可以自称为"基督教时报网"，没人会知道你只是怀揣政治恶意，有着大把时间的失业青年。基督教时报的故事很能说明问题，这个网站唯一的所有者、二十三岁的卡梅伦·哈里斯（Cameron Harris）刚刚大学毕业不久，曾经是大学兄弟会的领袖。《纽约时报》通过网站上的线索查到了哈里斯，他们撰写的真实新闻详细地讲述了这个网站肮脏的历史。启发哈里斯的似乎是特朗普登峰造极的怒吼，他说，计票结果被朝着有利于希拉里·克林顿的方向"篡改"了。他毫无愧意地向《纽约时报》记者详细讲述了他的决定，他想编出一篇看上去可以支撑特朗普指控的新闻。九月底，这篇文章出现在他的网站上。文章说，俄亥俄州哥伦布市的一个仓库里发现了数万个投票箱，里面装满了预先标记好投给希拉里的选票。为什么是哥伦布市呢？因为特朗普就是在那里第一次提到了篡改选票的可能。发现那些选票的是谁呢？哈里斯瞎编了哥伦布市一个叫"兰德尔·普林斯"的电工，这个人并不存在。为了更有说服力，文章还配上了来自英国报纸《伯明翰邮报》(The Birmingham Mail)的照片，照片上是个站在一堆票箱后头的中年男子（图片说明上写"普林斯先生"）。图片是从谷歌上盗用的。伯明翰确实发生了那场选举，只不过那不是美国总统选举。哈里斯的文章引出了一个说法，说希拉里的助手意图在选举当天用——哥伦布市那位不存在的电工发现的——预先填好的假选票换走真选票。通过哈里斯建立的 Facebook 页面，这篇文章最终有 600 万人分享。[6] 哈里斯发了财，网站的广告收入差不多达到了每小时 1000 美元。（选举结束数天后，谷歌宣布，它将不再为假新闻传播者提供帮助，停止在推广明显的假新闻的网站上投放广告。）文章揭示的最令人沮丧的事实是，尽管把选票投给了特朗普，他捏造希拉里假选票新闻的动机并非狂热的政治信念：他只是为了赚钱。哈里斯告诉《纽约时报》，他本来打算制作诋毁特朗普的广告，但因为特朗普的支持者更加狂热，反希拉里广告的点击量更高（因此通过谷歌广告可带来更多收益）。哈里斯显然完全不觉得羞愧，不然他不可能同意接受采访。毕竟，他说过，"没有一场竞选活动和候选人说的话是完全真实的"[7]。

　　这个得到了充分报道的故事在相当程度上体现了数字文化和我们标准不断降低的民主之间的关系。回到 2000 年，那时也许已经有 600 万信息足够闭塞的美国人，相信人们可以通过把真假选票的票箱混在一起来改变一场现代选举的结果。但在十六年前，这个显而易见的谎言无法轻易在数百万人之间传播，因为这种消息不可能出现在有线电视新闻或任何值得尊重的报纸上。社交网络那时几乎还不存在。此外，这样的消息俘获了那么多受众，反映出了很多美国人在公民参与和公民教育上的缺陷。如果经常投票，见过选举工作人员对纸质选票和数字投票机的严密监管，不用细读，光从亲身经历中就能知道，至少从理论上说，装着假选票的票箱是不可能偷换进投票点的。（偷换票箱的做法确实发生过，但在大城市的政党机构失去对选举机制的控制之后就已告终。）一般认为，轻信假新闻的原因是人们普遍有一种心理倾向，易于接受可以证实原有信念的证据——不分真假。特朗普让他的支持者们准备好接受一场被"篡改"的选举中的失败，他们自然会相信任何支持这种预言的报道。但假如这种偏见反过来，假如哈里斯报道说装着预先填好的特朗普选票的票箱正等着偷天换日，我是不会信以为真的。对于任何熟悉数十年来美国选举运作方式的人来说，这样的报道都纯属天方夜谭。我怀疑，这篇文章在特朗普支持者中产生巨大影响的原因是，整体而言，与希拉里的支持者相比，他们教育程度较低，过去从未投过票的可能性更大。我们也许可以相信"基督教时报网"敢作敢为的创始人的话——他选择诋毁希拉里，只是因为特朗普的支持者们更容易上当，愿意相信志趣相投的社交网络联系人发来的任何假新闻。

　　这并不是说真正的报纸和电视报道上从未出现过骗局。1980 年一篇关于 8 岁海洛因成瘾者的报道就是一个经典案例，其作者原《华盛顿邮报》记者珍妮特·库克（Janet Cooke）还因为这篇报道获得了普利策奖。区别在于，揭发骗局的是媒体自身——首先是《托莱多锋报》(*The Toledo Blade*)，之后则是相当尴尬的《华盛顿邮报》。《华盛顿邮报》当时的出版人唐纳德·格雷厄姆（Donald Graham）召开了新闻发布会宣布文章不实并向公众致歉。事实上，《华盛顿邮报》至今仍在赎罪，网站上每一篇原创文章旁边都会有编辑如何加工文章的记录。每一位记者都可以证明，在库克事件的影响下，所有主流新闻机构都对匿名信源处理方式进行了大幅调整。有些时候，在报道地方饮用水铅污染、家庭暴力或联邦调查局对政府高层的调查结果等问题时，很有必要使用匿名信源。但是，新闻机构目前普遍要求记者将信源身份告知至少一位责任编辑——通常是报纸或电视的总编。互联网上没有这样的制衡机制，没有把关人能保证你看到的是俄亥俄州哥伦布市，而不是在伯明翰拍摄的工人照片——保证真的有那么一位工人存在。这就是为什么媒体总是错误地（我指的是诚实的错误，而不是"假新闻"）把特朗普当成一位独特的候选人。让他成为总统候选人的是他身边的文化：从他的电视节目《学徒》到 Twitter，特朗普完全是由时代造就的人。

所以，毫不意外，特朗普在上任之初就完全改变了假新闻的意义。他给任何批评他和他的政策的文章贴上了这个标签，而且迅速指责报道中最富进取心的新闻机构是"假"新闻媒体。千百万美国人认为，支持自己观点的任何消息都是真的，与自己观点相悖的任何消息都是骗人的，那位总统也只是其中一员。在这个后真相社会中，他之所以能够利用美国反智主义的历史源流，因为，事实上，他也是我们当中的一员。对于很多美国人来说，凡是他们不想听到的都是假新闻。

讽刺的是，特朗普针对媒体的战争——还有他把所有触怒他的新闻都变成假新闻的奥威尔式的尝试——为那些（在写作此书之际）仍然被选举结果和总统就职之初的几个月里的举动震惊不已的自由主义（和一些保守主义）知识分子带来了燃起希望的理由。特朗普时代之前，在探讨重大公众问题的时候，太多限于经济困境的"传统媒体"所有者都会选择阻力最小的路径。而现在，他们的公民责任已被唤醒，与《纽约时报》和《华盛顿邮报》纸质版新增的很多订户一样。在评论版上体现着不同意见的报纸——包括《纽约时报》《华盛顿邮报》《华尔街日报》和《洛杉矶时报》——网络版的流量和纸质版的订数都出现了大幅增长。在纽约，仅《纽约时报》就在大选之后的十八天里收获了 13.2 万名新订户；《华盛顿邮报》出版人杰夫·贝索斯（Jeff Bezos）宣布，这份报纸将新增 60 个编辑职位——主要是为了加强调查报道。[8] 当亚马逊公司 CEO 贝索斯 2014 年收购《华盛顿邮报》时，很多人认为那是一次失败的投资——和所有报纸一样，《华盛顿邮报》多年来订数一直在下降，一直在裁员。如今，社交网络在后真相时代的选举中传播的极端谎言至少已经让部分公民认识到，为了对具有重大公共意义的问题进行精准报道，必须（由他们和媒体所有者）投入更多资金。记者们似乎也有了更多勇气。以《华尔街日报》为例——该报的编辑方针强烈支持特朗普提出的降低企业税等政策——撰写和编辑新闻报道的人据说每天（也许还要冒着丢掉工作的风险）都会争取在客观报道和评论版之间划清界限。对自由、独立的新闻界的重视是否会在特朗普任内继续提高，回答这个问题还为时过早。

就在十年前，为了用自己的方式击败社交媒体，传统媒体的所有者们还在努力迎合读者的文化和公民认识水准，而不是尝试提升公共知识和公共话语的水平。2006 年年底，《时代》周刊在年度人物特刊封面上放了一张亮闪闪的塑料镜面，把"你——对，就是你"选作年度人物。事实上，这里的"你"指的并不是所有人，而是只包含了使用互联网或在万维网上创作新内容的人们。《时代》周刊的年度人物——属于"新的数字民主"的公民——可以是任何从网飞（Netflix）订购 DVD、在 MySpace 上张贴个人信息、访问《时代》周刊网站（这一点有额外加分）、发送电子邮件、在 YouTube 上发布自己呕吐的照片、在"遗产"网站（Legacy.com）上撰写揭逝者疮疤的尖刻讣闻、为了背景调查用谷歌搜索潜在情人的信息或为政治博客撰文的人。

"美国热爱隐居的天才……"《时代》周刊庄重地写道，"但那些孤独的梦想家们也许应该学着和他人一起玩耍。汽车公司举办了设计公开赛。路透社在常规新闻流旁边刊登着博客文章。微软为了对抗由用户创造的 Linux 加班加点。我们见证着生产力和创新的爆发，这样的变化才刚刚开始，千百万原本会沉沦于默默无闻的灵魂被吸收进了全球化的知识经济当中。"至于那些完全应该默默无闻的灵魂——需要对数字世界呈指数形式增长的垃圾思想和戾气负责的灵魂——2006 年的《时代》周刊向自己那越来越少的读者们保证，互联网上的一切都是"和所有值得尝试的实验一样可能会失败的大规模社会实验"的一部分。尽管如此，网络让我们有机会"打造不是政客对政客、伟人对伟人，而是公民对公民、普通人对普通人的国际交往……让人们看着电脑屏幕，真心实意地猜想有谁在那里注意着他们。继续吧。告诉我们你不只是有些好奇"。[9] 鉴于游戏产业在 2006 年的时候还没那么重要，《时代》周刊完全没有提到希望回归想象中的童年精英政治的游戏玩家，没有把他们也算作应该从默默无闻中拯救出来的灵魂。

这里的重点是："新的数字民主"的公民们不需要投票，不需要读书，可以在清醒的每一刻都沉浸在信息娱乐产业通过视频媒体提供的迷人享受和人造刺激之中。《时代》周刊的受惊的高管们似乎从未想过，他们的迎合之举不可能说服数字成瘾者们关掉显示屏，拿起杂志。和大多数政客一样，大部分媒体舆论制造者们都决定假装愚蠢的标准没有降低，而且还要讨好美国人，告诉他们，他们和他们的子女们其实是这个国家有史以来最聪明、教育水平最高的一代人。

我在这本书 2009 年出版的平装本中写道："在 2008 年总统选举中，18 至 29 岁的选民投票率仅有 54.5%，这一点清楚地表明，电脑知识与公民和文化知识之间不能画等号。"30岁以下的选民中，超过三分之二把票投给了奥巴马，投票率的提高（这一年轻层在2004年的投票率不到50%）显然是因为奥巴马对年轻人强烈的吸引力。尽管如此，"千禧"一代去投票的可能性还是比较年长的人低得多——欢庆奥巴马在年轻人中的优势的媒体忽略了这个事实。整体投票率约为64%。尽管奥巴马团队采取了密集和精细的手段来通过网络影响年轻选民，在这场1932年以来最富戏剧性、竞争最激烈的选举中，他们当中还是有超过45%的人选择了袖手旁观。

如果我能预见未来，预测到整体投票率从2008年到2016年的进一步下降，我会把话说得更重。从2008年到2012年，有投票资格的美国人的投票率从64%下降到了60%。2016年，投票率再次下滑——降到了约55.4%这个二十年来的最低点。和其他各年龄层一样，千禧一代的投票率在假新闻的围攻下继续下降，任何尊重知识和公民参与的人都不该相信那些以垃圾思想为基础的假新闻。很多权威人士暗示说，区分新闻的真假是个爱因斯坦式的重大难题。这不过是垃圾思想的又一例证。要看穿数百万非法移民参与了投票的假新闻，我们需要的只是投票的经验，监票员会仔细检查你的签名是否和上次投票时一致。至于那条说儿童被诱拐到邻家比萨店的新闻，只要是在那种比萨店用过餐的人都能分辨真伪。只有天才才能成为明智负责的公民，这种想法侮辱了这个国家的每一个人。

当一个明智的选民，我们并不需要成为霍夫施塔特所说的那种"为思想而生"的知识分子。但我们有必要严肃看待区分真假这回事——不论你是大学教授、高中毕业生还是博士。媒体人士和知识分子（这两个人群时有重叠）肩负着特殊的责任，要防止我们在通往建国一代告诫的不要陷入的那种社会的路上越滑越远。

詹姆斯·麦迪逊1822年写给朋友的信中的告诫应当在每次国庆日庆典上重读："一个民选政府，如果没有来自民众的信息，或者没有获取这些信息的手段，就会成为闹剧或悲剧的序曲，或者两者皆是。知识将永远压制着无知：如果一个民族要掌控自己的命运，就必须以知识赋予的威力武装自己。"[10] 当前，每个公民都必须面对的关键问题是，是否要让无知去压制知识。

注释：

1. Robert F. Kennedy speech, Indianapolis, April 4, 1968, John F. Kennedy Library; http://www.cs.umb.jfklibrary/r040468.htm.
2. 2006 National Geographic-Roper Survey of Geographic Literacy, May 2, 2006. http://www.nationalgeographic.roper.com/roper2006/findings.html.
3. In ibid., including all statistics.
4. Alfred Kazin, "The President and Other Intellectuals," p. 463.
5. In "Trump: The Experts Are Terrible," by Nick Gass, *Politico*, April 4, 2016.
6. Scott Shane, "How to Make a Masterpiece in Fake News," *The New York Times,* January 19, 2017.
7. Ibid.
8. Laurel Wamsley, "Big Newspapers Are Booming: 'Washington Post' to Add 60 Newsroom Jobs," National Public Radio online, December 27, 2016.
9. Lev Grossman, "*Time*'s Person of the Year: You," *Time*, December 13, 2006.
10. James Madison to W. T. Barry, August 4, 1822.

结论　文化保护

"这个国家的心灵,被培养得志向低微,反噬自身。"1837年,当拉尔夫·沃尔多·爱默生在一个显然还在积累智识资本的年轻国度中说出这句话时,他主要把它当作修辞。但在美国新的非理性时代中,爱默生的稻草人获得了生命,对记忆和知识的侵蚀成了我们这个时代无法回避的主题。记忆的丢失让我们成了糟糕的智识遗产管理人,而文化宝库的耗竭又将引发新一轮遗忘。反理性主义和反智主义繁荣兴盛,表现为对信息娱乐的痴迷、各式各样的迷信和平庸的教育系统,它在基础技能和这些技能背后的逻辑的传授上都表现平平。

有什么办法能遏制——更不用奢望逆转——智识退化之势吗？这种趋势在我们的娱乐文化中根深蒂固,又有损于美国民主的理想。确有反对力量存在,即便是在无知、反理性和反智之声在公众场合回荡得最响亮的时候,它们也没有离开。在乔治·W. 布什总统第一个任期最后的必胜狂热中,白宫的一位助手曾经对学者、科学家和记者出言不逊——说他们都是"相信解决方案源于对明确现实的审慎研究"的人。但是,以现实为基础的世界不能被无限否定下去。巴拉克·奥巴马和约翰·麦凯恩的总统之争在2008年9月15日迎来了转折,当天,股市暴跌500余点——这是华尔街在2001年9月11日恐怖袭击事件之后重新开始交易以来的最大跌幅。这是市场对投资银行雷曼兄弟公司申请破产和历史悠久的美林证券（Merrill Lynch）为避免破产将被出售的消息的反应。那一天，丧失赎回权的住房数量达到新高，失业率不断上升，麦凯恩却声称"经济基本面依然强劲"。他的表态和美国中产阶级所感受到的现实大相径庭——他们发现，投入股市的养老基金已经跌去了三分之一——奥巴马甚至都不需要去问问他的对手究竟来自那个星球。自此之后，所有从文化角度出发指向奥巴马的攻击都不再有效，每个美国人都能亲眼看到的金融灾难提出了新的主要问题，谁能更好地把握事实，谁更有本领去解决经济问题。不妨称之为以现实为依据的世界的复仇。

在为特朗普主义提供了土壤的后真相时代，无法撼动的现实会在什么时候，以什么方式打破美国人的错觉、粉碎美国人的幻想？我不会假装知道答案。如果特朗普在增加国防预算的同时削减企业税和国内开支，他那重建美国衰败的基础设施——并在这一过程中带来充足的蓝领工作岗位——的许诺必然无法实现，也许要到人们意识到这一点的时候，才能回答上面的问题。

由于美国人不愿做那些原本由未登记移民工人承担的辛苦的低薪工作，如果大批移民被遣返，庄稼会烂在田间，餐馆会关门。而当美国本土再次发生大规模恐怖袭击的时候，可能没有一个恐怖分子来自特朗普的旅行禁令上列出的国家。我不知道新的以现实为依据的世界会以何种形式呈现，但我知道，它一定会回归，这只是时间问题。

关键问题在于，厌恶后真相社会概念的美国人现在可以为现实回归的那一天做些什么准备，那一天也许成为心理学家所说的"受教时刻"[①]，而不是更多怒火和否定的诱因。总有那么一个时刻，无法忽视的种种事件将让我们的公民大吃一惊，让他们警惕基于信仰和情绪，而不是事实和逻辑作出的决策有多危险。到那时候，人们也许会愿意考虑他们普遍想要回避的思想，甚至在行为上有所改变。但是，如果要把握这样的时刻，美国人必须能够认识和准确描述他们生活的世界——记忆和知识的全面

---

① 受教时刻（teachable moment），指易于学习掌握某种知识或技能的时刻。——译者注

危机危害着国家生活的方方面面。不论是普通公民还是他们选出来的代表，不论是否身为知识分子，都必须有这样的认识。有什么能让美国人警惕智识缺陷的重要意义呢？

最基础的第一步首先是否定：我们必须丢掉技术可以解决问题的错觉，不论我们的新机器在多大程度上造成了当前的状况，技术都无法解决本质上非技术性的问题。2007 年，在发布新的微软 Windows Vista 操作系统时，比尔·盖茨认真地说，他和妻子可以通过新系统来限制年幼的孩子们使用电脑的时间，老的 Windows 却不行。我并不认为盖茨只是在为了推销最新产品而吹嘘，他只是沉醉于父母们——对他来说，是企业家——那种愉快的错觉，认为对技术手段制造出来的强烈情感刺激的饥渴可以通过技术手段加以控制。

一方面，微软创始人比尔·盖茨知道，聪明的十二岁孩子肯定可以，也许还可以很快地找出办法，绕过那个据说能让爸爸妈妈控制电脑使用时间的系统。就像把果树放在伊甸园中，又警告亚当和夏娃远离那棵树的上帝一样，作为父亲的比尔·盖茨想要相信，有办法可以防止孩子们过度暴露在由他努力创造的诱人商品面前。假装可以通过某些相对简单的机械手段来打破信息娱乐成瘾的代际循环，这标志着我们作为一个社会而言，还没有意识到文化损失的深度和广度。当文化标准的降低被当作几无关联的种种问题的集合时，商界、政界和教育界心存忧虑的领导人物只能提出无关大局的解决方案。在左右两翼政客眼中，当代美国的教育危机仅仅是条件较差的少数青少年所面临的困境，可以通过提高标准化测试得分的协同努力来帮助他们。关于测试的处方相当于教育方面的"家长控制"功能：都是看似有道理的体面办法，都基本无助于缓解文化弊病——这才是儿童落在后头的原因，假如标准略有提升，多数儿童都会被算作落后群体。较低的标准是真正的问题，标准已经低得不能再低，但那么多贫穷的黑人和拉丁裔儿童还是无法达标，这证明了一直存在于美国社会中的巨大的种族、阶级和经济鸿沟。家庭经济条件较好的儿童能够通过要求不高的标准化测试，但这并不意味着他们学到了有效的民主社会中的公民需要知道的东西。

美国公民知识、文化知识和科学知识的普遍退化加重了政治极化，因为辩论场往往完全留给了那些——带着一种非主流的激情——密切关注特定的政治和文化事项的人。美国人的治理方式中的每一个不足都和公众的知识缺陷有着某种联系——经过选举上任的政府官员和选出他们来的人有着同样的智识盲点，所幸他们制定的政策尚未引起公愤。2006年，国会指定成立了由两党议员组成的伊拉克问题研究小组（Iraq Study Group），详细考察伊拉克战争中各个层面的问题。这个小组发现，在巴格达的美国大使馆的1100名雇员中，只有32人会说阿拉伯语，其中只有6个人熟练掌握这门语言。政府为一个大使馆配备的几乎全都是完全不懂当地语言的外交官，虽说不太像话，但并不意外。毕竟在我们这个国家，六分之五的青年认为掌握外语没什么重要意义。我们现在这位总统——支持者们认为他是"我们当中的一员"——主张通过减少国内外的外交官数量来支付增长的军费，削减为外语教育提供补贴的教育计划则是另一个办法。和很多美国民众一样，他似乎没有从近些年的历史中吸取什么教训。"受教时刻"尚未来临。大部分美国人依然想去相信简单办法的存在，特朗普则作为提供简单办法的候选人脱颖而出。在就职之后的头一个月里，特朗普发现自己"废止和替换"奥巴马医改的竞选承诺短期内不大可能实现，他哀叹道，"没人知道医疗保障能这么复杂"。事实上，只要在医保系统中工作过，或者看看专家们关于过去二十五年中美国医保制度的说法，任何人都能知道，对奥巴马的《平价医疗法案》进行大幅改动是多么复杂的事情。当然，特朗普从未在医保产业中工作过，而且还以从来不读专家的"书"为傲。就此而言，特朗普不但强化了在他许诺废除奥巴马医改时欢欣鼓舞的那些选民的观点，同时还反映了他们的心声，他们却从来都不知道，《平价医疗法案》为他们提供的保险其实就是他们深恶痛绝的奥巴马医改。自选举以来，照很多知识分子权威（既有自由主义的，又有保守主义的）的描述，"自由主义精英"看不起投票给特朗普的工人阶级，认为他们是容易上当的傻瓜。这种说法的问题在于，它认为所有公民（不分阶层，无关收入）都无须为自己的信息不足而负责。在互联网时代，不用花什么工夫（搜索主流，而不是极右网站）就能发现，《平价医疗法案》就是被共和党打上了标签的奥巴马医改。极右翼说得没错，讨厌奥巴马而又信息不足的很多选民根本想不到，他们正受益于一朵换了名字的医保玫瑰①（至少算得上是雏菊）。不论收入高低，懒得了解重大问题的美国人都不配赢得特别的尊重。他们也许不是傻瓜，但他们是懒汉。我的祖母上学只上到了八年级，假如她不了解一位公民在影响着自身福利的两个政府项目上——老年医疗保健制度和社会保障——需要掌握的知识，她一定会颇感内疚。为了掌握知识和信息努力学习，这是每个公民的义务。

　　随着愚蠢与聪明标准的降低——在知识分子和非知识分子群体中同样发生着——人们更容易信服极端立场。政治光谱两极的政策往往都以事实错误（而不是意见的不同）为基础，要理解那些事实错误，不但需要基本的知识，还需要批判性思维的能力。以政治右翼中的自由市场绝对论者常年鼓吹的为富人减税的政策（特朗普和右翼知识分子都认同的寥寥几个问题之一）为例。多年来，自由主义者（正确地）认为，美国人中最富有的 1% 享受到了布什减税政策的 90%。但是，要理解这个论点，选民们必须懂得这些百分比的意义——还要知道他们自己的收入属于哪个层次。与之类似，右翼对"不经选举上任的激进法官"无休止的攻击利用了公众对《宪法》中三权分立制度的无知，他们不知道为什么《宪法》的起草者们要首先确立一个独立、不经选举的联邦司法体系。三分之二的美国人说不出政府三大机构的名称，也说不出一位最高法院法官的名字。把司法体系视为重要问题的选民明显属于少数，其中很多属于极右

---

① 语出莎士比亚《罗密欧与朱丽叶》第二幕第二场，"玫瑰换一个名字，芳香依旧"。——译者注

翼。和报纸读者相比,主要依靠电视获取新闻的美国人对司法体系的了解要少得多。三分之二的报纸读者知道,解释《宪法》是最高法院的首要使命,电视新闻观众当中只有 40% 了解这一点。[1]（在这个问题上,目前关于人们对司法的态度的研究中,尚未包含主要通过社交媒体获取新闻的人群。但是,和社交媒体上关于公民生活其他方面的信息相比,在《宪法》为法院规定的职能方面,社交媒体能提供的信息不可能更准确。）如果人们对《宪法》赋予最高法院的权力一无所知,他们会很容易相信审判应当反映社会舆论的说法——相信与民间智慧相悖的判决意味着哪里出了问题。在法院挫败了特朗普禁止七个主要人口为穆斯林的国家的移民入境的第一条行政命令之后,连政府三大机构都说不出来的民众能够更轻松地接受特朗普说出"所谓的法官"时的轻蔑。

　　历史健忘症也许是如今我们最严重的公民问题,但在人们可以记住些什么之前,首先应该让他们吸收某些值得铭记的基本事实和思想——对既不夸大又不轻视美国成就的公正的国家自我形象塑造至关重要的事实。包括很多大学生在内,美国人不但对基础的数学和科学知识掌握得不大牢靠,而且对美国历史中的里程碑式事件,对作为政府基石的根本思想和组织结构也了解有限。国家宪法中心（National Constitution Center）的调查表明,尽管美国人对《宪法》怀有崇高敬意,他们对建国文献的了解却微乎其微。在被问及能否想起第一修正案所保障的权利时,大部分人只能说出言论自由。超过三分之一的人对第一修正案一无所知；42% 的人以为《宪法》明确规定了"英语是美国的第一语言"；25% 的人以为《宪法》将基督教确定为国教。年轻人甚至比他们的父辈和祖辈更加无知。约有半数成人——只有 41% 的 13 至 19 岁少年——能够说出政府的三大机构；四成成人——只有两成 13 至 19 岁少年——知道美国有 100 位参议员。绝大多数成人和青少年不知道《宪法》是在什么时候由什么人起草的。在 13 至 19 岁少年当中,近 98% 的人说不出谁是美国的首席大法官。[2]

这就是我们的公民现状，而且，如果不设法阻止年轻人当中的无知大潮，我们的公民社会还将面临更令人不安的未来。1981 年，在对圣母大学毕业生发表演讲时，罗纳德·里根表达了他的希望："当你们要向下一代人解释往昔的意义，并由此向他们传递未来的希望时，你们将记起那些……勾勒出我们的文明、构成了我们民族遗产的真理和传统。现在，你们需要将它们保护和传承下去。"[3] 里根这里特指的是他那阳光版的美国往昔，在其中，尽管"也有悲伤片段，任何客观的观察者一定会对美国历史持积极看法，这是一段希望实现、梦想成真的历史"[4]。

不论公民们如何诠释往昔，不论他们会有多么不同意往昔对现今的启示，假如人们原本就对"真理和传统"无所了解，这些东西他们将无从记起。比如，在当下的公共生活中与宗教角色有关的诸多问题上，世俗的自由主义者和信教的保守主义者们意见迥异。这场对话的参与者们可能，而且确实在政教分离之墙究竟应该建得多高这个问题上存在争议。但如果双方都不清楚第一修正案到底说了些什么——国会"不得制定关于下列事项的法律：确立国教或禁止信教自由"——就不可能实现有意义的讨论。2006 年，凯斯·埃里森（Keith Ellison）当选为首位穆斯林众议员，引发了一场关于他是否应该以《古兰经》代替《圣经》宣誓就职的无谓争议。不论是自由主义者还是保守主义者，任何对第一修正案确有了解的人都知道答案是什么：阻止一位众议员以他的信仰典籍宣誓显然是违宪的。这位新当选的众议员最后以一本借自国家档案馆（National Archives），据信曾为托马斯·杰斐逊所有的一本《古兰经》完成了宣誓，结束了这场争议。似乎埃里森不仅读过《古兰经》和《宪法》，还读过提到了托马斯·杰斐逊藏书书目的传记。（埃里森目前连续第六届担任来自明尼苏达州的民主党众议员，他还是民主党全国委员会副主席。）

近年来的任何一位政治领袖都没有勇气明确指出，公众，以及政客本身，应当为美国文化中好斗的无知负责。建议父母关掉电视和电脑，多花些时间与孩子们对话和阅读的奥巴马最接近这个目标——他的努力

结论　文化保护　311

也值得赞扬。但对任何一位总统来说，他们都需要非凡的勇气才能斩钉截铁地说出："当今美国生活中的重大困难并非只是上届政府政策的后果，也不是服务于意识形态的谎言。问题很大程度上在于，作为一个民族，我们变得太懒，懒得去了解那些在作出合理的公共决策之前需要知晓的东西。我们当中有三分之二在地图上找不到伊拉克。我们当中有三分之二不知道我们为信用卡付了多少利息。我们当中大部分人懒得读报，不论是在纸上还是网上。我们的无知便是我们最危险的敌人，对很多政府官员和其他美国人来说都是如此。"[5] 相较于暗示选民和他们选出来的两党代表都需要为自甘受骗负主要责任，说"你们都是谎言的受害者"要简单得多，在政治上也安全得多。我们当然没法指望特朗普提出这个问题，毕竟把自己扮成凡夫俗子（尽管是富有的凡夫俗子）是他吸引选民的基础。作为一个强迫症似的在凌晨发推，而且据最了解他的人说沉迷电视直至深夜的总统，他没有资格（即便他有意愿）去谈论公众的无知和公民生活之间的关系。

即便是最高明的政治领袖也只能轻轻推动着公众走上正确的方向，无法带来克服智识惰性的民众意愿。丹尼尔·韦伯斯特（Daniel Webster）在1826年为约翰·亚当斯和托马斯·杰斐逊（他们两人都在《独立宣言》通过五十周年纪念日去世，这是美国历史上十分令人感伤的巧合之一）撰写的颂文中宣告，如杰斐逊和亚当斯所愿，这个年轻的共和国，已经凭借着"一种刚刚苏醒、不可战胜的自由探索精神和知识在整个社群中前所未有的播散"卓然于世。韦伯斯特写道，美国的未来"命运与这些伟大的兴趣紧密相连，牢固捆绑。如果它们倒下，我们也将一同倒下；如果它们站稳脚跟，那是因为我们支撑和维护着它们"。[6] 要重新树立起自由探索和传播知识的"伟大的兴趣"，塑造了企业、教育、媒体和政治的根深蒂固的态度必须得到根本性的改观。

为了让"后真相"有朝一日被视为不合时宜的东西，而不是年度词汇，所有尊重理性与知识的人都必须全力以赴——这是比我们很多人以往的一切努力都更为迫切的要求——恶劣的政治气候使得这项任务更加重要，而不是相反。此刻，有一种倾向（在保守主义和自由主义知识分子当中都存在），在提到特朗普主义和信息娱乐成瘾时，好像它们已经成为我们的公民生活格局中不可避免的一部分。乔治·奥威尔（对后真相的不安已经让他的小说《1984》重回畅销书榜单）1946 年在一篇散文中提到了认为未来只会是"当下事物的延续"的危险。他写道："这样做的趋势不只是一个坏习惯……这是生死攸关的严重精神疾患，它的病根部分在于懦弱，部分在于和懦弱脱不了干系的权力崇拜。"[7]

特朗普主义就是我们当下的事物，被奥威尔称为严重精神疾患的东西很大程度上造成了很多自由主义知识分子，尤其是媒体界的知识分子为当前局面哀叹，好像这种现象将永世长存。不少保守主义知识分子在低声抱怨，他们多半反对特朗普的提名，害怕这将意味着他们眼中真正的美国保守主义的死亡。自由主义和保守主义知识分子——如果他们是真正的知识分子的话——都应该认同一点，世无定事。因此，应当由受过训练的人全职来做文化保护，这是当前美国思想史上的这段阴郁时期的急迫任务。到理智在后后真相时代中来临之前，可以拯救些什么？又该如何拯救呢？

科学界中的杰出人物已经证明，真正的专家可以给公众辩论和公众对科学的了解带来质的提升。几十年来，顶级科学家一直超然于在公立学校中讲授进化论的纷争之外，其中部分原因是，他们认为，回应创造论者和智能设计论拥护者的论点反而会让反进化论主义更受认可。但在进入新世纪之后，很多科学家和科学组织突然改变了策略，他们加入了论战，在各种公共平台上讲起了进化论，为了将智能设计论和创造论排除在公立学校的生物课之外而在法庭上作证。正如约翰·E. 琼斯（John E. Jones）法官在奇兹米勒诉多佛学区（*Kitzmiller v. Dover*）一案判决书中明确指出的，在证明智能设计论不是科学理论，而是支持超自然造物主存在的宗教论证的过程中，来自科学界的大量证词发挥了关键作用。2006年，理事会成员中有 16 位诺贝尔奖得主的非党派组织"美国科学家和工程师"（Scientists and Engineers for America）宣告成立，明确提出将为支持主流科学立场的候选人背书，将在从能源政策到干细胞研究等各种问题上为"亲科学"的候选人提供背景材料。尽管科学家当然会有左右不同的政治观点，但科学没有左右翼之分，探寻自然世界真理的真正科学与为政治、宗教和社会目的服务的伪科学之间区别何在？在这个问题上，颇受敬重的研究人员之间有着普遍共识。如今，没有什么问题比向公众传达这个区别更重要，只有受过科学训练的知识分子——或者换句话说，身为智识通才的科学家——能够完成这项任务。在特朗普承诺要成立一个全国委员会，调查儿童疫苗与自闭症之间子虚乌有的联系之后，解决这个极端重要的问题的任务便交到了医学专家手中。他们在这个问题上观点一致，杰出的科研人员和医生必须站出来驳斥这种有害的谬论。一些勇敢的医生多年前便已开始这样做，但在过去，反疫苗运动从来都没有得到过来自美国总统的鼓励。

　　人文和社会科学领域形成共识则没那么容易——很难从非政治的角度看待历史、经济，甚至艺术——但在这一领域的某些问题上，保守主义和自由主义的知识分子们曾经达成过共识。戴安娜·拉维奇（Diane Ravitch）作为教育历史学家、政治保守主义者（尽管她不受什么党派影响，在乔治·H. W. 布什和比尔·克林顿两位总统政府中都曾在教育部任职），二十多年前与坚定的自由主义者小亚瑟·施莱辛格合作完成了一篇不寻常的文章，这篇最初发表在《华尔街日报》上的文章对新的全国历史教学标准（除了美国之外，所有发达国家都有这种标准）大加褒扬。这篇文章流传甚广，因为它是政见不同的公共知识分子之间少有的为了重大举措而合作的行动，他们的目标是应对美国公民教育中的严重缺陷。两位作者明确指出：

我们的孩子们对自己国家（和其他任何国家）的历史知之甚少。近年来，历史教育消失在无定形的"社会研究"之中，它们的目标是向孩子们讲授"社会动力学"、"人际关系"、提升"自信"，以及其他所有与历史无关的东西。我们毫不怀疑，美国人民希望自己的孩子们——以及正在成长的整整一代人——清楚地了解我们是谁，我们的制度从何而来，我们如何处理行为和理想之间的差异。

在此之前，国家人文基金会拨款资助制定的一套自愿性历史课标引发了持续争议，拉维奇与施莱辛格的合作正是在这样的背景下出现的。之前由加州大学洛杉矶分校的全国学校历史教学研究中心（National Center for History in the Schools）制定的标准发布于1994年，对于公正的历史学家（不论自由还是保守）来说，那是一场噩梦。《宪法》本身被漠然无视。标准中充斥着垃圾思想，不断提及"美国老百姓"——好像这是美国历史上每时每刻都在使用的习惯用语，好像《宪法》制定者们写下的序言开篇是"我们合众国老百姓……为建立更完善的联邦"。

两党政客也被激怒了，参议院以99：1的票数通过了一个谴责这份标准（毕竟只是一份建议案）的动议。比尔·克林顿总统，这位应该懂得更多，而且可能确实懂得更多的人也加入了这个行列，他宣称，所有制定全国性历史教学标准的尝试都是错误的，学校中的教学内容只能由各州决定。相比欧洲儿童，美国儿童对祖国历史知之甚少，全国性标准的缺位正是这种情况的主要原因之一，克林顿此举却忽视了这个事实。

但争议并没有到此而止，因为很多教育工作者和历史学家认为，尽管眼下这套标准是垃圾思想的样本，全国课程标准依然是个好主意。旨在推动学校教育中创新行为的非营利性组织基础教育委员会（Council for Basic Education）组织了一个由专业历史学家组成的专家委员会，他们认为，应当从文化战争的角落之中把教育标准拯救出来。全国学校历史教学研究中心根据历史学家们的建议修改了最初的提案,并于 1996 年发布了新的课程建议稿,除了学术界极左翼和死硬右翼中的少数疯子之外,几乎人人都很满意。施莱辛格和拉维奇批评第一套标准"没能把握多数和少数之间的平衡,没有把这个国家的民主理想作为历史的核心"。他们在文中称赞修订后的标准"是历史学家群体所能做到的最缜密、最真诚、最接近于精确的成果。他们没有偏袒任何一方,而且提出了有关我国历史的最根本的问题"。具体的变化有:"老百姓"这个词被删去了,更多内容留给了《宪法》和《权利法案》,还有像两位作者提到的,尽管"正确地注意到了我国种族、民族和宗教矛盾的坎坷历史,这些问题如今被放在了这个国家力求让行动和理想相一致的持续征途的背景之下"。此外,新的标准删去了"对那些只是因为他们不是死去的白人男性就能出现在书上的无名之辈的介绍"。[8] 在自愿的基础上,这一新标准被提供给了希望提升历史教学水平的众多学区。不幸的是,自愿提升学术标准的问题在于,最需要补救的地方学区极少会去拥抱这些改变。由于拒绝全国性标准,得克萨斯等州时常审核和删减与州教育委员会的历史观不合的教科书。在这个委员会最新的一轮审查中,在对革命思想和运动贡献最大的人物列表中,十三世纪神学家托马斯·阿奎那(他对西方思想的主要贡献是把古希腊哲学融入罗马天主教教义的努力)取代了托马斯·杰斐逊。

施莱辛格和拉维奇之所以能为呼吁制订全国历史教育标准而合作,是因为他们都不从属于政界的某个主子或某种僵硬的政治思想。2007 年逝世、享年 89 岁的施莱辛格在参与约翰·肯尼迪和罗伯特·肯尼迪兄弟的政治事务多年之后,数十年如一日坚持在关于美国历史的文化战争中发出理智与清晰的声音。在一篇题为"历史与国家愚昧"(History and National Stupidity)的文章中,施莱辛格一针见血地指出:

> 有时,当我十分消沉的时候,我会把我们的行为归因于愚昧——

我们的领导集团和我们的文化的愚昧。三十年前，我们在军事上蒙受失败——与一个我们毫不了解的国家打了一场无法取胜的战争……越南已经足够糟糕，但同样的实验三十年后在伊拉克的重演有力地证明了这个国家的愚昧。

与此同时，要让历史百花齐放。历史从来不是已经完结的书，不是终审判决。它总是在发展之中。不要让历史学家放弃对某种思想、某个国家、某个民族、某种性别或某项事业的知识的探求，不论这种探求多么艰辛，不论其中有多少难题。在一个自由社会中，历史实践最顽强的方面就是它的自我修正能力。[9]

所有公共知识分子只要有影响力，就都应当把发挥自己的影响力作为目标，就像施莱辛格和拉维奇热情号召在历史教学中强调共有的公民文化那样。拉维奇如今相当活跃，在对公立学校私有化的反对中她是最知名的知识分子之声，而特朗普的教育部长贝齐·德沃斯则是这项右翼钟爱的事业的代表。

人文和社会科学的每个领域都需要这样的努力。迫切需要自由主义和保守主义知识分子合作解决的一个问题，是高等教育机构对看上去希望主修信息娱乐的学生的纵容。有关流行文化的大学课程从"肥胖研究"到对科幻电视剧的深入剖析无所不包，只要一瞥这些五花八门的课程，我们就能发现，为了迎合学生和他们的教师——很多教师已经从二十世纪六十年代最恶劣的因素和七十年代的流行文化中学到了经验——课程标准已经降低到了何种程度。一种令人遗憾的看法认为，全国范围内的无数大学设置的所有这些课程都是2007年造成32人被杀的弗吉尼亚理工大学校园枪击案被大肆报道的副产品。惨案发生后数日，报纸的头版报道透露，枪手赵承熙（Cho Seung-Hui）的行为和写作内容曾让英语系的教授和学生们十分不安。赵承熙上的似乎是研究当代恐怖电影和恐怖文学的英语课程，课堂上研究的是电影《黑色星期五》(*Friday the 13th*)，

结论 文化保护 317

以及史蒂芬·金和帕特丽夏·康薇尔（Patricia Cornwell）的畅销小说等流芳百世的英语作品。这种课程的存在并不能让我们了解凶手和他的动机，但却很能说明高等教育如今在很多机构中意味着什么。康薇尔和金的小说非常适合在洲际航班上打发时间，这些书的主要优点是，它们的厚度和充斥其中的悬念与暴力足以让读者忘记真正恐怖的经济舱之旅。弗吉尼亚理工大学的课程还要求学生们写下"恐惧日志"，不但要写出他们对课堂上提到的作品的反应，还要记录下他们私人生活中害怕的东西。如果学生可以凭"恐惧日志"拿到学分，这样的机构还怎么能够自称为大学？这样的学术团体还怎么能够自称为英语系？高等教育的职责不是向学生传授流行文化，而是让他们学习更有价值的东西。真正的知识分子——大学校园中还有一些这样的人——应当奋起斗争，把这些垃圾扫出门外。有关流行文化的课程在学生当中很受欢迎，讲这些课的教职员工争辩说，这些课程能够帮助学生"解构"大众娱乐，就此展开批判性思考。他们错了。有关流行文化的课程实际上只是在让学生继续把自己的心灵朝向低下的目标。如果开一门要求学生们阅读《罪与罚》和《呼啸山庄》的课程，他们也许就能懂得，为什么《黑色星期五》并不值得解构。

最后，保守主义和自由主义知识分子（不论是学生还是教师）必须坚决反对为了保护学生远离可能激起痛苦回忆的令人不安的话题（比如强奸和虐童）而设置"触发警告"的要求。在有些学校，学生们甚至坚持认为，他们有权退出教学材料有可能令他们感到不快的课程。提出这些要求的往往是政治观点与中左立场相去甚远的人，但认为自己属于自由主义者的学生大多数并不认为自己应当受到保护，远离可能会令自己不快的学术材料和观点。回顾六七十年代，我依然认为，很多教职员工放弃了他们作为教师和学者的责任，他们把女性研究、非裔美国人研究等整个研究领域隔离开来，而不是使之成为所有学生的课程标准中重要的必修部分。在走遍全国许多大学之后，我认为，美国的高等教育如今面临着类似的决定性时刻。教职员工——不分自由主义还是保守主义——应当直起腰来，在有人攻击学术自由和第一修正案时挺身而出，同时还要让学生们理解，让他们感觉不舒服就是教育的目的之一。聆听和驳斥种种不同观点可能会很痛苦，这种痛苦正是教育的明确标志之一。如果学生下课的时候没有感觉到焦虑和挑战，也许他那天没学到多少东西。

我在这里谈论着政治领袖需要把美国人当作思想着的成人来对话，知识分子需要走上前来把自己的知识而不是权力欲带给民众，教育家需要致力于教育和知识而不是跟着通俗心理学赶时髦，某种意义上说，我这也只是在健忘的边缘敲敲打打罢了。也许这个国家的记忆和保持专注的能力已经受创太深，哪怕是美国最高明的天才用尽全力也无计可施。但如果连美国最高明的天才都不愿承担这个任务，那么还能对打破作为谎言文化核心的坚定不移的无知抱有什么希望呢？

我的所有这些建议都无法解决媒体——我们无时无地不在遭遇的精神镇静剂——带来的核心问题。几乎没有任何证据可以证明，美国人有意愿去减少他们对视频和数字世界带来的轻松满足感的依赖；相反，婴儿视频的成功营销表明，在孩子们有机会自主探索世界之前，很多父母就已经急切地把他们拉向信息娱乐的陷阱。有些父母和公民决心将视记忆与真正知识为至宝的火种保存下去，如果在娱乐文化之外可以另寻他途，那么这条路只能依靠他们一家一家地创造。在个人和历史记忆的传承中，成人的自我控制，而不是数字工具的家长控制功能，是首先需要满足的条件。有些父母每天晚饭后都会坐到电视机前，一边监视着孩子的电脑操作，防止他们在写完作业之前上网查看 Facebook 和 YouTube 最新视频，这种做法关于书本所传递出的信息并非好坏参半，而是完全负面的：对那些完成了乏味的古登堡时代苦差的孩子们来说，观看各种屏幕的时间是一种奖赏。我知道，年幼的我之所以会去读书，是因为我的父母总是在阅读。他们当然也会看电视，但书籍却总像是通向成人世界的通行证。关于年轻人在屏幕之前花太多时间的危险，不断有人在发出警告，但这些警告回避了孩子们只是在跟着父母有样学样的事实——更直接地说，他们陷入了父母在沙发上压出的越来越大的凹痕。指望人们直接关掉电视机、电脑或 iPad 并不现实，因为信息娱乐之瘾更像是贪食症，而不是烟酒成瘾：人们可以完全避开酒精和尼古丁，但食品和媒体一样，一边提供着养料，一边提供着无用的垃圾。我们需要的——也是大部分家庭和大部分学校中的孩子缺少的——是教导和身边的榜样，帮助他们区分能让真实世界离得更近的互联网和让人们疏离于真实世界的互联网。

　　几年之前，我决定参加一个由异想天开的非营利组织"关电视网络"（TV-Turnoff Network）赞助的年度无电视周活动，借此衡量我对媒体的依赖程度。当然，只关电视还不够，我必须关闭所有屏幕，度过没有娱乐的一周。此外，作家的工作要求我不断使用网络进行研究。我不能说我把所有信息娱乐逐出了生活，但我确实作了比较彻底的清理。真正的痛苦在于如何禁止自己去摸遥控器，去打开手机查看邮件和短信息或者是观看猫咪视频，哪怕连一小会儿都很难。这种痛苦叫作戒断。让人羞于承认的是，尤其是在我们让心灵独处的时候，我们是那么频繁地用视频玩具来屏蔽掉自己的思考，屏蔽掉我们心爱之人的需要，回避更加主动的娱乐形式——从读书到户外漫步。关掉电视、不上自己心爱网站的做法让我承认，有太多时间被我习惯性地扔进了信息娱乐的无底洞，但我也发现，在最初的戒断反应过去之后，把数字时间减半既轻松又让人愉快。我出乎意料地意识到，当我自以为是在读书的时候，余光中闪烁的电视屏幕让我错过了那么多内容。我不得不承认，我在网上做的专业"研究"是那么频繁地让我点进了购物网站上的毛衣页面和 YouTube 上老的深夜喜剧视频。但是，我更加确信，我们在互联网上消费的时间——消费是个更合适的词——比内容重要无数倍。如果只是在周末玩一个小时《侠盗猎车手》（Grand Theft Auto），或者看一个小时老电视节目，大脑并不会因此变蠢。但是，如果每天为此花上几个小时，你就稳稳当当地走在了通向鲁莽、假新闻和无休止的娱乐之路上——所有这些让我们更难认识到真实和重要意味着什么，更不用说加以关注了。限制屏幕时间会让所有崇尚自我奋斗的人变得更好，至于父母们——他们手中实实在在地握着未来——除了发挥榜样的力量之外，再也没有别的办法培养出不被商业影像完全控制的孩子来了。

美国人 2016 年选出来的这位总统的政治事业正是从商业形象起步的。竞选活动开始之初，特朗普对千百万美国人来说就已经是名人，作为《学徒》节目中霸道的面试官，他早已造访过千家万户。和他长期以来在电视上展现的有力形象相比，他作为建筑商的信誉并不重要。作为一个看似个人化的数字平台，名人可以利用 Twitter 来营造错觉，好像他们与崇拜者之间有着真诚、贴心的联系。对于一个通过早期大众传播媒介收获最初的大批受众的候选人来说，Twitter 的兴起是绝佳的机遇。和电视上更古老的图像一样，社交媒体上对特朗普的核心支持者极具感染力的数字模因[①]同样有着强烈的商业动机。这些信息和图像妨碍了批判性思考，那些依赖这些模因的人会不可避免地被无法理性和批判性地思考的领导人所吸引。这就是美国人在谎言文化中选举出了如今占据着白宫的那个人的主要原因。我们把国家的领导权交给了一个利用技术来推广后真相文化的人，我们能否从这样的经验中学到什么真实准确的东西，这才是问题所在。

[①]模因（meme），一个想法、行为或风格的文化传播过程。这一概念 1976 年由理查·道金斯在《自私的基因》一书中首创，以生物学演化繁殖规则类比文化的传播过程。模因包含甚广，包括宗教、谣言、新闻、知识、观念、习惯、习俗甚至口号、谚语、用语、用字、笑话等。——译者注

注释：

1. "Public Understanding, Media, and Communication," Annenberg Public Policy Center, 2006 public opinion poll, http://www.annenbergpublicpolicycenter.org.
2. 1997 National Poll, National Constitution Center; 1998 Teens Poll, www.constitutioncenter.org.
3. Ronald Reagan, Address at Commencement Exercises at the University of Notre Dame, May 17, 1981; http://www.reagan.utexas.edu/archives/speeches/1981/51781a.htm.
4. Ronald Reagan, Remarks at the Annual Convention of the National Association of Evangelicals, March 8, 1983; http://www.ronaldreagan.com/sp_6htm.
5. For figures on the public's understanding of interest rates, see "Financial Literacy Survey," April 19, 2007, Princeton Survey Research Associates International, prepared for the National Foundation for Credit Counseling.
6. Lester J. Cappon, ed., *The Adams-Jefferson Letters* (Chapel Hill, 1959), vol. 1, pp. 1–li.
7. George Orwell, "James Burnham and the Managerial Revolution," *New English Weekly*, May 1946; www.k-1.com/Orwell/site/work/essays/burnham.html.
8. Diane Ravitch and Arthur Schlesinger, Jr., "The New, Improved History Standards," *Wall Street Journal*, April 3, 1996.
9. Arthur Schlesinger, Jr., "History and National Stupidity," *New York Review of Books*, April 27, 2006.

参考文献

Adams, Henry. *History of the United States*, vols. 1-2. New York: Antiquarian Press, 1962.

Adams, John, and Thomas Jefferson. *The Adams-Jefferson Letters*, vols. 1-2, ed. Lester J. Cappon. Chapel Hill: University of North Carolina Press, 1959.

Ahlstrom, Sydney E. *A Religious History of the American People*. New Haven: Yale University Press, 1972.

Allen, Frederick Lewis. *Only Yesterday*. New York: Harper & Bros., 1931.

Angell, Marcia. *Science on Trial: The Clash of Medical Evidence and the Law in the Breast Implant Case*. New York: W. W. Norton, 1986.

Avrich, Paul. *The Haymarket Tragedy*. Princeton: Princeton University Press, 1984.

Bagdikian, Ben H. *The New Media Monopoly*. Boston: Beacon Press, 2004.

Barnard, H. D. *Education and the French Revolution*. London: Cambridge University Press, 1969.

Beard, Charles A., and Mary B. Beard, *The American Spirit: A Study of the Idea of Civilization in the United States*, vol. 4. New York: Macmillan, 1942.

Beecher, Lyman. *Autobiography, Correspondence, Etc.*, ed. Charles Beecher. New York: Harper, 1865.

Bell, Daniel, ed. *The Radical Right*. New Brunswick, N.J.: Transaction Publishers, 2002.

Bentley, William. *The Diary of William Bentley*, vols. 1–4. Salem, Mass.: Essex Institute, 1905.

Blumenthal, Sidney. *The Rise of the Counter-Establishment*. New York: Times Books, 1986.

Bode, Carl. *The American Lyceum: Town Meeting of the Mind*. New York: Oxford University Press, 1956.

Bork, Robert H. *Slouching Towards Gomorrah: Modern Liberalism and American Decline*. New York: HarperCollins, 1996.

Braudy, Leo. *The Frenzy of Renown: Fame and Its History*. New York: Oxford University Press, 1986.

Brennan, Mary C. *Turning Right in the Sixties: The Conservative Capture of the Republican Party*. Chapel Hill: University of North Carolina Press, 1995.

Burton, David H. *The Learned Presidency: Theodore Roosevelt, William Howard Taft, Woodrow Wilson*. Rutherford, N.J.: Fairleigh Dickinson University Press, 1988.

Butler, Jon. *Awash in a Sea of Faith*. Cambridge, Mass.: Harvard University Press, 1990.

Carnegie, Andrew. *The Autobiography of Andrew Carnegie*. Boston: Houghton Mifflin, 1924.

Cherny, Robert W. *A Righteous Cause: The Life of William Jennings Bryan,* ed. Oscar Handlin. Boston: Little, Brown, 1985.

Clancy, Susan A. *Abducted: How People Come to Believe They Were Kidnapped by Aliens.* Cambridge, Mass.: Harvard University Press, 1995.

Crews, Frederick. *The Memory Wars.* New York: New York Review of Books, 1995.

Curti, Merle. *American Paradox: The Conflict of Thought and Action.* New Brunswick, N.J.: Rutgers University Press, 1956.

―――. *The Growth of American Thought.* New York: Harper, 1943.

―――. *Human Nature in American Thought: A History.* Madison: University of Wisconsin Press, 1980.

Decter, Midge. *An Old Wife's Tale.* New York: Regan Books, 2001.

Emerson, Ralph Waldo. *Selected Essays,* ed. Larzer Ziff. New York: Penguin, 1982.

Farrand, Max, ed. *The Records of the Constitutional Convention of 1787,* vol. 1. New Haven: Yale University Press, 1937.

Feldman, Glenn, ed. *Politics and Religion in the White South.* Lexington: University Press of Kentucky, 2005.

Fiske, John. *Essays Historical and Literary.* New York: Macmillan, 1907.

Frank, Thomas. *What's the Matter with Kansas?* New York: Metropolitan Books, 2004.

Gilligan, Carol. *In a Different Voice: Psychological Theory and Women's Development.* Cambridge, Mass.: Harvard University Presss, 1982.

Gitlin, Todd. *Media Unlimited.* New York: Metropolitan Books, 2001.

―――. *The Whole World Is Watching: Mass Media in the Making and Unmaking of the New Left.* Berkeley: University of California Press, 2003.

Goldman, Emma. *My Disillusionment in Russia* (1923). Gloucester, Mass.: Peter Smith, 1983.

Goodwin, Doris Kearns. *No Ordinary Time: Franklin and Eleanor Roosevelt: The Home Front in World War II.* New York: Simon & Schuster, 1994.

Griffith, Robert. *The Politics of Fear: Joseph R. McCarthy and the Senate.* Lexington: University Press of Kentucky, 1970.

Hall, Bayard Rush (under pseudonym Robert Carlton), *The New Purchase: or, Seven and a Half Years in the Far West,* vols. 1–2. New York: D. Appleton & Co., 1855.

Handy, Robert T. *A Christian America: Protestant Hopes and Historical Realities.* New York: Oxford University Press, 1983.

Harding, Sandra. *The Science Question in Feminism.* Ithaca, N.Y.: Cornell University Press, 1986.

Harris, Sam. *The End of Faith: Religion, Terror, and the Future of Reason.* New York: W. W. Norton, 2004.

Herman, Judith Lewis. *Trauma and Recovery.* New York: Basic Books, 1992.

Hill, Samuel S., ed. *Religion in the Southern States.* Macon, Ga.: Mercer University Press, 1983.

Hofstadter, Richard. *Anti-Intellectualism in American Life.* New York: Knopf, 1963.

―――. *Social Darwinism in American Thought.* Boston: Beacon Press, 1992.

―――, and Walter P. Metzger. *The Development of Academic Freedom in the United States.* New York: Columbia University Press, 1955.

Howe, Irving. *A Margin of Hope: An Intellectual Autobiography.* New York: Harcourt Brace Jovanovich, 1982.

———, and Lewis Coser. *The American Communist Party.* New York: Da Capo Press, 1974.

Isserman, Maurice. *If I Had a Hammer.* New York: Basic Books. 1987.

———, and Michael Kazin. *America Divided: The Civil War of the 1960s.* New York: Oxford University Press, 2004.

Jacoby, Harold. *Practical Talks by an Astronomer.* New York: Charles Scribner's Sons, 1902.

Jacoby, Susan. *Freethinkers: A History of American Secularism.* New York: Metropolitan Books. 2004.

———. *Half-Jew: A Daughter's Search for Her Family's Buried Past.* New York: Scribner, 2000.

James, William. *Collected Essays and Reviews.* New York: Longmans, Green, 1920.

Jefferson, Thomas. *Basic Writings of Thomas Jefferson,* ed. Philip Foner. New York: Wiley Book Co., 1944.

———. *The Life and Selected Writings of Thomas Jefferson,* ed. Adrienne Koch and William Peden. New York: Modern Library, 1944.

Kazin, Michael. *A Godly Hero: The Life of William Jennings Bryan.* New York: Knopf, 2006.

Ketcham, Ralph. *James Madison: A Biography.* New York: Macmillan, 1971.

Koch, G. Adolf. *Republican Religion: The American Revolution and the Cult of Reason.* New York: Henry Holt, 1933.

Kristol, Irving. *Reflections of a Neoconservative.* New York: Basic Books, 1983.

Kurlansky, Mark. *1968: The Year That Rocked the World.* New York: Ballantine Books, 2004.

Lemon, Richard. *The Troubled American.* New York: Simon & Schuster, 1970.

Loftus, Elizabeth, and Katharine Ketcham. *The Myth of Repressed Memory.* New York: St. Martin's Press, 1994.

Lowell, James Russell. *My Study Windows.* Boston: Houghton Mifflin, 1885.

Lydenberg, Henry Miller. *History of the New York Public Library.* New York: New York Public Library, 1923.

Macedo, Stephen, ed. *Reassessing the Sixties: Debating the Political and Cultural Legacy.* New York: W. W. Norton, 1997.

Marcus, Daniel. *Happy Days and Wonder Years: The Fifties and Sixties in Contemporary Cultural Politics.* New Brunswick, N.J.: Rutgers University Press, 2004.

Matheson, Terry. *Alien Abductions: Creating a Modern Phenomenon.* Buffalo: Prometheus Books, 1998.

Mead, Sidney E. *The Lively Experiment: The Shaping of Christianity in America.* New York: Harper & Row, 1963.

Messerli, Jonathan. *Horace Mann: A Biography.* New York: Knopf, 1972.

Meyer, Adolphe E. *An Educational History of the American People.* New York: McGraw-Hill, 1957.

Miller, Arthur. *Timebends: A Life.* New York: Grove Press, 1987.

Miller, Stephen. *Conversation: A History of a Declining Art.* New Haven: Yale University Press, 2006.

Navasky, Victor S. *Naming Names*. New York: Viking Press, 1980.

Nye, Russell Blaine. *The Cultural Life of the New Nation: 1776–1830*. New York: Harper, 1960.

———. *Society and Culture in America, 1830–1860*. New York: Harper & Row, 1974.

———. *The Unembarrassed Muse: The Popular Arts in America*. New York: Dial Press, 1970.

O'Neill, William. *Readin, Ritin, and Rafferty!: A Study of Educational Fundamentalism*. Berkeley: Glendessary Press, 1969.

Patner, Andrew. *I.F. Stone: A Portrait*. New York: Pantheon Books, 1988.

Perry, Bliss. *The Praise of Folly, and Other Papers*. Boston: Houghton Mifflin, 1923.

Podhoretz, Norman. *Breaking Ranks*. New York: Harper & Row, 1979.

———. *Making It*. New York: Random House, 1967.

Radway, Janice A. *A Feeling for Books: The Book-of-the-Month Club, Literary Taste, and Middle-Class Desire*. Chapel Hill: University of North Carolina Press, 1997.

Rand, Ayn. *The Fountainhead*. New York: Bobbs-Merrill, 1943.

Roosevelt, Theodore. *History As Literature and Other Essays*. London: John Murray, 1913.

Sagan, Carl. *The Demon-Haunted World*. New York: Random House, 1996.

Saunders, Robert M. *In Search of Woodrow Wilson: Beliefs and Behavior*. Westport, Conn.: Greenwood Press, 1998.

Schlesinger, Arthur, Jr. *The Disuniting of America*. New York: W. W. Norton, 1992.

Silverman, Al, ed. *The Book of the Month: Sixty Years of Books in American Life*. Boston: Little, Brown, 1986.

Sperber, A. M. *Murrow: His Life and Times*. New York: Bantam Books, 1986.

Squires, James D. *Read All About It: The Corporate Takeover of America's Newspapers*. New York: Times Books, 1993.

Streiker, Lowell D., and Gerald S. Strober. *Religion and the New Majority*. New York: Association Press, 1972.

Sumner, William Graham. *Challenge of Facts and Other Essays*. New Haven: Yale University Press, 1914.

Talmadge, Irving DeWitt, ed. *Whose Revolution?: A Study of the Future Course of Liberalism in the United States*. New York: Howell, Soskin, 1941.

Tocqueville, Alexis de. *Democracy in America,* vol. 2 (1840). New York: Knopf, 1960.

Trilling, Diana. *The Beginning of the Journey*. New York: Harcourt Brace, 1993.

———. *We Must March My Darlings*. New York: Harcourt Brace Jovanovich, 1977.

Trilling, Lionel. *The Liberal Imagination*. New York: Viking Press, 1950.

Veblen, Thorstein. *The Higher Learning in America*. New York: Sagamore Press. 1957.

———. *The Theory of the Leisure Class* (1899).New York: Modern Library, 1995.

Wallace, Mike. *Mickey Mouse History and Other Essays on American Memory*. Philadelphia: Temple University Press, 1993.

Walling, William English. *The Larger Aspects of Socialism*. New York: Macmillan, 1913.

Walters, Kerry S. *Elihu Palmer's "Principles of Nature."* Wolfeboro, N.H.: Longwood Academic, 1990.

Ward, Lester Frank. *The Psychic Factors of Civilization*. New York: Johnson Reprint Corp., 1970.

致　谢

　　一如既往，纽约公共图书馆带给我的帮助让我永远都无法回报。这本书的新旧两版都写成于弗雷德里克·刘易斯·艾伦室——第五大道和四十二街路口上最重要的研究型图书馆中非虚构写作者的港湾。尤其要感谢梅拉妮·洛凯（Melanie Locay）和卡罗琳·布鲁姆黑德（Carolyn Broomhead），当我在2016年总统大选之后为这本书的新版进行修改时，她们是那间研究室的管理员。

　　潘赛恩出版社负责人丹·弗兰克（Dan Frank）之名不可不提，《反智时代》第一版精装本2008年由该社出版。如果不是弗兰克在十多年前向我提出撰写第一版的想法，《反智时代：谎言中的美国文化》就不会存在。

　　这本书温塔奇版本的出版仰赖于温塔奇出版社和铁锚出版社总编辑卢安娜·沃尔特（LuAnn Walther），罕有机构会为一本最初出版于2009年的平装本图书推出新版本，但沃尔特却乐于这样做。对副主编玛丽亚·哥德瓦格（Maria Goldverg）对此版出版准备工作中种种细节的关注，我不胜感激。

　　我还要感谢安娜·雅各比（恰好是我的侄女）重新录入了原始手稿，否则我将不可能进行修改工作。当我在2006年和2007年撰写这本书的第一版时，软件和现在大不相同，我和出版商手中都没有电子文稿。

我的出版经纪人与朋友乔治和安妮·博哈特（George and Anne Borchardt）夫妇过去四十年来一直对我的作品给予支持。他们二人为我提供了莫大的帮助。

THE AGE OF AMERICAN UNREASON by Susan Jacoby
Copyright ©2008,2009,2018 by Susan Jacoby
Published by arrangement with Georges Borchardt,Inc.
through Bardon-Chinese Media Agency
Simplified Chinese translation copyright © 2018
by New Star Press Co.,Ltd.
ALL RIGHTS RESERVED

著作版权合同登记号：01-2018-0836

图书在版编目（CIP）数据

反智时代：谎言中的美国文化 /（美）苏珊·雅各比著；曹聿非译.
— 北京：新星出版社，2018.6
ISBN 978-7-5133-3075-6

Ⅰ.①反… Ⅱ.①苏… ②曹… Ⅲ.①文化研究－美国 Ⅳ.① G171.2

中国版本图书馆 CIP 数据核字（2018）第 086070 号

反智时代：谎言中的美国文化

[美] 苏珊·雅各比 著；曹聿非 译

出版统筹：	向　珂
特约编辑：	白华昭
责任编辑：	李文彧
责任校对：	刘　义
责任印制：	李珊珊
装帧设计：	董茹嘉
封面图片提供：	Heinrich Klaffs

出版发行：新星出版社
出　版　人：马汝军
社　　　址：北京市西城区车公庄大街丙3号楼　100044
网　　　址：www.newstarpress.com
电　　　话：010-88310888
传　　　真：010-65270449
法律顾问：北京市岳成律师事务所

读者服务：010-88310811　service@newstarpress.com
邮购地址：北京市西城区车公庄大街丙3号楼　100044

印　　刷：三河市文通印刷包装有限公司
开　　本：660mm × 970mm　1/16
印　　张：22.25
字　　数：295千字
版　　次：2018年6月第一版　2018年6月第一次印刷
书　　号：ISBN 978-7-5133-3075-6
定　　价：58.00元

版权专有，侵权必究；如有质量问题，请与印刷厂联系调换。